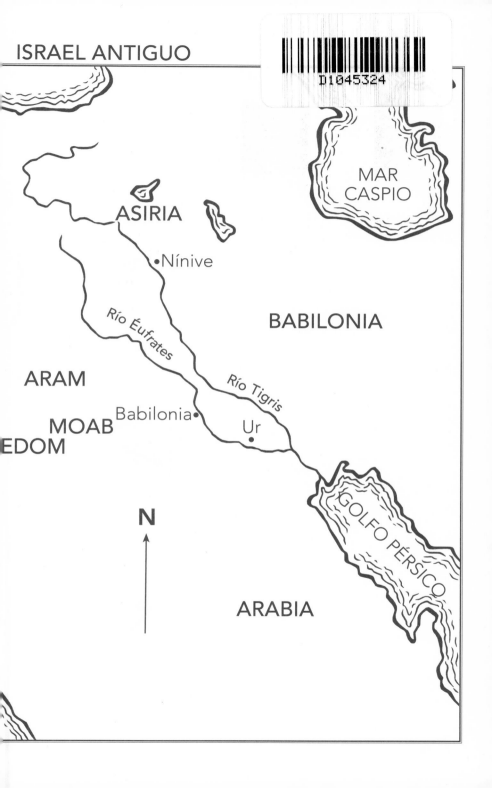

Jesús dijo: Yo soy el camino, la verdad y la vida; nadie puede ir al Padre si no es por medio de mi. Juan 14:6

Deseo que esta historia te llene de sabiduria y bendiciones

Mauricio Cepero
06-05-14

Pasajes Selectos de
LA NUEVA VERSIÓN INTERNACIONAL

LA HISTORIA

LA BIBLIA EN UN RELATO ININTERRUMPIDO ACERCA DE DIOS Y SU PUEBLO

PRÓLOGO POR
MAX LUCADO Y RANDY FRAZEE

LA HISTORIA
Edición en español publicada por
Editorial Vida – 2011
Miami, Florida

Publicado anteriormente en español con el título: La Verdadera Historia
Rediseñado 2011

© 2009 By The Zondervan Corporation

Originally published in the USA under the title:
    The Story
    Copyright © 2005, 2008 by Zondervan
Published by permission of Zondervan, Grand Rapids, Michigan 49530

Traducción: *A&W Publishing Electronic Services, Inc.*
Edición: *A&W Publishing Electronic Services, Inc.*
Adaptación diseño interior: *A&W Publishing Electronic Services, Inc.*
Diseño de cubierta: Gus Camacho

RUSTICA ISBN: 978-0-8297-5910-5
TAPA DURA ISBN: 978-0-8297-5909-9

CATEGORÍA: Biblias/Nueva Versión Internacional/Texto

IMPRESO EN ESTADOS UNIDOS DE AMÉRICA
PRINTED IN THE UNITED STATES OF AMERICA

11 12 13 14 15 ❖ 6 5 4 3 2 1

Contenido

Bienvenido a *La Historia*, la historia de Dios

Este libro narra la mayor y más convincente historia de todos los tiempos: la historia de un Dios verdadero que ama a sus hijos y estableció para ellos un camino de salvación y un sendero a la eternidad. Cada una de las historias en estos 31 capítulos revelan al Dios de la gracia: al Dios que habla, al Dios que actúa, al Dios que escucha, al Dios cuyo amor por su pueblo culminó en el sacrificio de Jesús, su hijo único, para expiar los pecados de la humanidad.

Es más, ese mismo Dios vive y está activo hoy, aún continúa escuchando, aún continúa actuando y sigue derramando su gracia sobre nosotros. Esa gracia se extiende a nuestras debilidades diarias, a nuestras altas, a nuestras bajas, y a nuestros períodos intermedios, a nuestros momentos de dudas y temores, y más importante aún, a nuestra respuesta a su llamado en nuestras vidas. Él es el mismo Dios que perdonó las fallas de David y rescató a Jonás del obscuro vientre de un pez. Ese mismo Padre celestial que guió a los israelitas por el desierto desea pastorearnos a los largo de nuestro peregrinaje, para ayudanos a superar nuestros fracasos y rescatarnos para la eternidad.

Oramos para que estas historias te animen a escuchar el llamado de Dios en tu vida, en tanto él contribuye a escribir tu propia historia.

Max Lucado y Randy Frazee

Prefacio

DEMASIADO ABURRIDO. DEMASIADO RELIGIOSO. DEMASIADO IRRELEVANTE. Demasiado largo.

Tal vez tienes razones similares para no leer la Biblia. Pero *La Historia* es diferente.

La Historia ofrece una emocionante alternativa a la Biblia tradicional. Te permite seguir la historia de la Biblia en sus propias palabras.

¡Y que historia! La Biblia está llena de historias de amor, guerra, nacimiento, muerte y milagros. Hay poesía, cultura, historia y teología. Es como una novela de suspenso, un libro de sociología, una lección de historia, todo tejido alrededor de un eterno conflicto: el bien contra el mal. Esta historia ofrece un vistazo a personajes en un momento y lugar diferente pero muy similares a nosotros hoy. *La Historia* abre una puerta a la verdad que no se puede encontrar en ninguna otra parte. Una puerta que cada persona esta buscando consciente o inconscientemente. ¡Una puerta que conduce a la libertad, la esperanza y al mismo Dios!

Al leer *La Historia*, encontrarás no sólo la historia de la humanidad, sino también la historia de quién es Dios y de lo que él ha hecho por nosotros, por ti. Esta historia hace la insistente afirmación de que un Dios amante te ha buscado y provisto una manera para tu redención, un camino para que establezcas una relación con él.

La Historia son las palabras reales, las palabras inspiradas de Dios encontradas en la Biblia. Cada capítulo fue pensado y cuidadosamente extraído y, a continuación, colocado en orden cronológico. Las transiciones fueron escritas para rellenar los lugares de texto omitido (estas transiciones aparecen en cursiva). Los textos fueron elegidos para mantener el flujo general de la narración, de modo que cuando lees esta historia, recibirás un sentido de la «imagen completa» de la Biblia. Se añadieron líneas de espacios cuando se omitió un texto, y la tabla de referencias en la parte posterior del libro te permitirá conocer, según el libro y el capítulo, cuales textos fueron incluidos.

Otros materiales útiles ubicados al final de *La Historia* incluyen un epílogo, que te da una idea del impacto global que esta historia ha tenido en el mundo, una guía de discusión con preguntas para que reflexiones individualmente o en grupo, y un elenco de personajes con breves descripciones de modo que puedas saber quién es quién de un solo vistazo.

El texto de la Escritura utilizado en *La Historia* ha sido tomado de la Nueva Versión Internacional (NVI). Los lectores han conocido, amado y confiado en la Nueva Versión Internacional (NVI) durante décadas. La NVI ha continuado el legado de comunicar la verdad eterna de la Biblia en la lengua de hoy. *La Historia* ha conservado algunas de las notas al pie de página del texto de la NVI, también, otras notas al pie de página se han añadido para aclarar el significado de ciertas palabras o frases.

Nuestro objetivo fue hacer que la Biblia pudiese ser leída de manera cómoda y fácil, del mismo modo en que lo harías con una novela. Pero *La Historia* que estás leyendo no es de manera alguna una historia común. Estás leyendo una historia que tiene el poder para cambiarte en tu propio ser, en lo que piensas y en la forma que ves la vida. Te estás enfrentando a una verdad profunda y transformadora.

¿Aburrido e irrelevante?

De ninguna manera.

Así que siéntate y disfruta de la más auténtica, y más grande historia jamás escrita.

Cronología de *La Historia**

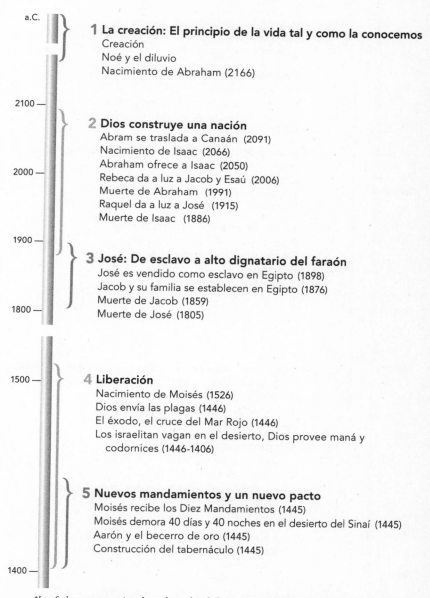

a.C.

1 La creación: El principio de la vida tal y como la conocemos
Creación
Noé y el diluvio
Nacimiento de Abraham (2166)

2100 —

2 Dios construye una nación
Abram se traslada a Canaán (2091)
Nacimiento de Isaac (2066)
Abraham ofrece a Isaac (2050)
Rebeca da a luz a Jacob y Esaú (2006)
Muerte de Abraham (1991)
Raquel da a luz a José (1915)
Muerte de Isaac (1886)

2000 —

1900 —

3 José: De esclavo a alto dignatario del faraón
José es vendido como esclavo en Egipto (1898)
Jacob y su familia se establecen en Egipto (1876)
Muerte de Jacob (1859)
Muerte de José (1805)

1800 —

1500 —

4 Liberación
Nacimiento de Moisés (1526)
Dios envía las plagas (1446)
El éxodo, el cruce del Mar Rojo (1446)
Los israelitan vagan en el desierto, Dios provee maná y
    codornices (1446-1406)

5 Nuevos mandamientos y un nuevo pacto
Moisés recibe los Diez Mandamientos (1445)
Moisés demora 40 días y 40 noches en el desierto del Sinaí (1445)
Aarón y el becerro de oro (1445)
Construcción del tabernáculo (1445)

1400 —

**Las fechas son aproximadas y dependen de las teorías interpretativas de los eruditos.*

ix

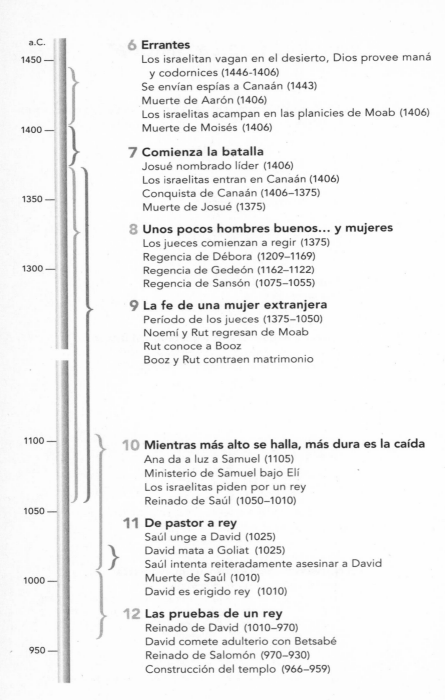

xiii

1

La creación:
El principio de la vida tal y como la conocemos

Dios, en el principio, creó los cielos y la tierra. La tierra era un caos total, las tinieblas cubrían el abismo, y el Espíritu de Dios iba y venía sobre la superficie de las aguas.

Y dijo Dios: «¡Que exista la luz!» Y la luz llegó a existir. Dios consideró que la luz era buena y la separó de las tinieblas. A la luz la llamó «día», y a las tinieblas, «noche». Y vino la noche, y llegó la mañana: ése fue el primer día.

Y dijo Dios: «¡Que exista el firmamento en medio de las aguas, y que las separe!» Y así sucedió: Dios hizo el firmamento y separó las aguas que están abajo, de las aguas que están arriba. Al firmamento Dios lo llamó «cielo». Y vino la noche, y llegó la mañana: ése fue el segundo día.

Y dijo Dios: «¡Que las aguas debajo del cielo se reúnan en un solo lugar, y que aparezca lo seco!» Y así sucedió. A lo seco Dios lo llamó «tierra», y al conjunto de aguas lo llamó «mar». Y Dios consideró que esto era bueno.

Y dijo Dios: «¡Que haya vegetación sobre la tierra; que ésta produzca hierbas que den semilla, y árboles que den su fruto con semilla, todos según su especie!» Y así sucedió. Comenzó a brotar la vegetación: hierbas que dan semilla, y árboles que dan su fruto con semilla, todos según su especie. Y Dios consideró que esto era bueno. Y vino la noche, y llegó la mañana: ése fue el tercer día.

Y dijo Dios: «¡Que haya luces en el firmamento que separen el día de la noche; que sirvan como señales de las estaciones, de los días y de los

Creación	Noé y el diluvio	Nacimiento de Abraham

a.C.   2166

Para información completa sobre la cronología vea la página ix.

años, y que brillen en el firmamento para iluminar la tierra!» Y sucedió así. Dios hizo los dos grandes astros: el astro mayor para gobernar el día, y el menor para gobernar la noche. También hizo las estrellas. Dios colocó en el firmamento los astros para alumbrar la tierra. Los hizo para gobernar el día y la noche, y para separar la luz de las tinieblas. Y Dios consideró que esto era bueno. Y vino la noche, y llegó la mañana: ése fue el cuarto día.

Y dijo Dios: «¡Que rebosen de seres vivientes las aguas, y que vuelen las aves sobre la tierra a lo largo del firmamento!» Y creó Dios los grandes animales marinos, y todos los seres vivientes que se mueven y pululan en las aguas y todas las aves, según su especie. Y Dios consideró que esto era bueno, y los bendijo con estas palabras: «Sean fructíferos y multiplíquense; llenen las aguas de los mares. ¡Que las aves se multipliquen sobre la tierra!» Y vino la noche, y llegó la mañana: ése fue el quinto día.

Y dijo Dios: «¡Que produzca la tierra seres vivientes: animales domésticos, animales salvajes, y reptiles, según su especie!» Y sucedió así. Dios hizo los animales domésticos, los animales salvajes, y todos los reptiles, según su especie. Y Dios consideró que esto era bueno.

Y dijo: «Hagamos al ser humano a nuestra imagen y semejanza. Que tenga dominio sobre los peces del mar, y sobre las aves del cielo; sobre los animales domésticos, sobre los animales salvajes, y sobre todos los reptiles que se arrastran por el suelo.»

> Y Dios creó al ser humano a su imagen;
>   lo creó a imagen de Dios.
>   Hombre y mujer los creó.

Y los bendijo con estas palabras: «Sean fructíferos y multiplíquense; llenen la tierra y sométanla; dominen a los peces del mar y a las aves del cielo, y a todos los reptiles que se arrastran por el suelo.»

También les dijo: «Yo les doy de la tierra todas las plantas que producen semilla y todos los árboles que dan fruto con semilla; todo esto les servirá de alimento. Y doy la hierba verde como alimento a todas las fieras de la tierra, a todas las aves del cielo y a todos los seres vivientes que se arrastran por la tierra.» Y así sucedió.

Dios miró todo lo que había hecho, y consideró que era muy bueno. Y vino la noche, y llegó la mañana: ése fue el sexto día.

Así quedaron terminados los cielos y la tierra, y todo lo que hay en ellos.

Al llegar el séptimo día, Dios descansó porque había terminado la obra que había emprendido. Dios bendijo el séptimo día, y lo santificó, porque en ese día descansó de toda su obra creadora.

Ésta es la historia de la creación de los cielos y la tierra.

Cuando Dios el SEÑOR hizo la tierra y los cielos, aún no había ningún arbusto del campo sobre la tierra, ni había brotado la hierba, porque Dios el SEÑOR todavía no había hecho llover sobre la tierra ni existía el hombre para que la cultivara. No obstante, salía de la tierra un manantial que regaba toda la superficie del suelo. Y Dios el SEÑOR formó al hombre del polvo de la tierra, y sopló en su nariz hálito de vida, y el hombre se convirtió en un ser viviente.

Dios el SEÑOR plantó un jardín al oriente del Edén, y allí puso al hombre que había formado. Dios el SEÑOR hizo que creciera toda clase de árboles hermosos, los cuales daban frutos buenos y apetecibles. En medio del jardín hizo crecer el árbol de la vida y también el árbol del conocimiento del bien y del mal.

Dios el SEÑOR tomó al hombre y lo puso en el jardín del Edén para que lo cultivara y lo cuidara, y le dio este mandato: «Puedes comer de todos los árboles del jardín, pero del árbol del conocimiento del bien y del mal no deberás comer. El día que de él comas, ciertamente morirás.»

Luego Dios el SEÑOR dijo: «No es bueno que el hombre esté solo. Voy a hacerle una ayuda adecuada.»

Entonces Dios el SEÑOR formó de la tierra toda ave del cielo y todo animal del campo, y se los llevó al hombre para ver qué nombre les pondría. El hombre les puso nombre a todos los seres vivos, y con ese nombre se les conoce. Así el hombre fue poniéndoles nombre a todos los animales domésticos, a todas las aves del cielo y a todos los animales del campo. Sin embargo, no se encontró entre ellos la ayuda adecuada para el hombre.

Entonces Dios el SEÑOR hizo que el hombre cayera en un sueño profundo y, mientras éste dormía, le sacó una costilla y le cerró la herida. De la costilla que le había quitado al hombre, Dios el SEÑOR hizo una mujer y se la presentó al hombre, el cual exclamó:

«Ésta sí es hueso de mis huesos
    y carne de mi carne.
Se llamará "mujer"
    porque del hombre fue sacada.»

Por eso el hombre deja a su padre y a su madre, y se une a su mujer, y los dos se funden en un solo ser.

En ese tiempo el hombre y la mujer estaban desnudos, pero ninguno de los dos sentía vergüenza.

Dios ha creado un mundo hermoso y lo ha llenado de criaturas gloriosas y diversas. De entre toda su creación, él eligió a dos seres humanos, Adán y Eva, para construir con ellos una relación. Estas dos personas fueron bendecidas para compartir su paraíso entre sí y con Dios, entonces ¿por qué habrían de desear algo más?

La serpiente era más astuta que todos los animales del campo que Dios el SEÑOR había hecho, así que le preguntó a la mujer: —¿Es verdad que Dios les dijo que no comieran de ningún árbol del jardín?

—Podemos comer del fruto de todos los árboles —respondió la mujer—. Pero, en cuanto al fruto del árbol que está en medio del jardín, Dios nos ha dicho: "No coman de ese árbol, ni lo toquen; de lo contrario, morirán."

Pero la serpiente le dijo a la mujer: —¡No es cierto, no van a morir! Dios sabe muy bien que, cuando coman de ese árbol, se les abrirán los ojos y llegarán a ser como Dios, conocedores del bien y del mal.

La mujer vio que el fruto del árbol era bueno para comer, y que tenía buen aspecto y era deseable para adquirir sabiduría, así que tomó de su fruto y comió. Luego le dio a su esposo, y también él comió. En ese momento se les abrieron los ojos, y tomaron conciencia de su desnudez. Por eso, para cubrirse entretejieron hojas de higuera.

Cuando el día comenzó a refrescar, oyeron el hombre y la mujer que Dios andaba recorriendo el jardín; entonces corrieron a esconderse entre los árboles, para que Dios no los viera. Pero Dios el SEÑOR llamó al hombre y le dijo: —¿Dónde estás?

El hombre contestó: —Escuché que andabas por el jardín, y tuve miedo porque estoy desnudo. Por eso me escondí.

—¿Y quién te ha dicho que estás desnudo? —le preguntó Dios—. ¿Acaso has comido del fruto del árbol que yo te prohibí comer?

Él respondió: —La mujer que me diste por compañera me dio de ese fruto, y yo lo comí.

Entonces Dios el SEÑOR le preguntó a la mujer: —¿Qué es lo que has hecho?

—La serpiente me engañó, y comí —contestó ella.

Dios el Señor dijo entonces a la serpiente:

«Por causa de lo que has hecho,
    ¡maldita serás entre todos los animales,
    tanto domésticos como salvajes!
Te arrastrarás sobre tu vientre,
    y comerás polvo todos los días de tu vida.
Pondré enemistad entre tú y la mujer,
    y entre tu simiente y la de ella;
su simiente te aplastará la cabeza,
    pero tú le morderás el talón.»

A la mujer le dijo:

«Multiplicaré tus dolores en el parto,
    y darás a luz a tus hijos con dolor.
Desearás a tu marido,
    y él te dominará.»

Al hombre le dijo:«Por cuanto le hiciste caso a tu mujer, y comiste del árbol del que te prohibí comer,

¡Maldita será la tierra por tu culpa!
    Con penosos trabajos comerás de ella
    todos los días de tu vida.
La tierra te producirá cardos y espinas,
    y comerás hierbas silvestres.
Te ganarás el pan con el sudor de tu frente,
hasta que vuelvas a la misma tierra
    de la cual fuiste sacado.
Porque polvo eres,
    y al polvo volverás.»

El hombre llamó Eva a su mujer, porque ella sería la madre de todo ser viviente.

Dios el Señor hizo ropa de pieles para el hombre y su mujer, y los vistió. Y dijo: «El ser humano ha llegado a ser como uno de nosotros, pues tiene conocimiento del bien y del mal. No vaya a ser que extienda su mano y también tome del fruto del árbol de la vida, y lo coma y viva para siempre.» Entonces Dios el Señor expulsó al ser humano del jardín del Edén, para que trabajara la tierra de la cual había sido hecho. Luego de expulsarlo, puso al oriente del jardín del Edén a los querubines, y una espada ardiente que se movía por todos lados, para custodiar el camino que lleva al árbol de la vida.

El hombre se unió a su mujer Eva, y ella concibió y dio a luz a Caín. Y dijo: «¡Con la ayuda del Señor, he tenido un hijo varón!» Después dio a luz a Abel, hermano de Caín.

Abel se dedicó a pastorear ovejas, mientras que Caín se dedicó a trabajar la tierra. Tiempo después, Caín presentó al Señor una ofrenda[1] del fruto de la tierra. Abel también presentó al Señor lo mejor de su rebaño, es decir, los primogénitos con su grasa. Y el Señor miró con agrado a Abel y a su ofrenda, pero no miró así a Caín ni a su ofrenda. Por eso Caín se enfureció y andaba cabizbajo.

Entonces el Señor le dijo: «¿Por qué estás tan enojado? ¿Por qué andas cabizbajo? Si hicieras lo bueno, podrías andar con la frente en alto. Pero si haces lo malo, el pecado[2] te acecha, como una fiera lista para atraparte. No obstante, tú puedes dominarlo.»

Caín habló con su hermano Abel. Mientras estaban en el campo, Caín atacó a su hermano y lo mató.

Los trágicos acontecimientos de los errores y malas decisiones de Adán y Eva, y de su primogénito Caín, resonaron en las posteriores historias de dificultades y tragedias de sus hijos y de los hijos de sus hijos. A medida que la gente comenzó a poblar el planeta, al abandonar la zona de Edén y viajar tan lejos como sus pies y las bestias los pudiesen llevar, el legado de odio, ira, asesinato y engaño de la humanidad se desarrolló una vez que la gente continuó descuidando su relación con Dios. Al final, casi todo el mundo simplemente se olvidó de su Creador y del pleno propósito de su existencia. Para la mayoría de la gente, la vida se convirtió en una gran fiesta sin pensar en las consecuencias... con excepción de un hombre.

---

[1]**Ofrenda:** Algo dado a Dios en un acto de gratitud, culto o pago por la desobediencia. En el Antiguo Testamento, hay cinco tipos de ofrendas: holocaustos, granos, comunión, sacrificios expiatorios, y sacrificios por la culpa. La muerte de Jesús en el Nuevo Testamento es la ofrenda cumbre que pagó el precio completo por el pecado. Esta palabra es sinónimo de sacrificio.

[2]**Pecado:** Mal, deficiencia moral, mala conducta o desobediencia. Este término se refiere a cualquier acción, pensamiento o actitud que no cumple con la norma establecida por Dios.

Al ver el SEÑOR que la maldad del ser humano en la tierra era muy grande, y que todos sus pensamientos tendían siempre hacia el mal, se arrepintió de haber hecho al ser humano en la tierra, y le dolió en el corazón. Entonces dijo: «Voy a borrar de la tierra al ser humano que he creado. Y haré lo mismo con los animales, los reptiles y las aves del cielo. ¡Me arrepiento de haberlos creado!» Pero Noé contaba con el favor del SEÑOR.

Ésta es la historia de Noé.

Noé era un hombre justo[3] y honrado entre su gente. Siempre anduvo fielmente con Dios. Tuvo tres hijos: Sem, Cam y Jafet.

Pero Dios vio que la tierra estaba corrompida y llena de violencia. Al ver Dios tanta corrupción en la tierra, y tanta perversión en la gente, le dijo a Noé: «He decidido acabar con toda la gente, pues por causa de ella la tierra está llena de violencia. Así que voy a destruir a la gente junto con la tierra. Constrúyete un arca de madera resinosa, hazle compartimentos, y cúbrela con brea por dentro y por fuera. Dale las siguientes medidas: ciento cuarenta metros de largo, veintitrés de ancho y catorce de alto. Hazla de tres pisos, con una abertura a medio metro del techo y con una puerta en uno de sus costados. Porque voy a enviar un diluvio sobre la tierra, para destruir a todos los seres vivientes bajo el cielo. Todo lo que existe en la tierra morirá. Pero contigo estableceré mi pacto,[4] y entrarán en el arca tú y tus hijos, tu esposa y tus nueras. Haz que entre en el arca una pareja de todos los seres vivientes, es decir, un macho y una hembra de cada especie, para que sobrevivan contigo. Contigo entrará también una pareja de cada especie de aves, de ganado y de reptiles, para que puedan sobrevivir. Recoge además toda clase de alimento, y almacénalo, para que a ti y a ellos les sirva de comida.»

Y Noé hizo todo según lo que Dios le había mandado.

El SEÑOR le dijo a Noé: «Entra en el arca con toda tu familia, porque tú eres el único hombre justo que he encontrado en esta generación.

Porque dentro de siete días haré que llueva sobre la tierra durante cuarenta días y cuarenta noches, y así borraré de la faz de la tierra a todo ser viviente que hice.»

---

[3]**Justos:** Que viven de acuerdo con las normas establecidas por Dios. *La justicia de Dios se* refiere a su justicia y perfección.
[4]**Pacto:** Un acuerdo o promesa entre dos partes. Un pacto estaba destinado a no ser quebrantado.

Tenía Noé seiscientos años de edad cuando las aguas del diluvio inundaron la tierra. Entonces entró en el arca junto con sus hijos, su esposa y sus nueras, para salvarse de las aguas del diluvio. De los animales puros e impuros, de las aves y de todos los seres que se arrastran por el suelo, entraron con Noé por parejas, el macho y su hembra, tal como Dios se lo había mandado. Al cabo de los siete días, las aguas del diluvio comenzaron a caer sobre la tierra.

Ese mismo día entraron en el arca Noé, sus hijos Sem, Cam y Jafet, su esposa y sus tres nueras. Junto con ellos entró toda clase de animales salvajes y domésticos, de animales que se arrastran por el suelo, y de aves. Así entraron en el arca con Noé parejas de todos los seres vivientes; entraron un macho y una hembra de cada especie, tal como Dios se lo había mandado a Noé. Luego el Señor cerró la puerta del arca.

El diluvio cayó sobre la tierra durante cuarenta días. Cuando crecieron las aguas, elevaron el arca por encima de la tierra. Las aguas crecían y aumentaban cada vez más, pero el arca se mantenía a flote sobre ellas. Tanto crecieron las aguas, que cubrieron las montañas más altas que hay debajo de los cielos. El nivel del agua subió más de siete metros por encima de las montañas. Así murió todo ser viviente que se movía sobre la tierra: las aves, los animales salvajes y domésticos, todo tipo de animal que se arrastraba por el suelo, y todo ser humano. Pereció todo ser que habitaba la tierra firme y tenía aliento de vida. Dios borró de la faz de la tierra a todo ser viviente, desde los seres humanos hasta los ganados, los reptiles y las aves del cielo. Todos fueron borrados de la faz de la tierra. Sólo quedaron Noé y los que estaban con él en el arca.

Y la tierra quedó inundada ciento cincuenta días.

Dios se acordó entonces de Noé y de todos los animales salvajes y domésticos que estaban con él en el arca. Hizo que soplara un fuerte viento sobre la tierra, y las aguas comenzaron a bajar. Se cerraron las fuentes del mar profundo y las compuertas del cielo, y dejó de llover. Poco a poco las aguas se fueron retirando de la tierra. Al cabo de ciento cincuenta días las aguas habían disminuido. El día diecisiete del mes séptimo el arca se detuvo sobre las montañas de Ararat, y las aguas siguieron bajando hasta que el primer día del mes décimo pudieron verse las cimas de las montañas.

Noé tenía seiscientos un años cuando las aguas se secaron. El primer día del primer mes de ese año, Noé quitó la cubierta del arca y vio que la tierra estaba seca. Para el día veintisiete del segundo mes, la tierra estaba ya completamente seca.

Entonces Dios le dijo a Noé: «Sal del arca junto con tus hijos, tu esposa y tus nueras. Saca también a todos los seres vivientes que están contigo: las aves, el ganado y todos los animales que se arrastran por el suelo. ¡Que sean fecundos! ¡Que se multipliquen y llenen la tierra!»

Salieron, pues, del arca Noé y sus hijos, su esposa y sus nueras. Salieron también todos los animales: el ganado, las aves, y todos los reptiles que se mueven sobre la tierra, cada uno según su especie.

Luego Noé construyó un altar al Señor, y sobre ese altar ofreció como holocausto animales puros y aves puras. Cuando el Señor percibió el grato aroma, se dijo a sí mismo: «Aunque las intenciones del ser humano son perversas desde su juventud, nunca más volveré a maldecir la tierra por culpa suya. Tampoco volveré a destruir a todos los seres vivientes, como acabo de hacerlo.

Dios bendijo a Noé y a sus hijos con estas palabras: «Sean fecundos, multiplíquense y llenen la tierra. Todos los animales de la tierra sentirán temor y respeto ante ustedes: las aves, las bestias salvajes, los animales que se arrastran por el suelo, y los peces del mar. Todos estarán bajo su dominio.

Dios les habló otra vez a Noé y a sus hijos, y les dijo: «Yo establezco mi pacto con ustedes, con sus descendientes, y con todos los seres vivientes que están con ustedes, es decir, con todos los seres vivientes de la tierra que salieron del arca: las aves, y los animales domésticos y salvajes. Éste es mi pacto con ustedes: Nunca más serán exterminados los seres humanos por un diluvio; nunca más habrá un diluvio que destruya la tierra.»

Y Dios añadió: «Ésta es la señal del pacto que establezco para siempre con ustedes y con todos los seres vivientes que los acompañan: He colocado mi arco iris en las nubes, el cual servirá como señal de mi pacto con la tierra.

Cada vez que aparezca el arco iris entre las nubes, yo lo veré y me acordaré del pacto que establecí para siempre con todos los seres vivientes que hay sobre la tierra.

La tierra se recuperó de esta gran inundación. La vida animal y vegetal floreció. Y la familia de Noé repobló la tierra. El ciclo de la vida continuó, y el pueblo recordó a Dios. Crecieron las antiguas actividades de comercio, las casas y granjas se desarrollaron, y las rutas comerciales trajeron riqueza y la oportunidad de viajar. Era la hora para la próxima intervención de Dios, el tiempo para construir una nación en una tierra que habría de convertirse en el hogar de una cultura y una etnia para… bueno, esa parte de la historia aún está por llegar.

Abram (cuyo nombre Dios cambió más tarde a Abraham) poseía todas las características inadecuadas para ser el fundador de la nación de Dios: sus familiares adoraron a otros dioses en un país lejano, el que más tarde se convertiría en la Tierra Prometida; Abram y su esposa, Saray (cuyo nombre posteriormente Dios cambió a Sara), habían sobrepasado la edad fértil y Saray no podía quedar embarazada; no tener niños significaba que no habrían personas para poblar la nación de Dios. Sin embargo, esto no era un problema. Dios le había prometido lo imposible a Abram, y Abram vio cómo lo imposible se hizo realidad. He aquí cómo sucedió.

2

Dios construye una nación

EL SEÑOR LE DIJO A ABRAM: «DEJA TU TIERRA, TUS PARIENTES Y LA casa de tu padre, y vete a la tierra que te mostraré.

> »Haré de ti una nación grande,
> y te bendeciré;
> haré famoso tu nombre,
> y serás una bendición.
> Bendeciré a los que te bendigan
> y maldeciré a los que te maldigan;
> ¡por medio de ti serán bendecidas
> todas las familias de la tierra!»

Abram partió, tal como el SEÑOR se lo había ordenado, y Lot se fue con él. Abram tenía setenta y cinco años cuando salió de Jarán. Al encaminarse hacia la tierra de Canaán, Abram se llevó a su esposa Saray, a su sobrino Lot, a toda la gente que habían adquirido en Jarán, y todos los bienes que habían acumulado.

Por la fe[1] Abraham, cuando fue llamado para ir a un lugar que más tarde recibiría como herencia, obedeció y salió sin saber a dónde iba.

---

[1]**Fe:** Confianza completa. La verdadera fe es mucho más profunda que el mero acuerdo intelectual con ciertos hechos, afecta los deseos de nuestro corazón.

Abram se traslada a Canaan	Nace Isaac	Abraham ofrece a Isaac	Nacen Jacob y Esaú	Muerte de Abraham	Nace José	Muerte de Isaac
a.C. 2091	2066	2050	2006	1991	1915	1886

Para información completa sobre la cronología vea la página ix.

Abram atravesó toda esa región hasta llegar a Siquén, donde se encuentra la encina sagrada de Moré. En aquella época, los cananeos vivían en esa región. Allí el Señor se le apareció a Abram y le dijo: «Yo le daré esta tierra a tu descendencia.» Entonces Abram erigió un altar al Señor, porque se le había aparecido.

También Lot, que iba acompañando a Abram, tenía rebaños, ganado y tiendas de campaña. La región donde estaban no daba abasto para mantener a los dos, porque tenían demasiado como para vivir juntos.

Después de que Lot se separó de Abram, el Señor le dijo: «Abram, levanta la vista desde el lugar donde estás, y mira hacia el norte y hacia el sur, hacia el este y hacia el oeste. Yo te daré a ti y a tu descendencia, para siempre, toda la tierra que abarca tu mirada. Multiplicaré tu descendencia como el polvo de la tierra. Si alguien puede contar el polvo de la tierra, también podrá contar tus descendientes. ¡Ve y recorre el país a lo largo y a lo ancho, porque a ti te lo daré!»

Entonces Abram levantó su campamento y se fue a vivir cerca de Hebrón, junto al encinar de Mamré. Allí erigió un altar al Señor.

Por la fe se radicó como extranjero en la tierra prometida, y habitó en tiendas de campaña con Isaac y Jacob, herederos también de la misma promesa, porque esperaba la ciudad de cimientos sólidos, de la cual Dios es arquitecto y constructor.

Lot tomó algunas malas decisiones y se encontró en serios problemas. Él asentó su residencia en Sodoma. En retrospectiva, fue una mala elección de un lugar para vivir. Pronto los reyes de Sodoma, Gomorra y otros tres reyes se encontraron en batalla contra un ejército enemigo. Los reyes de Sodoma y Gomorra perdieron, y las ciudades fueron saqueadas. Lot y su familia se encontraban entre los cautivos.

Cuando la noticia llegó a Abram, este reunió a trescientos dieciocho combatientes entrenados y sin vacilación emprendió el rescate de su sobrino. Su ataque nocturno tomó a los saqueadores por sorpresa. Abram liberó a los cautivos y recuperó el botín. En su encuentro con un sacerdote de nombre Melquisedec le dio la décima parte del botín a Dios y le entregó el resto de las mercancías nuevamente al rey de Sodoma.

Abram, a pesar de su creciente sensación del poder de Dios, aún continuaba enfrentando un problema que incluso el Todopoderoso parecía incapaz de resolver. Este era la mayor preocupación de Abram y el tema principal de sus diálogos con Dios.

Después de esto, la palabra del Señor vino a Abram en una visión:

«No temas, Abram.
Yo soy tu escudo,
y muy grande será tu recompensa.»

Pero Abram le respondió: —Señor[2] y Dios, ¿para qué vas a darme algo, si aún sigo sin tener hijos, y el heredero de mis bienes será Eliezer de Damasco? Como no me has dado ningún hijo, mi herencia la recibirá uno de mis criados.

—¡No! Ese hombre no ha de ser tu heredero —le contestó el Señor—. Tu heredero será tu propio hijo. Luego el Señor lo llevó afuera y le dijo: —Mira hacia el cielo y cuenta las estrellas, a ver si puedes. ¡Así de numerosa será tu descendencia!

Abram creyó al Señor, y el Señor lo reconoció a él como justo.

Contra toda esperanza, Abraham creyó y esperó, y de este modo llegó a ser padre de muchas naciones, tal como se le había dicho: «¡Así de numerosa será tu descendencia!» Su fe no flaqueó, aunque reconocía que su cuerpo estaba como muerto, pues ya tenía unos cien años, y que también estaba muerta la matriz de Sara. Ante la promesa de Dios no vaciló como un incrédulo, sino que se reafirmó en su fe y dio gloria a Dios, plenamente convencido de que Dios tenía poder para cumplir lo que había prometido. Por eso se le tomó en cuenta su fe como justicia.

Abram creía que el niño prometido provendría de su simiente, pero hasta donde él y Saray sabían, Dios no había especificado que Saray sería la madre. En un acuerdo que era común durante este tiempo, decidieron que la sirviente de Saray, Agar, la sustituiría como madre del niño prometido. Sin embargo, después que Agar concibió, ella y Saray comenzaron a pelear, y Agar fue

---

[2]**Señor:** Este término describe el hecho de que Dios tiene el control completo sobre todas las cosas.

enviada lejos, desamparada y a vagar por el desierto. En el momento que se sentía sin esperanza, Dios habló con ella.

—Vuelve junto a ella y sométete a su autoridad —le dijo el ángel—. De tal manera multiplicaré tu descendencia, que no se podrá contar.

»Estás embarazada, y darás a luz un hijo,
　　y le pondrás por nombre Ismael,
　　porque el SEÑOR ha escuchado tu aflicción.
Será un hombre indómito como asno salvaje.
　　Luchará contra todos, y todos lucharán contra él;
　　y vivirá en conflicto con todos sus hermanos.

Como el SEÑOR le había hablado, Agar le puso por nombre «El Dios que me ve», pues se decía: «Ahora he visto al que me ve.» Por eso también el pozo que está entre Cades y Béred se conoce con el nombre de «Pozo del Viviente que me ve».

Agar le dio a Abram un hijo, a quien Abram llamó Ismael. Abram tenía ochenta y seis años cuando nació Ismael.

Cuando Abram tenía noventa y nueve años, el SEÑOR se le apareció y le dijo: —Yo soy el Dios Todopoderoso. Vive en mi presencia y sé intachable. Así confirmaré mi pacto contigo, y multiplicaré tu descendencia en gran manera.

Al oír que Dios le hablaba, Abram cayó rostro en tierra, y Dios continuó: —Éste es el pacto que establezco contigo: Tú serás el padre de una multitud de naciones. Ya no te llamarás Abram, sino que de ahora en adelante tu nombre será Abraham, porque te he confirmado como padre de una multitud de naciones. Te haré tan fecundo que de ti saldrán reyes y naciones. Estableceré mi pacto contigo y con tu descendencia, como pacto perpetuo, por todas las generaciones. Yo seré tu Dios, y el Dios de tus descendientes. A ti y a tu descendencia les daré, en posesión perpetua, toda la tierra de Canaán, donde ahora andan peregrinando. Y yo seré su Dios.

Dios también le dijo a Abraham: —Cumple con mi pacto, tú y toda tu descendencia, por todas las generaciones. Y éste es el pacto que establezco contigo y con tu descendencia, y que todos deberán cumplir: Todos los varones entre ustedes deberán ser circuncidados.[3] Circuncidarán la carne de su prepucio, y ésa será la señal del pacto entre nosotros.

---

[3]**Circuncidado, circuncisión:** Extirpación quirúrgica del prepucio del genital masculino,

Pero el varón incircunciso, al que no se le haya cortado la carne del prepucio, será eliminado de su pueblo por quebrantar mi pacto.

También le dijo Dios a Abraham: —A Saray, tu esposa, ya no la llamarás Saray, sino que su nombre será Sara. Yo la bendeciré, y por medio de ella te daré un hijo. Tanto la bendeciré, que será madre de naciones, y de ella surgirán reyes de pueblos.

Tal como el SEÑOR lo había dicho, se ocupó de Sara y cumplió con la promesa que le había hecho. Sara quedó embarazada y le dio un hijo a Abraham en su vejez. Esto sucedió en el tiempo anunciado por Dios.

Por la fe Abraham, a pesar de su avanzada edad y de que Sara misma era estéril, recibió fuerza para tener hijos, porque consideró fiel al que le había hecho la promesa. Así que de este solo hombre, ya en decadencia, nacieron descendientes numerosos como las estrellas del cielo e incontables como la arena a la orilla del mar.

Al hijo que Sara le dio, Abraham le puso por nombre Isaac.[4] Cuando su hijo Isaac cumplió ocho días de nacido, Abraham lo circuncidó, tal como Dios se lo había ordenado. Abraham tenía ya cien años cuando nació su hijo Isaac.

Sara dijo entonces: «Dios me ha hecho reír, y todos los que se enteren de que he tenido un hijo, se reirán conmigo. ¿Quién le hubiera dicho a Abraham que Sara amamantaría hijos? Sin embargo, le he dado un hijo en su vejez.»

Dios le dio a Abraham el hijo de la promesa. No obstante, Abraham tenía ya un hijo a través de Agar, Ismael. ¿Qué sería de él?

El niño Isaac creció y fue destetado. Ese mismo día, Abraham hizo un gran banquete. Pero Sara se dio cuenta de que el hijo que Agar la egipcia le había dado a Abraham se burlaba de su hijo Isaac. Por eso le dijo a Abraham:

---

realizada a los ocho días después del nacimiento. En el Antiguo Testamento este ritual simbolizaba la entrada del bebé a la comunidad hebrea. Los usos bíblicos del término a menudo son metafóricos, se refieren a la obediencia del corazón representada por el símbolo externo de la circuncisión.

[4]**Isaac:** *Isaac* significa «risa».

—¡Echa de aquí a esa esclava y a su hijo! El hijo de esa esclava jamás tendrá parte en la herencia con mi hijo Isaac.

Este asunto angustió mucho a Abraham porque se trataba de su propio hijo. Pero Dios le dijo a Abraham: «No te angusties por el muchacho ni por la esclava. Hazle caso a Sara, porque tu descendencia se establecerá por medio de Isaac. Pero también del hijo de la esclava haré una gran nación, porque es hijo tuyo.»

Al día siguiente, Abraham se levantó de madrugada, tomó un pan y un odre de agua, y se los dio a Agar, poniéndoselos sobre el hombro. Luego le entregó a su hijo y la despidió. Agar partió y anduvo errante por el desierto de Berseba.

Cuando se acabó el agua del odre, puso al niño debajo de un arbusto y fue a sentarse sola a cierta distancia, pues pensaba: «No quiero ver morir al niño.» En cuanto ella se sentó, comenzó a llorar desconsoladamente.

Cuando Dios oyó al niño sollozar, el ángel de Dios llamó a Agar desde el cielo y le dijo: «¿Qué te pasa, Agar? No temas, pues Dios ha escuchado los sollozos del niño. Levántate y tómalo de la mano, que yo haré de él una gran nación.»

En ese momento Dios le abrió a Agar los ojos, y ella vio un pozo de agua. En seguida fue a llenar el odre y le dio de beber al niño.

Dios acompañó al niño, y éste fue creciendo; vivió en el desierto y se convirtió en un experto arquero.

Pasado cierto tiempo, Dios puso a prueba a Abraham y le dijo:
—¡Abraham!
—Aquí estoy —respondió.

Y Dios le ordenó: —Toma a tu hijo, el único que tienes y al que tanto amas, y ve a la región de Moria. Una vez allí, ofrécelo como holocausto en el monte que yo te indicaré.

Abraham se levantó de madrugada y ensilló su asno. También cortó leña para el holocausto y, junto con dos de sus criados y su hijo Isaac, se encaminó hacia el lugar que Dios le había indicado. Al tercer día, Abraham alzó los ojos y a lo lejos vio el lugar. Entonces le dijo a sus criados:
—Quédense aquí con el asno. El muchacho y yo seguiremos adelante para adorar a Dios, y luego regresaremos junto a ustedes.

Abraham tomó la leña del holocausto y la puso sobre Isaac, su hijo; él, por su parte, cargó con el fuego y el cuchillo. Y los dos siguieron caminando juntos. Isaac le dijo a Abraham: —¡Padre!
—Dime, hijo mío.

—Aquí tenemos el fuego y la leña —continuó Isaac—; pero, ¿dónde está el cordero para el holocausto?

—El cordero, hijo mío, lo proveerá Dios —le respondió Abraham. Y siguieron caminando juntos.

Cuando llegaron al lugar señalado por Dios, Abraham construyó un altar y preparó la leña. Después ató a su hijo Isaac y lo puso sobre el altar, encima de la leña. Entonces tomó el cuchillo para sacrificar a su hijo, pero en ese momento el ángel del SEÑOR le gritó desde el cielo:

—¡Abraham! ¡Abraham!

—Aquí estoy —respondió.

—No pongas tu mano sobre el muchacho, ni le hagas ningún daño —le dijo el ángel—. Ahora sé que temes a Dios, porque ni siquiera te has negado a darme a tu único hijo.

Abraham alzó la vista y, en un matorral, vio un carnero enredado por los cuernos. Fue entonces, tomó el carnero y lo ofreció como holocausto, en lugar de su hijo.

Por la fe Abraham, que había recibido las promesas, fue puesto a prueba y ofreció a Isaac, su hijo único, a pesar de que Dios le había dicho: «Tu descendencia se establecerá por medio de Isaac.» Consideraba Abraham que Dios tiene poder hasta para resucitar a los muertos, y así, en sentido figurado, recobró a Isaac de entre los muertos.

A ese sitio Abraham le puso por nombre: «El SEÑOR provee.» Por eso hasta el día de hoy se dice: «En un monte provee el SEÑOR.»

El ángel del SEÑOR llamó a Abraham por segunda vez desde el cielo, y le dijo: —Como has hecho esto, y no me has negado a tu único hijo, juro por mí mismo —afirma el SEÑOR— que te bendeciré en gran manera, y que multiplicaré tu descendencia como las estrellas del cielo y como la arena del mar. Además, tus descendientes conquistarán las ciudades de sus enemigos. Puesto que me has obedecido, todas las naciones del mundo serán bendecidas por medio de tu descendencia.

Finalmente, Sara murió y Abraham compró un terreno y la enterró, preguntándose al mismo tiempo qué sería de él, de Isaac y de la promesa de Dios. Abraham había tomado a otra esposa, una mujer llamada Cetura, y tuvo más hijos. Sin embargo, toda su propiedad fue dada al hijo especial de la promesa, Isaac. Abraham murió a la edad de ciento setenta y cinco años y fue puesto a descansar junto a Sara. No obstante, la historia está lejos de concluir.

Isaac se casó con Rebeca. Como era la costumbre, fue elegida para él y en realidad Isaac la amaba. Veinte años después de la boda, la pareja todavía no tenía hijos, pero en respuesta a muchas oraciones, Rebeca dio a luz a gemelos. Esaú, el mayor, creció amando el aire libre y la caza. Fue el favorito de su padre. Jacob, el más joven, era tranquilo y se quedaba en su casa; era claramente el favorito de su madre. Los dos niños competían por los derechos de la herencia, y Jacob demostró ser un maestro de la manipulación y la conspiración.

Un día Esaú llegó a su casa hambriento, exigiendo algo del guiso que cocinaba Jacob. Viendo la oportunidad, Jacob le «vendió» una comida a su hermano a cambio de la primogenitura, la porción doble de la herencia, ya que Esaú era el hermano mayor.

Un tiempo más tarde, estando Isaac sentado en su cama, débil y ciego, le pidió a su hijo cazador que le preparara una sabrosa comida de carne de animales silvestres asada a la parrilla. Después de la comida, Isaac oficialmente le transmitiría su bendición —y el favor de Dios— a Esaú. Este era el día tan esperado por Esaú.

Rebeca escuchó de paso el plan de Isaac y elaboró un plan de su propia invención. Vistió a su hijo favorito, Jacob, con la ropa de Esaú. Cocinó rápidamente carne de cabra y envió a Jacob a la habitación de Isaac, a fin de que se hiciera pasar por Esaú. Dos veces el envejecido Isaac, aclarando su vista y tocando, se preguntó si este era en realidad su hijo cazador. Dos veces el engañoso Jacob le mintió a su padre anciano. Isaac comió. Una vez más él tocó la mano de Jacob, cubierto con piel de cabra para que se pareciera a la peluda piel morena de Esaú. A continuación, le dio la bendición a Jacob, confirmando también la doble cuota de la herencia material de una forma irrevocable y total.

Poco después, Esaú llegó con su propio plato de carne asada, únicamente para descubrir que la madre y el hermano le habían robado todo su futuro. Enfadado hasta el punto de la furia, amenazó con matar a Jacob. Rebeca, una vez más, intervino y envió a Jacob a vivir con sus parientes hasta que la ira de Esaú se aplacara.

Las vacaciones forzadas pueden traer a veces agradables sorpresas. En este caso, Jacob se enamoró de la hija de su jefe (y tío), Raquel, y trabajó para su familia hasta que ella pudiera convertirse en su esposa. Jacob tuvo que casarse con Lea, la hermana mayor de Raquel, como parte del trato. Durante veinte años Jacob atendió los rebaños y cultivó la tierra, y finalmente llevó a toda su gran familia de regreso para encontrarse con Esaú una vez más. Sin embargo, Jacob tuvo la precaución de acercarse a Esaú con respeto y humildad. Las heridas entre ellos eran profundas y de mucho tiempo, y él no estaba seguro de si Esaú era su amigo o su enemigo.

Luego Jacob envió mensajeros a su hermano Esaú, que estaba en la tierra de Seír, en la región de Edom. Y les ordenó que le dijeran: «Mi señor Esaú, su siervo Jacob nos ha enviado a decirle que él ha vivido en la casa de Labán todo este tiempo, y que ahora tiene vacas, asnos, ovejas, esclavos y esclavas. Le manda este mensaje, con la esperanza de ganarse su favor.»

Cuando los mensajeros regresaron, le dijeron a Jacob: «Fuimos a hablar con su hermano Esaú, y ahora viene al encuentro de usted, acompañado de cuatrocientos hombres.»

Jacob sintió mucho miedo, y se puso muy angustiado. Por eso dividió en dos grupos a la gente que lo acompañaba, y lo mismo hizo con las ovejas, las vacas y los camellos, pues pensó: «Si Esaú ataca a un grupo, el otro grupo podrá escapar.»

Entonces Jacob se puso a orar: «Señor, Dios de mi abuelo Abraham y de mi padre Isaac, que me dijiste que regresara a mi tierra y a mis familiares, y que me harías prosperar: realmente yo, tu siervo, no soy digno de a bondad y fidelidad con que me has privilegiado. Cuando crucé este río Jordán, no tenía más que mi bastón; pero ahora he llegado a formar dos campamentos. ¡Líbrame del poder de mi hermano Esaú, pues tengo miedo de que venga matarme a mí y a las madres y a los niños! Tú mismo afirmaste que me harías prosperar, y que mis descendientes serían tan numerosos como la arena del mar, que no se puede contar.»

Jacob pasó la noche en aquel lugar, y de lo que tenía consigo escogió, como regalo para su hermano Esaú, doscientas cabras, veinte chivos, doscientas ovejas, veinte carneros, treinta camellas con sus crías, cuarenta vacas, diez novillos, veinte asnas y diez asnos. Luego los puso a cargo de sus siervos, cada manada por separado, y les dijo: «Vayan adelante, pero dejen un buen espacio entre manada y manada.»

Al que iba al frente, le ordenó: «Cuando te encuentres con mi hermano Esaú y te pregunte de quién eres, a dónde te diriges y de quién es el ganado que llevas, le contestarás: "Es un regalo para usted, mi señor

Esaú, que de sus ganados le manda su siervo Jacob. Además, él mismo viene detrás de nosotros." »

Jacob les dio la misma orden al segundo y al tercer grupo, y a todos los demás que iban detrás del ganado. Les dijo: «Cuando se encuentren con Esaú, le dirán todo esto, y añadirán: "Su siervo Jacob viene detrás de nosotros." » Jacob pensaba: «Lo apaciguaré con los regalos que le llegarán primero, y luego me presentaré ante él; tal vez así me reciba bien.» De esta manera los regalos lo precedieron, pero Jacob se quedó esa noche en el campamento.

Aquella misma noche Jacob se levantó, tomó a sus dos esposas, a sus dos esclavas y a sus once hijos, y cruzó el vado del río Jaboc. Una vez que lo habían cruzado, hizo pasar también todas sus posesiones, quedándose solo. Entonces un hombre luchó con él hasta el amanecer. Cuando ese hombre se dio cuenta de que no podía vencer a Jacob, lo tocó en la coyuntura de la cadera, y ésta se le dislocó mientras luchaban. Entonces el hombre le dijo: —¡Suéltame, que ya está por amanecer!

—¡No te soltaré hasta que me bendigas! —respondió Jacob.

—¿Cómo te llamas? —le preguntó el hombre.

—Me llamo Jacob —respondió.

Entonces el hombre le dijo: —Ya no te llamarás Jacob, sino Israel, porque has luchado con Dios y con los hombres, y has vencido.

—Y tú, ¿cómo te llamas? —le preguntó Jacob.

—¿Por qué preguntas cómo me llamo? —le respondió el hombre. Y en ese mismo lugar lo bendijo.

Jacob llamó a ese lugar Penuel, porque dijo: «He visto a Dios cara a cara, y todavía sigo con vida.»

Cuando Jacob alzó la vista y vio que Esaú se acercaba con cuatrocientos hombres, repartió a los niños entre Lea, Raquel y las dos esclavas. Al frente de todos colocó a las criadas con sus hijos, luego a Lea con sus hijos, y por último a Raquel con José. Jacob, por su parte, se adelantó a ellos, inclinándose hasta el suelo siete veces mientras se iba acercando a su hermano.

Pero Esaú corrió a su encuentro y, echándole los brazos al cuello, lo abrazó y lo besó. Entonces los dos se pusieron a llorar. Luego Esaú alzó la vista y, al ver a las mujeres y a los niños, preguntó: —¿Quiénes son estos que te acompañan?

—Son los hijos que Dios le ha concedido a tu siervo —respondió Jacob.

Las esclavas y sus hijos se acercaron y se inclinaron ante Esaú. Luego, Lea y sus hijos hicieron lo mismo y, por último, también se inclinaron José y Raquel.

—¿Qué significan todas estas manadas que han salido a mi encuentro? —preguntó Esaú.

—Intentaba con ellas ganarme tu confianza —contestó Jacob.

—Hermano mío —repuso Esaú—, ya tengo más que suficiente. Quédate con lo que te pertenece.

—No, por favor —insistió Jacob—; si me he ganado tu confianza, acepta este presente que te ofrezco. Ya que me has recibido tan bien, ¡ver tu rostro es como ver a Dios mismo! Acéptame el regalo que te he traído. Dios ha sido muy bueno conmigo, y tengo más de lo que necesito. Fue tanta la insistencia de Jacob que, finalmente, Esaú aceptó.

Más tarde, Esaú le dijo: —Sigamos nuestro viaje; yo te acompañaré.

Dios le dijo a Jacob: «Ponte en marcha, y vete a vivir a Betel. Erige allí un altar al Dios que se te apareció cuando escapabas de tu hermano Esaú.»

Entonces Jacob dijo a su familia y a quienes lo acompañaban: «Deshá-ganse de todos los dioses extraños que tengan con ustedes, purifíquense y cámbiense de ropa. Vámonos a Betel. Allí construiré un altar al Dios que me socorrió cuando estaba yo en peligro, y que me ha acompañado en mi camino.» Así que le entregaron a Jacob todos los dioses extraños que tenían, junto con los aretes que llevaban en las orejas, y Jacob los enterró a la sombra de la encina que estaba cerca de Siquén. Cuando partieron, nadie persiguió a la familia de Jacob, porque un terror divino se apoderó de las ciudades vecinas.

Fue así como Jacob y quienes lo acompañaban llegaron a Luz, es decir, Betel, en la tierra de Canaán. Erigió un altar y llamó a ese lugar El Betel, porque allí se le había revelado Dios cuando escapaba de su hermano Esaú.

Cuando Jacob regresó de Padán Aram, Dios se le apareció otra vez y lo bendijo con estas palabras: «Tu nombre es Jacob, pero ya no te llamarás así. De aquí en adelante te llamarás Israel.» Y, en efecto, ese fue el nombre que le puso.

Luego Dios añadió: «Yo soy el Dios Todopoderoso. Sé fecundo y multiplícate. De ti nacerá una nación y una comunidad de naciones, y habrá reyes entre tus vástagos. La tierra que les di a Abraham y a Isaac te la doy a ti, y también a tus descendientes.»

Después partieron de Betel. Cuando todavía estaban lejos de Efrata, Raquel dio a luz, pero tuvo un parto muy difícil. En el momento más difícil del parto, la partera le dijo: «¡No temas; estás por tener otro varón!» No obstante, ella se estaba muriendo, y en sus últimos suspiros alcanzó a llamar a su hijo Benoní, pero Jacob, su padre, le puso por nombre Benjamín.

Así murió Raquel, y la sepultaron en el camino que va hacia Efrata, que es Belén.

Mientras vivía en esa región, Rubén fue y se acostó con Bilhá, la concubina de su padre. Cuando Israel se enteró de esto, se enojó muchísimo.

Jacob volvió a la casa de su padre Isaac en Mamré, cerca de Quiriat Arbá, es decir, Hebrón, donde también habían vivido Abraham e Isaac. Isaac tenía ciento ochenta años cuando se reunió con sus antepasados. Era ya muy anciano cuando murió, y lo sepultaron sus hijos Esaú y Jacob.

Jacob

Éstos fueron los hijos que nacieron a Jacob en Padán Aram

Los hijos de Raquel: José y Benjamín

Los hijos de Lea:
Isacar y Zabulón.

Los hijos de Zilpá, la esclava de Lea:
Gad y Aser.

Los hijos de Bilhá, la esclava de Raquel:
Dan y Neftalí.

Los hijos de Lea:
Simeón, Leví, Judá.
Rubén, que era el primogénito.

La historia de Dios de promesa y prosperidad se desplaza de Jacob a su hijo José. De los doce hijos de Jacob, José era claramente el favorito de su padre, lo que provocó que el resto de sus hijos se sintieran resentidos con el hijo menor. Jacob solo incrementó las tensiones familiares cuando le dio una hermosa túnica a José. Y José no ayudó con el asunto cuando dos veces les dijo a sus hermanos mayores que había tenido un sueño en el que vio que algún día se postrarían delante de él. Al final, los hermanos escucharon suficiente de su arrogante hermano menor. Maquinaron una conspiración. Para José, de diecisiete años de edad, sería en realidad un día muy malo.

3

José:
De esclavo a alto dignatario del faraón

EN CIERTA OCASIÓN, LOS HERMANOS DE JOSÉ SE FUERON A SIQUÉN para apacentar las ovejas de su padre. Israel le dijo a José: —Tus hermanos están en Siquén apacentando las ovejas. Quiero que vayas a verlos.

—Está bien —contestó José.

Israel continuó: —Vete a ver cómo están tus hermanos y el rebaño, y tráeme noticias frescas. Y lo envió desde el valle de Hebrón.

Cuando José llegó a Siquén, un hombre lo encontró perdido en el campo y le preguntó: —¿Qué andas buscando?

—Ando buscando a mis hermanos —contestó José—. ¿Podría usted indicarme dónde están apacentando el rebaño?

—Ya se han marchado de aquí —le informó el hombre—. Les oí decir que se dirigían a Dotán.

José siguió buscando a sus hermanos, y los encontró cerca de Dotán. Como ellos alcanzaron a verlo desde lejos, antes de que se acercara tramaron un plan para matarlo.

Se dijeron unos a otros: —Ahí viene ese soñador. Ahora sí que le llegó la hora. Vamos a matarlo y echarlo en una de estas cisternas, y diremos que lo devoró un animal salvaje. ¡Y a ver en qué terminan sus sueños!

Cuando Rubén escuchó esto, intentó librarlo de las garras de sus hermanos, así que les propuso: —No lo matemos. No derramen sangre. Arrójenlo en esta cisterna en el desierto, pero no le pongan la mano encima. Rubén dijo esto porque su intención era rescatar a José y devolverlo a su padre.

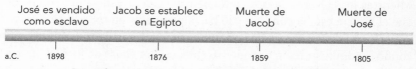

José es vendido como esclavo	Jacob se establece en Egipto	Muerte de Jacob	Muerte de José
1898	1876	1859	1805

a.C.

Para información completa sobre la cronología vea la página ix.

25

Cuando José llegó adonde estaban sus hermanos, le arrancaron la túnica especial de mangas largas, lo agarraron y lo echaron en una cisterna que estaba vacía y seca.

Luego se sentaron a comer. En eso, al levantar la vista, divisaron una caravana de ismaelitas que venía de Galaad. Sus camellos estaban cargados de perfumes, bálsamo y mirra, que llevaban a Egipto.

Entonces Judá les propuso a sus hermanos: —¿Qué ganamos con matar a nuestro hermano y ocultar su muerte? En vez de eliminarlo, vendámoslo a los ismaelitas; al fin de cuentas, es nuestro propio hermano. Sus hermanos estuvieron de acuerdo con él.

Así que cuando los mercaderes madianitas se acercaron, sacaron a José de la cisterna y se lo vendieron a los ismaelitas por veinte monedas de plata. Fue así como se llevaron a José a Egipto.

Cuando Rubén volvió a la cisterna y José ya no estaba allí, se rasgó las vestiduras en señal de duelo. Regresó entonces adonde estaban sus hermanos, y les reclamó: —¡Ya no está ese mocoso! Y ahora, ¿qué hago?

En seguida los hermanos tomaron la túnica especial de José, degollaron un cabrito, y con la sangre empaparon la túnica. Luego la mandaron a su padre con el siguiente mensaje: «Encontramos esto. Fíjate bien si es o no la túnica de tu hijo.»

En cuanto Jacob la reconoció, exclamó: «¡Sí, es la túnica de mi hijo! ¡Seguro que un animal salvaje se lo devoró y lo hizo pedazos!»

Y Jacob se rasgó las vestiduras y se vistió de luto, y por mucho tiempo hizo duelo por su hijo. Todos sus hijos y sus hijas intentaban calmarlo, pero él no se dejaba consolar, sino que decía: «No. Guardaré luto hasta que descienda al sepulcro para reunirme con mi hijo.» Así Jacob siguió llorando la muerte de José.

En Egipto, los madianitas lo vendieron a un tal Potifar, funcionario del faraón y capitán de la guardia.

Cuando José fue llevado a Egipto, los ismaelitas que lo habían trasladado allá lo vendieron a Potifar, un egipcio que era funcionario del faraón y capitán de su guardia.

Ahora bien, el Señor estaba con José y las cosas le salían muy bien. Mientras José vivía en la casa de su patrón egipcio, éste se dio cuenta de que el Señor estaba con José y lo hacía prosperar en todo. José se ganó la confianza de Potifar, y éste lo nombró mayordomo de toda su casa y le confió la administración de todos sus bienes. Por causa de José, el Señor bendijo la casa del egipcio Potifar a partir del momento en que puso a

José a cargo de su casa y de todos sus bienes. La bendición del Señor se extendió sobre todo lo que tenía el egipcio, tanto en la casa como en el campo. Por esto Potifar dejó todo a cargo de José, y tan sólo se preocupaba por lo que tenía que comer.

José tenía muy buen físico y era muy atractivo. Después de algún tiempo, la esposa de su patrón empezó a echarle el ojo y le propuso: —Acuéstate conmigo.

Pero José no quiso saber nada, sino que le contestó: —Mire, señora: mi patrón ya no tiene que preocuparse de nada en la casa, porque todo me lo ha confiado a mí. En esta casa no hay nadie más importante que yo. Mi patrón no me ha negado nada, excepto meterme con usted, que es su esposa. ¿Cómo podría yo cometer tal maldad y pecar así contra Dios? Y por más que ella lo acosaba día tras día para que se acostara con ella y le hiciera compañía, José se mantuvo firme en su rechazo.

Un día, en un momento en que todo el personal de servicio se encontraba ausente, José entró en la casa para cumplir con sus responsabilidades. Entonces la mujer de Potifar lo agarró del manto y le rogó: «¡Acuéstate conmigo!» Pero José, dejando el manto en manos de ella, salió corriendo de la casa.

Al ver ella que él había dejado el manto en sus manos y había salido corriendo, llamó a los siervos de la casa y les dijo: «¡Miren!, el hebreo que nos trajo mi esposo sólo ha venido a burlarse de nosotros. Entró a la casa con la intención de acostarse conmigo, pero yo grité con todas mis fuerzas. En cuanto me oyó gritar, salió corriendo y dejó su manto a mi lado.»

La mujer guardó el manto de José hasta que su marido volvió a su casa. Entonces le contó la misma historia: «El esclavo hebreo que nos trajiste quiso aprovecharse de mí. Pero en cuanto grité con todas mis fuerzas, salió corriendo y dejó su manto a mi lado.»

Cuando el patrón de José escuchó de labios de su mujer cómo la había tratado el esclavo, se enfureció y mandó que echaran a José en la cárcel donde estaban los presos del rey.

Pero aun en la cárcel el Señor estaba con él y no dejó de mostrarle su amor. Hizo que se ganara la confianza del guardia de la cárcel, el cual puso a José a cargo de todos los prisioneros y de todo lo que allí se hacía.

Como el Señor estaba con José y hacía prosperar todo lo que él hacía, el guardia de la cárcel no se preocupaba de nada de lo que dejaba en sus manos.

La habilidad administrativa de José emergió tanto en la casa de su maestro egipcio como en la cárcel. José también cultivó otro talento mientras estuvo confinado en la pestilente cárcel del faraón: Dios lo dotó con la inusual capacidad de discernir el significado de los sueños. Una vez durante su confinamiento, José ayudó a unos funcionarios del faraón a interpretar sus sueños. Cuando el mundo de los sueños del faraón tomó un extraño giro, José fue llamado a la corte real.

Dos años más tarde, el faraón tuvo un sueño.

Sin embargo, a la mañana siguiente se levantó muy preocupado, mandó llamar a todos los magos y sabios de Egipto, y les contó los dos sueños. Pero nadie se los pudo interpretar.

El faraón mandó llamar a José, y en seguida lo sacaron de la cárcel. Luego de afeitarse y cambiarse de ropa, José se presentó ante el faraón.

Le dijo: —Tuve un sueño que nadie ha podido interpretar. Pero me he enterado de que, cuando tú oyes un sueño, eres capaz de interpretarlo.

—No soy yo quien puede hacerlo —respondió José—, sino que es Dios quien le dará al faraón una respuesta favorable.

Faraón explicó sus dos sueños de esta manera: siete vacas hermosas y gordas emergen del Nilo solo para ser comidas por siete vacas flacas y feas; luego siete espigas de trigo de un solo tallo son comidas por siete espigas secas y débiles. «¿Cómo interpretas eso?», le preguntó faraón a José.

Dándole crédito a Dios por ese don de la interpretación, José le dijo al faraón que los dos sueños predecían siete años de cosechas abundantes seguidos por siete años de campos secos y gran hambruna. Dios lo había planificado de esa manera, afirmó José, de modo que no quedaba duda de que esto ocurriría.

La recomendación de José al faraón fue poner a un hombre sabio a cargo del almacenamiento de los alimentos y de los preparativos para la hambruna venidera.

Al faraón y a sus servidores les pareció bueno el plan.
Luego le dijo a José: —Puesto que Dios te ha revelado todo esto, no

hay nadie más competente y sabio que tú. Quedarás a cargo de mi palacio, y todo mi pueblo cumplirá tus órdenes. Sólo yo tendré más autoridad que tú, porque soy el rey.

Así que el faraón le informó a José: —Mira, yo te pongo a cargo de todo el territorio de Egipto. De inmediato, el faraón se quitó el anillo oficial y se lo puso a José. Hizo que lo vistieran con ropas de lino fino, y que le pusieran un collar de oro en el cuello. Después lo invitó a subirse al carro reservado para el segundo en autoridad, y ordenó que gritaran: «¡Abran paso!» Fue así como el faraón puso a José al frente de todo el territorio de Egipto.

Entonces el faraón le dijo: —Yo soy el faraón, pero nadie en todo Egipto podrá hacer nada sin tu permiso.

Ciertamente, durante siete años maravillosos, los agricultores egipcios apenas podían creer cuán abundantes resultaban sus cosechas. Las granjas rendían lo suficiente para que el pueblo comiera y aun así se almacenara para los próximos malos tiempos. José tuvo otro tipo de abundancia durante este tiempo: su esposa dio a luz a dos hijos. Él les dio los nombres de Manasés[1] y Efraín[2]. Entonces, como había predicho José, el cielo azul de Egipto se volvió caliente y seco, y los cultivos se marchitaron. Sin embargo, José ya había previsto esto y almacenado suficientes alimentos para mantener sanos a los egipcios y el comercio exterior del faraón aun más saludable.

Incluso los patrones climáticos caben dentro del plan mayor de Dios. Debido a que la sequía fue muy severa, las naciones vecinas comenzaron a acercarse a Egipto en busca de ayuda tan solo para sobrevivir. Y mira precisamente quién se apareció.

Cuando Jacob se enteró de que había alimento en Egipto, les dijo a sus hijos: «¿Qué hacen ahí parados, mirándose unos a otros? He sabido que hay alimento en Egipto. Vayan allá y compren comida para nosotros, para que no muramos, sino que podamos sobrevivir.»

Diez de los hermanos de José fueron a Egipto a comprar alimento. Pero Jacob no dejó que Benjamín, el hermano de José, se fuera con ellos porque pensó que podría sucederle alguna desgracia.

---

[1]**Manasés:** *Manasés* suena y puede ser derivado del hebreo para «olvidar».
[2]**Efraín:** *Efraín* suena como el hebreo para «dos veces fructífero».

José era el gobernador del país, y el que vendía trigo a todo el mundo. Cuando sus hermanos llegaron ante él, se postraron rostro en tierra. En cuanto José vio a sus hermanos, los reconoció; pero, fingiendo no conocerlos, les habló con rudeza: —¡Y ustedes!, ¿de dónde vienen?

—Venimos de Canaán, para comprar alimento —contestaron.

Aunque José los había reconocido, sus hermanos no lo reconocieron a él. En ese momento se acordó José de los sueños que había tenido acerca de ellos, y les dijo: —¡De seguro ustedes son espías, y han venido para investigar las zonas desprotegidas del país!

—¡No, señor! —respondieron—. Sus siervos hemos venido a comprar alimento. Todos nosotros somos hijos de un mismo padre, y además somos gente honrada. ¡Sus siervos no somos espías!

—¡No es verdad! —insistió José—. Ustedes han venido para investigar las zonas desprotegidas del país.

Pero ellos volvieron a responder: —Nosotros, sus siervos, éramos doce hermanos, todos hijos de un mismo padre que vive en Canaán. El menor se ha quedado con nuestro padre, y el otro ya no vive.

Pero José los increpó una vez más: —Es tal como les he dicho. ¡Ustedes son espías! Y con esto lo vamos a comprobar: Les juro por la vida del faraón, que de aquí no saldrán con vida a menos que traigan a su hermano menor. Manden a uno de ustedes a buscar a su hermano; los demás se quedarán en la cárcel. Así sabremos si es verdad lo que dicen. Y si no es así, ¡por la vida del faraón, ustedes son espías! José los encerró en la cárcel durante tres días.

Al tercer día les dijo: —Yo soy un hombre temeroso de Dios. Hagan lo siguiente y salvarán su vida. Si en verdad son honrados, quédese uno de ustedes bajo custodia, y vayan los demás y lleven alimento para calmar el hambre de sus familias. Pero tráiganme a su hermano menor y pruébenme que dicen la verdad. Así no morirán. Ellos aceptaron la propuesta.

Se decían unos a otros: —Sin duda estamos sufriendo las consecuencias de lo que hicimos con nuestro hermano. Aunque vimos su angustia cuando nos suplicaba que le tuviéramos compasión, no le hicimos caso. Por eso ahora nos vemos en aprietos.

Entonces habló Rubén: —Yo les advertí que no le hicieran daño al muchacho, pero no me hicieron caso. ¡Ahora tenemos que pagar el precio de su sangre! Como José les hablaba por medio de un intérprete, ellos no sabían que él entendía todo lo que estaban diciendo.

José se apartó de ellos y se echó a llorar. Luego, cuando se controló y pudo hablarles, apartó a Simeón y ordenó que lo ataran en presencia de ellos.

Por lo tanto, José desarrolló un plan usando un engaño triple: Encarcelaría a uno de sus hermanos, Simeón, como supuesto «rehén» en Egipto; secretamente devolvería el dinero utilizado para la compra del grano a la bolsa de sus hermanos; y mantendría su propia identidad oculta mediante el uso de un segundo idioma, todo esto al tiempo que escuchaba perfectamente bien los temores que ellos expresaban.

Los diez hermanos estaban desesperadamente confundidos.

Sin embargo, su padre Jacob no estaba confundido. Cuando los diez hijos le explicaron las condiciones de la venta, Jacob no cedió. De ninguna manera entregaría al joven Benjamín al líder egipcio para escrutinio, o incluso a la triste banda de hijos que alegaban haber perdido a José al ser arrebatado por una fiera salvaje tantos años antes.

Parecía ser una situación de estancamiento, en la que tercas almas se rehusaban a enfrentar sus temores secretos, hasta que el hambre, con su gran poder de persuasión, los obligó a comprometerse y cumplir.

El hambre seguía aumentando en aquel país. Llegó el momento en que se les acabó el alimento que habían llevado de Egipto. Entonces su padre les dijo: —Vuelvan a Egipto y compren un poco más de alimento para nosotros.

Pero Judá le recordó: —Aquel hombre nos advirtió claramente que no nos presentáramos ante él, a menos que lo hiciéramos con nuestro hermano menor.

Entonces Israel, su padre, les dijo: —Ya que no hay más remedio, hagan lo siguiente: Echen en sus costales los mejores productos de esta región, y llévenselos de regalo a ese hombre: un poco de bálsamo, un poco de miel, perfumes, mirra, nueces, almendras.

Vayan con su hermano menor y preséntense ante ese hombre. ¡Que el Dios Todopoderoso permita que ese hombre les tenga compasión y deje libre a su otro hermano, y además vuelvan con Benjamín! En cuanto a mí, si he de perder a mis hijos, ¡qué le voy a hacer! ¡Los perderé!

Ellos tomaron los regalos, el doble del dinero, y a Benjamín, y emprendieron el viaje a Egipto. Allí se presentaron ante José.

Cuando José entró en su casa, le entregaron los regalos que le habían llevado, y rostro en tierra se postraron ante él. José les preguntó cómo estaban, y añadió: —¿Cómo está su padre, el anciano del cual me hablaron? ¿Vive todavía?

—Nuestro padre, su siervo, se encuentra bien, y todavía vive —respondieron ellos. Y en seguida le hicieron una reverencia para honrarlo.

José miró a su alrededor y, al ver a Benjamín, su hermano de padre y madre, les preguntó: —¿Es éste su hermano menor, del cual me habían hablado? ¡Que Dios te guarde, hijo mío! Conmovido por la presencia de su hermano, y no pudiendo contener el llanto, José salió de prisa. Entró en su habitación, y allí se echó a llorar desconsoladamente.

Después se lavó la cara y, ya más calmado, salió y ordenó: «¡Sirvan la comida!»

Los hermanos de José estaban sentados frente a él, de mayor a menor, y unos a otros se miraban con asombro. Las porciones les eran servidas desde la mesa de José, pero a Benjamín se le servían porciones mucho más grandes que a los demás. En compañía de José, todos bebieron y se alegraron.

Más tarde, José ordenó al mayordomo de su casa: «Llena con todo el alimento que les quepa los costales de estos hombres, y pon en sus bolsas el dinero de cada uno de ellos. Luego mete mi copa de plata en la bolsa del hermano menor, junto con el dinero que pagó por el alimento.» Y el mayordomo hizo todo lo que José le ordenó.

A la mañana siguiente, muy temprano, los hermanos de José fueron enviados de vuelta, junto con sus asnos. Todavía no estaban muy lejos de la ciudad cuando José le dijo al mayordomo de su casa: «¡Anda! ¡Persigue a esos hombres! Cuando los alcances, diles: "¿Por qué me han pagado mal por bien? ¿Por qué han robado la copa que usa mi señor para beber y para adivinar? ¡Esto que han hecho está muy mal!" »

Cuando el mayordomo los alcanzó, les repitió esas mismas palabras. Pero ellos respondieron: —¿Por qué nos dice usted tales cosas, mi señor? ¡Lejos sea de nosotros actuar de esa manera! Es más, nosotros le trajimos de vuelta de Canaán el dinero que habíamos pagado, pero que encontramos en nuestras bolsas. ¿Por qué, entonces, habríamos de robar oro o plata de la casa de su señor? Si se encuentra la copa en poder de alguno de nosotros, que muera el que la tenga, y el resto de nosotros seremos esclavos de mi señor.

—Está bien —respondió el mayordomo—, se hará como ustedes dicen, pero sólo el que tenga la copa en su poder será mi esclavo; el resto de ustedes quedará libre de todo cargo.

En seguida cada uno de ellos bajó al suelo su bolsa y la abrió. El mayordomo revisó cada bolsa, comenzando con la del hermano mayor y terminando con la del menor. ¡Y encontró la copa en la bolsa de Benjamín! Al ver esto, los hermanos de José se rasgaron las vestiduras en señal de duelo y, luego de cargar sus asnos, volvieron a la ciudad.

Todavía estaba José en su casa cuando llegaron Judá y sus hermanos. Entonces se postraron rostro en tierra, y José les dijo: —¿Qué manera de portarse es ésta? ¿Acaso no saben que un hombre como yo puede adivinar?

—¡No sabemos qué decirle, mi señor! —contestó Judá—. ¡No hay excusa que valga! ¿Cómo podemos demostrar nuestra inocencia? Dios ha puesto al descubierto la maldad de sus siervos. Aquí nos tiene usted: somos sus esclavos, nosotros y el que tenía la copa.

—¡Jamás podría yo actuar de ese modo! —respondió José—. Sólo será mi esclavo el que tenía la copa en su poder. En cuanto a ustedes, regresen tranquilos a la casa de su padre.

Entonces Judá se acercó a José para decirle: —Mi señor, no se enoje usted conmigo, pero le ruego que me permita hablarle en privado. Para mí, usted es tan importante como el faraón.

Mi padre, su siervo, respondió: "Ustedes saben que mi esposa me dio dos hijos. Uno desapareció de mi lado, y no he vuelto a verlo. Con toda seguridad fue despedazado por las fieras. Si también se llevan a éste, y le pasa alguna desgracia, ¡ustedes tendrán la culpa de que este pobre viejo se muera de tristeza!"

»Así que, si yo regreso a mi padre, su siervo, y el joven, cuya vida está tan unida a la de mi padre, no regresa con nosotros, seguramente mi padre, al no verlo, morirá, y nosotros seremos los culpables de que nuestro padre se muera de tristeza. Este siervo suyo quedó ante mi padre como responsable del joven. Le dije: "Si no te lo devuelvo, padre mío, seré culpable ante ti toda mi vida."

Por eso, permita usted que yo me quede como esclavo suyo en lugar de mi hermano menor, y que él regrese con sus hermanos. ¿Cómo podré volver junto a mi padre si mi hermano menor no está conmigo? ¡No soy capaz de ver la desgracia que le sobrevendrá a mi padre!

José ya no pudo controlarse delante de sus servidores, así que ordenó: «¡Que salgan todos de mi presencia!» Y ninguno de ellos quedó con él. Cuando se dio a conocer a sus hermanos, comenzó a llorar tan fuerte que los egipcios se enteraron, y la noticia llegó hasta la casa del faraón.

—Yo soy José —les declaró a sus hermanos—. ¿Vive todavía mi padre? Pero ellos estaban tan pasmados que no atinaban a contestarle.

No obstante, José insistió: —¡Acérquense! Cuando ellos se acercaron, él añadió: —Yo soy José, el hermano de ustedes, a quien vendieron a Egipto. Pero ahora, por favor no se aflijan más ni se reprochen el haberme vendido, pues en realidad fue Dios quien me mandó delante de ustedes para salvar vidas. Desde hace dos años la región está sufriendo de hambre, y todavía faltan cinco años más en que no habrá siembras ni cosechas. Por eso Dios me envió delante de ustedes: para salvarles la vida de manera extraordinaria y de ese modo asegurarles descendencia sobre la tierra.

Fue Dios quien me envió aquí, y no ustedes. Él me ha puesto como asesor del faraón y administrador de su casa, y como gobernador de todo Egipto. ¡Vamos, apúrense! Vuelvan a la casa de mi padre y díganle: "Así dice tu hijo José: 'Dios me ha hecho gobernador de todo Egipto. Ven a verme. No te demores. Vivirás en la región de Gosén, cerca de mí, con tus hijos y tus nietos, y con tus ovejas, y vacas y todas tus posesiones. Yo les proveeré alimento allí, porque aún quedan cinco años más de hambre. De lo contrario, tú y tu familia, y todo lo que te pertenece, caerán en la miseria.' "

Además, ustedes y mi hermano Benjamín son testigos de que yo mismo lo he dicho. Cuéntenle a mi padre del prestigio que tengo en Egipto, y de todo lo que han visto. ¡Pero apúrense y tráiganlo ya!

Y abrazó José a su hermano Benjamín, y comenzó a llorar. Benjamín, a su vez, también lloró abrazado a su hermano José. Luego José, bañado en lágrimas, besó a todos sus hermanos. Sólo entonces se animaron ellos a hablarle.

Los hermanos de José salieron de Egipto y llegaron a Canaán, donde residía su padre Jacob. Al llegar le dijeron: «¡José vive, José vive! ¡Es el gobernador de todo Egipto!» Jacob quedó atónito y no les creía, pero ellos le repetían una y otra vez todo lo que José les había dicho. Y cuando su padre Jacob vio los carros que José había enviado para llevarlo, se reanimó. Entonces exclamó: «¡Con esto me basta! ¡Mi hijo José aún vive! Iré a verlo antes de morirme.»

Israel emprendió el viaje con todas sus pertenencias. Al llegar a Berseba, ofreció sacrificios al Dios de su padre Isaac.

Esa noche Dios le habló a Israel en una visión: —¡Jacob! ¡Jacob!

—Aquí estoy —respondió.

—Yo soy Dios, el Dios de tu padre —le dijo—. No tengas temor de ir a Egipto, porque allí haré de ti una gran nación. Yo te acompañaré a Egipto, y yo mismo haré que vuelvas. Además, cuando mueras, será José quien te cierre los ojos.

Luego Jacob salió de Berseba, y los hijos de Israel hicieron que su padre Jacob, y sus hijos y sus mujeres, subieran en los carros que el faraón había enviado para trasladarlos.

Jacob mandó a Judá que se adelantara para que le anunciara a José su llegada y éste lo recibiera en Gosén. Cuando llegaron a esa región, José hizo que prepararan su carruaje, y salió a Gosén para recibir a su padre Israel. Cuando se encontraron, José se fundió con su padre en un abrazo, y durante un largo rato lloró sobre su hombro.

Entonces Israel le dijo a José: —¡Ya me puedo morir! ¡Te he visto y aún estás con vida!

José instaló a su padre y a sus hermanos, y les entregó terrenos en la mejor región de Egipto, es decir, en el distrito de Ramsés, tal como lo había ordenado el faraón.

Jacob residió diecisiete años en Egipto, y llegó a vivir un total de ciento cuarenta y siete años. Cuando Israel estaba a punto de morir, mandó llamar a su hijo José y le dijo: —Si de veras me quieres, pon tu mano debajo de mi muslo y prométeme amor y lealtad. ¡Por favor, no me entierres en Egipto! Cuando vaya a descansar junto a mis antepasados, sácame de Egipto y entiérrame en el sepulcro de ellos.

—Haré lo que me pides —contestó José.

—¡Júramelo! —insistió su padre. José se lo juró, e Israel se reclinó sobre la cabecera de la cama.

Finalmente, Israel le dijo a José: —Yo estoy a punto de morir; pero Dios estará con ustedes y los hará volver a la tierra de sus antepasados.

Jacob murió a la edad madura de ciento cuarenta y siete años. Antes del último día, reunió a sus hijos a fin de bendecirlos, vaticinar su futuro y darles responsabilidades a seguir. No todos los hijos recibieron lo que querían. Rubén, por ejemplo, fue reprendido por un acto sexual anterior del que, no cabe duda, había tenido la esperanza de que su padre no se acordara. Las últimas palabras de Jacob predijeron que algunos de sus hijos y sus descendientes experimentarían éxito, otros tiempos difíciles. Jacob adoptó a los dos hijos de José, Efraín y Manasés, como suyos propios, lo que le permitió a Jacob darle una doble herencia a José, que por su temperamento se había ganado su confianza.

Al reflexionar sobre la muerte de su padre, los hermanos de José concluyeron: «Tal vez José nos guarde rencor, y ahora quiera vengarse de todo el mal que le hicimos.» Por eso le mandaron a decir: «Antes de morir tu padre, dejó estas instrucciones: "Díganle a José que perdone, por favor, la terrible maldad que sus hermanos cometieron contra él." Así que, por favor, perdona la maldad de los siervos del Dios de tu padre.» Cuando José escuchó estas palabras, se echó a llorar.

Luego sus hermanos se presentaron ante José, se inclinaron delante de él y le dijeron: —Aquí nos tienes; somos tus esclavos.

—No tengan miedo —les contestó José—. ¿Puedo acaso tomar el lugar de Dios? Es verdad que ustedes pensaron hacerme mal, pero Dios transformó ese mal en bien para lograr lo que hoy estamos viendo: salvar la vida de mucha gente. Así que, ¡no tengan miedo! Yo cuidaré de ustedes y de sus hijos. Y así, con el corazón en la mano, José los reconfortó.

José y la familia de su padre permanecieron en Egipto. Alcanzó la edad de ciento diez años, y llegó a ver nacer a los hijos de Efraín hasta la tercera generación. Además, cuando nacieron los hijos de Maquir, hijo de Manasés, él los recibió sobre sus rodillas.

Tiempo después, José les dijo a sus hermanos: «Yo estoy a punto de morir, pero sin duda Dios vendrá a ayudarlos, y los llevará de este país a la tierra que prometió a Abraham, Isaac y Jacob.» Entonces José hizo que sus hijos le prestaran juramento. Les dijo: «Sin duda Dios vendrá a ayudarlos. Cuando esto ocurra, ustedes deberán llevarse de aquí mis huesos.»

José murió en Egipto a los ciento diez años de edad. Una vez que lo embalsamaron, lo pusieron en un ataúd.

4

Liberación

Murieron José y sus hermanos y toda aquella generación. Sin embargo, los israelitas tuvieron muchos hijos, y a tal grado se multiplicaron que fueron haciéndose más y más poderosos. El país se fue llenando de ellos.

Pero llegó al poder en Egipto otro rey que no había conocido a José, y le dijo a su pueblo: «¡Cuidado con los israelitas, que ya son más fuertes y numerosos que nosotros! Vamos a tener que manejarlos con mucha astucia; de lo contrario, seguirán aumentando y, si estalla una guerra, se unirán a nuestros enemigos, nos combatirán y se irán del país.»

Fue así como los egipcios pusieron capataces para que oprimieran a los israelitas. Les impusieron trabajos forzados, tales como los de edificar para el faraón las ciudades de almacenaje Pitón y Ramsés. Pero cuanto más los oprimían, más se multiplicaban y se extendían, de modo que los egipcios llegaron a tenerles miedo; por eso les imponían trabajos pesados y los trataban con crueldad. Les amargaban la vida obligándolos a hacer mezcla y ladrillos, y todas las labores del campo. En todos los trabajos de esclavos que los israelitas realizaban, los egipcios los trataban con crueldad.

El faraón, por su parte, dio esta orden a todo su pueblo: —¡Tiren al río a todos los niños hebreos que nazcan! A las niñas, déjenlas con vida.

Hubo un levita que tomó por esposa a una mujer de su propia tribu. La mujer quedó embarazada y tuvo un hijo, y al verlo tan hermoso lo escondió durante tres meses. Cuando ya no pudo seguir ocultándolo,

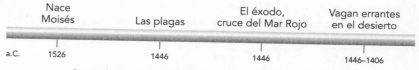

Nace Moisés	Las plagas	El éxodo, cruce del Mar Rojo	Vagan errantes en el desierto
a.C. 1526	1446	1446	1446–1406

Para información completa sobre la cronología vea la página ix.

preparó una cesta de papiro, la embadurnó con brea y asfalto y, poniendo en ella al niño, fue a dejar la cesta entre los juncos que había a la orilla del Nilo. Pero la hermana del niño se quedó a cierta distancia para ver qué pasaría con él.

En eso, la hija del faraón bajó a bañarse en el Nilo. Sus doncellas, mientras tanto, se paseaban por la orilla del río. De pronto la hija del faraón vio la cesta entre los juncos, y ordenó a una de sus esclavas que fuera por ella. Cuando la hija del faraón abrió la cesta y vio allí dentro un niño que lloraba, le tuvo compasión, pero aclaró que se trataba de un niño hebreo.

La hermana del niño preguntó entonces a la hija del faraón: —¿Quiere usted que vaya y llame a una nodriza hebrea, para que críe al niño por usted?

—Ve a llamarla —contestó. La muchacha fue y trajo a la madre del niño, y la hija del faraón le dijo: —Llévate a este niño y críamelo. Yo te pagaré por hacerlo. Fue así como la madre del niño se lo llevó y lo crió. Ya crecido el niño, se lo llevó a la hija del faraón, y ella lo adoptó como hijo suyo; además, le puso por nombre Moisés, pues dijo: «¡Yo lo saqué del río!»

Un día, cuando ya Moisés era mayor de edad, fue a ver a sus hermanos de sangre y pudo observar sus penurias. De pronto, vio que un egipcio golpeaba a uno de sus hermanos, es decir, a un hebreo. Miró entonces a uno y otro lado y, al no ver a nadie, mató al egipcio y lo escondió en la arena. Al día siguiente volvió a salir y, al ver que dos hebreos peleaban entre sí, le preguntó al culpable: —¿Por qué golpeas a tu compañero?

—¿Y quién te nombró a ti gobernante y juez sobre nosotros? —respondió aquél—. ¿Acaso piensas matarme a mí, como mataste al egipcio? Esto le causó temor a Moisés, pues pensó: «¡Ya se supo lo que hice!»

Y, en efecto, el faraón se enteró de lo sucedido y trató de matar a Moisés; pero Moisés huyó del faraón y se fue a la tierra de Madián, donde se quedó a vivir junto al pozo. El sacerdote de Madián tenía siete hijas, las cuales solían ir a sacar agua para llenar los abrevaderos y dar de beber a las ovejas de su padre. Pero los pastores llegaban y las echaban de allí. Un día, Moisés intervino en favor de ellas: las puso a salvo de los pastores y dio de beber a sus ovejas.

Cuando las muchachas volvieron a la casa de Reuel, su padre, éste les preguntó: —¿Por qué volvieron hoy tan temprano?

—Porque un egipcio nos libró de los pastores —le respondieron—. ¡Hasta nos sacó el agua del pozo y dio de beber al rebaño!

—¿Y dónde está ese hombre? —les contestó—. ¿Por qué lo dejaron solo? ¡Invítenlo a comer!

Moisés convino en quedarse a vivir en casa de aquel hombre, quien le dio por esposa a su hija Séfora. Ella tuvo un hijo, y Moisés le puso por nombre Guersón, pues razonó: «Soy un extranjero en tierra extraña.»

Mucho tiempo después murió el rey de Egipto. Los israelitas, sin embargo, seguían lamentando su condición de esclavos y clamaban pidiendo ayuda. Sus gritos desesperados llegaron a oídos de Dios, quien al oír sus quejas se acordó del pacto que había hecho con Abraham, Isaac y Jacob. Fue así como Dios se fijó en los israelitas y los tomó en cuenta.

Un día en que Moisés estaba cuidando el rebaño de Jetro, su suegro, que era sacerdote de Madián, llevó las ovejas hasta el otro extremo del desierto y llegó a Horeb, la montaña de Dios. Estando allí, el ángel del SEÑOR se le apareció entre las llamas de una zarza ardiente. Moisés notó que la zarza estaba envuelta en llamas, pero que no se consumía, así que pensó: «¡Qué increíble! Voy a ver por qué no se consume la zarza.»

Cuando el SEÑOR vio que Moisés se acercaba a mirar, lo llamó desde la zarza: —¡Moisés, Moisés!

—Aquí me tienes —respondió.

—No te acerques más —le dijo Dios—. Quítate las sandalias, porque estás pisando tierra santa.[1] Yo soy el Dios de tu padre. Soy el Dios de Abraham, de Isaac y de Jacob. Al oír esto, Moisés se cubrió el rostro, pues tuvo miedo de mirar a Dios.

Pero el SEÑOR siguió diciendo: —Ciertamente he visto la opresión que sufre mi pueblo en Egipto. Los he escuchado quejarse de sus capataces, y conozco bien sus penurias. Así que he descendido para librarlos del poder de los egipcios y sacarlos de ese país, para llevarlos a una tierra buena y espaciosa, tierra donde abundan la leche y la miel. Me refiero al país de los cananeos, hititas, amorreos, ferezeos, heveos y jebuseos. Han llegado a mis oídos los gritos desesperados de los israelitas, y he visto también cómo los oprimen los egipcios. Así que dispónte a partir. Voy a enviarte al faraón para que saques de Egipto a los israelitas, que son mi pueblo.

---

[1]**Santo, santidad:** El significado literal común de esta palabra es *apartado*. Dios es santo y es fundamentalmente diferente de los seres humanos debido a su pureza y perfección, sin embargo, Dios invita a las personas a ser santos y vivir en una forma que consiste en apartarse para servirle a él.

Pero Moisés le dijo a Dios: —¿Y quién soy yo para presentarme ante el faraón y sacar de Egipto a los israelitas?

—Yo estaré contigo —le respondió Dios—. Y te voy a dar una señal de que soy yo quien te envía: Cuando hayas sacado de Egipto a mi pueblo, todos ustedes me rendirán culto en esta montaña.

Pero Moisés insistió: —Supongamos que me presento ante los israelitas y les digo: "El Dios de sus antepasados me ha enviado a ustedes." ¿Qué les respondo si me preguntan: "¿Y cómo se llama?"

—Yo soy el que soy —respondió Dios a Moisés—. Y esto es lo que tienes que decirles a los israelitas: "Yo soy me ha enviado a ustedes."

Además, Dios le dijo a Moisés: —Diles esto a los israelitas: "El Señor, Dios de sus antepasados, el Dios de Abraham, de Isaac y de Jacob, me ha enviado a ustedes.

> Éste es mi nombre eterno;
> éste es mi nombre
> por todas las generaciones."

—Señor, yo nunca me he distinguido por mi facilidad de palabra —objetó Moisés—. Y esto no es algo que haya comenzado ayer ni anteayer, ni hoy que te diriges a este servidor tuyo. Francamente, me cuesta mucho trabajo hablar.

—¿Y quién le puso la boca al hombre? —le respondió el Señor—. ¿Acaso no soy yo, el Señor, quien lo hace sordo o mudo, quien le da la vista o se la quita? Anda, ponte en marcha, que yo te ayudaré a hablar y te diré lo que debas decir.

—Señor —insistió Moisés—, te ruego que envíes a alguna otra persona.

Entonces el Señor ardió en ira contra Moisés y le dijo: —¿Y qué hay de tu hermano Aarón, el levita? Yo sé que él es muy elocuente. Además, ya ha salido a tu encuentro, y cuando te vea se le alegrará el corazón. Tú hablarás con él y le pondrás las palabras en la boca; yo los ayudaré a hablar, a ti y a él, y les enseñaré lo que tienen que hacer. Él hablará por ti al pueblo, como si tú mismo le hablaras, y tú le hablarás a él por mí, como si le hablara yo mismo. Pero no te olvides de llevar contigo esta vara, porque con ella harás señales milagrosas.

El Señor le dijo a Aarón: «Anda a recibir a Moisés en el desierto.» Aarón fue y se encontró con Moisés en la montaña de Dios, y lo besó. Entonces

Moisés le comunicó a Aarón todo lo que el SEÑOR le había ordenado decir y todas las señales milagrosas que le mandaba realizar.

Luego Moisés y Aarón reunieron a todos los ancianos israelitas, y Aarón, además de repetirles todo lo que el SEÑOR le había dicho a Moisés, realizó también las señales a la vista del pueblo, con lo que el pueblo creyó. Y al oír que el SEÑOR había estado pendiente de ellos y había visto su aflicción, los israelitas se inclinaron y adoraron al SEÑOR.

Lamentablemente, las cosas no resultaron muy bien para Moisés y Aarón en la primera audiencia con faraón. Él no solo se rehusó a su solicitud para que el pueblo de Israel celebrara un festival en honor al Señor en el desierto, sino que también hizo que el trabajo de sus esclavos fuera aun más difícil. Sin reducir su producción de ladrillos, tendrían que buscar la paja que se necesitaba para mezclar con la arcilla.

Los jefes de cuadrilla israelitas se dieron cuenta de que estaban en un aprieto cuando se les dijo que la cuota diaria de ladrillos no se les iba a rebajar. Así que al encontrarse con Moisés y Aarón, que los estaban esperando a la salida, les dijeron: «¡Que el SEÑOR los examine y los juzgue! ¡Por culpa de ustedes somos unos apestados ante el faraón y sus siervos! ¡Ustedes mismos les han puesto la espada en la mano, para que nos maten!»

Moisés se volvió al SEÑOR y le dijo: —¡Ay, SEÑOR! ¿Por qué tratas tan mal a este pueblo? ¿Para esto me enviaste? Desde que me presenté ante el faraón y le hablé en tu nombre, no ha hecho más que maltratar a este pueblo, que es tu pueblo. ¡Y tú no has hecho nada para librarlo!

El SEÑOR le respondió: —Ahora verás lo que voy a hacer con el faraón. Realmente, sólo por mi mano poderosa va a dejar que se vayan; sólo por mi mano poderosa va a echarlos de su país.

En otra ocasión, Dios habló con Moisés y le dijo: «Yo soy el SEÑOR. Me aparecí a Abraham, a Isaac y a Jacob bajo el nombre de Dios Todopoderoso, pero no les revelé mi verdadero nombre, que es el SEÑOR. También con ellos confirmé mi pacto de darles la tierra de Canaán, donde residieron como forasteros. He oído además el gemir de los israelitas, a quienes los egipcios han esclavizado, y he recordado mi pacto.

Así que ve y diles a los israelitas: "Yo soy el SEÑOR, y voy a quitarles de encima la opresión de los egipcios. Voy a librarlos de su esclavitud;

voy a liberarlos[2] con gran despliegue de poder y con grandes actos de justicia. Haré de ustedes mi pueblo; y yo seré su Dios. Así sabrán que yo soy el SEÑOR su Dios, que los libró de la opresión de los egipcios. Y los llevaré a la tierra que bajo juramento prometí darles a Abraham, Isaac y Jacob. Yo, el SEÑOR, les daré a ustedes posesión de ella." »

El SEÑOR les dijo a Moisés y a Aarón: «Cuando el faraón les pida que hagan un milagro, le dirás a Aarón que tome la vara y la arroje al suelo ante el faraón. Así la vara se convertirá en serpiente.»

Moisés y Aarón fueron a ver al faraón y cumplieron las órdenes del SEÑOR. Aarón arrojó su vara al suelo ante el faraón y sus funcionarios, y la vara se convirtió en serpiente. Pero el faraón llamó a los sabios y hechiceros y, mediante sus artes secretas, también los magos egipcios hicieron lo mismo: Cada uno de ellos arrojó su vara al suelo, y cada vara se convirtió en una serpiente. Sin embargo, la vara de Aarón se tragó las varas de todos ellos. A pesar de esto, y tal como lo había advertido el SEÑOR, el faraón endureció su corazón y no les hizo caso.

El SEÑOR le dijo a Moisés: «El corazón del faraón se ha obstinado, y se niega a dejar salir al pueblo. Anda a verlo por la mañana, cuando salga a bañarse. Espéralo a orillas del río Nilo, y sal luego a su encuentro. No dejes de llevar la vara que se convirtió en serpiente. Dile allí: "El SEÑOR y Dios de los hebreos, me ha enviado a decirte: '¡Deja ir a mi pueblo para que me rinda culto en el desierto!' Como no has querido obedecer, el SEÑOR dice: '¡Ahora vas a saber que yo soy el SEÑOR!' Con esta vara que llevo en la mano voy a golpear las aguas del Nilo, y el río se convertirá en sangre. Morirán los peces que hay en el río, y el río apestará y los egipcios no podrán beber agua de allí." »

Dijo también el SEÑOR a Moisés: «Dile a Aarón que tome su vara y extienda el brazo sobre las aguas de Egipto, para que se conviertan en sangre sus arroyos y canales, y sus lagunas y depósitos de agua. Habrá sangre por todo el territorio de Egipto, ¡hasta en las vasijas de madera y de piedra!»

Moisés y Aarón cumplieron las órdenes del SEÑOR. En presencia del faraón y de sus funcionarios, Aarón levantó su vara y golpeó las aguas del Nilo. ¡Y toda el agua del río se convirtió en sangre! Murieron los peces que había en el Nilo, y tan mal olía el río que los egipcios no podían beber agua de allí. Por todo Egipto se veía sangre.

---

[2]**Liberarlos:** Rescatarlos del cautiverio. También puede referirse al pago del precio requerido para liberar una persona culpable de una obligación.

Sin embargo, mediante sus artes secretas los magos egipcios hicieron lo mismo, de modo que el faraón endureció su corazón y, tal como el SEÑOR lo había advertido, no les hizo caso ni a Aarón ni a Moisés. Como si nada hubiera pasado, se dio media vuelta y regresó a su palacio. Mientras tanto, todos los egipcios hacían pozos a la orilla del Nilo en busca de agua potable, porque no podían beber el agua del río.

La siguiente plaga incluyó millones de ranas que saltaban en cada cocina, cada calle y cada campo de Egipto. Los magos de la corte del faraón pudieron provocar mágicamente una plaga similar, y como consecuencia todavía más ranas estuvieron saltando alrededor. Incapaz de soportar ni un anfibio más, el faraón acordó dejar ir a los hebreos si Moisés lo libraba de las ranas. Moisés oró y las ranas murieron. Con la crisis inmediata resuelta, el faraón se negó de nuevo obstinadamente a cumplir con su parte del trato.

Así pues, Moisés golpeó el polvo con su vara y los mosquitos llenaron la tierra. Los magos del Faraón no pudieron reproducir esta plaga y expresaron su respeto por el Dios de los hebreos. No obstante, aun así faraón no cedió. Dios continuó mostrando su poder entre tanto se preparaba para rescatar a su pueblo.

El ciclo continuó a través de plagas que incluyeron enjambres de moscas, una enfermedad que causó la muerte del ganado, terribles úlceras que afectaron a las personas y los animales, tormentas destructivas de granizo, langostas devoradoras, y un aterrador momento de oscuridad. Después de cada plaga devastadora, el faraón le aseguraba a Moisés que podía salir con su gente. Sin embargo, más tarde cambiaba de parecer.

Pero el SEÑOR endureció el corazón del faraón, y éste no quiso dejarlos ir, sino que le gritó a Moisés: —¡Largo de aquí! ¡Y cuidado con volver a presentarte ante mí! El día que vuelvas a verme, puedes darte por muerto.

—¡Bien dicho! —le respondió Moisés—. ¡Jamás volveré a verte!

El SEÑOR le dijo a Moisés: «Voy a traer una plaga más sobre el faraón y sobre Egipto. Después de eso, dejará que se vayan. Y cuando lo haga, los echará de aquí para siempre.

Moisés anunció: «Así dice el SEÑOR: "Hacia la medianoche pasaré por todo Egipto, y todo primogénito egipcio morirá: desde el primogénito del faraón que ahora ocupa el trono hasta el primogénito de la esclava que trabaja en el molino, lo mismo que todo primogénito del ganado. En todo Egipto habrá grandes lamentos, como no los ha habido ni volverá a haberlos. Pero entre los israelitas, ni los perros le ladrarán a persona o animal alguno. Así sabrán que el SEÑOR hace distinción entre Egipto e Israel. Todos estos funcionarios tuyos vendrán a verme, y de rodillas me suplicarán: '¡Vete ya, con todo el pueblo que te sigue!' Cuando esto suceda, me iré." » Y ardiendo de ira, salió Moisés de la presencia del faraón.

En Egipto el SEÑOR habló con Moisés y Aarón. Les dijo: «Este mes será para ustedes el más importante, pues será el primer mes del año. Hablen con toda la comunidad de Israel, y díganles que el día décimo de este mes todos ustedes tomarán un cordero por familia, uno por cada casa.

El animal que se escoja puede ser un cordero o un cabrito de un año y sin defecto, al que cuidarán hasta el catorce del mes, día en que la comunidad de Israel en pleno lo sacrificará al caer la noche. Tomarán luego un poco de sangre y la untarán en los dos postes y en el dintel de la puerta de la casa donde coman el cordero. Deberán comer la carne esa misma noche, asada al fuego y acompañada de hierbas amargas y pan sin levadura.

Comerán el cordero de este modo: con el manto ceñido a la cintura, con las sandalias puestas, con la vara en la mano, y de prisa. Se trata de la Pascua[3] del SEÑOR.

»Esa misma noche pasaré por todo Egipto y heriré de muerte a todos los primogénitos, tanto de personas como de animales, y ejecutaré mi sentencia contra todos los dioses de Egipto. Yo soy el SEÑOR. La sangre servirá para señalar las casas donde ustedes se encuentren, pues al verla pasaré de largo. Así, cuando hiera yo de muerte a los egipcios, no los tocará a ustedes ninguna plaga destructora.

Convocó entonces Moisés a todos los ancianos israelitas, y les dijo: «Vayan en seguida a sus rebaños, escojan el cordero para sus respectivas

---

[3]**Pascua:** Es la fiesta que celebra la liberación de los israelitas de la esclavitud en Egipto. El *Cordero Pascual* se refiere al animal sacrificado antes de la fiesta. Este tipifica el sacrificio de Jesús en el Nuevo Testamento, que libera la humanidad de la deuda del pecado.

familias, y mátenlo para celebrar la Pascua. Tomen luego un manojo de hisopo, mójenlo en la sangre recogida en la palangana, unten de sangre el dintel y los dos postes de la puerta, ¡y no salga ninguno de ustedes de su casa hasta la mañana siguiente! Cuando el SEÑOR pase por el país para herir de muerte a los egipcios, verá la sangre en el dintel y en los postes de la puerta, y pasará de largo por esa casa. No permitirá el SEÑOR que el ángel exterminador entre en las casas de ustedes y los hiera.

»Obedezcan estas instrucciones. Será una ley perpetua para ustedes y para sus hijos.

Y fueron y cumplieron al pie de la letra lo que el SEÑOR les había ordenado a Moisés y a Aarón.

A medianoche el SEÑOR hirió de muerte a todos los primogénitos egipcios, desde el primogénito del faraón en el trono hasta el primogénito del preso en la cárcel, así como a las primeras crías de todo el ganado. Todos en Egipto se levantaron esa noche, lo mismo el faraón que sus funcionarios, y hubo grandes lamentos en el país. No había una sola casa egipcia donde no hubiera algún muerto.

Esa misma noche mandó llamar el faraón a Moisés y a Aarón, y les ordenó: «¡Largo de aquí! ¡Aléjense de mi pueblo ustedes y los israelitas! ¡Vayan a adorar al SEÑOR, como lo han estado pidiendo! Llévense también sus rebaños y sus ganados, como lo han pedido, ¡pero váyanse ya, que para mí será una bendición!»

El pueblo egipcio, por su parte, instaba a los israelitas a que abandonaran pronto el país. «De lo contrario —decían—, ¡podemos darnos por muertos!»

Los israelitas habían vivido en Egipto cuatrocientos treinta años. Precisamente el día en que se cumplían los cuatrocientos treinta años, todos los escuadrones del SEÑOR salieron de Egipto.

Dios recordó a su pueblo esclavizado y lo rescató. Ellos cargaron sus carros con el botín y las provisiones dadas por los egipcios y se prepararon para un largo y polvoriento viaje. Dios proveyó una manera segura de que permanecieran en el camino, de día y de noche. Sin embargo, su liberación de Egipto no era aún completa...

De día, el SEÑOR iba al frente de ellos en una columna de nube para indicarles el camino; de noche, los alumbraba con una columna de fuego. De ese modo podían viajar de día y de noche. Jamás la columna de nube dejaba de guiar al pueblo durante el día, ni la columna de fuego durante la noche.

El Señor habló con Moisés y le dijo: «Ordénales a los israelitas que regresen y acampen frente a Pi Ajirot, entre Migdol y el mar. Que acampen junto al mar, frente a Baal Zefón. El faraón va a pensar: "Los israelitas andan perdidos en esa tierra. ¡El desierto los tiene acorralados!" Yo, por mi parte, endureceré el corazón del faraón para que él los persiga. Voy a cubrirme de gloria, a costa del faraón y de todo su ejército. ¡Y los egipcios sabrán que yo soy el Señor!» Así lo hicieron los israelitas.

Y cuando el rey de Egipto se enteró de que el pueblo se había escapado, tanto él como sus funcionarios cambiaron de parecer en cuanto a los israelitas y dijeron: «¡Pero qué hemos hecho! ¿Cómo pudimos dejar que se fueran los israelitas y abandonaran su trabajo?» Al momento ordenó el faraón que le prepararan su carro y, echando mano de su ejército, se llevó consigo seiscientos de los mejores carros y todos los demás carros de Egipto, cada uno de ellos bajo el mando de un oficial. El Señor endureció el corazón del faraón, rey de Egipto, para que saliera en persecución de los israelitas, los cuales marchaban con aire triunfal. Todo el ejército del faraón —caballos, carros, jinetes y tropas de Egipto— salió tras los israelitas y les dio alcance cuando éstos acampaban junto al mar, cerca de Pi Ajirot y frente a Baal Zefón.

El faraón iba acercándose. Cuando los israelitas se fijaron y vieron a los egipcios pisándoles los talones, sintieron mucho miedo y clamaron al Señor. Entonces le reclamaron a Moisés: —¿Acaso no había sepulcros en Egipto, que nos sacaste de allá para morir en el desierto? ¿Qué has hecho con nosotros? ¿Para qué nos sacaste de Egipto? Ya en Egipto te decíamos: "¡Déjanos en paz! ¡Preferimos servir a los egipcios!" ¡Mejor nos hubiera sido servir a los egipcios que morir en el desierto!

—No tengan miedo —les respondió Moisés—. Mantengan sus posiciones, que hoy mismo serán testigos de la salvación que el Señor realizará en favor de ustedes. A esos egipcios que hoy ven, ¡jamás volverán a verlos! Ustedes quédense quietos, que el Señor presentará batalla por ustedes.

Pero el Señor le dijo a Moisés: «¿Por qué clamas a mí? ¡Ordena a los israelitas que se pongan en marcha! Y tú, levanta tu vara, extiende tu brazo sobre el mar y divide las aguas, para que los israelitas lo crucen sobre terreno seco. Yo voy a endurecer el corazón de los egipcios, para que los persigan. ¡Voy a cubrirme de gloria a costa del faraón y de su ejército, y de sus carros y jinetes! Y cuando me haya cubierto de gloria a costa de ellos, los egipcios sabrán que yo soy el Señor.»

Entonces el ángel de Dios, que marchaba al frente del ejército israelita, se dio vuelta y fue a situarse detrás de éste. Lo mismo sucedió con la columna de nube, que dejó su puesto de vanguardia y se desplazó hacia la retaguardia, quedando entre los egipcios y los israelitas. Durante toda la noche, la nube fue oscuridad para unos y luz para otros, así que en toda esa noche no pudieron acercarse los unos a los otros.

Moisés extendió su brazo sobre el mar, y toda la noche el Señor envió sobre el mar un recio viento del este que lo hizo retroceder, convirtiéndolo en tierra seca. Las aguas del mar se dividieron, y los israelitas lo cruzaron sobre tierra seca. El mar era para ellos una muralla de agua a la derecha y otra a la izquierda.

Los egipcios los persiguieron. Todos los caballos y carros del faraón, y todos sus jinetes, entraron en el mar tras ellos. Cuando ya estaba por amanecer, el Señor miró al ejército egipcio desde la columna de fuego y de nube, y sembró la confusión entre ellos: hizo que las ruedas de sus carros se atascaran, de modo que se les hacía muy difícil avanzar. Entonces exclamaron los egipcios: «¡Alejémonos de los israelitas, pues el Señor está peleando por ellos y contra nosotros!»

Entonces el Señor le dijo a Moisés: «Extiende tu brazo sobre el mar, para que las aguas se vuelvan contra los egipcios y contra sus carros y jinetes.» Moisés extendió su brazo sobre el mar y, al despuntar el alba, el agua volvió a su estado normal. Los egipcios, en su huida, se toparon con el mar, y así el Señor los hundió en el fondo del mar. Al recobrar las aguas su estado normal, se tragaron a todos los carros y jinetes del faraón, y a todo el ejército que había entrado al mar para perseguir a los israelitas. Ninguno de ellos quedó con vida.

Los israelitas, sin embargo, cruzaron el mar sobre tierra seca, pues para ellos el mar formó una muralla de agua a la derecha y otra a la izquierda.

Este inolvidable escape les aseguró a los israelitas que Dios ciertamente estaba cuidando de ellos. ¡Los caballos enemigos y los conductores de carros fueron tragados por el mar! El pueblo celebraba y cantaba de alegría.

Moisés les ordenó a los israelitas que partieran del Mar Rojo y se internaran en el desierto de Sur. Y los israelitas anduvieron tres días por el desierto sin hallar agua. Llegaron a Mara, lugar que se llama así porque sus aguas son amargas, y no pudieron apagar su sed allí. Comenzaron entonces a murmurar en contra de Moisés, y preguntaban: «¿Qué vamos a beber?»

Moisés clamó al SEÑOR, y él le mostró un pedazo de madera, el cual echó Moisés al agua, y al instante el agua se volvió dulce.

En ese lugar el SEÑOR los puso a prueba y les dio una ley como norma de conducta. Les dijo: «Yo soy el SEÑOR su Dios. Si escuchan mi voz y hacen lo que yo considero justo, y si cumplen mis leyes y mandamientos, no traeré sobre ustedes ninguna de las enfermedades que traje sobre los egipcios. Yo soy el SEÑOR, que les devuelve la salud.»

Después los israelitas llegaron a Elim, donde había doce manantiales y setenta palmeras, y acamparon allí, cerca del agua.

Toda la comunidad israelita partió de Elim y llegó al desierto de Sin, que está entre Elim y el Sinaí. Esto ocurrió a los quince días del mes segundo, contados a partir de su salida de Egipto. Allí, en el desierto, toda la comunidad murmuró contra Moisés y Aarón: —¡Cómo quisiéramos que el SEÑOR nos hubiera quitado la vida en Egipto! —les decían los israelitas—. Allá nos sentábamos en torno a las ollas de carne y comíamos pan hasta saciarnos. ¡Ustedes han traído nuestra comunidad a este desierto para matarnos de hambre a todos!

Moisés y Aarón les dijeron a todos los israelitas: —Esta tarde sabrán que fue el SEÑOR quien los sacó de Egipto, y mañana por la mañana verán la gloria del SEÑOR. Ya él sabe que ustedes andan murmurando contra él. Nosotros no somos nadie, para que ustedes murmuren contra nosotros. Y añadió Moisés: —Esta tarde el SEÑOR les dará a comer carne, y mañana los saciará de pan, pues ya los oyó murmurar contra él. Porque ¿quiénes somos nosotros? ¡Ustedes no están murmurando contra nosotros sino contra el SEÑOR!

Luego se dirigió Moisés a Aarón: —Dile a toda la comunidad israelita que se acerque al SEÑOR, pues los ha oído murmurar contra él.

Mientras Aarón hablaba con toda la comunidad israelita, volvieron la mirada hacia el desierto, y vieron que la gloria del SEÑOR se hacía presente en una nube.

El SEÑOR habló con Moisés y le dijo: «Han llegado a mis oídos las murmuraciones de los israelitas. Diles que antes de que caiga la noche comerán carne, y que mañana por la mañana se hartarán de pan. Así sabrán que yo soy el SEÑOR su Dios.»

Esa misma tarde el campamento se llenó de codornices, y por la mañana una capa de rocío rodeaba el campamento. Al desaparecer el rocío, sobre el desierto quedaron unos copos muy finos, semejantes a la escarcha que cae sobre la tierra. Como los israelitas no sabían lo que era, al verlo se preguntaban unos a otros: «¿Y esto qué es?»

Moisés les respondió: —Es el pan que el SEÑOR les da para comer.

El pueblo le llamaba maná a estas galletas con sabor a miel, que significa: «¿Qué es esto?». Todos ellos recibían exactamente lo que necesitaban para cada día. El sexto día de la semana separaban una doble porción, porque no caía maná en el séptimo día, que era el día sagrado apartado para el descanso y la adoración. De este modo la gente aprendió a confiar en Dios como su proveedor y guía hacia una nueva tierra... bueno, no del todo.

Toda la comunidad israelita partió del desierto de Sin por etapas, según lo había ordenado el SEÑOR. Acamparon en Refidín, pero no había allí agua para que bebieran, así que altercaron con Moisés. —Danos agua para beber —le exigieron.

—¿Por qué pelean conmigo? —se defendió Moisés—. ¿Por qué provocan al SEÑOR?

Pero los israelitas estaban sedientos, y murmuraron contra Moisés. —¿Para qué nos sacaste de Egipto? —reclamaban—. ¿Sólo para matarnos de sed a nosotros, a nuestros hijos y a nuestro ganado?

Clamó entonces Moisés al SEÑOR, y le dijo: —¿Qué voy a hacer con este pueblo? ¡Sólo falta que me maten a pedradas!

—Adelántate al pueblo —le aconsejó el SEÑOR— y llévate contigo a algunos ancianos de Israel, pero lleva también la vara con que golpeaste el Nilo. Ponte en marcha, que yo estaré esperándote junto a la roca que está en Horeb. Aséstale un golpe a la roca, y de ella brotará agua para que beba el pueblo. Así lo hizo Moisés, a la vista de los ancianos de Israel. Además, a ese lugar lo llamó Masá, y también Meribá, porque los israelitas habían altercado con él y provocado al SEÑOR al decir: «¿Está o no está el SEÑOR entre nosotros?».

5

Nuevos mandamientos
y un nuevo pacto

Los israelitas llegaron al desierto de Sinaí a los tres meses de haber salido de Egipto. Después de partir de Refidín, se internaron en el desierto de Sinaí, y allí en el desierto acamparon, frente al monte.

Entonces Moisés subió para encontrarse con Dios. Y desde allí lo llamó el Señor y le dijo:

> «Anúnciale esto al pueblo de Jacob; declárale esto al pueblo de Israel:
> "Ustedes son testigos de lo que hice con Egipto,
>   y de que los he traído hacia mí como sobre alas de águila.
> Si ahora ustedes me son del todo obedientes,
>   y cumplen mi pacto,
> serán mi propiedad exclusiva entre todas las naciones.
> Aunque toda la tierra me pertenece,
> ustedes serán para mí un reino de sacerdotes
>   y una nación santa."

»Comunícales todo esto a los israelitas.»

Y el Señor le dijo: —Voy a presentarme ante ti en medio de una densa nube, para que el pueblo me oiga hablar contigo y así tenga siempre confianza en ti. Moisés refirió al Señor lo que el pueblo le había dicho.

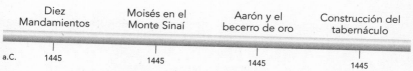

Diez Mandamientos	Moisés en el Monte Sinaí	Aarón y el becerro de oro	Construcción del tabernáculo
a.C. 1445	1445	1445	1445

Para información completa sobre la cronología vea la página ix.

51

Y el Señor le dijo: —Ve y consagra[1] al pueblo hoy y mañana. Diles que laven sus ropas y que se preparen para el tercer día, porque en ese mismo día yo descenderé sobre el monte Sinaí, a la vista de todo el pueblo. Pon un cerco alrededor del monte para que el pueblo no pase. Diles que no suban al monte, y que ni siquiera pongan un pie en él, pues cualquiera que lo toque será condenado a muerte. Sea hombre o animal, no quedará con vida. Quien se atreva a tocarlo, morirá a pedradas o a flechazos. Sólo podrán subir al monte cuando se oiga el toque largo de la trompeta.

En cuanto Moisés bajó del monte, consagró al pueblo; ellos, por su parte, lavaron sus ropas. Luego Moisés les dijo: «Prepárense para el tercer día, y absténganse de relaciones sexuales.»

En la madrugada del tercer día hubo truenos y relámpagos, y una densa nube se posó sobre el monte. Un toque muy fuerte de trompeta puso a temblar a todos los que estaban en el campamento. Entonces Moisés sacó del campamento al pueblo para que fuera a su encuentro con Dios, y ellos se detuvieron al pie del monte Sinaí. El monte estaba cubierto de humo, porque el Señor había descendido sobre él en medio de fuego. Era tanto el humo que salía del monte, que parecía un horno; todo el monte se sacudía violentamente, y el sonido de la trompeta era cada vez más fuerte. Entonces habló Moisés, y Dios le respondió en el trueno.

El Señor descendió a la cumbre del monte Sinaí, y desde allí llamó a Moisés para que subiera. Cuando Moisés llegó a la cumbre, el Señor le dijo: —Baja y advierte al pueblo que no intenten ir más allá del cerco para verme, no sea que muchos de ellos pierdan la vida. Hasta los sacerdotes que se acercan a mí deben consagrarse; de lo contrario, yo arremeteré contra ellos.

Moisés le dijo al Señor: —El pueblo no puede subir al monte Sinaí, pues tú mismo nos has advertido: "Pon un cerco alrededor del monte, y conságramelo."

El Señor le respondió: —Baja y dile a Aarón que suba contigo. Pero ni los sacerdotes ni el pueblo deben intentar subir adonde estoy, pues de lo contrario, yo arremeteré contra ellos.

Moisés bajó y repitió eso mismo al pueblo.

Ante ese espectáculo de truenos y relámpagos, de sonidos de trompeta y de la montaña envuelta en humo, los israelitas temblaban de miedo

---

[1]**Consagrar:** Dedicar una persona o cosa al servicio de Dios.

y se mantenían a distancia. Así que le suplicaron a Moisés: —Háblanos tú, y te escucharemos. Si Dios nos habla, seguramente moriremos.

—No tengan miedo —les respondió Moisés—. Dios ha venido a ponerlos a prueba, para que sientan temor de él y no pequen.

Entonces Moisés se acercó a la densa oscuridad en la que estaba Dios, pero los israelitas se mantuvieron a distancia.

Sobre la cumbre cubierta de nubes del Monte Sinaí, Dios dictó las diez reglas más citadas y conocidas que la humanidad jamás hubiera oído, mandatos directos, llenos de sentido, que indicaban cómo los israelitas tendrían que relacionarse con Dios (mandamientos 1—4) y los unos con los otros (mandamientos 5—10).

«Yo soy el SEÑOR tu Dios. Yo te saqué de Egipto, del país donde eras esclavo.

»No tengas otros dioses además de mí.

»No te hagas ningún ídolo, ni nada que guarde semejanza con lo que hay arriba en el cielo, ni con lo que hay abajo en la tierra, ni con lo que hay en las aguas debajo de la tierra. No te inclines delante de ellos ni los adores. Yo, el SEÑOR tu Dios, soy un Dios celoso. Cuando los padres son malvados y me odian, yo castigo a sus hijos hasta la tercera y cuarta generación. Por el contrario, cuando me aman y cumplen mis mandamientos, les muestro mi amor por mil generaciones.

»No pronuncies el nombre del SEÑOR tu Dios a la ligera. Yo, el SEÑOR, no tendré por inocente a quien se atreva a pronunciar mi nombre a la ligera.

»Acuérdate del sábado, para consagrarlo. Trabaja seis días, y haz en ellos todo lo que tengas que hacer, pero el día séptimo será un día de reposo para honrar al SEÑOR tu Dios. No hagas en ese día ningún trabajo, ni tampoco tu hijo, ni tu hija, ni tu esclavo, ni tu esclava, ni tus animales, ni tampoco los extranjeros que vivan en tus ciudades. Acuérdate de que en seis días hizo el SEÑOR los cielos y la tierra, el mar y todo lo que hay en ellos, y que descansó el séptimo día. Por eso el SEÑOR bendijo y consagró el día de reposo.

»Honra a tu padre y a tu madre, para que disfrutes de una larga vida en la tierra que te da el SEÑOR tu Dios.

»No mates.

»No cometas adulterio.

»No robes.

»No des falso testimonio en contra de tu prójimo.

»No codicies la casa de tu prójimo: No codicies su esposa, ni su esclavo, ni su esclava, ni su buey, ni su burro, ni nada que le pertenezca.»

Moisés fue claramente el intermediario entre Dios y el pueblo hebreo. Después que Moisés recibió los Diez Mandamientos, le fueron dadas las leyes del Libro del Pacto, que consisten en gran parte de ampliaciones a los Diez Mandamientos. Ahora él guiaría a los israelitas en el establecimiento de su pacto con el Señor.

Moisés fue y refirió al pueblo todas las palabras y disposiciones del SEÑOR, y ellos respondieron a una voz: «Haremos todo lo que el SEÑOR ha dicho.» Moisés puso entonces por escrito lo que el SEÑOR había dicho.

A la mañana siguiente, madrugó y levantó un altar al pie del monte, y en representación de las doce tribus de Israel[2] consagró doce piedras. Luego envió a unos jóvenes israelitas para que ofrecieran al SEÑOR novillos como holocaustos y sacrificios de comunión. La mitad de la sangre la echó Moisés en unos tazones, y la otra mitad la roció sobre el altar. Después tomó el libro del pacto y lo leyó ante el pueblo, y ellos respondieron: —Haremos todo lo que el SEÑOR ha dicho, y le obedeceremos.

Moisés tomó la sangre, roció al pueblo con ella y dijo: —Ésta es la sangre del pacto que, con base en estas palabras, el SEÑOR ha hecho con ustedes.

El SEÑOR le dijo a Moisés: «Sube a encontrarte conmigo en el monte, y quédate allí. Voy a darte las tablas con la ley y los mandamientos que he escrito para guiarlos en la vida.»

En cuanto Moisés subió, una nube cubrió el monte, y la gloria del SEÑOR se posó sobre el Sinaí. Seis días la nube cubrió el monte. Al séptimo día, desde el interior de la nube el SEÑOR llamó a Moisés. A los ojos de los israelitas, la gloria del SEÑOR en la cumbre del monte parecía un fuego consumidor. Moisés se internó en la nube y subió al monte, y allí permaneció cuarenta días y cuarenta noches.

El SEÑOR habló con Moisés y le dijo: «Ordénales a los israelitas que

---

[2]**Doce tribus de Israel:** Los doce grupos que habitaron en Israel después de salir de Egipto. Cada grupo era descendiente de uno de los doce hijos de Jacob.

me traigan una ofrenda. La deben presentar todos los que sientan deseos de traérmela.

Después me harán un santuario,[3] para que yo habite entre ustedes. El santuario y todo su mobiliario deberán ser una réplica exacta del modelo que yo te mostraré.

Además de darle a Moisés los Diez Mandamientos y otras leyes, Dios le dio instrucciones acerca de cómo organizar el culto de los israelitas. A partir de ese momento, la presencia de Dios residiría en el tabernáculo, una tienda portátil para la adoración. En el interior del tabernáculo de espléndido diseño estaba el arca de la alianza,[4] conteniendo las tablas de piedra de los Diez Mandamientos.

Dios apartó sacerdotes para su servicio, los cuales llevaron a cabo sacrificios rituales y otras importantes actividades del culto. Un día de cada semana, el sábado, fue designado para adorar a Dios y descansar de las tareas domésticas y los negocios.

Moisés, que se hallaba en la montaña, ya había estado ausente por casi seis semanas. Mientras tanto, en el valle, la impaciencia del pueblo lo llevaría a enfrentar un amargo regreso al hogar.

Al ver los israelitas que Moisés tardaba en bajar del monte, fueron a reunirse con Aarón y le dijeron: —Tienes que hacernos dioses que marchen al frente de nosotros, porque a ese Moisés que nos sacó de Egipto, ¡no sabemos qué pudo haberle pasado!

Aarón les respondió: —Quítenles a sus mujeres los aretes de oro, y también a sus hijos e hijas, y tráiganmelos. Todos los israelitas se quitaron los aretes de oro que llevaban puestos, y se los llevaron a Aarón, quien los recibió y los fundió; luego cinceló el oro fundido e hizo un ídolo[5] en forma de becerro. Entonces exclamó el pueblo: «Israel, ¡aquí tienes a tu dios que te sacó de Egipto!»

---

[3]**Santuario:** Una estructura portátil también referida como *tienda de reunión*, en la cual la presencia de Dios convivía con su pueblo. Un templo permanente en reposición del Tabernáculo fue construido más tarde por el Rey Salomón.

[4]**Arca de la Alianza:** Un caja portátil de madera recubierta de oro, de alrededor de 1.22 metros de largo por .76 metros de ancho, que contenía los Diez Mandamientos. Los israelitas la consideraban el símbolo más importante de la continua presencia de Dios entre ellos.

[5]**Ídolo:** Cualquier objeto, persona o idea que se adore en lugar del único Dios verdadero.

Cuando Aarón vio esto, construyó un altar enfrente del becerro y anunció: —Mañana haremos fiesta en honor del SEÑOR. En efecto, al día siguiente los israelitas madrugaron y presentaron holocaustos y sacrificios de comunión. Luego el pueblo se sentó a comer y a beber, y se entregó al desenfreno.

Entonces el SEÑOR le dijo a Moisés: —Baja, porque ya se ha corrompido el pueblo que sacaste de Egipto. Demasiado pronto se han apartado del camino que les ordené seguir, pues no sólo han fundido oro y se han hecho un ídolo en forma de becerro, sino que se han inclinado ante él, le han ofrecido sacrificios, y han declarado: "Israel, ¡aquí tienes a tu dios que te sacó de Egipto!"

»Ya me he dado cuenta de que éste es un pueblo terco —añadió el SEÑOR, dirigiéndose a Moisés—. Tú no te metas. Yo voy a descargar mi ira sobre ellos, y los voy a destruir. Pero de ti haré una gran nación.

Moisés intentó apaciguar al SEÑOR su Dios, y le suplicó: —SEÑOR, ¿por qué ha de encenderse tu ira contra este pueblo tuyo, que sacaste de Egipto con gran poder y con mano poderosa? ¿Por qué dar pie a que los egipcios digan que nos sacaste de su país con la intención de matarnos en las montañas y borrarnos de la faz de la tierra? ¡Calma ya tu enojo! ¡Aplácate y no traigas sobre tu pueblo esa desgracia! Acuérdate de tus siervos Abraham, Isaac e Israel. Tú mismo les juraste que harías a sus descendientes tan numerosos como las estrellas del cielo; ¡tú les prometiste que a sus descendientes les darías toda esta tierra como su herencia eterna! Entonces el SEÑOR se calmó y desistió de hacerle a su pueblo el daño que le había sentenciado.

Moisés volvió entonces del monte. Cuando bajó, traía en sus manos las dos tablas de la ley, las cuales estaban escritas por sus dos lados. Tanto las tablas como la escritura grabada en ellas eran obra de Dios.

Cuando Josué oyó el ruido y los gritos del pueblo, le dijo a Moisés: —Se oyen en el campamento gritos de guerra.

Pero Moisés respondió:

«Lo que escucho no son gritos de victoria,
ni tampoco lamentos de derrota;
más bien, lo que escucho son canciones.»

Cuando Moisés se acercó al campamento y vio el becerro y las danzas, ardió en ira y arrojó de sus manos las tablas de la ley, haciéndolas pedazos al pie del monte. Tomó entonces el becerro que habían hecho, lo arrojó al fuego y, luego de machacarlo hasta hacerlo polvo, lo esparció en el agua y se la dio a beber a los israelitas.

A Aarón le dijo: —¿Qué te hizo este pueblo? ¿Por qué lo has hecho cometer semejante pecado?

—Hermano mío, no te enojes —contestó Aarón—. Tú bien sabes cuán inclinado al mal es este pueblo. Ellos me dijeron: "Tienes que hacernos dioses que marchen al frente de nosotros, porque a ese Moisés que nos sacó de Egipto, ¡no sabemos qué pudo haberle pasado!" Yo les contesté que todo el que tuviera joyas de oro se desprendiera de ellas. Ellos me dieron el oro, yo lo eché al fuego, ¡y lo que salió fue este becerro!

Al ver Moisés que el pueblo estaba desenfrenado y que Aarón les había permitido desmandarse y convertirse en el hazmerreír de sus enemigos, se puso a la entrada del campamento y dijo: «Todo el que esté de parte del SEÑOR, que se pase de mi lado.» Y se le unieron todos los levitas.

Entonces les dijo Moisés: «El SEÑOR y Dios de Israel, ordena lo siguiente: "Cíñase cada uno la espada y recorra todo el campamento de un extremo al otro, y mate al que se le ponga enfrente, sea hermano, amigo o vecino." » Los levitas hicieron lo que les mandó Moisés, y aquel día mataron como a tres mil israelitas. Entonces dijo Moisés: «Hoy han recibido ustedes plena autoridad de parte del SEÑOR; él los ha bendecido este día, pues se pusieron en contra de sus propios hijos y hermanos.»

Al día siguiente, Moisés les dijo a los israelitas: «Ustedes han cometido un gran pecado. Pero voy a subir ahora para reunirme con el SEÑOR, y tal vez logre yo que Dios les perdone su pecado.»

Volvió entonces Moisés para hablar con el SEÑOR, y le dijo: —¡Qué pecado tan grande ha cometido este pueblo al hacerse dioses de oro! Sin embargo, yo te ruego que les perdones su pecado. Pero si no vas a perdonarlos, ¡bórrame del libro que has escrito!

El SEÑOR le respondió a Moisés: —Sólo borraré de mi libro a quien haya pecado contra mí. Tú ve y lleva al pueblo al lugar del que te hablé. Delante de ti irá mi ángel. Llegará el día en que deba castigarlos por su pecado, y entonces los castigaré.

Fue así como, por causa del becerro que había hecho Aarón, el SEÑOR lanzó una plaga sobre el pueblo.

El SEÑOR le dijo a Moisés: «Anda, vete de este lugar, junto con el pueblo que sacaste de Egipto, y dirígete a la tierra que bajo juramento prometí a Abraham, Isaac y Jacob que les daría a sus descendientes. Enviaré un ángel delante de ti, y desalojaré a cananeos, amorreos, hititas, ferezeos, heveos y jebuseos. Ve a la tierra donde abundan la leche y la miel. Yo no los acompañaré, porque ustedes son un pueblo terco, y podría yo destruirlos en el camino.»

Moisés tomó una tienda de campaña y la armó a cierta distancia fuera del campamento. La llamó «la Tienda de la reunión con el Señor». Cuando alguien quería consultar al Señor, tenía que salir del campamento e ir a esa tienda. Siempre que Moisés se dirigía a ella, todo el pueblo se quedaba de pie a la entrada de su carpa y seguía a Moisés con la mirada, hasta que éste entraba en la Tienda de reunión. En cuanto Moisés entraba en ella, la columna de nube descendía y tapaba la entrada, mientras el Señor hablaba con Moisés. Cuando los israelitas veían que la columna de nube se detenía a la entrada de la Tienda de reunión, todos ellos se inclinaban a la entrada de su carpa y adoraban al Señor. Y hablaba el Señor con Moisés cara a cara, como quien habla con un amigo. Después de eso, Moisés regresaba al campamento; pero Josué, su joven asistente, nunca se apartaba de la Tienda de reunión.

Moisés le dijo al Señor: —Tú insistes en que yo debo guiar a este pueblo, pero no me has dicho a quién enviarás conmigo. También me has dicho que soy tu amigo y que cuento con tu favor. Pues si realmente es así, dime qué quieres que haga. Así sabré que en verdad cuento con tu favor. Ten presente que los israelitas son tu pueblo.

—Yo mismo iré contigo y te daré descanso —respondió el Señor.

—O vas con todos nosotros —replicó Moisés—, o mejor no nos hagas salir de aquí. Si no vienes con nosotros, ¿cómo vamos a saber, tu pueblo y yo, que contamos con tu favor? ¿En qué seríamos diferentes de los demás pueblos de la tierra?

—Está bien, haré lo que me pides —le dijo el Señor a Moisés—, pues cuentas con mi favor y te considero mi amigo.

—Déjame verte en todo tu esplendor —insistió Moisés.

Y el Señor le respondió: —Voy a darte pruebas de mi bondad, y te daré a conocer mi nombre. Y verás que tengo clemencia de quien quiero tenerla, y soy compasivo con quien quiero serlo. Pero debo aclararte que no podrás ver mi rostro, porque nadie puede verme y seguir con vida.

»Cerca de mí hay un lugar sobre una roca —añadió el Señor—. Puedes quedarte allí. Cuando yo pase en todo mi esplendor, te pondré en una hendidura de la roca y te cubriré con mi mano, hasta que haya pasado. Luego, retiraré la mano y podrás verme la espalda. Pero mi rostro no lo verás.

El Señor le dijo a Moisés: «Labra dos tablas de piedra semejantes a las primeras que rompiste. Voy a escribir en ellas lo mismo que estaba escrito en las primeras. Prepárate para subir mañana a la cumbre del monte Sinaí, y presentarte allí ante mí. Nadie debe acompañarte, ni debe verse a nadie en ninguna parte del monte. Ni siquiera las ovejas y las vacas deben pastar frente al monte.»

Moisés labró dos tablas de piedra semejantes a las primeras, y muy de mañana subió con ellas al monte Sinaí, como se lo había ordenado el Señor. El Señor descendió en la nube y se puso junto a Moisés. Luego le dio a conocer su nombre: pasando delante de él, proclamó: —El Señor, el Señor, Dios clemente y compasivo, lento para la ira y grande en amor y fidelidad, que mantiene su amor hasta mil generaciones después, y que perdona la iniquidad, la rebelión y el pecado; pero que no deja sin castigo al culpable, sino que castiga la maldad de los padres en los hijos y en los nietos, hasta la tercera y la cuarta generación.

En seguida Moisés se inclinó hasta el suelo, y oró al Señor de la siguiente manera: —Señor, si realmente cuento con tu favor, ven y quédate entre nosotros. Reconozco que éste es un pueblo terco, pero perdona nuestra iniquidad y nuestro pecado, y adóptanos como tu herencia.

—Mira el pacto que hago contigo —respondió el Señor—. A la vista de todo tu pueblo haré maravillas que ante ninguna nación del mundo han sido realizadas. El pueblo en medio del cual vives verá las imponentes obras que yo, el Señor, haré por ti.

No adores a otros dioses, porque el Señor es muy celoso. Su nombre es Dios celoso.

El Señor le dijo a Moisés: —Pon estas palabras por escrito, pues en ellas se basa el pacto que ahora hago contigo y con Israel. Y Moisés se quedó en el monte, con el Señor, cuarenta días y cuarenta noches, sin comer ni beber nada. Allí, en las tablas, escribió los términos del pacto, es decir, los diez mandamientos.

Cuando Moisés descendió del monte Sinaí, traía en sus manos las dos tablas de la ley. Pero no sabía que, por haberle hablado el Señor, de su rostro salía un haz de luz. Al ver Aarón y todos los israelitas el rostro resplandeciente de Moisés, tuvieron miedo de acercársele; pero Moisés llamó a Aarón y a todos los jefes, y ellos regresaron para hablar con él. Luego se le acercaron todos los israelitas, y Moisés les ordenó acatar todo lo que el Señor le había dicho en el monte Sinaí.

En cuanto Moisés terminó de hablar con ellos, se cubrió el rostro con un velo. Siempre que entraba a la presencia del SEÑOR para hablar con él, se quitaba el velo mientras no salía. Al salir, les comunicaba a los israelitas lo que el Señor le había ordenado decir. Y como los israelitas veían que su rostro resplandecía, Moisés se cubría de nuevo el rostro, hasta que entraba a hablar otra vez con el SEÑOR.

Moisés había experimentado la majestuosa presencia de Dios, y la ponía de manifiesto. Ahora Dios bajaría y residiría entre su pueblo en el tabernáculo. Esta tienda santa proveía espacio para los rituales del sacrificio y la limpieza del pecado que Dios había promulgado. Los mejores artesanos hebreos utilizaron sus habilidades como carpinteros, metalistas, y en el tejido y bordado, a fin de proporcionar los materiales para el tabernáculo, incluyendo el candelabro, la mesa para el pan sagrado y el arca de la alianza. El arca fue recubierta de oro, así también los postes de madera de acacia que servían para el transporte. Las especificaciones para todos estos materiales fueron bastante detalladas, y los resultados ciertamente debieron ser hermosos. Sin embargo, la más impresionante e importante característica de este templo portátil no era el mobiliario que lo llenaba, sino la Persona que lo habitaba.

En ese instante la nube cubrió la Tienda de reunión, y la gloria del SEÑOR llenó el santuario. Moisés no podía entrar en la Tienda de reunión porque la nube se había posado en ella y la gloria del SEÑOR llenaba el santuario.

Siempre que la nube se levantaba y se apartaba del santuario, los israelitas levantaban campamento y se ponían en marcha. Si la nube no se levantaba, ellos no se ponían en marcha. Durante todas las marchas de los israelitas, la nube del SEÑOR reposaba sobre el santuario durante el día, pero durante la noche había fuego en la nube, a la vista de todo el pueblo de Israel.

Durante el año en que los israelitas acamparon cerca del Monte Sinaí, Dios les enseñó quién era y qué requería de ellos: «Sean, pues, santos, porque yo soy santo». Él instruyó a su pueblo a fin de que trajera ofrendas específicas para el tabernáculo, ofrendas de holocaustos, ofrendas de cereal, ofrendas de comunión, sacrificios expiatorios y sacrificios por la culpa. La línea de los sacerdotes fue ungida[6] y un intrincado sistema de sacrificios de animales se instituyó para la expiación de los pecados del pueblo.

Los hebreos aprendieron las leyes de Dios sobre el matrimonio y el divorcio, las relaciones sexuales apropiadas, el castigo por el asesinato y el robo, y cómo hacer restitución por los errores. Dios deseaba que su pueblo fuera compasivo, misericordioso y justo.

La promesa a Abraham, Isaac y Jacob ahora era una realidad. Esta nueva nación tenía que ser diferente, de modo que todo el mundo conociera y adorara al único Dios verdadero, la fuente misma de vida y esperanza.

---

[6]**Ungir, ungida:** verter aceite sobre una persona (por lo general en su cabeza) como símbolo ceremonial que establece su separación para una bendición o un servicio especial a Dios. Un objeto también puede ser ungido para mostrar su carácter sagrado o importancia en el culto. El término ungido a veces puede ser intercambiado con el de *elegido*, como en la frase "el ungido de Dios".

6

Errantes

EL DIA VEINTE DEL SEGUNDO MES DEL AÑO SEGUNDO, LA NUBE SE levantó del santuario del pacto. Entonces los israelitas avanzaron desde el desierto de Sinaí hasta el desierto de Parán, donde la nube se detuvo. A la orden que el SEÑOR dio por medio de Moisés, los israelitas emprendieron la marcha por primera vez.

El pueblo abandonó su campamento de un año, ubicado cerca del Monte Sinaí, en unidades organizadas, agrupados según las doce tribus (denominadas de acuerdo a los doce hijos de Jacob). Dios continúo guiándolos durante el día con una nube y con un pilar de fuego por la noche. Él había rescatado a su pueblo de la esclavitud, le había mostrado su poder, guiado sus pasos, le había proporcionado sus leyes y lo dotaba con su presencia. Ahora, tal vez la gente confiaría en Dios y su liderazgo. No obstante, los israelitas continuaron culpando a Dios por sus dificultades.

Un día, el pueblo se quejó de sus penalidades que estaba sufriendo. Al oírlos el SEÑOR, ardió en ira y su fuego consumió los alrededores del campamento. Entonces el pueblo clamó a Moisés, y éste oró al SEÑOR por ellos y el fuego se apagó. Por eso aquel lugar llegó a ser conocido como Taberá,[1] pues el fuego del SEÑOR ardió entre ellos.

---

[1]**Taberá:** *Taberá* significa «quemando».

Vagan errantes en el desierto	Espías enviados a Canaán	Muerte de Aarón	Los israelitas en las planicies de Moab	Muerte de Moisés
a.C. 1446–1406	1443	1406	1406	1406

Para información completa sobre la cronología vea la página ix.

63

Al populacho que iba con ellos le vino un apetito voraz. Y también los israelitas volvieron a llorar, y dijeron: «¡Quién nos diera carne! ¡Cómo echamos de menos el pescado que comíamos gratis en Egipto! ¡También comíamos pepinos y melones, y puerros, cebollas y ajos! Pero ahora, tenemos reseca la garganta; ¡y no vemos nada que no sea este maná!»

A propósito, el maná se parecía a la semilla del cilantro y brillaba como la resina. El pueblo salía a recogerlo, y lo molía entre dos piedras, o bien lo machacaba en morteros, y lo cocía en una olla o hacía pan con él. Sabía a pan amasado con aceite. Por la noche, cuando el rocío caía sobre el campamento, también caía el maná.

Moisés escuchó que las familias del pueblo lloraban, cada una a la entrada de su tienda, con lo cual hacían que la ira del SEÑOR se encendiera en extremo. Entonces, muy disgustado, Moisés oró al SEÑOR: —Si yo soy tu siervo, ¿por qué me perjudicas? ¿Por qué me niegas tu favor y me obligas a cargar con todo este pueblo? ¿Acaso yo lo concebí, o lo di a luz, para que me exijas que lo lleve en mi regazo, como si fuera su nodriza, y lo lleve hasta la tierra que les prometiste a sus antepasados? Todo este pueblo viene llorando a pedirme carne. ¿De dónde voy a sacarla? Yo solo no puedo con todo este pueblo. ¡Es una carga demasiado pesada para mí! Si éste es el trato que vas a darme, ¡me harás un favor si me quitas la vida! ¡Así me veré libre de mi desgracia!

El SEÑOR le respondió a Moisés:

»Al pueblo sólo le dirás lo siguiente: "Santifíquense para mañana, pues van a comer carne. Ustedes lloraron ante el SEÑOR, y le dijeron: '¡Quién nos diera carne! ¡En Egipto la pasábamos mejor!' Pues bien, el SEÑOR les dará carne, y tendrán que comérsela. No la comerán un solo día, ni dos, ni cinco, ni diez, ni veinte, sino todo un mes, hasta que les salga por las narices y les provoque náuseas. Y esto, por haber despreciado al SEÑOR, que está en medio de ustedes, y por haberle llorado, diciendo: '¿Por qué tuvimos que salir de Egipto?' "

Moisés replicó: —Me encuentro en medio de un ejército de seiscientos mil hombres, ¿y tú hablas de darles carne todo un mes? Aunque se les degollaran rebaños y manadas completas, ¿les alcanzaría? Y aunque se les pescaran todos los peces del mar, ¿eso les bastaría?

El SEÑOR le respondió a Moisés: —¿Acaso el poder del SEÑOR es limitado? ¡Pues ahora verás si te cumplo o no mi palabra!

El SEÑOR desató un viento que trajo codornices del mar y las dejó caer sobre el campamento. Las codornices cubrieron los alrededores del campamento, en una superficie de casi un día de camino y a una altura de casi un metro sobre la superficie del suelo. El pueblo estuvo recogiendo codornices todo ese día y toda esa noche, y todo el día siguiente. ¡Ninguno recogió menos de dos toneladas! Después las distribuyeron por todo el campamento. Ni siquiera habían empezado a masticar la carne que tenían en la boca cuando la ira del SEÑOR se encendió contra el pueblo y los hirió con gran mortandad. Por eso llamaron a ese lugar Quibrot Hatavá,[2] porque allí fue sepultado el pueblo glotón.

Aunque Dios había luchado duramente con la falta de fe de su pueblo, pronto hubo más problemas en las filas, los cuales provinieron esta vez tanto de la propia hermana como del hermano de Moisés.

Moisés había tomado por esposa a una egipcia, así que Miriam y Aarón empezaron a murmurar contra él por causa de ella. Decían: «¿Acaso no ha hablado el SEÑOR con otro que no sea Moisés? ¿No nos ha hablado también a nosotros?» Y el SEÑOR oyó sus murmuraciones.

A propósito, Moisés era muy humilde, más humilde que cualquier otro sobre la tierra.

De pronto el SEÑOR les dijo a Moisés, Aarón y Miriam: «Salgan los tres de la Tienda de reunión.» Y los tres salieron. Entonces el SEÑOR descendió en una columna de nube y se detuvo a la entrada de la Tienda. Llamó a Aarón y a Miriam, y cuando ambos se acercaron, el SEÑOR les dijo: «Escuchen lo que voy a decirles:

»Cuando un profeta[3] del SEÑOR
    se levanta entre ustedes,
yo le hablo en visiones
    y me revelo a él en sueños.
Pero esto no ocurre así
    con mi siervo Moisés,
porque en toda mi casa
    él es mi hombre de confianza.

---

[2]**Quibrot Hatavá:** *Quibrot Hatavá* significa «tumbas de las ansias».
[3]**Profeta(s):** Una persona elegida por Dios para anunciar mensajes divinamente inspirados a su pueblo.

Con él hablo cara a cara,
claramente y sin enigmas.
Él contempla la imagen del SEÑOR.
¿Cómo se atreven a murmurar
contra mi siervo Moisés?»

Entonces la ira del SEÑOR se encendió contra ellos, y el SEÑOR se marchó.

Tan pronto como la nube se apartó de la Tienda, a Miriam se le puso la piel blanca como la nieve. Cuando Aarón se volvió hacia ella, vio que tenía una enfermedad infecciosa. Entonces le dijo a Moisés: «Te suplico, mi señor, que no nos tomes en cuenta este pecado que neciamente hemos cometido. No la dejes como un abortivo, que sale del vientre de su madre con el cuerpo medio deshecho.»

Moisés le rogó al SEÑOR: «¡Oh Dios, te ruego que la sanes!»

El SEÑOR le respondió a Moisés: «Si su padre le hubiera escupido el rostro, ¿no habría durado su humillación siete días? Que se le confine siete días fuera del campamento, y después de eso será readmitida.» Así que Miriam quedó confinada siete días fuera del campamento. El pueblo no se puso en marcha hasta que ella se reintegró.

Después el pueblo partió de Jazerot y acampó en el desierto de Parán.

El SEÑOR le dijo a Moisés: «Quiero que envíes a algunos de tus hombres a explorar la tierra que estoy por entregar a los israelitas. De cada tribu enviarás a un líder que la represente.»

Cuando Moisés los envió a explorar la tierra de Canaán, les dijo: «Suban por el Néguev, hasta llegar a la montaña. Exploren el país, y fíjense cómo son sus habitantes, si son fuertes o débiles, muchos o pocos. Averigüen si la tierra en que viven es buena o mala, y si sus ciudades son abiertas o amuralladas. Examinen el terreno, y vean si es fértil o estéril, y si tiene árboles o no. ¡Adelante! Traigan algunos frutos del país.» Ésa era la temporada en que maduran las primeras uvas.

Los doce hombres se fueron y exploraron la tierra, desde el desierto de Zin hasta Rejob, cerca de Lebó Jamat.

Cuando llegaron al valle del arroyo Escol, cortaron un sarmiento que tenía un solo racimo de uvas, y entre dos lo llevaron colgado de una vara. También cortaron granadas e higos.

Al cabo de cuarenta días los doce hombres regresaron de explorar aquella tierra.

Volvieron a Cades, en el desierto de Parán, que era donde estaban Moisés, Aarón y toda la comunidad israelita, y les presentaron a todos ellos un informe, y les mostraron los frutos de esa tierra. Éste fue el informe: —Fuimos al país al que nos enviaste, ¡y por cierto que allí abundan la leche y la miel! Aquí pueden ver sus frutos. Pero el pueblo que allí habita es poderoso, y sus ciudades son enormes y están fortificadas. Hasta vimos anaquitas allí.

Caleb hizo callar al pueblo ante Moisés, y dijo: —Subamos a conquistar esa tierra. Estoy seguro de que podremos hacerlo.

Pero los que habían ido con él respondieron: —No podremos combatir contra esa gente. ¡Son más fuertes que nosotros! Y comenzaron a esparcir entre los israelitas falsos rumores acerca de la tierra que habían explorado. Decían: —La tierra que hemos explorado se traga a sus habitantes, y los hombres que allí vimos son enormes. ¡Hasta vimos anaquitas! Comparados con ellos, parecíamos langostas, y así nos veían ellos a nosotros.

Aquella noche toda la comunidad israelita se puso a gritar y a llorar. En sus murmuraciones contra Moisés y Aarón, la comunidad decía: «¡Cómo quisiéramos haber muerto en Egipto! ¡Más nos valdría morir en este desierto! ¿Para qué nos ha traído el Señor a esta tierra? ¿Para morir atravesados por la espada, y que nuestras esposas y nuestros niños se conviertan en botín de guerra? ¿No sería mejor que volviéramos a Egipto?» Y unos a otros se decían: «¡Escojamos un cabecilla que nos lleve a Egipto!»

Entonces Moisés y Aarón cayeron rostro en tierra ante toda la comunidad israelita. Allí estaban también Josué hijo de Nun y Caleb hijo de Jefone, los cuales habían participado en la exploración de la tierra. Ambos se rasgaron las vestiduras en señal de duelo y le dijeron a toda la comunidad israelita: —La tierra que recorrimos y exploramos es increíblemente buena. Si el Señor se agrada de nosotros, nos hará entrar en ella. ¡Nos va a dar una tierra donde abundan la leche y la miel! Así que no se rebelen contra el Señor ni tengan miedo de la gente que habita en esa tierra. ¡Ya son pan comido! No tienen quién los proteja, porque el Señor está de parte nuestra. Así que, ¡no les tengan miedo!

Pero como toda la comunidad hablaba de apedrearlos, la gloria del Señor se manifestó en la Tienda, frente a todos los israelitas. Entonces el SEÑOR le dijo a Moisés: —¿Hasta cuándo esta gente me seguirá menospreciando? ¿Hasta cuándo se negarán a creer en mí, a pesar de todas las maravillas que he hecho entre ellos? Voy a enviarles una plaga que los destruya, pero de ti haré un pueblo más grande y fuerte que ellos.

Moisés le argumentó al SEÑOR: —¡Recuerda que fuiste tú quien con tu poder sacaste de Egipto a este pueblo! Cuando los egipcios se enteren de lo ocurrido, se lo contarán a los habitantes de este país, quienes ya saben que tú, SEÑOR, estás en medio de este pueblo. También saben que a ti, SEÑOR, se te ha visto cara a cara; que tu nube reposa sobre tu pueblo, y que eres tú quien los guía, de día con la columna de nube y de noche con la columna de fuego. De manera que, si matas a todo este pueblo, las naciones que han oído hablar de tu fama dirán: "El SEÑOR no fue capaz de llevar a este pueblo a la tierra que juró darles, ¡y acabó matándolos en el desierto!"

»Ahora, Señor, ¡deja sentir tu poder! Tú mismo has dicho que eres lento para la ira y grande en amor, y que aunque perdonas la maldad y la rebeldía, jamás dejas impune al culpable, sino que castigas la maldad de los padres en sus hijos, nietos, bisnietos y tataranietos. Por tu gran amor, te suplico que perdones la maldad de este pueblo, tal como lo has venido perdonando desde que salió de Egipto.

El SEÑOR le respondió: —Me pides que los perdone, y los perdono. Pero juro por mí mismo, y por mi gloria que llena toda la tierra, que aunque vieron mi gloria y las maravillas que hice en Egipto y en el desierto, ninguno de los que me desobedecieron y me pusieron a prueba repetidas veces verá jamás la tierra que, bajo juramento, prometí dar a sus padres. ¡Ninguno de los que me despreciaron la verá jamás! En cambio, a mi siervo Caleb, que ha mostrado una actitud diferente y me ha sido fiel, le daré posesión de la tierra que exploró, y su descendencia la heredará. Pero regresen mañana al desierto por la ruta del Mar Rojo, puesto que los amalecitas y los cananeos viven en el valle.

El SEÑOR les dijo a Moisés y a Aarón: —¿Hasta cuándo ha de murmurar contra mí esta perversa comunidad? Ya he escuchado cómo se quejan contra mí los israelitas. Así que diles de parte mía: "Juro por mí mismo, que haré que se les cumplan sus deseos. Los cadáveres de todos ustedes quedarán tirados en este desierto. Ninguno de los censados mayores de veinte años, que murmuraron contra mí, tomará posesión de la tierra que les prometí. Sólo entrarán en ella Caleb hijo de Jefone y Josué hijo de Nun. También entrarán en la tierra los niños que ustedes dijeron que serían botín de guerra. Y serán ellos los que gocen de la tierra que ustedes rechazaron. Pero los cadáveres de todos ustedes quedarán tirados en este desierto. Durante cuarenta años los hijos de ustedes andarán errantes por el desierto. Cargarán con esta infidelidad, hasta que el último de ustedes caiga muerto en el desierto. La exploración del país duró cuarenta días, así que ustedes sufrirán un año por cada día. Cuarenta años llevarán a cuestas su maldad, y sabrán lo que es tenerme por enemigo." Yo soy el SEÑOR, y cumpliré al pie de la letra todo lo que anuncié contra esta perversa comunidad que se atrevió a desafiarme. En este desierto perecerán. ¡Morirán aquí mismo!

Con sus lamentos, quejas, conjuras e incredulidad, los hebreos fueron alumnos de lento aprendizaje. Como Dios declaró, los israelitas vagarían en el desierto hasta que murieran las personas que en aquel momento tenían veinte años o más.

La historia se retoma casi cuarenta años más tarde. Los israelitas regresan a Cades, sitio de la rebelión que se produjo cuando los espías regresaron de Canaán. La tierra prometida se encuentra delante de ellos de nuevo. A estas alturas la mayoría de las personas que tenían veinte años o más en el momento de la trágica rebelión ya habían muerto. Sin embargo, lamentablemente, resulta claro que la actitud de esta generación se asemejaba a la de la anterior.

Toda la comunidad israelita llegó al desierto de Zin el mes primero, y acampó en Cades. Fue allí donde Miriam murió y fue sepultada.

Como hubo una gran escasez de agua, los israelitas se amotinaron contra Moisés y Aarón, y le reclamaron a Moisés: «¡Ojalá el SEÑOR nos hubiera dejado morir junto con nuestros hermanos! ¿No somos acaso la asamblea del SEÑOR? ¿Para qué nos trajiste a este desierto, a morir con nuestro ganado? ¿Para qué nos sacaste de Egipto y nos metiste en este horrible lugar? Aquí no hay semillas, ni higueras, ni viñas, ni granados, ¡y ni siquiera hay agua!»

Moisés y Aarón se apartaron de la asamblea y fueron a la entrada de la Tienda de reunión, donde se postraron rostro en tierra. Entonces la gloria del SEÑOR se manifestó ante ellos, y el SEÑOR le dijo a Moisés: «Toma la vara y reúne a la asamblea. En presencia de ésta, tú y tu hermano le ordenarán a la roca que dé agua. Así harán que de ella brote agua, y darán de beber a la asamblea y a su ganado.»

Tal como el SEÑOR se lo había ordenado, Moisés tomó la vara que estaba ante el SEÑOR. Luego Moisés y Aarón reunieron a la asamblea frente a la roca, y Moisés dijo: «¡Escuchen, rebeldes! ¿Acaso tenemos que sacarles agua de esta roca?» Dicho esto, levantó la mano y dos veces golpeó la roca con la vara, ¡y brotó agua en abundancia, de la cual bebieron la asamblea y su ganado!

El SEÑOR les dijo a Moisés y a Aarón: «Por no haber confiado en mí, ni haber reconocido mi santidad en presencia de los israelitas, no serán ustedes los que lleven a esta comunidad a la tierra que les he dado.»

A estas aguas se les conoce como la fuente de Meribá, porque fue allí donde los israelitas le hicieron reclamaciones al SEÑOR, y donde él manifestó su santidad.

La frustración y la ira que se habían acumulado en Moisés en los últimos cuarenta años llegaron a expresarse. En su rabia, Moisés golpeó la roca en lugar de obedecer las instrucciones que Dios le había dado al hablarle. Moisés (y evidentemente Aarón) mostraron su falta de confianza en Dios y de respeto por su presencia entre su pueblo. Las consecuencias fueron claras: ni Moisés ni Aarón entrarían en la tierra prometida.

Al continuar su marcha hacia Canaán, los israelitas llegaron a la orilla del territorio controlado por sus primos lejanos, los edomitas (descendientes de Esaú, el hermano de Jacob). Sin embargo, el proceso de negociación con los extranjeros demostró ser difícil. Ellos pidieron permiso para pasar, tomando un atajo a través de esa tierra. «De ninguna manera, no sin una lucha», respondió el rey de Edom, que rápidamente envió a un ejército grande y poderoso para asegurarse de que no entraran en su territorio. Frustrados, los israelitas pronto tendrían otros tristes acontecimientos que atender.

Toda la comunidad israelita partió de Cades y llegó al monte Hor, cerca de la frontera de Edom. Allí el SEÑOR les dijo a Moisés y a Aarón: «Pronto Aarón partirá de este mundo, de modo que no entrará en la tierra que les he dado a los israelitas porque ustedes dos no obedecieron la orden que les di en la fuente de Meribá. Así que lleva a Aarón y a su hijo al monte Hor. Allí le quitarás a Aarón sus vestiduras sacerdotales, y se las pondrás a su hijo Eleazar, pues allí Aarón se reunirá con sus antepasados.»

Moisés llevó a cabo lo que el SEÑOR le ordenó. A la vista de todo el pueblo, los tres subieron al monte Hor. Moisés le quitó a Aarón las vestiduras sacerdotales, y se las puso a Eleazar. Allí, en la cumbre del monte, murió Aarón. Luego Moisés y Eleazar descendieron del monte. Y cuando el pueblo se enteró de que Aarón había muerto, lo lloró treinta días.

Cuando el cananeo que reinaba en la ciudad de Arad y vivía en el Néguev se enteró de que los israelitas venían por el camino de Atarín, los atacó y capturó a algunos de ellos. Entonces el pueblo de Israel hizo este voto al Señor: «Si tú nos aseguras la victoria sobre este enemigo, destruiremos por completo sus ciudades.» El Señor atendió a la súplica de los israelitas y les concedió la victoria sobre los cananeos, a los que destruyeron por completo, junto con sus ciudades. Por eso a aquel lugar se le llamó Jormá.[4]

Los israelitas salieron del monte Hor por la ruta del Mar Rojo, bordeando el territorio de Edom. En el camino se impacientaron y comenzaron a hablar contra Dios y contra Moisés: —¿Para qué nos trajeron ustedes de Egipto a morir en este desierto? ¡Aquí no hay pan ni agua! ¡Ya estamos hartos de esta pésima comida!

Por eso el Señor mandó contra ellos serpientes venenosas, para que los mordieran, y muchos israelitas murieron. El pueblo se acercó entonces a Moisés, y le dijo: —Hemos pecado al hablar contra el Señor y contra ti. Ruégale al Señor que nos quite esas serpientes. Moisés intercedió por el pueblo.

El Señor le dijo: —Hazte una serpiente, y ponla en un asta. Todos los que sean mordidos y la miren, vivirán. Moisés hizo una serpiente de bronce y la puso en un asta. Los que eran mordidos, miraban a la serpiente de bronce y vivían.

Los israelitas viajaron a través del desierto polvoriento. Tal como habían hecho con la nación de Edom, ellos pidieron la cooperación del rey de los amorreos para pasar por sus tierras. Y como con los edomitas, el pueblo de Dios encontró que los amorreos fueron menos que serviciales.

Israel envió emisarios a Sijón, rey de los amorreos, con este mensaje: «Te pido que nos dejes pasar por tus dominios. Te prometo que no entraremos en ningún campo ni viña, ni beberemos agua de ningún pozo. Nos limitaremos a pasar por el camino real, hasta que salgamos de tu territorio.»

---

[4]**Jormá:** *Jormá* significa «destrucción».

Pero Sijón no dejó que los israelitas pasaran por sus dominios. Más bien, reunió a sus tropas y salió a hacerles frente en el desierto. Cuando llegó a Yahaza, los atacó. Pero los israelitas lo derrotaron y se apoderaron de su territorio, desde el río Arnón hasta el río Jaboc, es decir, hasta la frontera de los amonitas, la cual estaba fortificada. Israel se apoderó de todas las ciudades amorreas y se estableció en ellas, incluso en Hesbón y en todas sus aldeas. Hesbón era la ciudad capital de Sijón, rey de los amorreos, quien había luchado en contra del anterior rey de Moab, conquistando todo su territorio, hasta el río Arnón.

Así fue como Israel se estableció en la tierra de los amorreos.

Moisés también envió a explorar Jazer, y los israelitas se apoderaron de sus aldeas, expulsando a los amorreos que vivían allí. Al volver, tomaron el camino de Basán. Fue allí donde Og, el rey de Basán, salió con su ejército para hacerles frente en Edrey.

Pero el Señor le dijo a Moisés: «No le tengas miedo, porque voy a entregar en tus manos a Og, a su ejército, y a su territorio. Harás con él lo mismo que hiciste con Sijón, el rey de los amorreos que vivía en Hesbón.»

Así fue como los israelitas mataron a Og, a sus hijos y a todo su ejército, hasta no dejar sobreviviente, y se apoderaron de su territorio.

Con resultados como este, los reyes locales fueron intimidados por las fuerzas de Israel. Un rey, Balac, gobernante de Moab, llamó a un adivino pagano, Balán, para que maldijera a los israelitas. Atrapado entre las promesas de riqueza de Balac y las garantías de Dios de que Balac estaba al borde de una catástrofe, Balán se encontró en un dilema. Finalmente ensilló su burra y partió hacia Moab, pero la burra se negó a moverse. Balán intentó con un palo, y la burra de repente habló, oponiéndose al trato injusto.

Burra: «¿Alguna vez te hice algo así?».

Balán: «No».

Burra: «Entonces, ¿por qué me azotas?».

Balán: «Porque no te mueves, tonto animal».

Burra: «¡Abre tus ojos y mira por qué!».

Entonces Balán vio al ángel del Señor en el camino, oponiéndose a él. Como resultado de este extraño acontecimiento, Balán adquirió el valor que necesitaba para decirle a Balac lo que Dios deseaba que escuchara: Israel sería bendecido; Moab sería maldecido.

En el interín, las mujeres moabitas les estaban haciendo más daño a la solidaridad hebrea del que todo el ejército de Balac podría haberle hecho.

Mientras los israelitas acampaban en Sitín, comenzaron a prostituirse con las mujeres moabitas, las cuales los invitaban a participar en los sacrificios a sus dioses. Los israelitas comían delante de esos dioses y se inclinaban a adorarlos. Esto los llevó a unirse al culto de Baal Peor. Por tanto, la ira del Señor se encendió contra ellos.

Entonces el Señor le dijo a Moisés: «Toma a todos los jefes del pueblo y ahórcalos en mi presencia a plena luz del día, para que el furor de mi ira se aparte de Israel.»

Moisés les ordenó a los jueces[5] de Israel: «Maten a los hombres bajo su mando que se hayan unido al culto de Baal Peor.»

Mientras el pueblo lloraba a la entrada de la Tienda de reunión, un israelita trajo a una madianita y, en presencia de Moisés y de toda la comunidad israelita, tuvo el descaro de presentársela a su familia. De esto se dio cuenta el sacerdote Finés, que era hijo de Eleazar y nieto del sacerdote Aarón. Finés abandonó la asamblea y, lanza en mano, siguió al hombre, entró en su tienda y atravesó al israelita y a la mujer. De este modo cesó la mortandad que se había desatado contra los israelitas. Con todo, los que murieron a causa de la plaga fueron veinticuatro mil.

El Señor le dijo a Moisés: «Finés, hijo de Eleazar y nieto del sacerdote Aarón, ha hecho que mi ira se aparte de los israelitas, pues ha actuado con el mismo celo que yo habría tenido por mi honor. Por eso no destruí a los israelitas con el furor de mi celo. Dile, pues, a Finés que yo le concedo mi pacto de comunión, por medio del cual él y sus descendientes gozarán de un sacerdocio eterno, ya que defendió celosamente mi honor e hizo expiación por los israelitas.»

Al acercarse el momento de la batalla por la tierra prometida, Moisés realizó un censo y descubrió que todos los israelitas que se habían rebelado contra las instrucciones de Dios de entrar en Canaán, casi cuarenta años antes, habían fallecido. Después de todos estos años, la próxima generación finalmente estaba a punto de entrar en la tierra. No obstante, Moisés tuvo que hacerle frente a la triste realidad de algunas duras consecuencias.

---

[5]**Jueces:** Los líderes nacionales y liberadores de Israel.

El Señor le dijo a Moisés: —Sube al monte Abarín y contempla desde allí la tierra que les he dado a los israelitas. Después de que la hayas contemplado, partirás de este mundo para reunirte con tus antepasados, como tu hermano Aarón. En el desierto de Zin, cuando la comunidad se puso a reclamar, ustedes dos me desobedecieron, pues al sacar agua de la roca no reconocieron ante el pueblo mi santidad. Esas aguas de Meribá están en Cades, en el desierto de Zin.

Moisés le respondió al Señor: —Dígnate, Señor, Dios de toda la humanidad, nombrar un jefe sobre esta comunidad, uno que los dirija en sus campañas, que los lleve a la guerra y los traiga de vuelta a casa. Así el pueblo del Señor no se quedará como rebaño sin pastor.

El Señor le dijo a Moisés: —Toma a Josué hijo de Nun, que es un hombre de gran espíritu. Pon tus manos sobre él, y haz que se presente ante el sacerdote Eleazar y ante toda la comunidad. En presencia de ellos le entregarás el mando. Lo investirás con algunas de tus atribuciones, para que toda la comunidad israelita le obedezca.

Moisés hizo lo que el Señor le ordenó. Tomó a Josué y lo puso delante del sacerdote Eleazar y de toda la comunidad. Luego le impuso las manos y le entregó el cargo, tal como el Señor lo había mandado.

Muchos detalles administrativos requerían la atención de Moisés antes de su muerte y de que el pueblo cruzara el río Jordán. Cómo organizar el culto, cómo manejar a los cautivos y el botín de la batalla, cómo hacerle frente a la delincuencia y la venganza en el interior de la nación hebrea, cómo establecer los derechos de herencia. Dios, por medio de Moisés, estaba preparando un sistema de gobierno básico para la vida en la tierra prometida. La tarea final de Moisés concerniente al pueblo ansioso y emocionado fue un gran discurso de despedida. «Recuerden quienes son», les dijo, «y a quien pertenecen».

Éstas son las palabras que Moisés dirigió a todo Israel en el desierto al este del Jordán:

»Bien saben que el Señor su Dios los ha bendecido en todo lo que han emprendido, y los ha cuidado por todo este inmenso desierto. Durante estos cuarenta años, el Señor su Dios ha estado con ustedes y no les ha faltado nada.

»Pregúntales ahora a los tiempos pasados que te precedieron, desde el día que Dios creó al ser humano en la tierra, e investiga de un extremo a otro del cielo. ¿Ha sucedido algo así de grandioso, o se ha sabido alguna vez de algo semejante? ¿Qué pueblo ha oído a Dios hablarle en medio del fuego, como lo has oído tú, y ha vivido para contarlo? ¿Qué dios ha intentado entrar en una nación y tomarla para sí mediante pruebas, señales, milagros, guerras, actos portentosos y gran despliegue de fuerza y de poder, como lo hizo por ti el Señor tu Dios en Egipto, ante tus propios ojos?

»A ti se te ha mostrado todo esto para que sepas que el Señor es Dios, y que no hay otro fuera de él. Desde el cielo te permitió escuchar su voz, para instruirte. Y en la tierra te permitió ver su gran fuego, desde el cual te habló. El Señor amó a tus antepasados y escogió a la descendencia de ellos; por eso te sacó de Egipto con su presencia y gran poder, y ante tus propios ojos desalojó a naciones más grandes y más fuertes que tú, para hacerte entrar en su tierra y dártela en posesión, como sucede hoy.

»Reconoce y considera seriamente hoy que el Señor es Dios arriba en el cielo y abajo en la tierra, y que no hay otro. Obedece sus preceptos y normas que hoy te mando cumplir. De este modo a ti y a tus descendientes les irá bien, y permanecerán mucho tiempo en la tierra que el Señor su Dios les da para siempre.»

»Escucha, Israel: El Señor nuestro Dios es el único Señor. Ama al Señor tu Dios con todo tu corazón y con toda tu alma y con todas tus fuerzas. Grábate en el corazón estas palabras que hoy te mando. Incúlcaselas continuamente a tus hijos. Háblales de ellas cuando estés en tu casa y cuando vayas por el camino, cuando te acuestes y cuando te levantes.

»Cumple fielmente todos los mandamientos que hoy te mando, para que vivas, te multipliques y tomes posesión de la tierra que el Señor juró a tus antepasados. Recuerda que durante cuarenta años el Señor tu Dios te llevó por todo el camino del desierto, y te humilló y te puso a prueba para conocer lo que había en tu corazón y ver si cumplirías o no sus mandamientos. Te humilló y te hizo pasar hambre, pero luego te alimentó con maná, comida que ni tú ni tus antepasados habían conocido, con lo que te enseñó que no sólo de pan vive el hombre, sino de todo lo que sale de la boca del SEÑOR. Durante esos cuarenta años no se te gastó la ropa que llevabas puesta, ni se te hincharon los pies. Reconoce en tu corazón que, así como un padre disciplina a su hijo, también el SEÑOR tu Dios te disciplina a ti.

»Escucha, Israel: hoy vas a cruzar el Jordán para entrar y desposeer a naciones más grandes y fuertes que tú, que habitan en grandes ciudades con muros que llegan hasta el cielo. Esa gente es poderosa y de gran estatura; ¡son los anaquitas! Tú ya los conoces y sabes que de ellos se dice: "¿Quién puede oponerse a los descendientes de Anac?" Pero tú, entiende bien hoy que el SEÑOR tu Dios avanzará al frente de ti, y que los destruirá como un fuego consumidor y los someterá a tu poder. Tú los expulsarás y los aniquilarás en seguida, tal como el SEÑOR te lo ha prometido.

»Cuando el SEÑOR tu Dios los haya arrojado lejos de ti, no vayas a pensar: "El SEÑOR me ha traído hasta aquí, por mi propia justicia, para tomar posesión de esta tierra." ¡No! El SEÑOR expulsará a esas naciones por la maldad que las caracteriza. De modo que no es por tu justicia ni por tu rectitud por lo que vas a tomar posesión de su tierra. ¡No! La propia maldad de esas naciones hará que el SEÑOR tu Dios las arroje lejos de ti. Así cumplirá lo que juró a tus antepasados Abraham, Isaac y Jacob. Entiende bien que eres un pueblo terco, y que tu justicia y tu rectitud no tienen nada que ver con que el SEÑOR tu Dios te dé en posesión esta buena tierra.

Moisés convocó a todos los israelitas y les dijo:

«Ustedes vieron todo lo que el SEÑOR hizo en Egipto con el faraón y sus funcionarios, y con todo su país. Con sus propios ojos vieron aquellas grandes pruebas, señales y maravillas. Pero hasta este día el SEÑOR no les ha dado mente para entender, ni ojos para ver, ni oídos para oír. Durante los cuarenta años que los guié a través del desierto, no se les desgastó la ropa ni el calzado. No comieron pan ni bebieron vino ni ninguna bebida fermentada. Esto lo hice para que supieran que yo soy el SEÑOR su Dios.

»Este mandamiento que hoy te ordeno obedecer no es superior a tus fuerzas ni está fuera de tu alcance. No está arriba en el cielo, para que preguntes: "¿Quién subirá al cielo por nosotros, para que nos lo traiga, y así podamos escucharlo y obedecerlo?" Tampoco está más allá del océano, para que preguntes: "¿Quién cruzará por nosotros hasta el otro lado del océano, para que nos lo traiga, y así podamos escucharlo y obedecerlo?" ¡No! La palabra está muy cerca de ti; la tienes en la boca y en el corazón, para que la obedezcas.

»Hoy te doy a elegir entre la vida y la muerte, entre el bien y el mal. Hoy te ordeno que ames al Señor tu Dios, que andes en sus caminos, y que cumplas sus mandamientos, preceptos y leyes. Así vivirás y te multiplicarás, y el Señor tu Dios te bendecirá en la tierra de la que vas a tomar posesión.

»Pero si tu corazón se rebela y no obedeces, sino que te desvías para adorar y servir a otros dioses, te advierto hoy que serás destruido sin remedio. No vivirás mucho tiempo en el territorio que vas a poseer luego de cruzar el Jordán.

»Hoy pongo al cielo y a la tierra por testigos contra ti, de que te he dado a elegir entre la vida y la muerte, entre la bendición y la maldición. Elige, pues, la vida, para que vivan tú y tus descendientes. Ama al Señor tu Dios, obedécelo y sé fiel a él, porque de él depende tu vida, y por él vivirás mucho tiempo en el territorio que juró dar a tus antepasados Abraham, Isaac y Jacob.»

A pesar de que Moisés a menudo se quejaba de que no era un orador público, sus fuertes palabras de aliento mantuvieron al pueblo fiel, atento y lleno de esperanza durante muchos años. Moisés conocía bien a Dios y amaba a la gente. Ese conocimiento y amor a menudo eran expresados en oraciones poéticas, llenas de lamento y gozo, pasión y devoción.

Llamó entonces Moisés a Josué, y en presencia de todo Israel le dijo: «Sé fuerte y valiente, porque tú entrarás con este pueblo al territorio que el Señor juró darles a sus antepasados. Tú harás que ellos tomen posesión de su herencia. El Señor mismo marchará al frente de ti y estará contigo; nunca te dejará ni te abandonará. No temas ni te desanimes.»

Ese mismo día el Señor le dijo a Moisés: «Sube a las montañas de Abarín, y contempla desde allí el monte Nebo, en el territorio de Moab, frente a Jericó, y el territorio de Canaán, el cual voy a dar en posesión a los israelitas. En el monte al que vas a subir morirás, y te reunirás con los tuyos, así como tu hermano Aarón murió y se reunió con sus antepasados en el monte Hor. Esto será así porque, a la vista de todos los israelitas, ustedes dos me fueron infieles en las aguas de Meribá Cades; en el desierto de Zin no honraron mi santidad. Por eso no entrarás en el territorio que voy a darle al pueblo de Israel; solamente podrás verlo de lejos.»

Moisés ascendió de las llanuras de Moab al monte Nebo, a la cima del monte Pisgá, frente a Jericó. Allí el Señor le mostró todo el territorio que se extiende desde Galaad hasta Dan, todo el territorio de Neftalí y de Efraín, Manasés y Judá, hasta el mar Mediterráneo. Le mostró también la región del Néguev y la del valle de Jericó, la ciudad de palmeras, hasta Zoar. Luego el Señor le dijo: «Éste es el territorio que juré a Abraham, Isaac y Jacob que daría a sus descendientes. Te he permitido verlo con tus propios ojos, pero no podrás entrar en él.»

Allí en Moab murió Moisés, siervo del Señor, tal como el Señor se lo había dicho. Y fue sepultado en Moab, en el valle que está frente a Bet Peor, pero hasta la fecha nadie sabe dónde está su sepultura. Moisés tenía ciento veinte años de edad cuando murió. Con todo, no se había debilitado su vista ni había perdido su vigor. Durante treinta días los israelitas lloraron a Moisés en las llanuras de Moab, guardando así el tiempo de luto acostumbrado.

Desde entonces no volvió a surgir en Israel otro profeta como Moisés, con quien el Señor tenía trato directo. Sólo Moisés hizo todas aquellas señales y prodigios que el Señor le mandó realizar en Egipto ante el faraón, sus funcionarios y todo su país. Nadie ha demostrado jamás tener un poder tan extraordinario, ni ha sido capaz de realizar las proezas que hizo Moisés ante todo Israel.

7

Comienza la batalla

Después de la muerte de Moisés, siervo del Señor, Dios le dijo a Josué hijo de Nun, asistente de Moisés: «Mi siervo Moisés ha muerto. Por eso tú y todo este pueblo deberán prepararse para cruzar el río Jordán y entrar a la tierra que les daré a ustedes los israelitas. Tal como le prometí a Moisés, yo les entregaré a ustedes todo lugar que toquen sus pies. Su territorio se extenderá desde el desierto hasta el Líbano, y desde el gran río Éufrates, territorio de los hititas, hasta el mar Mediterráneo, que se encuentra al oeste. Durante todos los días de tu vida, nadie será capaz de enfrentarse a ti. Así como estuve con Moisés, también estaré contigo; no te dejaré ni te abandonaré.»Sé fuerte y valiente, porque tú harás que este pueblo herede la tierra que les prometí a sus antepasados.

Sólo te pido que tengas mucho valor y firmeza para obedecer toda la ley que mi siervo Moisés te mandó. No te apartes de ella para nada; sólo así tendrás éxito dondequiera que vayas. Recita siempre el libro de la ley y medita en él de día y de noche; cumple con cuidado todo lo que en él está escrito. Así prosperarás y tendrás éxito. Ya te lo he ordenado: ¡Sé fuerte y valiente! ¡No tengas miedo ni te desanimes! Porque el Señor tu Dios te acompañará dondequiera que vayas.»

Entonces Josué dio la siguiente orden a los jefes del pueblo: «Vayan por todo el campamento y díganle al pueblo que prepare provisiones, porque dentro de tres días cruzará el río Jordán para tomar posesión del territorio que Dios el Señor le da como herencia.»

Ellos le respondieron a Josué: —Nosotros obedeceremos todo lo que nos has mandado, e iremos adondequiera que nos envíes. Te

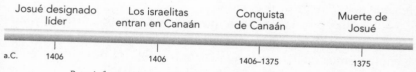

Josué designado líder	Los israelitas entran en Canaán	Conquista de Canaán	Muerte de Josué
a.C. 1406	1406	1406–1375	1375

Para información completa sobre la cronología vea la página ix.

79

obedeceremos en todo, tal como lo hicimos con Moisés. Lo único que pedimos es que el SEÑOR esté contigo como estuvo con Moisés. Cualquiera que se rebele contra tus palabras o que no obedezca lo que tú ordenes, será condenado a muerte. Pero tú, ¡sé fuerte y valiente!

Luego Josué hijo de Nun envió secretamente, desde Sitín, a dos espías con la siguiente orden: «Vayan a explorar la tierra, especialmente Jericó.» Cuando los espías llegaron a Jericó, se hospedaron en la casa de una prostituta llamada Rajab.

Pero el rey de Jericó se enteró de que dos espías israelitas habían entrado esa noche en la ciudad para reconocer el país. Así que le envió a Rajab el siguiente mensaje: «Echa fuera a los hombres que han entrado en tu casa, pues vinieron a espiar nuestro país.»

Pero la mujer, que ya había escondido a los espías, le respondió al rey: «Es cierto que unos hombres vinieron a mi casa, pero no sé quiénes eran ni de dónde venían. Salieron cuando empezó a oscurecer, a la hora de cerrar las puertas de la ciudad, y no sé a dónde se fueron. Vayan tras ellos; tal vez les den alcance.» En realidad, la mujer había llevado a los hombres al techo de la casa y los había escondido entre los manojos de lino que allí secaba.) Los hombres del rey fueron tras los espías, por el camino que lleva a los vados del río Jordán. En cuanto salieron, las puertas de Jericó se cerraron.

Antes de que los espías se acostaran, Rajab subió al techo y les dijo:

—Yo sé que el SEÑOR les ha dado esta tierra, y por eso estamos aterrorizados; todos los habitantes del país están muertos de miedo ante ustedes. Tenemos noticias de cómo el SEÑOR secó las aguas del Mar Rojo para que ustedes pasaran, después de haber salido de Egipto. También hemos oído cómo destruyeron completamente a los reyes amorreos, Sijón y Og, al este del Jordán. Por eso estamos todos tan amedrentados y descorazonados frente a ustedes. Yo sé que el SEÑOR y Dios es Dios de dioses tanto en el cielo como en la tierra.

Por lo tanto, les pido ahora mismo que juren en el nombre del SEÑOR que serán bondadosos con mi familia, como yo lo he sido con ustedes. Quiero que me den como garantía una señal de que perdonarán la vida de mis padres, de mis hermanos y de todos los que viven con ellos. ¡Juren que nos salvarán de la muerte!

—¡Juramos por nuestra vida que la de ustedes no correrá peligro! —contestaron ellos—. Si no nos delatas, seremos bondadosos contigo y cumpliremos nuestra promesa cuando el SEÑOR nos entregue este país.

Entonces Rajab los bajó por la ventana con una soga, pues la casa donde ella vivía estaba sobre la muralla de la ciudad. Ya les había dicho previamente: «Huyan rumbo a las montañas para que sus perseguidores no los encuentren. Escóndanse allí por tres días, hasta que ellos regresen. Entonces podrán seguir su camino.»

Los hombres se dirigieron a las montañas y permanecieron allí tres días, hasta que sus perseguidores regresaron a la ciudad. Los habían buscado por todas partes, pero sin éxito. Los dos hombres emprendieron el regreso; bajando de las montañas, vadearon el río y llegaron adonde estaba Josué hijo de Nun. Allí le relataron todo lo que les había sucedido: «El Señor ha entregado todo el país en nuestras manos. ¡Todos sus habitantes tiemblan de miedo ante nosotros!»

Dos cosas separaban a los israelitas de su promesa de una patria. En primer lugar, el río Jordán, un formidable obstáculo en una época muy anterior a los puentes en arco. En segundo lugar, el rito de la circuncisión, el signo de la alianza de Dios con su pueblo. (Nadie de esta generación había sido circuncidado).

Josué organizó la marcha hacia la tierra prometida, con el arca de la alianza guiando el camino. Cuando los sacerdotes que llevaban el arca sagrada tocaron la orilla del río, el Jordán dejó de fluir. Todas las personas cruzaron sobre terreno seco. Una vez acampados en el otro lado, las circuncisiones se realizaron. Por unos dolorosos días, las mujeres fueron las únicas personas físicamente capacitadas en el campamento.

Luego vino la primera batalla, una prueba de fe y valentía después de cuarenta años de entrenamiento.

Las puertas de Jericó estaban bien aseguradas por temor a los israelitas; nadie podía salir o entrar.

Pero el Señor le dijo a Josué: «¡He entregado en tus manos a Jericó, y a su rey con sus guerreros! Tú y tus soldados marcharán una vez alrededor de la ciudad; así lo harán durante seis días. Siete sacerdotes llevarán trompetas hechas de cuernos de carneros, y marcharán frente al arca. El séptimo día ustedes marcharán siete veces alrededor de la ciudad, mientras los sacerdotes tocan las trompetas. Cuando todos escuchen el toque de guerra, el pueblo deberá gritar a voz en cuello. Entonces los muros de la ciudad se derrumbarán, y cada uno entrará sin impedimento.»

Josué hijo de Nun llamó a los sacerdotes y les ordenó: «Carguen el arca del pacto, y que siete de ustedes lleven trompetas y marchen frente a ella.» Y le dijo al pueblo: «¡Adelante! ¡Marchen alrededor de la ciudad! Pero los hombres armados deben marchar al frente del arca del SEÑOR.»

Cuando Josué terminó de dar las instrucciones al pueblo, los siete sacerdotes marcharon al frente del arca del pacto del SEÑOR tocando sus trompetas; y el arca del pacto les seguía. Los hombres armados marchaban al frente de los sacerdotes que tocaban las trompetas, y tras el arca marchaba la retaguardia. Durante todo ese tiempo las trompetas no cesaron de sonar. Al resto del pueblo, en cambio, Josué le ordenó marchar en silencio, sin decir palabra alguna ni gritar hasta el día en que les diera la orden de gritar a voz en cuello. Josué hizo llevar el arca alrededor de Jericó una sola vez. Después, el pueblo regresó al campamento para pasar la noche.

Al día siguiente, Josué se levantó temprano, y los sacerdotes cargaron el arca del SEÑOR. Los siete sacerdotes que llevaban las trompetas tomaron la delantera y marcharon al frente del arca mientras tocaban sus trompetas. Los hombres armados marchaban al frente de ellos, y tras el arca del SEÑOR marchaba la retaguardia. ¡Nunca dejaron de oírse las trompetas! También en este segundo día marcharon una sola vez alrededor de Jericó, y luego regresaron al campamento. Así hicieron durante seis días.

El séptimo día, a la salida del sol, se levantaron y marcharon alrededor de la ciudad tal como lo habían hecho los días anteriores, sólo que en ese día repitieron la marcha siete veces. A la séptima vuelta, los sacerdotes tocaron las trompetas, y Josué le ordenó al ejército: «¡Empiecen a gritar! ¡El SEÑOR les ha entregado la ciudad! Jericó, con todo lo que hay en ella, será destinada al exterminio como ofrenda al SEÑOR. Sólo se salvarán la prostituta Rajab y los que se encuentren en su casa, porque ella escondió a nuestros mensajeros.

Entonces los sacerdotes tocaron las trompetas, y la gente gritó a voz en cuello, ante lo cual las murallas de Jericó se derrumbaron. El pueblo avanzó, sin ceder ni un centímetro, y tomó la ciudad. Mataron a filo de espada a todo hombre y mujer, joven y anciano. Lo mismo hicieron con las vacas, las ovejas y los burros; destruyeron todo lo que tuviera aliento de vida. ¡La ciudad entera quedó arrasada!

Ahora bien, Josué les había dicho a los dos exploradores: «Vayan a casa de la prostituta, y tráiganla junto con sus parientes, tal como se lo juraron.» Así que los jóvenes exploradores entraron y sacaron a Rajab junto con sus padres y hermanos, y todas sus pertenencias, y llevaron a toda la familia a un lugar seguro, fuera del campamento israelita.

Sólo entonces los israelitas incendiaron la ciudad con todo lo que había en ella, menos los objetos de plata, de oro, de bronce y de hierro, los cuales depositaron en el tesoro de la casa del Señor. Así Josué salvó a la prostituta Rajab, a toda su familia y todas sus posesiones, por haber escondido a los mensajeros que él había enviado a Jericó. Y desde entonces, Rajab y su familia viven con el pueblo de Israel.

En aquel tiempo, Josué hizo este juramento: «¡Maldito sea en la presencia del Señor el que se atreva a reconstruir esta ciudad!»

El Señor estuvo con Josué, y éste se hizo famoso por todo el país.

Dios les dijo a Josué y los israelitas que el botín de guerra era solo suyo. Y todos obedecieron, a excepción de un hombre, Acán. Como resultado del pecado de Acán, Dios no estuvo con el ejército israelita cuando atacaron Hai. Josué y los demás dirigentes fueron humillados y confundidos. Cuando Dios puso de manifiesto que la derrota se debió a que Acán había pecado, el pueblo se arrepintió y Acán murió debido a sus acciones.

El Señor exhortó a Josué: «¡No tengas miedo ni te acobardes! Toma contigo a todo el ejército, y ataquen la ciudad de Hai. Yo les daré la victoria sobre su rey y su ejército; se apropiarán de su ciudad y de todo el territorio que la rodea. Tratarás a esta ciudad y a su rey como hiciste con Jericó y con su rey. Sin embargo, podrán quedarse con el botín de guerra y todo el ganado. Prepara una emboscada en la parte posterior de la ciudad.»

Muy de mañana se levantó Josué, pasó revista al ejército y, junto con los jefes de Israel, se puso en marcha hacia Hai. Todos los guerreros que iban con Josué llegaron cerca de Hai y acamparon al norte de la ciudad. Sólo había un valle entre ellos y la ciudad. Josué envió a cinco mil guerreros a preparar la emboscada, y ellos se escondieron entre Betel y Hai, al oeste de la ciudad. De esa manera, una tropa acampó al norte de la ciudad y la otra al oeste. Esa noche Josué avanzó hacia el medio del valle.

Cuando el rey de Hai se dio cuenta de lo que pasaba, se apresuró a salir con toda su tropa a pelear contra Israel, en la pendiente que está frente al desierto, sin saber que le habían puesto una emboscada en la parte posterior de la ciudad. Josué y su tropa, fingiéndose derrotados, huyeron por el camino que lleva al desierto. Mientras tanto, todos los hombres que estaban en la ciudad recibieron el llamado de perseguir a los israelitas, alejándose así de Hai. No quedó ni un solo hombre en Hai o en Betel que no hubiera salido a perseguir a Israel, de modo que la ciudad de Hai quedó desprotegida.

Entonces el SEÑOR le ordenó a Josué: «Apunta hacia Hai con la jabalina que llevas, pues en tus manos entregaré la ciudad.» Y así lo hizo Josué. Al ver esto, los que estaban en la emboscada salieron de inmediato de donde estaban y, entrando en la ciudad, la tomaron y la incendiaron.

Cuando los hombres de Hai miraron hacia atrás, vieron que subía de la ciudad una nube de humo. Entonces se dieron cuenta de que no podían huir en ninguna dirección, porque la gente de Josué que antes huía hacia el desierto, ahora se lanzaba contra sus perseguidores. En efecto, tan pronto como Josué y todos los israelitas vieron que los que tendieron la emboscada habían tomado la ciudad y la habían incendiado, se volvieron y atacaron a los de Hai. Los de la emboscada salieron de la ciudad y persiguieron a los guerreros de Hai, y así éstos quedaron atrapados por todos lados. Los israelitas atacaron a sus enemigos hasta no dejar ni fugitivos ni sobrevivientes.

Ese día murieron todos los habitantes de Hai, como doce mil hombres y mujeres.

Entonces Josué levantó, en el monte Ebal, un altar al SEÑOR, Dios de Israel, tal como Moisés, siervo del SEÑOR, había ordenado a los israelitas.

Luego Josué leyó todas las palabras de la ley, tanto las bendiciones como las maldiciones, según lo que estaba escrito en el libro de la ley. De esta lectura que hizo Josué ante toda la asamblea de los israelitas, incluyendo a las mujeres, a los niños y a los inmigrantes, no se omitió ninguna palabra de lo ordenado por Moisés.

Dios ayudó a los israelitas a resultar victoriosos sobre el ejército de Hai. Sin embargo, Josué cometió el error de no volverse a Dios para que lo guiara cuando algunas personas engañosas de Gabaón llegaron. Ellos pretendieron ser de una lejana tierra y buscaron un tratado con los israelitas. Josué hizo el tratado sin consultar la sabiduría del Señor. Luego descubrió que la delegación era realmente de Gabaón, una tribu vecina. Él se vio limitado por su tratado, por lo que no pudo conquistar el pueblo y tomar sus tierras. El rumor del tratado de paz de Josué se extendió y otros reyes se prepararon para pelear.

Adonisédec, rey de Jerusalén, se enteró de que Josué había tomado la ciudad de Hai y la había destruido completamente, pues Josué hizo con Hai y su rey lo mismo que había hecho con Jericó y su rey. Adonisédec también supo que los habitantes de Gabaón habían hecho un tratado de ayuda mutua con los israelitas y se habían quedado a vivir con ellos. Esto, por supuesto, alarmó grandemente a Adonisédec y a su gente, porque Gabaón era más importante y más grande que la ciudad de Hai; era tan grande como las capitales reales, y tenía un ejército poderoso. Por eso Adonisédec envió un mensaje a los siguientes reyes: Hohán de Hebrón, Pirán de Jarmut, Jafía de Laquis, y Debir de Eglón. El mensaje decía: «Únanse a mí y conquistemos a Gabaón, porque ha hecho un tratado de ayuda mutua con Josué y los israelitas.»

Entonces los cinco reyes amorreos de Jerusalén, Hebrón, Jarmut, Laquis y Eglón se unieron y marcharon con sus ejércitos para acampar frente a Gabaón y atacarla.

Los gabaonitas, por su parte, enviaron el siguiente mensaje a Josué, que estaba en Guilgal: «No abandone usted a estos siervos suyos. ¡Venga de inmediato y sálvenos! Necesitamos su ayuda, porque todos los reyes amorreos de la región montañosa se han aliado contra nosotros.»

Josué salió de Guilgal con todo su ejército, acompañados de su comando especial. Y el Señor le dijo a Josué: «No tiembles ante ellos, pues yo te los entrego; ninguno de ellos podrá resistirte.»

Después de marchar toda la noche desde Guilgal, Josué los atacó por sorpresa. A su vez, el Señor llenó de pánico a los amorreos ante la presencia del ejército israelita, y éste les infligió una tremenda derrota en Gabaón. A los que huyeron los persiguieron por el camino de Bet Jorón, y acabaron con ellos por toda la vía que va a Azeca y Maquedá. Mientras los amorreos huían de Israel, entre Bet Jorón y Azeca, el Señor mandó del cielo una tremenda granizada que mató a más gente de la que el ejército israelita había matado a filo de espada.

Ese día en que el Señor entregó a los amorreos en manos de los israelitas, Josué le dijo al Señor en presencia de todo el pueblo:

«Sol, deténte en Gabaón,
    luna, párate sobre Ayalón.»
El sol se detuvo
    y la luna se paró,
    hasta que Israel
    se vengó de sus adversarios.

Esto está escrito en el libro de Jaser.

Y, en efecto, el sol se detuvo en el cenit y no se movió de allí por casi un día entero. Nunca antes ni después ha habido un día como aquél; fue el día en que el SEÑOR obedeció la orden de un ser humano. ¡No cabe duda de que el SEÑOR estaba peleando por Israel!

Al terminar todo, Josué regresó a Guilgal con todo el ejército israelita.

Los cinco reyes habían huido y se habían refugiado en una cueva en Maquedá. Tan pronto como Josué supo que habían hallado a los cinco reyes en la cueva, dio la siguiente orden: «Coloquen rocas a la entrada de la cueva y pongan unos guardias para que la vigilen. ¡Que nadie se detenga! Persigan a los enemigos y atáquenlos por la retaguardia. No les permitan llegar a sus ciudades. ¡El SEÑOR, Dios de ustedes, ya se los ha entregado!»

Josué y el ejército israelita exterminaron a sus enemigos; muy pocos de éstos pudieron refugiarse en las ciudades amuralladas. Finalmente, todos los israelitas retornaron a Maquedá sanos y salvos. ¡Nadie en la comarca se atrevía a decir nada contra Israel!

Entonces Josué mandó que destaparan la entrada de la cueva y que le trajeran los cinco reyes amorreos. De inmediato sacaron a los cinco reyes de la cueva: los reyes de Jerusalén, Hebrón, Jarmut, Laquis y Eglón. Cuando se los trajeron, Josué convocó a todo el ejército israelita y les ordenó a todos los comandantes que lo habían acompañado: «Acérquense y písenles el cuello a estos reyes.» Los comandantes obedecieron al instante.

Entonces Josué les dijo: «No teman ni den un paso atrás; al contrario, sean fuertes y valientes. Esto es exactamente lo que el SEÑOR hará con todos los que ustedes enfrenten en batalla.» Dicho esto, Josué mató a los reyes, los colgó en cinco árboles, y allí los dejó hasta el atardecer.

Cuando ya el sol estaba por ponerse, Josué mandó que los descolgaran de los árboles y los arrojaran en la misma cueva donde antes se habían escondido. Entonces taparon la cueva con unas enormes rocas, que permanecen allí hasta el día de hoy.

Ese mismo día Josué tomó Maquedá y mató a filo de espada a su rey y a todos sus habitantes; ¡nadie quedó con vida! Y al rey de Maquedá le sucedió lo mismo que al rey de Jericó.

Así Josué conquistó toda aquella región: la cordillera, el Néguev, los llanos y las laderas. Derrotó a todos sus reyes, sin dejar ningún sobreviviente. ¡Todo cuanto tenía aliento de vida fue destruido completamente! Esto lo hizo según el mandato del SEÑOR, Dios de Israel. Josué conquistó a todos, desde Cades Barnea hasta Gaza, y desde la región de Gosén hasta Gabaón. A todos esos reyes y sus territorios Josué los conquistó en una sola expedición, porque el SEÑOR, Dios de Israel, combatía por su pueblo.

Después Josué regresó al campamento de Guilgal junto con todo el ejército israelita.

Cuando Jabín, rey de Jazor, se enteró de todo lo ocurrido, convocó a Jobab, rey de Madón, y a los reyes de Simrón y de Acsaf. También llamó a los reyes de la región montañosa del norte; a los de la región al sur del lago Quinéret; a los de los valles, y a los de Nafot Dor, al occidente. Llamó además a los cananeos de oriente y occidente, a los amorreos, a los hititas, a los ferezeos, a los jebuseos de las montañas y a los heveos que viven en las laderas del monte Hermón en Mizpa. Todos ellos salieron con sus ejércitos, caballos y carros de guerra. Eran tan numerosos que parecían arena a la orilla del mar. Formaron un solo ejército y acamparon junto a las aguas de Merón para pelear contra Israel.

Entonces el SEÑOR le dijo a Josué: «No les tengas miedo, porque mañana, a esta hora, yo le entregaré muerto a Israel todo ese ejército. Ustedes, por su parte, deberán desjarretar sus caballos e incendiar sus carros de guerra.»

Así que Josué partió acompañado de sus guerreros y tomó por sorpresa a sus enemigos junto a las aguas de Merón. El SEÑOR los entregó en manos de los israelitas, quienes los atacaron y persiguieron hasta la gran ciudad de Sidón, y hasta Misrefot Mayin y el valle de Mizpa al este, y no quedaron sobrevivientes. Josué cumplió con todo lo que el SEÑOR le había ordenado: desjarretó los caballos del enemigo e incendió sus carros de guerra.

Al regreso Josué conquistó Jazor y mató a filo de espada a su rey, pues Jazor había sido cabecera de todos aquellos reinados. Los israelitas mataron a espada a todo cuanto tenía vida. Arrasaron la ciudad y le prendieron fuego.

Josué conquistó todas las ciudades de aquellos reinos junto con sus reyes; a éstos mató a filo de espada, destruyéndolos por completo. Así obedeció Josué todo lo que Moisés, siervo del SEÑOR, le había mandado. Las ciudades que estaban sobre los cerros fueron las únicas que los israelitas no quemaron, excepto Jazor. Tomaron como botín de guerra todas las pertenencias del enemigo y su ganado, y mataron a todos los hombres a filo de espada, de modo que ninguno quedó con vida. Así como el SEÑOR había ordenado a su siervo Moisés, también Moisés se lo ordenó a Josué. Y éste, por su parte, cumplió al pie de la letra todo lo que el SEÑOR le había ordenado a Moisés.

Así logró Josué conquistar toda aquella tierra, conforme a la orden que el SEÑOR le había dado a Moisés, y se la entregó como herencia al pueblo de Israel, según la distribución tribal. Por fin, aquella región descansó de las guerras.

Estas antiguas ciudades derrotadas por Josué y los israelitas han sido olvidadas por la historia. Sin embargo, para los israelitas, cada uno de los nombres citados representaba riesgos, pérdidas, dificultades y luchas. La promesa de Dios a Abraham hecha siglos antes estaba por cumplirse. Una nueva nación se estaba formando. Gran parte de la tierra prometida era de ellos, aunque quedaba mucho por ser tomado. En el interín, su líder tenía algunas palabras finales de aliento y desafío.

Mucho tiempo después de que el SEÑOR le diera a Israel paz con sus enemigos cananeos, Josué, anciano y cansado, convocó a toda la nación, incluyendo a sus líderes, jefes, jueces y oficiales, y les dijo: «Yo ya estoy muy viejo, y los años me pesan. Ustedes han visto todo lo que el SEÑOR su Dios ha hecho con todas aquellas naciones a favor de ustedes, pues él peleó las batallas por ustedes. Yo repartí por sorteo, como herencia de sus tribus, tanto las tierras de las naciones que aún quedan como las de aquellas que ya han sido conquistadas, entre el río Jordán y el mar Mediterráneo. El SEÑOR su Dios expulsará a esas naciones de estas tierras, y ustedes tomarán posesión de ellas, tal como él lo ha prometido.

»Por mi parte, yo estoy a punto de ir por el camino que todo mortal transita. Ustedes bien saben que ninguna de las buenas promesas del SEÑOR su Dios ha dejado de cumplirse al pie de la letra. Todas se han hecho realidad, pues él no ha faltado a ninguna de ellas. Pero así como el SEÑOR su Dios ha cumplido sus buenas promesas, también descargará sobre ustedes todo tipo de calamidades, hasta que cada uno sea borrado de esta tierra que él les ha entregado.

Josué reunió a todas las tribus de Israel en Siquén. Allí convocó a todos los jefes, líderes, jueces y oficiales del pueblo. Todos se reunieron en presencia de Dios.

Josué se dirigió a todo el pueblo, y le exhortó: —Así dice el SEÑOR, Dios de Israel: "Hace mucho tiempo, sus antepasados, Téraj y sus hijos Abraham y Najor, vivían al otro lado del río Éufrates, y adoraban a otros dioses. Pero yo tomé de ese lugar a Abraham, antepasado de ustedes, lo conduje por toda la tierra de Canaán y le di una descendencia numerosa. Primero le di un hijo, Isaac; y a Isaac le di dos hijos, Jacob y Esaú. A Esaú le entregué la serranía de Seír, en tanto que Jacob y sus hijos descendieron a Egipto.

»"Tiempo después, envié a Moisés y Aarón, y herí con plagas a Egipto hasta que los saqué a ustedes de allí. Cuando saqué de ese país a sus antepasados, ustedes llegaron al Mar Rojo y los egipcios los persiguieron con sus carros de guerra y su caballería. Sus antepasados clamaron al SEÑOR, y él interpuso oscuridad entre ellos y los egipcios. El SEÑOR hizo que el mar cayera sobre éstos y los cubriera. Ustedes fueron testigos de lo que les hice a los egipcios. Después de esto, sus antepasados vivieron en el desierto durante mucho tiempo.

A ustedes los traje a la tierra de los amorreos, los que vivían al este del río Jordán. Cuando ellos les hicieron la guerra, yo los entregué en sus manos; ustedes fueron testigos de cómo los destruí para que ustedes poseyeran su tierra. Y cuando Balac, hijo de Zipor y rey de Moab, se dispuso a presentarles combate, él envió al profeta Balán hijo de Beor para que los maldijera. Pero yo no quise escuchar a Balán, por lo cual él los bendijo una y otra vez, y así los salvé a ustedes de su poder.

Finalmente, cruzaron el río Jordán y llegaron a Jericó, cuyos habitantes pelearon contra ustedes. Lo mismo hicieron los amorreos, ferezeos, cananeos, hititas, gergeseos, heveos y jebuseos. Pero yo los entregué en sus manos. No fueron ustedes quienes, con sus espadas y arcos, derrotaron a los dos reyes amorreos; fui yo quien por causa de ustedes envié tábanos, para que expulsaran de la tierra a sus enemigos. A ustedes les entregué una tierra que no trabajaron y ciudades que no construyeron. Vivieron en ellas y se alimentaron de viñedos y olivares que no plantaron."

»Por lo tanto, ahora ustedes entréguense al SEÑOR y sírvanle fielmente. Deshágganse de los dioses que sus antepasados adoraron al otro lado del río Éufrates y en Egipto, y sirvan sólo al SEÑOR. Pero si a ustedes les parece mal servir al SEÑOR, elijan ustedes mismos a quiénes van a servir: a los dioses que sirvieron sus antepasados al otro lado del río Éufrates, o a los dioses de los amorreos, en cuya tierra ustedes ahora habitan. Por mi parte, mi familia y yo serviremos al SEÑOR.

El pueblo respondió: —Sólo al SEÑOR nuestro Dios serviremos, y sólo a él obedeceremos.

Aquel mismo día Josué renovó el pacto con el pueblo de Israel. Allí mismo, en Siquén, les dio preceptos y normas, y los registró en el libro de la ley de Dios. Luego tomó una enorme piedra y la colocó bajo la encina que está cerca del santuario del SEÑOR.

Entonces le dijo a todo el pueblo: —Esta piedra servirá de testigo contra ustedes. Ella ha escuchado todas las palabras que el SEÑOR nos ha dicho hoy. Testificará contra ustedes en caso de que ustedes digan falsedades contra su Dios.

Después de todo esto, Josué envió a todo el pueblo a sus respectivas propiedades.

Tiempo después murió Josué hijo de Nun, siervo del SEÑOR, a la edad de ciento diez años. Fue sepultado en la parcela que se le había dado como herencia, en el lugar conocido como Timnat Sera, en la región montañosa de Efraín, al norte del monte Gaas.

Durante toda la vida de Josué, el pueblo de Israel había servido al SEÑOR. Así sucedió también durante el tiempo en que estuvieron al frente de Israel los jefes que habían compartido el liderazgo con Josué y que sabían todo lo que el SEÑOR había hecho a favor de su pueblo.

8

Unos pocos hombres buenos
... y mujeres

El pueblo sirvió al Señor mientras vivieron Josué y los ancianos que le sobrevivieron, los cuales habían visto todas las grandes obras que el Señor había hecho por Israel.

Josué hijo de Nun, siervo del Señor, murió a la edad de ciento diez años, y lo sepultaron en Timnat Jeres, tierra de su heredad, en la región montañosa de Efraín, al norte del monte de Gaas.

También murió toda aquella generación, y surgió otra que no conocía al Señor ni sabía lo que él había hecho por Israel. Esos israelitas hicieron lo que ofende al Señor y adoraron a los ídolos de Baal.[1] Abandonaron al Señor, Dios de sus padres, que los había sacado de Egipto, y siguieron a otros dioses —dioses de los pueblos que los rodeaban—, y los adoraron, provocando así la ira del Señor. Abandonaron al Señor, y adoraron a Baal y a las imágenes de Astarté. Entonces el Señor se enfureció contra los israelitas y los entregó en manos de invasores que los saquearon. Los vendió a sus enemigos que tenían a su alrededor, a los que ya no pudieron hacerles frente. Cada vez que los israelitas salían a combatir, la mano del Señor estaba en contra de ellos para su mal, tal como el Señor se lo había dicho y jurado. Así llegaron a verse muy angustiados.

---

[1]**Baal(es), Astarté, Aserá:** Los dioses falsos de las antiguas culturas paganas.

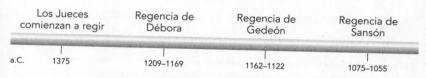

Los Jueces comienzan a regir	Regencia de Débora	Regencia de Gedeón	Regencia de Sansón
a.C. 1375	1209–1169	1162–1122	1075–1055

Para información completa sobre la cronología vea la página ix.

Entonces el SEÑOR hizo surgir caudillos que los libraron del poder de esos invasores. Pero tampoco escucharon a esos caudillos, sino que se prostituyeron al entregarse a otros dioses y adorarlos. Muy pronto se apartaron del camino que habían seguido sus antepasados, el camino de la obediencia a los mandamientos del SEÑOR. Cada vez que el SEÑOR levantaba entre ellos un caudillo, estaba con él. Mientras ese caudillo vivía, los libraba del poder de sus enemigos, porque el SEÑOR se compadecía de ellos al oírlos gemir por causa de quienes los oprimían y afligían. Pero cuando el caudillo moría, ellos volvían a corromperse aun más que sus antepasados, pues se iban tras otros dioses, a los que servían y adoraban. De este modo se negaban a abandonar sus malvadas costumbres y su obstinada conducta.

Por eso el SEÑOR se enfureció contra Israel y dijo: «Puesto que esta nación ha violado el pacto que yo establecí con sus antepasados y no me ha obedecido, tampoco yo echaré de su presencia a ninguna de las naciones que Josué dejó al morir. Las usaré para poner a prueba a Israel y ver si guarda mi camino y anda por él, como lo hicieron sus antepasados.»

Los israelitas hicieron lo que ofende al SEÑOR; se olvidaron del SEÑOR su Dios, y adoraron a las imágenes de Baal y de Aserá. El SEÑOR se enfureció contra Israel a tal grado que los vendió a Cusán Risatayin, rey de Aram Najarayin, a quien estuvieron sometidos durante ocho años. Pero clamaron al SEÑOR, y él hizo que surgiera un libertador, Otoniel hijo de Quenaz, hermano menor de Caleb. Y Otoniel liberó a los israelitas. El Espíritu del SEÑOR[2] vino sobre Otoniel, y así Otoniel se convirtió en caudillo de Israel y salió a la guerra. El SEÑOR entregó a Cusán Risatayin, rey de Aram, en manos de Otoniel, quien prevaleció sobre él. El país tuvo paz durante cuarenta años, hasta que murió Otoniel hijo de Quenaz.

Finalmente, el pueblo de Israel se alejó de Dios de nuevo, y el ciclo de caos social comenzó otra vez. El líder moabita, Eglón, forjó una coalición y durante dieciocho años oprimió a Israel. El pueblo clamó a Dios, quien fielmente le dio otro juez/líder, Aod, para liberarlos.

---

[2]**El Espíritu del Señor:** En el Antiguo Testamento, este término se refería a la intangible presencia de Dios y todos sus atributos. La frase se utiliza para mostrar cómo Dios les dio facultades a ciertas personas para llevar a cabo propósitos específicos.

Aod engañó a Eglón en una sesión privada y lo mató en un ataque sorpresivo con su propia espada. El rey era tan obeso que la empuñadura de la espada quedó cubierta por su gordura. Con Eglón muerto, Moab cayó fácilmente en las manos de los invasores de Aod. Luego, los israelitas tuvieron paz durante ochenta años.

Después de la muerte de Aod, los israelitas volvieron a hacer lo que ofende al SEÑOR. Así que el SEÑOR los vendió a Jabín, un rey cananeo que reinaba en Jazor. El jefe de su ejército era Sísara, que vivía en Jaroset Goyim. Los israelitas clamaron al SEÑOR porque Yabín tenía novecientos carros de hierro y, durante veinte años, había oprimido cruelmente a los israelitas.

En aquel tiempo gobernaba a Israel una profetisa llamada Débora, que era esposa de Lapidot. Ella tenía su tribunal bajo la Palmera de Débora, entre Ramá y Betel, en la región montañosa de Efraín, y los israelitas acudían a ella para resolver sus disputas. Débora mandó llamar a Barac hijo de Abinoán, que vivía en Cedes de Neftalí, y le dijo:—El SEÑOR, el Dios de Israel, ordena: "Ve y reúne en el monte Tabor a diez mil hombres de la tribu de Neftalí y de la tribu de Zabulón. Yo atraeré a Sísara, jefe del ejército de Jabín, con sus carros y sus tropas, hasta el arroyo Quisón. Allí lo entregaré en tus manos."

Barac le dijo: —Sólo iré si tú me acompañas; de lo contrario, no iré.

—¡Está bien, iré contigo! —dijo Débora—. Pero, por la manera en que vas a encarar este asunto, la gloria no será tuya, ya que el SEÑOR entregará a Sísara en manos de una mujer. Así que Débora fue con Barac hasta Cedes, donde él convocó a las tribus de Zabulón y Neftalí. Diez mil hombres se pusieron a sus órdenes, y también Débora lo acompañó.

Héber el quenita se había separado de los otros quenitas que descendían de Hobab, el suegro de Moisés, y armó su campamento junto a la encina que está en Zanayin, cerca de Cedes.

Cuando le informaron a Sísara que Barac hijo de Abinoán había subido al monte Tabor, Sísara convocó a sus novecientos carros de hierro, y a todos sus soldados, desde Jaroset Goyim hasta el arroyo Quisón.

Entonces Débora le dijo a Barac: —¡Adelante! Éste es el día en que el SEÑOR entregará a Sísara en tus manos. ¿Acaso no marcha el SEÑOR al frente de tu ejército? Barac descendió del monte Tabor, seguido por los diez mil hombres. Ante el avance de Barac, el SEÑOR desbarató a Sísara a filo de espada, con todos sus carros y su ejército, a tal grado que Sísara saltó de su carro y huyó a pie.

Barac persiguió a los carros y al ejército hasta Jaroset Goyim. Todo el ejército de Sísara cayó a filo de espada; no quedó nadie con vida. Mientras tanto, Sísara había huido a pie hasta la carpa de Jael, la esposa de Héber el quenita, pues había buenas relaciones entre Jabín, rey de Jazor, y el clan de Héber el quenita.

Jael salió al encuentro de Sísara, y le dijo: —¡Adelante, mi señor! Entre usted por aquí. No tenga miedo.

Sísara entró en la carpa, y ella lo cubrió con una manta.

—Tengo sed —dijo él—. ¿Podrías darme un poco de agua? Ella destapó un odre de leche, le dio de beber, y volvió a cubrirlo.

—Párate a la entrada de la carpa —le dijo él—. Si alguien viene y te pregunta: "¿Hay alguien aquí?", contéstale que no.

Pero Jael, esposa de Héber, tomó una estaca de la carpa y un martillo, y con todo sigilo se acercó a Sísara, quien agotado por el cansancio dormía profundamente. Entonces ella le clavó la estaca en la sien y se la atravesó, hasta clavarla en la tierra. Así murió Sísara.

Barac pasó por allí persiguiendo a Sísara, y Jael salió a su encuentro. «Ven —le dijo ella—, y te mostraré al hombre que buscas.» Barac entró con ella, y allí estaba tendido Sísara, muerto y con la estaca atravesándole la sien.

Aquel día Dios humilló en presencia de los israelitas a Jabín, el rey cananeo. Y el poder de los israelitas contra Jabín se consolidaba cada vez más, hasta que lo destruyeron.

Tras esta victoria, la tierra experimentó paz durante cuarenta años. Después de eso, se necesitaba otro líder fuerte, pero en este momento en la historia de Israel la lista parecía vacía. Una coalición tribal fragmentada no pudo mantener la identidad nacional, de modo que el pueblo, olvidándose de su especial relación con Dios, comenzó a adaptarse a las culturas cercanas, uniéndose finalmente a sus vecinos no conquistados en un culto pagano. Como resultado de ello, Dios ya no ayudó al ejército israelita, que comenzó a perder batallas. Una vez más, la gente descubrió el ciclo trágico de las consecuencias de su desobediencia.

Los israelitas hicieron lo que ofende al Señor, y él los entregó en manos de los madianitas durante siete años. Era tal la tiranía de los madianitas que los israelitas se hicieron escondites en las montañas y en las cuevas, y en otros lugares donde pudieran defenderse. Siempre que los israelitas sembraban, los madianitas, amalecitas y otros pueblos del oriente venían y los atacaban. Acampaban y arruinaban las cosechas por todo el territorio, hasta la región de Gaza. No dejaban en Israel nada con vida: ni ovejas, ni bueyes ni asnos. Llegaban con su ganado y con sus carpas como plaga de langostas. Tanto ellos como sus camellos eran incontables, e invadían el país para devastarlo. Era tal la miseria de los israelitas por causa de los madianitas, que clamaron al SEÑOR pidiendo ayuda.

Cuando los israelitas clamaron al SEÑOR a causa de los madianitas, el SEÑOR les envió un profeta que dijo: «Así dice el Señor, Dios de Israel: "Yo los saqué de Egipto, tierra de esclavitud, y los libré de su poder. También los libré del poder de todos sus opresores, a quienes expulsé de la presencia de ustedes para entregarles su tierra." Les dije: "Yo soy el SEÑOR su Dios; no adoren a los dioses de los amorreos, en cuya tierra viven." Pero ustedes no me obedecieron.»

En su hambre y debilidad, los israelitas apelaron a Dios, quien les informó que su gran problema no era agrícola o militar, sino espiritual. A modo de ilustración, Dios escogió para el servicio a un agricultor del clan más débil de su tribu. Al igual que la mayoría de los nuevos dirigentes, Gedeón no estaba seguro de si estaría a la altura de la tarea. No obstante, Dios estaba buscando a un fiel seguidor, no a un soldado condecorado.

El ángel del SEÑOR vino y se sentó bajo la encina que estaba en Ofra, la cual pertenecía a Joás, del clan de Abiezer. Su hijo Gedeón estaba trillando trigo en un lagar, para protegerlo de los madianitas. Cuando el ángel del SEÑOR se le apareció a Gedeón, le dijo: —¡El SEÑOR está contigo, guerrero valiente!

—Pero, señor —replicó Gedeón—, si el SEÑOR está con nosotros, ¿cómo es que nos sucede todo esto? ¿Dónde están todas las maravillas que nos contaban nuestros padres, cuando decían: "¡El SEÑOR nos sacó de Egipto!"? ¡La verdad es que el SEÑOR nos ha desamparado y nos ha entregado en manos de Madián!

El SEÑOR lo encaró y le dijo: —Ve con la fuerza que tienes, y salvarás a Israel del poder de Madián. Yo soy quien te envía.

—Pero, Señor —objetó Gedeón—, ¿cómo voy a salvar a Israel? Mi clan es el más débil de la tribu de Manasés, y yo soy el más insignificante de mi familia.

El Señor respondió: —Tú derrotarás a los madianitas como si fueran un solo hombre, porque yo estaré contigo.

—Si me he ganado tu favor, dame una señal de que en realidad eres tú quien habla conmigo —respondió Gedeón—. Te ruego que no te vayas hasta que yo vuelva y traiga mi ofrenda y la ponga ante ti.

—Esperaré hasta que vuelvas —le dijo el Señor.

Gedeón se fue a preparar un cabrito; además, con una medida de harina hizo panes sin levadura. Luego puso la carne en una canasta y el caldo en una olla, y los llevó y se los ofreció al ángel bajo la encina.

El ángel de Dios le dijo: —Toma la carne y el pan sin levadura, y ponlos sobre esta roca; y derrama el caldo. Y así lo hizo Gedeón. Entonces, con la punta del bastón que llevaba en la mano, el ángel del Señor tocó la carne y el pan sin levadura, ¡y de la roca salió fuego, que consumió la carne y el pan! Luego el ángel del Señor desapareció de su vista. Cuando Gedeón se dio cuenta de que se trataba del ángel del Señor, exclamó: —¡Ay de mí, Señor y Dios! ¡He visto al ángel del Señor cara a cara!

Pero el Señor le dijo: —¡Quédate tranquilo! No temas. No vas a morir.

Entonces Gedeón construyó allí un altar al Señor, y lo llamó «El Señor es la paz», el cual hasta el día de hoy se encuentra en Ofra de Abiezer.

Todos los madianitas y amalecitas, y otros pueblos del oriente, se aliaron y cruzaron el Jordán, acampando en el valle de Jezrel. Entonces Gedeón, poseído por el Espíritu del Señor, tocó la trompeta, y todos los del clan de Abiezer fueron convocados a seguirlo. Envió mensajeros a toda la tribu de Manasés, convocándolos para que lo siguieran, y además los envió a Aser, Zabulón y Neftalí, de modo que también éstos se le unieron.

Gedeón le dijo a Dios: «Si has de salvar a Israel por mi conducto, como has prometido, mira, tenderé un vellón de lana en la era, sobre el suelo. Si el rocío cae sólo sobre el vellón y todo el suelo alrededor queda seco, entonces sabré que salvarás a Israel por mi conducto, como prometiste.» Y así sucedió. Al día siguiente Gedeón se levantó temprano, exprimió el vellón para sacarle el rocío, y llenó una taza de agua.

Entonces Gedeón le dijo a Dios: «No te enojes conmigo. Déjame hacer sólo una petición más. Permíteme hacer una prueba más con el vellón. Esta vez haz que sólo el vellón quede seco, y que todo el suelo quede cubierto de rocío.» Así lo hizo Dios aquella noche. Sólo el vellón quedó seco, mientras que todo el suelo estaba cubierto de rocío.

Yerubaal (es decir, Gedeón) y todos sus hombres se levantaron de madrugada y acamparon en el manantial de Jarod. El campamento de los madianitas estaba al norte de ellos, en el valle que está al pie del monte de Moré. El Señor le dijo a Gedeón: «Tienes demasiada gente para que yo entregue a Madián en sus manos. A fin de que Israel no vaya a jactarse contra mí y diga que su propia fortaleza lo ha librado, anúnciale ahora al pueblo: "¡Cualquiera que esté temblando de miedo, que se vuelva y se retire del monte de Galaad!"» Así que se volvieron veintidós mil hombres, y se quedaron diez mil.

Pero el Señor le dijo a Gedeón: «Todavía hay demasiada gente. Hazlos bajar al agua, y allí los seleccionaré por ti. Si digo: "Éste irá contigo", ése irá; pero si digo: "Éste no irá contigo", ése no irá.»

Gedeón hizo que los hombres bajaran al agua. Allí el Señor le dijo: «A los que laman el agua con la lengua, como los perros, sépáralos de los que se arrodillen a beber.» Trescientos hombres lamieron el agua llevándola de la mano a la boca. Todos los demás se arrodillaron para beber.

El Señor le dijo a Gedeón: «Con los trescientos hombres que lamieron el agua, yo los salvaré; y entregaré a los madianitas en tus manos. El resto, que se vaya a su casa.» Entonces Gedeón mandó a los demás israelitas a sus carpas, pero retuvo a los trescientos, los cuales se hicieron cargo de las provisiones y de las trompetas de los otros.

El campamento de Madián estaba situado en el valle, más abajo del de Gedeón. Aquella noche el Señor le dijo a Gedeón: «Levántate y baja al campamento, porque voy a entregar en tus manos a los madianitas. Si temes atacar, baja primero al campamento, con tu criado Furá, y escucha lo que digan. Después de eso cobrarás valor para atacar el campamento.» Así que él y Furá, su criado, bajaron hasta los puestos de los centinelas, en las afueras del campamento. Los madianitas, los amalecitas y todos los otros pueblos del oriente que se habían establecido en el valle eran numerosos como langostas. Sus camellos eran incontables, como la arena a la orilla del mar.

Gedeón llegó precisamente en el momento en que un hombre le contaba su sueño a un amigo. —Tuve un sueño —decía—, en el que un pan de cebada llegaba rodando al campamento madianita, y con tal fuerza golpeaba una carpa que ésta se volteaba y se venía abajo.

Su amigo le respondió: —Esto no significa otra cosa que la espada del israelita Gedeón hijo de Joás. ¡Dios ha entregado en sus manos a los madianitas y a todo el campamento!

Cuando Gedeón oyó el relato del sueño y su interpretación, se inclinó y adoró. Luego volvió al campamento de Israel y ordenó: «¡Levántense! El SEÑOR ha entregado en manos de ustedes el campamento madianita.» Gedeón dividió a los trescientos hombres en tres compañías y distribuyó entre todos ellos trompetas y cántaros vacíos, con antorchas dentro de los cántaros.

«Mírenme —les dijo—. Sigan mi ejemplo. Cuando llegue a las afueras del campamento, hagan exactamente lo mismo que me vean hacer. Cuando yo y todos los que están conmigo toquemos nuestras trompetas, ustedes también toquen las suyas alrededor del campamento, y digan: "Por el SEÑOR y por Gedeón."»

Gedeón y los cien hombres que iban con él llegaron a las afueras del campamento durante el cambio de guardia, cuando estaba por comenzar el relevo de medianoche. Tocaron las trompetas y estrellaron contra el suelo los cántaros que llevaban en sus manos. Las tres compañías tocaron las trompetas e hicieron pedazos los cántaros. Tomaron las antorchas en la mano izquierda y, sosteniendo en la mano derecha las trompetas que iban a tocar, gritaron: «¡Desenvainen sus espadas, por el SEÑOR y por Gedeón!» Como cada hombre se mantuvo en su puesto alrededor del campamento, todos los madianitas salieron corriendo y dando alaridos mientras huían.

Al sonar las trescientas trompetas, el SEÑOR hizo que los hombres de todo el campamento se atacaran entre sí con sus espadas. El ejército huyó hasta Bet Sitá, en dirección a Zererá, hasta la frontera de Abel Mejolá, cerca de Tabat. Entonces se convocó a los israelitas de Neftalí y Aser, y a toda la tribu de Manasés, y éstos persiguieron a los madianitas. Por toda la región montañosa de Efraín, Gedeón envió mensajeros que decían: «Desciendan contra los madianitas, y apodérense antes que ellos de los vados del Jordán, hasta Bet Bará.»

Se convocó entonces a todos los hombres de Efraín, y éstos se apoderaron de los vados del Jordán, hasta Bet Bará. También capturaron a Oreb y Zeb, los dos jefes madianitas. A Oreb lo mataron en la roca de Oreb, y a Zeb en el lagar de Zeb. Luego de perseguir a los madianitas, llevaron la cabeza de Oreb y de Zeb a Gedeón, que estaba al otro lado del Jordán.

Los madianitas fueron sometidos delante de los israelitas, y no volvieron a levantar cabeza. Y durante cuarenta años, mientras vivió Gedeón, el país tuvo paz.

En cuanto murió Gedeón, los israelitas volvieron a prostituirse ante los ídolos de Baal. Erigieron a Baal Berit como su dios y se olvidaron del Señor su Dios, que los había rescatado del poder de todos los enemigos que los rodeaban.

Una vez más, los israelitas se olvidaron de su fiel y santo Dios, y una vez más sufrieron las consecuencias de su incredulidad. Varios líderes israelitas intentaron mantener a los enemigos a distancia, con resultados diversos. Ninguno tenía el atrevimiento o el éxito de Gedeón. No obstante, Dios continuaba obrando, y envió a un ángel para hacer un anuncio extraordinario.

Una vez más los israelitas hicieron lo que ofende al Señor. Por eso él los entregó en manos de los filisteos durante cuarenta años.

Cierto hombre de Zora, llamado Manoa, de la tribu de Dan, tenía una esposa que no le había dado hijos porque era estéril. Pero el ángel del Señor se le apareció a ella y le dijo: «Eres estéril y no tienes hijos, pero vas a concebir y tendrás un hijo. Cuídate de no beber vino ni ninguna otra bebida fuerte, ni tampoco comas nada impuro, porque concebirás y darás a luz un hijo. No pasará la navaja sobre su cabeza, porque el niño va a ser nazareo, consagrado a Dios desde antes de nacer. Él comenzará a librar a Israel del poder de los filisteos.»

El nacimiento ocurrió tal y como dijo el ángel, y los padres criaron al niño como Dios mandó. Este joven singular, salvaje y extraordinariamente fuerte se convirtió en un hombre con un secreto.

La mujer dio a luz un niño y lo llamó Sansón. El niño creció y el Señor lo bendijo. Y el Espíritu del Señor comenzó a manifestarse en él mientras estaba en Majané Dan, entre Zora y Estaol.

Sansón descendió a Timnat y vio allí a una joven filistea. Cuando él volvió, les dijo a sus padres: —He visto en Timnat a una joven filistea; pídanla para que sea mi esposa.

Pero sus padres le dijeron: —¿Acaso no hay ninguna mujer aceptable entre tus parientes, o en todo nuestro pueblo, que tienes que ir a buscar una esposa entre esos filisteos incircuncisos?

Sansón le respondió a su padre: —¡Pídeme a ésa, que es la que a mí me gusta! (Sus padres no sabían que esto era de parte del Señor, que buscaba la ocasión de confrontar a los filisteos; porque en aquel tiempo los filisteos dominaban a Israel.)

Así que Sansón descendió a Timnat junto con sus padres. De repente, al llegar a los viñedos de Timnat, un rugiente cachorro de león le salió al encuentro. Pero el Espíritu del SEÑOR vino con poder sobre Sansón, quien a mano limpia despedazó al león como quien despedaza a un cabrito. Pero no les contó a sus padres lo que había hecho. Luego fue y habló con la mujer que le gustaba.

Pasado algún tiempo, cuando regresó para casarse con ella, se apartó del camino para mirar el león muerto, y vio que había en su cadáver un enjambre de abejas y un panal de miel. Tomó con las manos un poco de miel y comió, mientras proseguía su camino. Cuando se reunió con sus padres, les ofreció miel, y también ellos comieron, pero no les dijo que la había sacado del cadáver del león.

Después de eso su padre fue a ver a la mujer. Allí Sansón ofreció un banquete, como era la costumbre entre los jóvenes. Cuando los filisteos lo vieron, le dieron treinta compañeros para que estuvieran con él.

—Permítanme proponerles una adivinanza —les dijo Sansón—. Si me dan la solución dentro de los siete días que dura el banquete, yo les daré treinta vestidos de lino y treinta mudas de ropa de fiesta. Pero si no me la dan, serán ustedes quienes me darán los treinta vestidos de lino y treinta mudas de ropa de fiesta.

—Dinos tu adivinanza —le respondieron—, que te estamos escuchando.

Entonces les dijo:

«Del que come salió comida;
    y del fuerte salió dulzura.»

Pasaron tres días y no lograron resolver la adivinanza.

Al cuarto día le dijeron a la esposa de Sansón: «Seduce a tu esposo para que nos revele la adivinanza; de lo contrario, te quemaremos a ti y a la familia de tu padre. ¿Acaso nos invitaron aquí para robarnos?»

Entonces la esposa de Sansón se tiró sobre él llorando, y le dijo:

—¡Me odias! ¡En realidad no me amas! Le propusiste a mi pueblo una adivinanza, pero no me has dicho la solución.

—Ni siquiera se la he dado a mis padres —replicó él—; ¿por qué habría de dártela a ti? Pero ella le lloró los siete días que duró el banquete, hasta que al fin, el séptimo día, Sansón le dio la solución, porque ella seguía insistiéndole. A su vez ella fue y les reveló la solución a los de su pueblo.

Antes de la puesta del sol del séptimo día los hombres de la ciudad le dijeron:

«¿Qué es más dulce que la miel?
¿Qué es más fuerte que un león?»

Sansón les respondió:
«Si no hubieran arado con mi ternera,
no habrían resuelto mi adivinanza.»

Entonces el Espíritu del SEÑOR vino sobre Sansón con poder, y éste descendió a Ascalón y derrotó a treinta de sus hombres, les quitó sus pertenencias y les dio sus ropas a los que habían resuelto la adivinanza. Luego, enfurecido, regresó a la casa de su padre. Entonces la esposa de Sansón fue entregada a uno de los que lo habían acompañado en su boda.

Pasado algún tiempo, durante la cosecha de trigo, Sansón tomó un cabrito y fue a visitar a su esposa. —Voy a la habitación de mi esposa —dijo él. Pero el padre de ella no le permitió entrar.

Le dijo: —Yo estaba tan seguro de que la odiabas, que se la di a tu amigo. ¿Pero acaso no es más atractiva su hermana menor? Tómala para ti, en lugar de la mayor.

Sansón replicó: —¡Esta vez sí que no respondo por el daño que les cause a los filisteos! Así que fue y cazó trescientas zorras, y las ató cola con cola en parejas, y a cada pareja le amarró una antorcha; luego les prendió fuego a las antorchas y soltó a las zorras por los sembrados de los filisteos. Así incendió el trigo que ya estaba en gavillas y el que todavía estaba en pie, junto con los viñedos y olivares.

Cuando los filisteos preguntaron: «¿Quién hizo esto?», les dijeron: «Sansón, el yerno del timnateo, porque éste le quitó a su esposa y se la dio a su amigo.»

Por eso los filisteos fueron y la quemaron a ella y a su padre. Pero Sansón les dijo: «Puesto que actuaron de esa manera, ¡no pararé hasta que me haya vengado de ustedes!» Y los atacó tan furiosamente que causó entre ellos una tremenda masacre. Luego se fue a vivir a una cueva, que está en la peña de Etam.

Los filisteos subieron y acamparon en Judá, incursionando cerca de Lehí. Los hombres de Judá preguntaron: —¿Por qué han venido a luchar contra nosotros?

—Hemos venido a tomar prisionero a Sansón —les respondieron—, para hacerle lo mismo que nos hizo a nosotros.

Entonces tres mil hombres de Judá descendieron a la cueva en la peña de Etam y le dijeron a Sansón: —¿No te das cuenta de que los filisteos nos gobiernan? ¿Por qué nos haces esto?

—Simplemente les he hecho lo que ellos me hicieron a mí —contestó él.

Ellos le dijeron: —Hemos venido a atarte, para entregarte en manos de los filisteos.

—Júrenme que no me matarán ustedes mismos —dijo Sansón.

—De acuerdo —respondieron ellos—. Sólo te ataremos y te entregaremos en sus manos. No te mataremos. Entonces lo ataron con dos sogas nuevas y lo sacaron de la peña. Cuando se acercaba a Lehí, los filisteos salieron a su encuentro con gritos de victoria. En ese momento el Espíritu del SEÑOR vino sobre él con poder, y las sogas que ataban sus brazos se volvieron como fibra de lino quemada, y las ataduras de sus manos se deshicieron. Al encontrar una quijada de burro que todavía estaba fresca, la agarró y con ella mató a mil hombres.

Entonces dijo Sansón:

«Con la quijada de un asno
   los he amontonado.
Con una quijada de asno
   he matado a mil hombres.»

Cuando terminó de hablar, arrojó la quijada y llamó a aquel lugar Ramat Lehí.

Como tenía mucha sed, clamó al SEÑOR: «Tú le has dado a tu siervo esta gran victoria. ¿Acaso voy ahora a morir de sed, y a caer en manos de los incircuncisos?» Entonces Dios abrió la hondonada que hay en Lehí, y de allí brotó agua. Cuando Sansón la bebió, recobró sus fuerzas y se reanimó. Por eso al manantial que todavía hoy está en Lehí se le llamó Enacoré.

Y Sansón gobernó a Israel durante veinte años en tiempos de los filisteos.

Un día Sansón fue a Gaza, donde vio a una prostituta. Entonces entró para pasar la noche con ella. Al pueblo de Gaza se le anunció: «¡Sansón ha venido aquí!» Así que rodearon el lugar y toda la noche estuvieron al acecho junto a la puerta de la ciudad. Se quedaron quietos durante toda la noche diciéndose: «Lo mataremos al amanecer.»

Pero Sansón estuvo acostado allí hasta la medianoche; luego se levantó y arrancó las puertas de la entrada de la ciudad, junto con sus dos postes, con cerrojo y todo. Se las echó al hombro y las llevó hasta la cima del monte que está frente a Hebrón.

Pasado algún tiempo, Sansón se enamoró de una mujer del valle de Sorec, que se llamaba Dalila. Los jefes de los filisteos fueron a verla y le dijeron: «Sedúcelo, para que te revele el secreto de su tremenda fuerza y cómo podemos vencerlo, de modo que lo atemos y lo tengamos sometido. Cada uno de nosotros te dará mil cien monedas de plata.»

Dalila le dijo a Sansón: —Dime el secreto de tu tremenda fuerza, y cómo se te puede atar y dominar.

Sansón le respondió: —Si se me ata con siete cuerdas de arco que todavía no estén secas, me debilitaré y seré como cualquier otro hombre.

Los jefes de los filisteos le trajeron a ella siete cuerdas de arco que aún no se habían secado, y Dalila lo ató con ellas. Estando unos hombres al acecho en el cuarto, ella le gritó: —¡Sansón, los filisteos se lanzan sobre ti! Pero él rompió las cuerdas como quien rompe un pedazo de cuerda chamuscada. De modo que no se descubrió el secreto de su fuerza.

Dalila le dijo a Sansón: —¡Te burlaste de mí! ¡Me dijiste mentiras! Vamos, dime cómo se te puede atar.

—Si se me ata firmemente con sogas nuevas, sin usar —le dijo él—, me debilitaré y seré como cualquier otro hombre.

Mientras algunos filisteos estaban al acecho en el cuarto, Dalila tomó sogas nuevas y lo ató, y luego le gritó: —¡Sansón, los filisteos se lanzan sobre ti! Pero él rompió las sogas que ataban sus brazos, como quien rompe un hilo.

Entonces Dalila le dijo a Sansón: —¡Hasta ahora te has burlado de mí, y me has dicho mentiras! Dime cómo se te puede atar.

—Si entretejes las siete trenzas de mi cabello con la tela del telar, y aseguras ésta con la clavija —respondió él—, me debilitaré y seré como cualquier otro hombre. Entonces, mientras él dormía, Dalila tomó las siete trenzas de Sansón, las entretejió con la tela y las aseguró con la clavija.

Una vez más ella le gritó: «¡Sansón, los filisteos se lanzan sobre ti!» Sansón despertó de su sueño y arrancó la clavija y el telar, junto con la tela.

Entonces ella le dijo: «¿Cómo puedes decir que me amas, si no confías en mí? Ya van tres veces que te burlas de mí, y aún no me has dicho el secreto de tu tremenda fuerza.» Como todos los días lo presionaba con sus palabras, y lo acosaba hasta hacerlo sentirse harto de la vida.

Al fin se lo dijo todo. «Nunca ha pasado navaja sobre mi cabeza —le explicó—, porque soy nazareo, consagrado a Dios desde antes de nacer. Si se me afeitara la cabeza, perdería mi fuerza, y llegaría a ser tan débil como cualquier otro hombre.»

Cuando Dalila se dio cuenta de que esta vez le había confiado todo, mandó llamar a los jefes de los filisteos, y les dijo: «Vuelvan una vez más, que él me lo ha confiado todo.» Entonces los gobernantes de los filisteos regresaron a ella con la plata que le habían ofrecido. Después de hacerlo dormir sobre sus rodillas, ella llamó a un hombre para que le cortara las siete trenzas de su cabello. Así comenzó a dominarlo. Y su fuerza lo abandonó.

Luego ella gritó: «¡Sansón, los filisteos se lanzan sobre ti!»

Sansón despertó de su sueño y pensó: «Me escaparé como las otras veces, y me los quitaré de encima.» Pero no sabía que el SEÑOR lo había abandonado.

Entonces los filisteos lo capturaron, le arrancaron los ojos y lo llevaron a Gaza. Lo sujetaron con cadenas de bronce, y lo pusieron a moler en la cárcel. Pero en cuanto le cortaron el cabello, le comenzó a crecer de nuevo.

Los jefes de los filisteos se reunieron para festejar y ofrecerle un gran sacrificio a Dagón, su dios, diciendo: «Nuestro dios ha entregado en nuestras manos, a Sansón, nuestro enemigo.»

Cuando el pueblo lo vio, todos alabaron a su dios diciendo:

«Nuestro dios ha entregado en nuestras manos
    a nuestro enemigo,
al que asolaba nuestra tierra
    y multiplicaba nuestras víctimas.»

Cuando ya estaban muy alegres, gritaron: «¡Saquen a Sansón para que nos divierta!» Así que sacaron a Sansón de la cárcel, y él les sirvió de diversión.

Cuando lo pusieron de pie entre las columnas, Sansón le dijo al muchacho que lo llevaba de la mano: «Ponme donde pueda tocar las columnas que sostienen el templo, para que me pueda apoyar en ellas.» En ese momento el templo estaba lleno de hombres y mujeres; todos los jefes de los filisteos estaban allí, y en la parte alta había unos tres mil hombres y mujeres que se divertían a costa de Sansón. Entonces Sansón oró al Se-ñor: «Oh soberano Señor, acuérdate de mí. Oh Dios, te ruego que me fortalezcas sólo una vez más, y déjame de una vez por todas vengarme de los filisteos por haberme sacado los ojos.» Luego Sansón palpó las dos columnas centrales que sostenían el templo y se apoyó contra ellas, la mano derecha sobre una y la izquierda sobre la otra. Y gritó: «¡Muera yo junto con los filisteos!» Luego empujó con toda su fuerza, y el templo se vino abajo sobre los jefes y sobre toda la gente que estaba allí. Fueron muchos más los que Sansón mató al morir, que los que había matado mientras vivía.

Sus hermanos y toda la familia de su padre descendieron para recogerlo. Lo llevaron de regreso y lo sepultaron entre Zora y Estaol, en la tumba de su padre Manoa. Sansón había gobernado a Israel durante veinte años.

Después de Sansón, los israelitas siguieron su patrón de compromiso espiritual durante este triste período de su historia. Luego entra Rut, una joven moabita, en la historia de Dios. Si el pueblo hebreo pensaba que Dios era su propiedad exclusiva, la vida de esta mujer extranjera cambió ese mito. Rut fue leal, decidida, hermosa e inteligente. Ella pasó a formar parte del linaje del rey David. Más importante, resultó ser la elección del Señor para ilustrar el alcance del regalo especial de Dios de esperanza y vida a todo el mundo: su plan de salvación tan amplio y profundo como su amor divino.

9

La fe de una mujer extranjera

EN EL TIEMPO EN QUE LOS JUECES GOBERNABAN EL PAÍS, HUBO ALLÍ una época de hambre. Entonces un hombre de Belén de Judá emigró a la tierra de Moab, junto con su esposa y sus dos hijos. El hombre se llamaba Elimélec, su esposa se llamaba Noemí y sus dos hijos, Majlón y Quilión, todos ellos efrateos, de Belén de Judá. Cuando llegaron a la tierra de Moab, se quedaron a vivir allí.

Pero murió Elimélec, esposo de Noemí, y ella se quedó sola con sus dos hijos. Éstos se casaron con mujeres moabitas, la una llamada Orfa y la otra Rut. Después de haber vivido allí unos diez años, murieron también Majlón y Quilión, y Noemí se quedó viuda y sin hijos.

Noemí regresó de la tierra de Moab con sus dos nueras, porque allí se enteró de que el SEÑOR había acudido en ayuda de su pueblo al proveerle de alimento. Salió, pues, con sus dos nueras del lugar donde había vivido, y juntas emprendieron el camino que las llevaría hasta la tierra de Judá.

Entonces Noemí les dijo a sus dos nueras: —¡Miren, vuelva cada una a la casa de su madre! Que el SEÑOR las trate a ustedes con el mismo amor y lealtad que ustedes han mostrado con los que murieron y conmigo. Que el SEÑOR les conceda hallar seguridad en un nuevo hogar, al lado de un nuevo esposo.

Luego las besó. Pero ellas, deshechas en llanto, alzaron la voz y exclamaron: —¡No! Nosotras volveremos contigo a tu pueblo.

—¡Vuelvan a su casa, hijas mías! —insistió Noemí—. ¿Para qué se van a ir conmigo? ¿Acaso voy a tener más hijos que pudieran casarse

Período de los jueces	Noemí y Rut regresan de Moab	Rut conoce a Booz	Booz y Rut contraen matrimonio

a.C.   1375–1050

Para información completa sobre la cronología vea la página ix.

con ustedes? ¡Vuelvan a su casa, hijas mías! ¡Váyanse! Yo soy demasiado vieja para volver a casarme. Aun si abrigara esa esperanza, y esta misma noche me casara y llegara a tener hijos, ¿los esperarían ustedes hasta que crecieran? ¿Y por ellos se quedarían sin casarse? ¡No, hijas mías! Mi amargura es mayor que la de ustedes; ¡la mano del SEÑOR se ha levantado contra mí!

Una vez más alzaron la voz, deshechas en llanto. Luego Orfa se despidió de su suegra con un beso, pero Rut se aferró a ella.

—Mira —dijo Noemí—, tu cuñada se vuelve a su pueblo y a sus dioses. Vuélvete con ella.

Pero Rut respondió: —¡No insistas en que te abandone o en que me separe de ti! »Porque iré adonde tú vayas, y viviré donde tú vivas. Tu pueblo será mi pueblo, y tu Dios será mi Dios. Moriré donde tú mueras, y allí seré sepultada. ¡Que me castigue el SEÑOR con toda severidad si me separa de ti algo que no sea la muerte! Al ver Noemí que Rut estaba tan decidida a acompañarla, no le insistió más.

Entonces las dos mujeres siguieron caminando hasta llegar a Belén. Apenas llegaron, hubo gran conmoción en todo el pueblo a causa de ellas. —¿No es ésta Noemí? —se preguntaban las mujeres del pueblo.

—Ya no me llamen Noemí —repuso ella—. Llámenme Mara, porque el Todopoderoso ha colmado mi vida de amargura. »Me fui con las manos llenas, pero el SEÑOR me ha hecho volver sin nada. ¿Por qué me llaman Noemí si me ha afligido el SEÑOR, si me ha hecho desdichada el Todopoderoso?

Así fue como Noemí volvió de la tierra de Moab acompañada por su nuera, Rut la moabita. Cuando llegaron a Belén, comenzaba la cosecha de cebada.

Noemí tenía, por parte de su esposo, un pariente que se llamaba Booz. Era un hombre rico e influyente de la familia de Elimélec.

Y sucedió que Rut la moabita le dijo a Noemí: —Permíteme ir al campo a recoger las espigas que vaya dejando alguien a quien yo le caiga bien.

—Anda, hija mía —le respondió su suegra. Rut salió y comenzó a recoger espigas en el campo, detrás de los segadores. Y dio la casualidad de que el campo donde estaba trabajando pertenecía a Booz, el pariente de Elimélec.

En eso llegó Booz desde Belén y saludó a los segadores: —¡Que el SEÑOR esté con ustedes!

¡Que el SEÑOR lo bendiga! —respondieron ellos.

—¿De quién es esa joven? —preguntó Booz al capataz de sus segadores.

—Es una joven moabita que volvió de la tierra de Moab con Noemí —le contestó el capataz—. Ella me rogó que la dejara recoger espigas de entre las gavillas, detrás de los segadores. No ha dejado de trabajar desde esta mañana que entró en el campo, hasta ahora que ha venido a descansar un rato en el cobertizo.

Entonces Booz le dijo a Rut: —Escucha, hija mía. No vayas a recoger espigas a otro campo, ni te alejes de aquí; quédate junto a mis criadas, fíjate bien en el campo donde se esté cosechando, y síguelas. Ya les ordené a los criados que no te molesten. Y cuando tengas sed, ve adonde están las vasijas y bebe del agua que los criados hayan sacado.

Rut se inclinó hacia la tierra, se postró sobre su rostro y exclamó: —¿Cómo es que le he caído tan bien a usted, hasta el punto de fijarse en mí, siendo sólo una extranjera?

—Ya me han contado —le respondió Booz— todo lo que has hecho por tu suegra desde que murió tu esposo; cómo dejaste padre y madre, y la tierra donde naciste, y viniste a vivir con un pueblo que antes no conocías. ¡Que el Señor te recompense por lo que has hecho! Que el Señor, Dios de Israel, bajo cuyas alas has venido a refugiarte, te lo pague con creces.

—¡Ojalá siga yo siendo de su agrado, mi señor! —contestó ella—. Usted me ha consolado y me ha hablado con cariño, aunque ni siquiera soy como una de sus servidoras.

A la hora de comer, Booz le dijo: —Ven acá. Sírvete pan y moja tu bocado en el vinagre.

Cuando Rut se sentó con los segadores, Booz le ofreció grano tostado. Ella comió, quedó satisfecha, y hasta le sobró. Después, cuando ella se levantó a recoger espigas, él dio estas órdenes a sus criados: —Aun cuando saque espigas de las gavillas mismas, no la hagan pasar vergüenza. Más bien, dejen caer algunas espigas de los manojos para que ella las recoja, ¡y no la reprendan!

Así que Rut recogió espigas en el campo hasta el atardecer. Luego desgranó la cebada que había recogido, la cual pesó más de veinte kilos. La cargó de vuelta al pueblo, y su suegra vio cuánto traía. Además, Rut le entregó a su suegra lo que le había quedado después de haber comido hasta quedar satisfecha.

Su suegra le preguntó: —¿Dónde recogiste espigas hoy? ¿Dónde trabajaste? ¡Bendito sea el hombre que se fijó en ti!

Entonces Rut le contó a su suegra acerca del hombre con quien había estado trabajando. Le dijo: —El hombre con quien hoy trabajé se llama Booz.

—¡Que el SEÑOR lo bendiga! —exclamó Noemí delante de su nuera—. El SEÑOR no ha dejado de mostrar su fiel amor hacia los vivos y los muertos. Ese hombre es nuestro pariente cercano; es uno de los parientes que nos pueden redimir.

Rut la moabita añadió: —Incluso me dijo que me quede allí con sus criados hasta que terminen de recogerle toda la cosecha.

—Hija mía, te conviene seguir con sus criadas —le dijo Noemí—, para que no se aprovechen de ti en otro campo.

Así que Rut se quedó junto con las criadas de Booz para recoger espigas hasta que terminó la cosecha de la cebada y del trigo. Mientras tanto, vivía con su suegra.

Un día su suegra Noemí le dijo: —Hija mía, ¿no debiera yo buscarte un hogar seguro donde no te falte nada? Además, ¿acaso Booz, con cuyas criadas has estado, no es nuestro pariente? Pues bien, él va esta noche a la era para aventar la cebada. Báñate y perfúmate, y ponte tu mejor ropa. Baja luego a la era, pero no dejes que él se dé cuenta de que estás allí hasta que haya terminado de comer y beber. Cuando se vaya a dormir, te fijas dónde se acuesta. Luego vas, le destapas los pies, y te acuestas allí. Verás que él mismo te dice lo que tienes que hacer.

—Haré todo lo que me has dicho —respondió Rut. Y bajó a la era e hizo todo lo que su suegra le había mandado.

Booz comió y bebió, y se puso alegre. Luego se fue a dormir detrás del montón de grano. Más tarde Rut se acercó sigilosamente, le destapó los pies y se acostó allí. A medianoche Booz se despertó sobresaltado y, al darse vuelta, descubrió que había una mujer acostada a sus pies.

—¿Quién eres? —le preguntó.

—Soy Rut, su sierva. Extienda sobre mí el borde de su manto, ya que usted es un pariente que me puede redimir.

—Que el SEÑOR te bendiga, hija mía. Esta nueva muestra de lealtad de tu parte supera la anterior, ya que no has ido en busca de hombres jóvenes, sean ricos o pobres. Y ahora, hija mía, no tengas miedo. Haré por ti todo lo que me pidas. Todo mi pueblo sabe que eres una mujer ejemplar. Ahora bien, aunque es cierto que soy un pariente que puede redimirte, hay otro más cercano que yo. Quédate aquí esta noche. Mañana, si él quiere redimirte, está bien que lo haga. Pero si no está dispuesto a hacerlo, ¡tan cierto como que el SEÑOR vive, te juro que yo te redimiré! Ahora acuéstate aquí hasta que amanezca.

Así que se quedó acostada a sus pies hasta el amanecer, y se levantó cuando aún estaba oscuro; pues él había dicho: «Que no se sepa que una mujer vino a la era.»

Luego Booz le dijo: —Pásame el manto que llevas puesto y sosténlo firmemente. Rut lo hizo así, y él echó en el manto veinte kilos de cebada y puso la carga sobre ella. Luego él regresó al pueblo.

Cuando Rut llegó adonde estaba su suegra, ésta le preguntó: —¿Cómo te fue, hija mía?

Rut le contó todo lo que aquel hombre había hecho por ella, y añadió: —Me dio estos veinte kilos de cebada, y me dijo: "No debes volver a tu suegra con las manos vacías."

Entonces Noemí le dijo: —Espérate, hija mía, a ver qué sucede. Porque este hombre no va a descansar hasta dejar resuelto este asunto hoy mismo.

Booz, por su parte, subió hasta la puerta de la ciudad y se sentó allí. En eso pasó el pariente redentor que él había mencionado. —Ven acá, amigo mío, y siéntate —le dijo Booz. El hombre fue y se sentó.

Entonces Booz llamó a diez de los ancianos de la ciudad, y les dijo: —Siéntense aquí. Y ellos se sentaron. Booz le dijo al pariente redentor: —Noemí, que ha regresado de la tierra de Moab, está vendiendo el terreno que perteneció a nuestro hermano Elimélec. Consideré que debía informarte del asunto y sugerirte que lo compres en presencia de estos testigos y de los ancianos de mi pueblo. Si vas a redimir el terreno, hazlo. Pero si no vas a redimirlo, házmelo saber, para que yo lo sepa. Porque ningún otro tiene el derecho de redimirlo sino tú, y después de ti, yo tengo ese derecho.

—Yo lo redimo —le contestó.

Pero Booz le aclaró: —El día que adquieras el terreno de Noemí, adquieres también a Rut la moabita, viuda del difunto, a fin de conservar su nombre junto con su heredad.

—Entonces no puedo redimirlo —respondió el pariente redentor—, porque podría perjudicar mi propia herencia. Redímelo tú; te cedo mi derecho. Yo no puedo ejercerlo.

(En aquellos tiempos, para ratificar la redención o el traspaso de una propiedad en Israel, una de las partes contratantes se quitaba la sandalia y se la daba a la otra. Así se acostumbraba legalizar los contratos en Israel.)

Por eso el pariente redentor le dijo a Booz: —Cómpralo tú. Y se quitó la sandalia.

Entonces Booz proclamó ante los ancianos y ante todo el pueblo: —Hoy son ustedes testigos de que le he comprado a Noemí toda la propiedad de Elimélec, Quilión y Majlón, y de que he tomado como esposa a Rut la moabita, viuda de Majlón, a fin de preservar el nombre del difunto con su heredad, para que su nombre no desaparezca de entre su familia ni de los registros del pueblo. ¡Hoy son ustedes testigos!

Los ancianos y todos los que estaban en la puerta respondieron: —Somos testigos. »¡Que el SEÑOR haga que la mujer que va a formar parte de tu hogar sea como Raquel y Lea, quienes juntas edificaron el pueblo de Israel! »¡Que seas un hombre ilustre en Efrata, y que adquieras renombre en Belén! »¡Que por medio de esta joven el SEÑOR te conceda una descendencia tal que tu familia sea como la de Fares, el hijo que Tamar le dio a Judá!

Así que Booz tomó a Rut y se casó con ella. Cuando se unieron, el SEÑOR le concedió quedar embarazada, de modo que tuvo un hijo. Las mujeres le decían a Noemí: «¡Alabado sea el SEÑOR, que no te ha dejado hoy sin un redentor! ¡Que llegue a tener renombre en Israel! Este niño renovará tu vida y te sustentará en la vejez, porque lo ha dado a luz tu nuera, que te ama y es para ti mejor que siete hijos.»

Noemí tomó al niño, lo puso en su regazo y se encargó de criarlo. Las vecinas decían: «¡Noemí ha tenido un hijo!» Y lo llamaron Obed. Éste fue el padre de Isaí, padre de David.

Dentro de la historia de Rut podemos vislumbrar un sorprendente relato aún por venir: la vida de su bisnieto David, el famoso pastor-rey. Sin embargo, muchas cosas habrían de suceder antes del advenimiento del reino dorado de David. Un piadoso sacerdote y profeta de Israel se convertiría en un importante actor de este drama. Samuel mismo fue un niño con un nacimiento milagroso como resultado de muchas luchas y promesas. Después de haber sido reconocido por el pueblo como profeta del Señor, la primera tarea de Samuel fue llamar a la gente para que se volviera a Dios y dominara a los filisteos. Luego tuvo la poco envidiable tarea de encontrar un rey para la nación. Parece que nada sucedía con facilidad para el pueblo de Dios, pero todo lo que acontecía era parte del plan fiel de Dios.

10

Mientras más alto se halla, más dura es la caída

En la sierra de Efraín había un hombre zufita de Ramatayin. Su nombre era Elcaná hijo de Jeroán, hijo de Eliú, hijo de Tohu, hijo de Zuf, efraimita. Elcaná tenía dos esposas. Una de ellas se llamaba Ana, y la otra, Penina. Ésta tenía hijos, pero Ana no tenía ninguno.

Cada año Elcaná salía de su pueblo para adorar al Señor Todopoderoso y ofrecerle sacrificios en Siló, donde Ofni y Finés, los dos hijos de Elí, oficiaban como sacerdotes del Señor. Cuando llegaba el día de ofrecer su sacrificio, Elcaná solía darles a Penina y a todos sus hijos e hijas la porción que les correspondía. Pero a Ana le daba una porción especial, pues la amaba a pesar de que el Señor la había hecho estéril. Penina, su rival, solía atormentarla para que se enojara, ya que el Señor la había hecho estéril. Cada año, cuando iban a la casa del Señor, sucedía lo mismo: Penina la atormentaba, hasta que Ana se ponía a llorar y ni comer quería. Entonces Elcaná, su esposo, le decía: «Ana, ¿por qué lloras? ¿Por qué no comes? ¿Por qué estás resentida? ¿Acaso no soy para ti mejor que diez hijos?»

Una vez, estando en Siló, Ana se levantó después de la comida. Y a la vista del sacerdote Elí, que estaba sentado en su silla junto a la puerta del santuario del Señor, con gran angustia comenzó a orar al Señor y a llorar desconsoladamente. Entonces hizo este voto: «Señor Todopoderoso, si te dignas mirar la desdicha de esta sierva tuya y, si en vez de olvidarme, te acuerdas de mí y me concedes un hijo varón, yo te lo entregaré para toda su vida, y nunca se le cortará el cabello.»

Nacimiento de Samuel	Ministerio de Samuel bajo Elí	Los israelitas piden rey	Reinado de Saúl

| a.C. | 1105 | | | 1050–1010 |

Para información completa sobre la cronología vea la página ix.

Como Ana estuvo orando largo rato ante el SEÑOR, Elí se fijó en su boca. Sus labios se movían pero, debido a que Ana oraba en voz baja, no se podía oír su voz. Elí pensó que estaba borracha, así que le dijo: —¿Hasta cuándo te va a durar la borrachera? ¡Deja ya el vino!

—No, mi señor; no he bebido ni vino ni cerveza. Soy sólo una mujer angustiada que ha venido a desahogarse delante del SEÑOR. No me tome usted por una mala mujer. He pasado este tiempo orando debido a mi angustia y aflicción.

—Vete en paz —respondió Elí—. Que el Dios de Israel te conceda lo que le has pedido.

—Gracias. Ojalá favorezca usted siempre a esta sierva suya. Con esto, Ana se despidió y se fue a comer. Desde ese momento, su semblante cambió.

Al día siguiente madrugaron y, después de adorar al SEÑOR, volvieron a su casa en Ramá. Luego Elcaná se unió a su esposa Ana, y el SEÑOR se acordó de ella. Ana concibió y, pasado un año, dio a luz un hijo y le puso por nombre Samuel, pues dijo: «Al SEÑOR se lo pedí.»

Cuando Elcaná salió con toda su familia para cumplir su promesa y ofrecer su sacrificio anual al SEÑOR, Ana no lo acompañó. —No iré hasta que el niño sea destetado —le explicó a su esposo—. Entonces lo llevaré para dedicarlo al SEÑOR, y allí se quedará el resto de su vida.

—Bien, haz lo que te parezca mejor —respondió su esposo Elcaná—. Quédate hasta que lo destetes, con tal de que el SEÑOR cumpla su palabra. Así pues, Ana se quedó en su casa y crió a su hijo hasta que lo destetó.

Cuando dejó de amamantarlo, salió con el niño, a pesar de ser tan pequeño, y lo llevó a la casa del SEÑOR en Siló. También llevó un becerro de tres años, una medida de harina y un odre de vino. Luego sacrificaron el becerro y presentaron el niño a Elí. Dijo Ana: «Mi señor, tan cierto como que usted vive, le juro que yo soy la mujer que estuvo aquí a su lado orando al SEÑOR. Éste es el niño que yo le pedí al SEÑOR, y él me lo concedió. Ahora yo, por mi parte, se lo entrego al SEÑOR. Mientras el niño viva, estará dedicado a él.» Entonces Elí se postró allí ante el SEÑOR.

Ana elevó esta oración:

«Mi corazón se alegra en el SEÑOR;
    en él radica mi poder.

Puedo celebrar su salvación
y burlarme de mis enemigos.
»Nadie es santo como el Señor;
no hay roca como nuestro Dios.
¡No hay nadie como él!

Cada año su madre le hacía una pequeña túnica, y se la llevaba cuando iba con su esposo para ofrecer su sacrificio anual. Elí entonces bendecía a Elcaná y a su esposa, diciendo: «Que el Señor te conceda hijos de esta mujer, a cambio del niño que ella pidió para dedicárselo al Señor.» Luego regresaban a su casa. El Señor bendijo a Ana, de manera que ella concibió y dio a luz tres hijos y dos hijas. Durante ese tiempo, Samuel crecía en la presencia del Señor.

Samuel, que todavía era joven, servía al Señor bajo el cuidado de Elí. En esos tiempos no era común oír palabra del Señor, ni eran frecuentes las visiones.

Elí ya se estaba quedando ciego. Un día, mientras él descansaba en su habitación, Samuel dormía en el santuario, donde se encontraba el arca de Dios. La lámpara de Dios todavía estaba encendida. El Señor llamó a Samuel y este respondió: —Aquí estoy. Y en seguida fue corriendo a donde estaba Elí, y le dijo:

—Aquí estoy; ¿para qué me llamó usted?

—Yo no te he llamado —respondió Elí—. Vuelve a acostarte. Y Samuel volvió a su cama.

Pero una vez más el Señor lo llamó: —¡Samuel! Él se levantó, fue a donde estaba Elí y le dijo: —Aquí estoy; ¿para qué me llamó usted?

—Hijo mío —respondió Elí—, yo no te he llamado. Vuelve a acostarte.

Samuel todavía no conocía al Señor, ni su palabra se le había revelado.

Por tercera vez llamó el Señor a Samuel. Él se levantó y fue a donde estaba Elí. —Aquí estoy —le dijo—; ¿para qué me llamó usted? Entonces Elí se dio cuenta de que el Señor estaba llamando al muchacho.

—Ve y acuéstate —le dijo Elí—. Si alguien vuelve a llamarte, dile: "Habla, Señor, que tu siervo escucha." Así que Samuel se fue y se acostó en su cama.

Entonces el Señor se le acercó y lo llamó de nuevo: —¡Samuel! ¡Samuel!

—Habla, que tu siervo escucha —respondió Samuel.

—Mira —le dijo el SEÑOR—, estoy por hacer en Israel algo que a todo el que lo oiga le quedará retumbando en los oídos. Ese día llevaré a cabo todo lo que he anunciado en contra de Elí y su familia. Ya le dije que por la maldad de sus hijos he condenado a su familia para siempre; él sabía que estaban blasfemando contra Dios y, sin embargo, no los refrenó. Por lo tanto, hago este juramento en contra de su familia: ¡Ningún sacrificio ni ofrenda podrá expiar jamás el pecado de la familia de Elí!

Samuel se acostó, y a la mañana siguiente abrió las puertas de la casa del SEÑOR, pero no se atrevía a contarle a Elí la visión. Así que Elí tuvo que llamarlo. —¡Samuel, hijo mío!

—Aquí estoy —respondió Samuel.

—¿Qué fue lo que te dijo el SEÑOR? —le preguntó Elí—. Te pido que no me lo ocultes. ¡Que Dios te castigue sin piedad, si me ocultas una sola palabra de todo lo que te ha dicho! Samuel se lo refirió todo, sin ocultarle nada, y Elí dijo: —Él es el SEÑOR; que haga lo que mejor le parezca.

Mientras Samuel crecía, el SEÑOR estuvo con él y confirmó todo lo que le había dicho. Y todo Israel, desde Dan hasta Berseba, se dio cuenta de que el SEÑOR había confirmado a Samuel como su profeta. Además, el SEÑOR siguió manifestándose en Siló; allí se revelaba a Samuel y le comunicaba su palabra.

La palabra de Samuel llegó a todo el pueblo de Israel.

En aquellos días, los israelitas salieron a enfrentarse con los filisteos y acamparon cerca de Ebenezer. Los filisteos, que habían acampado en Afec, desplegaron sus tropas para atacar a los israelitas. Se entabló la batalla, y los filisteos derrotaron a los israelitas, matando en el campo a unos cuatro mil de ellos. Cuando el ejército regresó al campamento, los ancianos de Israel dijeron: «¿Por qué nos ha derrotado hoy el SEÑOR por medio de los filisteos? Traigamos el arca del pacto del SEÑOR, que está en Siló, para que nos acompañe y nos salve del poder de nuestros enemigos.»

Así que enviaron un destacamento a Siló para sacar de allá el arca del pacto del SEÑOR Todopoderoso, que reina entre los querubines. Los dos hijos de Elí, Ofni y Finés, estaban a cargo del arca del pacto de Dios.

Cuando ésta llegó al campamento, los israelitas empezaron a gritar de tal manera que la tierra temblaba. Los filisteos oyeron el griterío y preguntaron: «¿A qué viene tanto alboroto en el campamento hebreo?»

Y al oír que el arca del SEÑOR había llegado al campamento, los filisteos se acobardaron y dijeron: «Dios ha entrado en el campamento. ¡Ay de nosotros, que nunca nos ha pasado algo así! ¡Ay de nosotros! ¿Quién nos va a librar de las manos de dioses tan poderosos, que en el desierto hirieron a los egipcios con toda clase de plagas? ¡Ánimo, filisteos! Si no quieren llegar a ser esclavos de los hebreos, tal como ellos lo han sido de nosotros, ¡ármense de valor y luchen como hombres!»

Entonces los filisteos se lanzaron al ataque y derrotaron a los israelitas, los cuales huyeron en desbandada. La matanza fue terrible, pues de los israelitas cayeron treinta mil soldados de infantería. Además, fue capturada el arca de Dios, y murieron Ofni y Finés, los dos hijos de Elí.

Un soldado que pertenecía a la tribu de Benjamín salió corriendo del frente de batalla, y ese mismo día llegó a Siló, con la ropa hecha pedazos y la cabeza cubierta de polvo. Allí se encontraba Elí, sentado en su silla y vigilando el camino, pues su corazón le temblaba sólo de pensar en el arca de Dios. Cuando el soldado entró en el pueblo y contó lo que había sucedido, todos se pusieron a gritar.

—¿A qué viene tanto alboroto? —preguntó Elí, al oír el griterío.

El hombre corrió para darle la noticia. Elí ya tenía noventa y ocho años, y sus ojos ni se movían, de modo que no podía ver. —Vengo del frente de batalla —le dijo a Elí—; huí de las filas hoy mismo.

—¿Qué pasó, hijo mío? —preguntó Elí.

—Los israelitas han huido ante los filisteos —respondió el mensajero—; el ejército ha sufrido una derrota terrible. Además, tus dos hijos, Ofni y Finés, han muerto, y el arca de Dios ha sido capturada.

Solamente de oír mencionar el arca de Dios, Elí se fue de espaldas, cayéndose de la silla junto a la puerta. Como era viejo y pesaba mucho, se rompió la nuca y murió. Durante cuarenta años había dirigido al pueblo de Israel.

No cabe duda de que la pérdida de sus hijos impactó rudamente a Elí, pero la pérdida del arca de la alianza lo golpeó aun más fuerte. ¿El arca sagrada en manos paganas? ¡Impensable! ¿La presencia misma de Dios, ahora capturada por los filisteos? ¡Una tragedia!

Los filisteos entendieron la victoria simbólica que habían ganado y rápidamente colocaron el arca junto a la estatua de su dios Dagón en el gran templo en Asdod, una de las cinco ciudades filisteas fortificadas. Sin embargo, Dios no sería burlado por los falsos dioses de los filisteos. Israel había sido traído aquí, en primer lugar, con el propósito de mostrarles al único Dios verdadero a estas personas. Así pues, la estatua de Dagón cayó hecha pedazos sobre el piso del templo.

Luego, Dios afligió a los filisteos con problemas físicos, y después de siete meses de pura miseria, los filisteos colocaron el arca sobre un carro y la enviaron de vuelta a los israelitas, quienes la mantuvieron en la cuidad fronteriza de Quiriat Yearín por veinte años, preguntándose qué harían con ella.

Mientras tanto, Samuel insistió en que los israelitas dejaran de adorar a las deidades paganas y se volvieran al Dios verdadero. Él guió al pueblo al éxito en la dominación de los filisteos. No obstante, la gente obstinadamente pensaba que con un rey como el que tenían los otros pueblos se resolverían todos sus problemas de liderazgo.

Cuando Samuel entró en años, puso a sus hijos como gobernadores de Israel, con sede en Berseba. El hijo mayor se llamaba Joel, y el segundo, Abías. Pero ninguno de los dos siguió el ejemplo de su padre, sino que ambos se dejaron guiar por la avaricia, aceptando sobornos y pervirtiendo la justicia.

Por eso se reunieron los ancianos de Israel y fueron a Ramá para hablar con Samuel. Le dijeron: «Tú has envejecido ya, y tus hijos no siguen tu ejemplo. Mejor danos un rey que nos gobierne, como lo tienen todas las naciones.»

Cuando le dijeron que querían tener un rey, Samuel se disgustó. Entonces se puso a orar al SEÑOR, pero el SEÑOR le dijo: «Considera seriamente todo lo que el pueblo te diga. En realidad, no te han rechazado a ti, sino a mí, pues no quieren que yo reine sobre ellos. Te están tratando del mismo modo que me han tratado a mí desde el día en que los saqué de Egipto hasta hoy. Me han abandonado para servir a otros dioses. Así que hazles caso, pero adviérteles claramente del poder que el rey va a ejercer sobre ellos.»

Samuel comunicó entonces el mensaje del SEÑOR a la gente que le estaba pidiendo un rey. Les explicó: —Esto es lo que hará el rey que va a ejercer el poder sobre ustedes: Les quitará a sus hijos para que se hagan cargo de los carros militares y de la caballería, y para que le abran paso al carro real. Los hará comandantes y capitanes, y los pondrá a labrar y a cosechar, y a fabricar armamentos y pertrechos. También les quitará a sus hijas para emplearlas como perfumistas, cocineras y panaderas. Se apoderará de sus mejores campos, viñedos y olivares, y se los dará a sus ministros, y a ustedes les exigirá una décima parte de sus cosechas y vendimias para entregársela a sus funcionarios y ministros. Además, les quitará sus criados y criadas, y sus mejores bueyes y asnos, de manera que trabajen para él. Les exigirá una décima parte de sus rebaños, y ustedes mismos le servirán como esclavos. Cuando llegue aquel día, clamarán por causa del rey que hayan escogido, pero el Señor no les responderá.

El pueblo, sin embargo, no le hizo caso a Samuel, sino que protestó: —¡De ninguna manera! Queremos un rey que nos gobierne. Así seremos como las otras naciones, con un rey que nos gobierne y que marche al frente de nosotros cuando vayamos a la guerra.

Después de oír lo que el pueblo quería, Samuel se lo comunicó al Señor. —Hazles caso —respondió el Señor—; dales un rey.

Entonces Samuel les dijo a los israelitas: —¡Regresen a sus pueblos!

Había un hombre de la tribu de Benjamín, muy respetado, cuyo nombre era Quis hijo de Abiel, hijo de Zeror, hijo de Becorat, hijo de Afía, también benjaminita. Quis tenía un hijo llamado Saúl, que era buen mozo y apuesto como ningún otro israelita, tan alto que los demás apenas le llegaban al hombro.

En cierta ocasión se extraviaron las burras de su padre Quis, y éste le dijo a Saúl: «Toma a uno de los criados y ve a buscar las burras.» Saúl y el criado se fueron y cruzaron la sierra de Efraín, hasta pasar por la región de Salisá, pero no las encontraron. Pasaron también por la región de Salín, y después por el territorio de Benjamín, pero tampoco allí las encontraron.

Cuando llegaron al territorio de Zuf, Saúl le dijo al criado que lo acompañaba: —Vámonos. Debemos regresar, no sea que mi padre comience a preocuparse más por nosotros que por las burras.

El criado le contestó: —En este pueblo vive un hombre de Dios que es muy famoso. Todo lo que dice se cumple sin falta. ¿Por qué no vamos allá? A lo mejor nos indica el camino que debemos seguir.

—Muy bien —dijo Saúl—, vamos. Dicho esto, se dirigieron al pueblo donde vivía el hombre de Dios.

Saúl y su criado se dirigieron entonces a la ciudad. Iban entrando cuando Samuel se encontró con ellos, camino al santuario del cerro.

Un día antes de que Saúl llegara, el Señor le había hecho esta revelación a Samuel: «Mañana, a esta hora, te voy a enviar un hombre de la tierra de Benjamín. Lo ungirás como gobernante de mi pueblo Israel, para que lo libre del poder de los filisteos. Me he compadecido de mi pueblo, pues sus gritos de angustia han llegado hasta mí.»

Cuando Samuel vio a Saúl, el SEÑOR le dijo: «Ahí tienes al hombre de quien te hablé; él gobernará a mi pueblo.»

Al llegar a la puerta de la ciudad, Saúl se acercó a Samuel y le preguntó: —¿Podría usted indicarme dónde está la casa del vidente?

—Yo soy el vidente —respondió Samuel—. Acompáñame al santuario del cerro, que hoy comerán ustedes conmigo. Ya mañana, cuando te deje partir, responderé a todas tus inquietudes. En cuanto a las burras que se te perdieron hace tres días, ni te preocupes, que ya las encontraron. Y agregó: —Lo que Israel más desea, ¿no tiene que ver contigo y con toda la familia de tu padre?

—¿Por qué me dices eso? —respondió Saúl—. ¿No soy yo de la tribu de Benjamín, que es la más pequeña de Israel? ¿Y no es mi familia la más insignificante de la tribu de Benjamín?

Entonces Samuel tomó un frasco de aceite y lo derramó sobre la cabeza de Saúl. Luego lo besó y le dijo: —¡Es el SEÑOR quien te ha ungido para que gobiernes a su pueblo! Hoy mismo, cuando te alejes de mí y llegues a Selsa, en el territorio de Benjamín, cerca de la tumba de Raquel verás a dos hombres. Ellos te dirán: "Ya encontramos las burras que andabas buscando. Pero tu padre ya no piensa en las burras, sino que ahora está preocupado por ustedes y se pregunta: '¿Qué puedo hacer para encontrar a mi hijo?' "

»De ahí llegarás a Guibeá de Dios, donde hay una guarnición filistea. Al entrar en la ciudad te encontrarás con un grupo de profetas que bajan del santuario en el cerro. Vendrán profetizando, precedidos por músicos que tocan liras, panderetas, flautas y arpas. Entonces el Espíritu del SEÑOR vendrá sobre ti con poder, y tú profetizarás con ellos y serás una nueva persona. Cuando se cumplan estas señales que has recibido, podrás hacer todo lo que esté a tu alcance, pues Dios estará contigo.

Cuando Saúl se dio vuelta para alejarse de Samuel, Dios le cambió el corazón, y ese mismo día se cumplieron todas esas señales.

Después de esto, Samuel convocó al pueblo de Israel para que se presentara ante el SEÑOR en Mizpa. Allí les dijo a los israelitas: «Así dice el

SEÑOR, Dios de Israel: "Yo saqué a Israel de Egipto. Yo los libré a ustedes del poder de los egipcios y de todos los reinos que los oprimían." Ahora, sin embargo, ustedes han rechazado a su Dios, quien los libra de todas las calamidades y aflicciones. Han dicho: "¡No! ¡Danos un rey que nos gobierne!" Por tanto, preséntense ahora ante el SEÑOR por tribus y por familias.»

Dicho esto, Samuel hizo que se acercaran todas las tribus de Israel y, al echar la suerte, fue escogida la tribu de Benjamín. Luego mandó que se acercara la tribu de Benjamín, familia por familia, y la suerte cayó sobre la familia de Matri, y finalmente sobre Saúl hijo de Quis. Entonces fueron a buscar a Saúl, pero no lo encontraron, de modo que volvieron a consultar al SEÑOR: —¿Ha venido aquí ese hombre?

—Sí —respondió el SEÑOR—, pero se ha escondido entre el equipaje.

Fueron corriendo y lo sacaron de allí. Y cuando Saúl se puso en medio de la gente, vieron que era tan alto que nadie le llegaba al hombro. Dijo entonces Samuel a todo el pueblo: —¡Miren al hombre que el SEÑOR ha escogido! ¡No hay nadie como él en todo el pueblo!

—¡Viva el rey! —exclamaron todos.

A continuación, Samuel le explicó al pueblo las leyes del reino y las escribió en un libro que depositó ante el SEÑOR. Luego mandó que todos regresaran a sus casas.

También Saúl se fue a su casa en Guibeá, acompañado por un grupo de hombres leales, a quienes el SEÑOR les había movido el corazón.

El futuro rey encontrado escondido entre el equipaje pudo haber sido la inauguración de un reinado menos prometedor de la historia. El resto de la historia de Saúl es igual de impredecible. Aunque fue elegido por Dios, resultó ser un hombre celoso, impaciente e impetuoso. Sin embargo, dirigió al pueblo en la batalla, y ellos se unieron para apoyar a un fuerte líder central forjando una nación de las tribus locales.

Najás el amonita subió contra Jabés de Galaad y la sitió. Los habitantes de la ciudad le dijeron: —Haz un pacto con nosotros, y seremos tus siervos.

—Haré un pacto con ustedes —contestó Najás el amonita—, pero con una condición: que les saque a cada uno de ustedes el ojo derecho. Así dejaré en desgracia a todo Israel.

—Danos siete días para que podamos enviar mensajeros por todo el territorio de Israel —respondieron los ancianos de Jabés—. Si no hay quien nos libre de ustedes, nos rendiremos.

Cuando los mensajeros llegaron a Guibeá, que era la ciudad de Saúl, y le comunicaron el mensaje al pueblo, todos se echaron a llorar. En esos momentos Saúl regresaba del campo arreando sus bueyes, y preguntó: «¿Qué le pasa a la gente? ¿Por qué están llorando?» Entonces le contaron lo que habían dicho los habitantes de Jabés.

Cuando Saúl escuchó la noticia, el Espíritu de Dios vino sobre él con poder. Enfurecido, agarró dos bueyes y los descuartizó, y con los mensajeros envió los pedazos por todo el territorio de Israel, con esta advertencia: «Así se hará con los bueyes de todo el que no salga para unirse a Saúl y Samuel.» El temor del SEÑOR se apoderó del pueblo, y todos ellos, como un solo hombre, salieron a la guerra. Saúl los reunió en Bézec para pasar revista, y había trescientos mil soldados de Israel y treinta mil de Judá.

Luego les dijo a los mensajeros que habían venido: «Vayan y díganles a los habitantes de Jabés de Galaad: "Mañana, cuando más calor haga, serán librados."» Los mensajeros fueron y les comunicaron el mensaje a los de Jabés. Éstos se llenaron de alegría y les dijeron a los amonitas: «Mañana nos rendiremos, y podrán hacer con nosotros lo que bien les parezca.»

Al día siguiente, antes del amanecer, Saúl organizó a los soldados en tres columnas. Invadieron el campamento de los amonitas, e hicieron una masacre entre ellos hasta la hora más calurosa del día. Los que sobrevivieron fueron dispersados, así que no quedaron dos hombres juntos.

El pueblo le dijo entonces a Samuel: —¿Quiénes son los que no querían que Saúl reinara sobre nosotros? Entréguenlos, que vamos a matarlos.

—¡Nadie va a morir hoy! —intervino Saúl—. En este día el SEÑOR ha librado a Israel.

—¡Vengan! —le dijo Samuel al pueblo—. Vamos a Guilgal para confirmar a Saúl como rey. Todos se fueron a Guilgal, y allí, ante el SEÑOR, confirmaron a Saúl como rey. También allí, ante el SEÑOR, ofrecieron sacrificios de comunión, y Saúl y todos los israelitas celebraron la ocasión con gran alegría.

Samuel le habló a todo Israel: —¡Préstenme atención! Yo les he hecho caso en todo lo que me han pedido, y les he dado un rey que los gobierne. Ya tienen al rey que va a dirigirlos.

»No obstante, cuando ustedes vieron que Najás, rey de los amonitas, los amenazaba, me dijeron: "¡No! ¡Queremos que nos gobierne un rey!" Y esto, a pesar de que el SEÑOR su Dios es el rey de ustedes. Pues bien, aquí tienen al rey que pidieron y que han escogido. Pero tengan en cuenta que es el SEÑOR quien les ha dado ese rey. Si ustedes y el rey que los gobierne temen al SEÑOR su Dios, y le sirven y le obedecen, acatando sus mandatos y manteniéndose fieles a él, ¡magnífico! En cambio, si lo desobedecen y no acatan sus mandatos, él descargará su mano sobre ustedes como la descargó contra sus antepasados.

»Y ahora, préstenme atención y observen con sus propios ojos algo grandioso que el SEÑOR va a hacer. Ahora no es tiempo de lluvias sino de cosecha. Sin embargo, voy a invocar al SEÑOR, y él enviará truenos y lluvia; así se darán cuenta de la gran maldad que han cometido ante el SEÑOR al pedir un rey.

Samuel invocó al SEÑOR, y ese mismo día el SEÑOR mandó truenos y lluvia. Todo el pueblo sintió un gran temor ante el SEÑOR y ante Samuel.

Y le dijeron a Samuel: —Ora al SEÑOR tu Dios por nosotros, tus siervos, para que no nos quite la vida. A todos nuestros pecados hemos añadido la maldad de pedirle un rey.

—No teman —replicó Samuel—. Aunque ustedes han cometido una gran maldad, no se aparten del SEÑOR; más bien, sírvanle de todo corazón. No se alejen de él por seguir a ídolos inútiles, que no los pueden ayudar ni rescatar, pues no sirven para nada. Por amor a su gran nombre, el SEÑOR no rechazará a su pueblo; de hecho él se ha dignado hacerlos a ustedes su propio pueblo. En cuanto a mí, que el SEÑOR me libre de pecar contra él dejando de orar por ustedes. Yo seguiré enseñándoles el camino bueno y recto. Pero los exhorto a temer al SEÑOR y a servirle fielmente y de todo corazón, recordando los grandes beneficios que él ha hecho en favor de ustedes. Si persisten en la maldad, tanto ustedes como su rey serán destruidos.

Después de la severa advertencia de Samuel, Saúl trató de reinar con éxito, pero siempre parecía estar un paso detrás del sentido común. Cuando enfrentaba la batalla, fallaba en medir la fuerza del enemigo, y a continuación, impulsivamente, tomaba las cosas en sus propias manos mientras esperaba a Samuel. ¿Qué clase de rey era este?

Saúl tenía treinta años cuando comenzó a reinar sobre Israel, y su reinado duró cuarenta y dos años.

De entre los israelitas, Saúl escogió tres mil soldados; dos mil estaban con él en Micmás y en los montes de Betel, y mil estaban con Jonatán en Guibeá de Benjamín. Al resto del ejército Saúl lo mandó a sus hogares.

Jonatán atacó la guarnición filistea apostada en Gueba, y esto llegó a oídos de los filisteos. Entonces Saúl mandó que se tocara la trompeta por todo el país, pues dijo: «¡Que se enteren todos los hebreos!» Todo Israel se enteró de esta noticia: «Saúl ha atacado la guarnición filistea, así que los israelitas se han hecho odiosos a los filisteos.» Por tanto el pueblo se puso a las órdenes de Saúl en Guilgal.

Los filisteos también se juntaron para hacerle la guerra a Israel. Contaban con tres mil carros, seis mil jinetes, y un ejército tan numeroso como la arena a la orilla del mar. Avanzaron hacia Micmás, al este de Bet Avén, y allí acamparon. Los israelitas se dieron cuenta de que estaban en aprietos, pues todo el ejército se veía amenazado. Por eso tuvieron que esconderse en las cuevas, en los matorrales, entre las rocas, en las zanjas y en los pozos. Algunos hebreos incluso cruzaron el Jordán para huir al territorio de Gad, en Galaad.

Saúl se había quedado en Guilgal, y todo el ejército que lo acompañaba temblaba de miedo. Allí estuvo esperando siete días, según el plazo indicado por Samuel, pero éste no llegaba. Como los soldados comenzaban a desbandarse, Saúl ordenó: «Tráiganme el holocausto y los sacrificios de comunión»; y él mismo ofreció el holocausto. En el momento en que Saúl terminaba de celebrar el sacrificio, llegó Samuel. Saúl salió a recibirlo, y lo saludó.

Pero Samuel le reclamó: —¿Qué has hecho?

Y Saúl le respondió: —Pues como vi que la gente se desbandaba, que tú no llegabas en el plazo indicado, y que los filisteos se habían juntado en Micmás, pensé: "Los filisteos ya están por atacarme en Guilgal, y ni siquiera he implorado la ayuda del SEÑOR." Por eso me atreví a ofrecer el holocausto.

—¡Eres un necio! —le replicó Samuel—. No has cumplido el mandato que te dio el SEÑOR tu Dios. El SEÑOR habría establecido tu reino sobre Israel para siempre, pero ahora te digo que tu reino no permanecerá. El SEÑOR ya está buscando un hombre más de su agrado, pues tú no has cumplido su mandato.

Un día Samuel le dijo a Saúl: «El SEÑOR me envió a ungirte como rey sobre su pueblo Israel. Así que pon atención al mensaje del SEÑOR. Así dice el SEÑOR Todopoderoso: "He decidido castigar a los amalecitas por lo que le hicieron a Israel, pues no lo dejaron pasar cuando salía de Egipto. Así que ve y ataca a los amalecitas ahora mismo. Destruye por completo todo lo que les pertenezca; no les tengas compasión. Mátalos a todos, hombres y mujeres, niños y recién nacidos, toros y ovejas, camellos y asnos." »

Saúl reunió al ejército y le pasó revista en Telayin: eran doscientos mil soldados de infantería más diez mil soldados de Judá.

Saúl atacó a los amalecitas desde Javilá hasta Sur, que está cerca de la frontera de Egipto. A Agag, rey de Amalec, lo capturó vivo, pero a todos los habitantes los mató a filo de espada. Además de perdonarle la vida al rey Agag, Saúl y su ejército preservaron las mejores ovejas y vacas, los terneros más gordos y, en fin, todo lo que era de valor. Nada de esto quisieron destruir; sólo destruyeron lo que era inútil y lo que no servía.

Saúl pecó contra Dios de nuevo. Dios le había dado instrucciones de destruir toda propiedad de los amalecitas, sin embargo, Saúl conservó una buena parte de ella. Apartando el ganado bueno, Saúl declaró su intención de ofrecer estos animales como sacrificios a Dios. Aun esto constituía una desobediencia. Samuel, triste porque Saúl había fallado como rey, le advirtió que su tiempo se había acabado. Era hora de encontrar un sucesor. No obstante, habiendo disfrutado de los beneficios de su alto cargo, Saúl no se retiraría sin resistencia.

11

De pastor a rey

EL SEÑOR LE DIJO A SAMUEL: —¿CUÁNTO TIEMPO VAS A QUEDARTE llorando por Saúl, si ya lo he rechazado como rey de Israel? Mejor llena de aceite tu cuerno, y ponte en camino. Voy a enviarte a Belén, a la casa de Isaí, pues he escogido como rey a uno de sus hijos.

Samuel hizo lo que le mandó el SEÑOR. Pero cuando llegó a Belén, los ancianos del pueblo lo recibieron con mucho temor. —¿Vienes en son de paz? —le preguntaron.

—Claro que sí. He venido a ofrecerle al SEÑOR un sacrificio. Purifíquense y vengan conmigo para tomar parte en él. Entonces Samuel purificó a Isaí y a sus hijos, y los invitó al sacrificio.

Cuando llegaron, Samuel se fijó en Eliab y pensó: «Sin duda que éste es el ungido del SEÑOR.»

Pero el SEÑOR le dijo a Samuel: —No te dejes impresionar por su apariencia ni por su estatura, pues yo lo he rechazado. La gente se fija en las apariencias, pero yo me fijo en el corazón.

Entonces Isaí llamó a Abinadab para presentárselo a Samuel, pero Samuel dijo: —A éste no lo ha escogido el SEÑOR. Luego le presentó a Sama, y Samuel repitió: —Tampoco a éste lo ha escogido. Isaí le presentó a siete de sus hijos, pero Samuel le dijo: —El SEÑOR no ha escogido a ninguno de ellos. ¿Son éstos todos tus hijos?

—Queda el más pequeño —respondió Isaí—, pero está cuidando el rebaño.

Saúl unge a David	David mata a Goliat	Saúl intenta asesinar a David	Muerte de Saúl	David es erigido Rey
a.C. 1025	1025		1010	1010

Para información completa sobre la cronología vea la página ix.

127

—Manda a buscarlo —insistió Samuel—, que no podemos continuar hasta que él llegue.

Isaí mandó a buscarlo, y se lo trajeron. Era buen mozo, trigueño y de buena presencia.

El Señor le dijo a Samuel: —Éste es; levántate y úngelo.

Samuel tomó el cuerno de aceite y ungió al joven en presencia de sus hermanos. Entonces el Espíritu del Señor vino con poder sobre David, y desde ese día estuvo con él.

Los filisteos reunieron sus ejércitos para la guerra, concentrando sus fuerzas en Soco, pueblo de Judá. Acamparon en Efesdamín, situado entre Soco y Azeca. Por su parte, Saúl y los israelitas se reunieron también y, acampando en el valle de Elá, ordenaron sus filas para la batalla contra los filisteos. Con el valle de por medio, los filisteos y los israelitas tomaron posiciones en montes opuestos.

Un famoso guerrero, oriundo de Gat, salió del campamento filisteo. Su nombre era Goliat, y tenía una estatura de casi tres metros. Llevaba en la cabeza un casco de bronce, y su coraza, que pesaba cincuenta y cinco kilos, también era de bronce, como lo eran las polainas que le

David

Isaí fue el padre de David,

Obed el padre de Isaí,

Booz el padre de Obed,

Salmón el padre de Booz,

Naasón el padre de Salmón,

Aminadab el padre de Naasón,

Ram el padre de Aminadab,

Jezrón el padre de Ram,

Fares fue el padre de Jezrón.

protegían las piernas y la jabalina que llevaba al hombro. El asta de su lanza se parecía al rodillo de un telar, y tenía una punta de hierro que pesaba casi siete kilos. Delante de él marchaba un escudero.

Goliat se detuvo ante los soldados israelitas, y los desafió: «¿Para qué están ordenando sus filas para la batalla? ¿No soy yo un filisteo? ¿Y no están ustedes al servicio de Saúl? ¿Por qué no escogen a alguien que se me enfrente? Si es capaz de hacerme frente y matarme, nosotros les serviremos a ustedes; pero si yo lo venzo y lo mato, ustedes serán nuestros esclavos y nos servirán.» Dijo además el filisteo: «¡Yo desafío hoy al ejército de Israel! ¡Elijan a un hombre que pelee conmigo!» Al oír lo que decía el filisteo, Saúl y todos los israelitas se consternaron y tuvieron mucho miedo.

El filisteo salía mañana y tarde a desafiar a los israelitas, y así lo estuvo haciendo durante cuarenta días.

Un día, Isaí le dijo a su hijo David: «Toma esta bolsa de trigo tostado y estos diez panes, y vete pronto al campamento para dárselos a tus hermanos. Lleva también estos tres quesos para el jefe del batallón. Averigua cómo les va a tus hermanos, y tráeme una prueba de que ellos están bien. Los encontrarás en el valle de Elá, con Saúl y todos los soldados israelitas, peleando contra los filisteos.»

David cumplió con las instrucciones de Isaí. Se levantó muy de mañana y, después de encargarle el rebaño a un pastor, tomó las provisiones y se puso en camino. Llegó al campamento en el momento en que los soldados, lanzando gritos de guerra, salían a tomar sus posiciones. Los israelitas y los filisteos se alinearon frente a frente. David, por su parte, dejó su carga al cuidado del encargado de las provisiones, y corrió a las filas para saludar a sus hermanos. Mientras conversaban, Goliat, el gran guerrero filisteo de Gat, salió de entre las filas para repetir su desafío, y David lo oyó. Cuando los israelitas vieron a Goliat, huyeron despavoridos.

Algunos decían: «¿Ven a ese hombre que sale a desafiar a Israel? A quien lo venza y lo mate, el rey lo colmará de riquezas. Además, le dará su hija como esposa, y su familia quedará exenta de impuestos aquí en Israel.»

David preguntó a los que estaban con él: —¿Qué dicen que le darán a quien mate a ese filisteo y salve así el honor de Israel? ¿Quién se cree este filisteo pagano, que se atreve a desafiar al ejército del Dios viviente?

—Al que lo mate —repitieron— se le dará la recompensa anunciada.

Eliab, el hermano mayor de David, lo oyó hablar con los hombres y se puso furioso con él. Le reclamó: —¿Qué has venido a hacer aquí? ¿Con quién has dejado esas pocas ovejas en el desierto? Yo te conozco. Eres un atrevido y mal intencionado. ¡Seguro que has venido para ver la batalla!

—¿Y ahora qué hice? —protestó David—. ¡Si apenas he abierto la boca! Apartándose de su hermano, les preguntó a otros, quienes le dijeron lo mismo. Algunos que oyeron lo que había dicho David, se lo contaron a Saúl, y éste mandó a llamarlo.

Entonces David le dijo a Saúl: —¡Nadie tiene por qué desanimarse a causa de este filisteo! Yo mismo iré a pelear contra él.

—¡Cómo vas a pelear tú solo contra este filisteo! —replicó Saúl—. No eres más que un muchacho, mientras que él ha sido un guerrero toda la vida.

David le respondió: —A mí me toca cuidar el rebaño de mi padre. Cuando un león o un oso viene y se lleva una oveja del rebaño, yo lo persigo y lo golpeo hasta que suelta la presa. Y si el animal me ataca, lo sigo golpeando hasta matarlo. Si este siervo de Su Majestad ha matado leones y osos, lo mismo puede hacer con ese filisteo pagano, porque está desafiando al ejército del Dios viviente. El SEÑOR, que me libró de las garras del león y del oso, también me librará del poder de ese filisteo.

—Anda, pues —dijo Saúl—, y que el SEÑOR te acompañe.

Luego Saúl vistió a David con su uniforme de campaña. Le entregó también un casco de bronce y le puso una coraza. David se ciñó la espada sobre la armadura e intentó caminar, pero no pudo porque no estaba acostumbrado.

—No puedo andar con todo esto —le dijo a Saúl—; no estoy entrenado para ello. De modo que se quitó todo aquello, tomó su bastón, fue al río a escoger cinco piedras lisas, y las metió en su bolsa de pastor. Luego, honda en mano, se acercó al filisteo.

Éste, por su parte, también avanzaba hacia David detrás de su escudero. Le echó una mirada a David y, al darse cuenta de que era apenas un muchacho, trigueño y buen mozo, con desprecio le dijo: —¿Soy acaso un perro para que vengas a atacarme con palos? Y maldiciendo a David en nombre de sus dioses, añadió: —¡Ven acá, que les voy a echar tu carne a las aves del cielo y a las fieras del campo!

David le contestó: —Tú vienes contra mí con espada, lanza y jabalina, pero yo vengo a ti en el nombre del SEÑOR Todopoderoso, el Dios de los ejércitos de Israel, a los que has desafiado. Hoy mismo el SEÑOR te entregará en mis manos; y yo te mataré y te cortaré la cabeza. Hoy mismo echaré los cadáveres del ejército filisteo a las aves del cielo y a las fieras del campo, y todo el mundo sabrá que hay un Dios en Israel. Todos los que están aquí reconocerán que el SEÑOR salva sin necesidad de espada ni de lanza. La batalla es del SEÑOR, y él los entregará a ustedes en nuestras manos.

En cuanto el filisteo avanzó para acercarse a David y enfrentarse con él, también éste corrió rápidamente hacia la línea de batalla para hacerle frente. Metiendo la mano en su bolsa sacó una piedra, y con la honda se la lanzó al filisteo, hiriéndolo en la frente. Con la piedra incrustada entre ceja y ceja, el filisteo cayó de bruces al suelo.

Así fue como David triunfó sobre el filisteo: lo hirió de muerte con una honda y una piedra, y sin empuñar la espada.

Luego corrió adonde estaba el filisteo, le quitó la espada y, desenvainándola, lo remató con ella y le cortó la cabeza.

Cuando los filisteos vieron que su héroe había muerto, salieron corriendo. Entonces los soldados de Israel y de Judá, dando gritos de guerra, se lanzaron contra ellos y los persiguieron hasta la entrada de Gat y hasta las puertas de Ecrón. Todo el camino, desde Sajarayin hasta Gat y Ecrón, quedó regado de cadáveres de filisteos. Cuando los israelitas dejaron de perseguir a los filisteos, regresaron para saquearles el campamento.

Luego David tomó la cabeza de Goliat y la llevó a Jerusalén, pero las armas las guardó en su tienda de campaña.

Saúl quedó impresionado con la victoria de David sobre Goliat. Durante su entrevista después de la batalla, Saúl le preguntó a David acerca de su familia, y a continuación alistó a David para el servicio en la corte del rey. David y el hijo de Saúl, Jonatán, tuvieron una afinidad instantánea. Los dos jóvenes establecieron una amistad llena de amor y lealtad tan fuerte como si fuesen hermanos. Sin embargo, la popularidad de David no fue bien recibida en los últimos días del reinado de Saúl.

Tan pronto como David regresó, después de haber matado a Goliat, y con la cabeza del filisteo todavía en la mano, Abner lo llevó ante Saúl.

—¿De quién eres hijo, muchacho? —le preguntó Saúl.

—De Isaí de Belén, servidor de Su Majestad —respondió David.

Una vez que David y Saúl terminaron de hablar, Saúl tomó a David a su servicio y, desde ese día, no lo dejó volver a la casa de su padre. Jonatán, por su parte, entabló con David una amistad entrañable y llegó a quererlo como a sí mismo. Tanto lo quería, que hizo un pacto con él: Se quitó el manto que llevaba puesto y se lo dio a David; también le dio su túnica, y aun su espada, su arco y su cinturón.

Cualquier encargo que David recibía de Saúl, lo cumplía con éxito, de modo que Saúl lo puso al mando de todo su ejército, con la aprobación de los soldados de Saúl y hasta de sus oficiales.

Ahora bien, cuando el ejército regresó, después de haber matado David al filisteo, de todos los pueblos de Israel salían mujeres a recibir al rey Saúl. Al son de liras y panderetas, cantaban y bailaban, y exclamaban con gran regocijo:

«Saúl destruyó a un ejército,
    ¡pero David aniquiló a diez!»

Disgustado por lo que decían, Saúl se enfureció y protestó: «A David le dan crédito por diez ejércitos, pero a mí por uno solo. ¡Lo único que falta es que le den el reino!» Y a partir de esa ocasión, Saúl empezó a mirar a David con recelo.

Al día siguiente, el espíritu maligno de parte de Dios se apoderó de Saúl, quien cayó en trance en su propio palacio. Andaba con una lanza en la mano y, mientras David tocaba el arpa, como era su costumbre, Saúl se la arrojó, pensando: «¡A éste lo clavo en la pared!» Dos veces lo intentó, pero David logró esquivar la lanza.

Saúl sabía que el SEÑOR lo había abandonado, y que ahora estaba con David. Por eso tuvo temor de David y lo alejó de su presencia, nombrándolo jefe de mil soldados para que dirigiera al ejército en campaña. David tuvo éxito en todas sus expediciones, porque el SEÑOR estaba con él. Al ver el éxito de David, Saúl se llenó de temor. Pero todos en Israel y Judá sentían gran aprecio por David, porque él los dirigía en campaña.

Saúl estaba luchando para darle sentido al lío en que se encontraba y con el pasar de los días se mostraba cada vez más paranoico e inestable. Muchos de los hombres de Saúl, así como los miembros de su propia familia, incluyendo a Jonatán y la hija de Saúl, Mical, parecían preferir al joven pastor guerrero más que al rey irracional. Consumido por la rabia y los celos, en numerosas ocasiones Saúl trató de matar a David, a quien percibía como su mayor amenaza interna.

Por último, David, temiendo por su vida, huyó de Saúl. No obstante, Saúl fue impulsado a darle caza a David. Incluso, ordenó la masacre de ochenta y cinco sacerdotes que le habían dado refugio a David.

Unos seiscientos hombres fieles se reunieron alrededor de David, una milicia demasiado pequeña para retar al ejército de Israel, pero lo suficiente grande como para proporcionar una fuerza ofensiva. Dentro del palacio de Saúl, Jonatán se convirtió en un doble agente. Mientras Saúl preparaba a Jonatán para el reinado, Jonatán le pasaba información a David. Jonatán reconoció que David sería el próximo líder de Israel. Sin embargo, esta perspectiva parecía cada vez más improbable en tanto que el ejército de Saúl se acercaba al batallón de David en el desierto de Engadi. Al encontrarse en peligro, David hizo lo que siempre hacía: derramó sus temores ante Dios y oró por ayuda.

> Líbrame de mis enemigos, oh Dios;
>> protégeme de los que me atacan.
> Líbrame de los malhechores;
>> sálvame de los asesinos.
>
> ¡Mira cómo me acechan!
>> Hombres crueles conspiran contra mí
>> sin que yo, SEÑOR, haya delinquido ni pecado.
>
> Presurosos se disponen a atacarme
>> sin que yo haya cometido mal alguno.
>> ¡Levántate y ven en mi ayuda!
>> ¡Mira mi condición!
>
> Tú, SEÑOR, eres el Dios Todopoderoso,
>> ¡eres el Dios de Israel!
> ¡Despiértate y castiga a todas las naciones;
>> no tengas compasión de esos viles traidores!
>
> A ti, fortaleza mía, vuelvo los ojos,
>> pues tú, oh Dios, eres mi protector.

Tú eres el Dios que me ama,
e irás delante de mí
para hacerme ver la derrota de mis enemigos.

Pero yo le cantaré a tu poder,
y por la mañana alabaré tu amor;
porque tú eres mi protector,
mi refugio en momentos de angustia.
A ti, fortaleza mía, te cantaré salmos,
pues tú, oh Dios, eres mi protector.
¡Tú eres el Dios que me ama!

No tenía importancia cuán cerca llegaba Saúl, David constantemente mostraba más astucia que él. David estaba muy acostumbrado a las incursiones tipo comando, pero ninguna fue tan atrevida como su encuentro con Saúl en una cueva oscura.

Cuando Saúl regresó de perseguir a los filisteos, le informaron que David estaba en el desierto de Engadi. Entonces Saúl tomó consigo tres batallones de hombres escogidos de todo Israel, y se fue por los Peñascos de las Cabras, en busca de David y de sus hombres.

Por el camino, llegó a un redil de ovejas; y como había una cueva en el lugar, entró allí para hacer sus necesidades. David estaba escondido en el fondo de la cueva, con sus hombres, y éstos le dijeron: —En verdad, hoy se cumple la promesa que te hizo el SEÑOR cuando te dijo: "Yo pondré a tu enemigo en tus manos, para que hagas con él lo que mejor te parezca." David se levantó y, sin hacer ruido, cortó el borde del manto de Saúl.

Pero le remordió la conciencia por lo que había hecho, y les dijo a sus hombres: —¡Que el SEÑOR me libre de hacerle al rey lo que ustedes sugieren! No puedo alzar la mano contra él, porque es el ungido del SEÑOR. De este modo David contuvo a sus hombres, y no les permitió que atacaran a Saúl.

Pero una vez que éste salió de la cueva para proseguir su camino, David lo siguió, gritando: —¡Majestad, Majestad! Saúl miró hacia atrás, y David, postrándose rostro en tierra, se inclinó y le dijo: —¿Por qué hace caso Su Majestad a los que dicen que yo quiero hacerle daño? Usted podrá ver con sus propios ojos que hoy mismo, en esta cueva, el SEÑOR lo había entregado en mis manos. Mis hombres me incitaban a que lo matara, pero yo respeté su vida y dije: "No puedo alzar la mano contra el rey, porque es el ungido del Señor." Padre mío, mire usted el borde de su manto que tengo en la mano. Yo corté este pedazo, pero a usted no lo maté. Reconozca que yo no intento hacerle mal ni traicionarlo. Usted, sin embargo, me persigue para quitarme la vida, aunque yo no le he hecho ningún agravio. ¡Que el Señor juzgue entre nosotros dos! ¡Y que el Señor me vengue de usted! Pero mi mano no se alzará contra usted. Como dice el antiguo refrán: "De los malos, la maldad"; por eso mi mano jamás se alzará contra usted.

»¿Contra quién ha salido el rey de Israel? ¿A quién persigue? ¡A un perro muerto! ¡A una pulga! ¡Que sea el Señor quien juzgue y dicte la sentencia entre nosotros dos! ¡Que examine mi causa, y me defienda y me libre de usted!

Cuando David terminó de hablar, Saúl le preguntó: —David, hijo mío, ¡pero si eres tú quien me habla! Y alzando la voz, se echó a llorar. —Has actuado mejor que yo —continuó Saúl—. Me has devuelto bien por mal. Hoy me has hecho reconocer lo bien que me has tratado, pues el Señor me entregó en tus manos, y no me mataste. ¿Quién encuentra a su enemigo y le perdona la vida? ¡Que el Señor te recompense por lo bien que me has tratado hoy! Ahora caigo en cuenta de que tú serás el rey, y de que consolidarás el reino de Israel. Júrame entonces, por el Señor, que no exterminarás mi descendencia ni borrarás el nombre de mi familia.

David se lo juró. Luego Saúl volvió a su palacio, y David y sus hombres subieron al refugio.

David dedicó al Señor la letra de esta canción cuando el Señor lo libró de Saúl y de todos sus enemigos. Dijo así:

«El Señor es mi roca, mi amparo,
    mi libertador;
      es mi Dios, el peñasco en que me refugio.
Es mi escudo, el poder que me salva,
    ¡mi más alto escondite!
Él es mi protector y mi salvador.
    ¡Tú me salvaste de la violencia!

Invoco al Señor, que es digno de alabanza,
    y quedo a salvo de mis enemigos.

»Las olas de la muerte me envolvieron;
  los torrentes destructores me abrumaron.
Me enredaron los lazos del sepulcro,
  y me encontré ante las trampas de la muerte.

En mi angustia invoqué al SEÑOR;
  llamé a mi Dios,
y él me escuchó desde su templo;
  ¡mi clamor llegó a sus oídos!
¡El SEÑOR vive! ¡Alabada sea mi roca!
  ¡Exaltado sea Dios mi Salvador!

El tratado de paz entre David y Saúl (básicamente un acuerdo de no matarse el uno al otro) debería haber resuelto el asunto. Pero Saúl, siempre imprevisible, se volvió en contra de David y lo persiguió una vez más. Con sabiduría, David se retiró con su banda de leales al territorio filisteo, fuera del alcance de Saúl. ¡Cuán irónico fue que David, el próximo rey de Israel, estableciera su tienda de campaña junto a las mismas personas que le declararon la guerra a su propia nación y finalmente cobraron la vida de su amigo más cercano!

Los filisteos fueron a la guerra contra Israel, y los israelitas huyeron ante ellos. Muchos cayeron muertos en el monte Guilboa. Entonces los filisteos se fueron en persecución de Saúl, y lograron matar a sus hijos Jonatán, Abinadab y Malquisúa. La batalla se intensificó contra Saúl, y los arqueros lo alcanzaron con sus flechas.

Al verse gravemente herido, Saúl le dijo a su escudero: «Saca la espada y mátame, no sea que lo hagan esos incircuncisos cuando lleguen, y se diviertan a costa mía.»

Pero el escudero estaba tan asustado que no quiso hacerlo, de modo que Saúl mismo tomó su espada y se dejó caer sobre ella. Cuando el escudero vio que Saúl caía muerto, también él se arrojó sobre su propia espada y murió con él. Así, en un mismo día murieron Saúl, sus tres hijos, su escudero y todos sus hombres.

Cuando los israelitas que vivían al otro lado del valle y del Jordán vieron que el ejército de Israel había huido, y que Saúl y sus hijos habían muerto, también ellos abandonaron sus ciudades y se dieron a la fuga. Así fue como los filisteos las ocuparon.

Al otro día, cuando los filisteos llegaron para despojar a los cadáveres, encontraron a Saúl y a sus hijos muertos en el monte Guilboa. Entonces lo decapitaron, le quitaron las armas, y enviaron mensajeros por todo el país filisteo para que proclamaran la noticia en el templo de sus ídolos y ante todo el pueblo. Sus armas las depositaron en el templo de la diosa Astarté, y su cadáver lo colgaron en el muro de Betsán.

Cuando los habitantes de Jabés de Galaad se enteraron de lo que habían hecho los filisteos con Saúl, los más valientes de ellos caminaron toda la noche hacia Betsán, tomaron los cuerpos de Saúl y de sus hijos y, luego de bajarlos del muro, regresaron a Jabés. Allí los incineraron, y luego tomaron los huesos y los enterraron a la sombra del tamarisco de Jabés.

David se afligió profundamente, no solo por la muerte de Jonatán, sino también por la de Saúl. Sin embargo, con el transcurso del tiempo, Dios dirigió a David a aceptar su llamado a ser rey. Su propia tribu de Judá vino a Hebrón para ungirlo rey sobre la casa de Judá. Sin embargo, no fue sino hasta después de un período de siete años de lucha entre David y los fieles del hijo de Saúl, Isboset, que David fue hecho rey sobre todo Israel.

Poco después, David llevó dos veces a los israelitas a decisivas victorias sobre los dificultosos filisteos. Este período también vio uno de de los logros más importantes de David: derrotó a los jebuseos que vivían en Jerusalén y logró que fuera la capital nacional y espiritual de Israel.

David estaba preocupado por algo más que el éxito militar. Amaba profundamente a Dios y deseaba que su nación lo amara también. La pasión de David lo llevó a recuperar el arca de la alianza que se encontraba en la casa de Abinadab. Fue un alegre desfile de personas los que salieron para traer el arca a su nueva casa en Jerusalén, la «Ciudad de David».

Una vez más, David reunió los treinta batallones de soldados escogidos de Israel, y con todo su ejército partió hacia Balá de Judá para trasladar de allí el arca de Dios, sobre la que se invoca su nombre, el nombre del Señor Todopoderoso que reina entre los querubines. Colocaron el arca de Dios en una carreta nueva y se la llevaron de la casa de Abinadab, que estaba situada en una colina. Uza y Ajío, hijos de Abinadab, guiaban la carreta nueva que llevaba el arca de Dios. Ajío iba delante del arca, mientras David y todo el pueblo de Israel danzaban ante el Señor con gran entusiasmo y cantaban al son de arpas, liras, panderetas, sistros y címbalos.

Al llegar a la parcela de Nacón, los bueyes tropezaron; pero Uza, extendiendo las manos, sostuvo el arca de Dios. Con todo, la ira del Señor se encendió contra Uza por su atrevimiento y lo hirió de muerte ahí mismo, de modo que Uza cayó fulminado junto al arca.

David se enojó porque el Señor había matado a Uza, así que llamó a aquel lugar Peres Uza, nombre que conserva hasta el día de hoy.

Aquel día David se sintió temeroso del Señor y exclamó: «¡Es mejor que no me lleve el arca del Señor!» Y como ya no quería llevarse el arca del Señor a la Ciudad de David, ordenó que la trasladaran a la casa de Obed Edom, oriundo de Gat. Fue así como el arca del Señor permaneció tres meses en la casa de Obed Edom de Gat, y el Señor lo bendijo a él y a toda su familia.

En cuanto le contaron al rey David que por causa del arca el Señor había bendecido a la familia de Obed Edom y toda su hacienda, David fue a la casa de Obed Edom y, en medio de gran algarabía, trasladó el arca de Dios a la Ciudad de David. Apenas habían avanzado seis pasos los que llevaban el arca cuando David sacrificó un toro y un ternero engordado. Vestido tan sólo con un efod de lino, se puso a bailar ante el Señor con gran entusiasmo. Así que entre vítores y al son de cuernos de carnero, David y todo el pueblo de Israel llevaban el arca del Señor.

La alegría contagiosa de David lo llevó a hacer una demostración pública de exuberancia y adoración cuando el arca llegó a Jerusalén. La mayoría de los espectadores se sentían orgullosos. Sin embargo, la esposa de David, Mical, no estuvo nada feliz con su desinhibido esposo.

Sucedió que, al entrar el arca del Señor a la Ciudad de David, Mical hija de Saúl se asomó a la ventana; y cuando vio que el rey David estaba saltando y bailando delante del Señor, sintió por él un profundo desprecio.

El arca del Señor fue llevada a la tienda de campaña que David le había preparado. La instalaron en su sitio, y David ofreció holocaustos y sacrificios de comunión en presencia del Señor. Después de ofrecer los holocaustos y los sacrificios de comunión, David bendijo al pueblo en el nombre del Señor Todopoderoso, y a cada uno de los israelitas que estaban allí congregados, que eran toda una multitud de hombres y mujeres, les repartió pan, una torta de dátiles y una torta de uvas pasas. Después de eso, todos regresaron a sus casas.

Cuando David volvió para bendecir a su familia, Mical, la hija de Saúl, le salió al encuentro y le reprochó: —¡Qué distinguido se ha visto hoy el rey de Israel, desnudándose como un cualquiera en presencia de las esclavas de sus oficiales!

David le respondió: —Lo hice en presencia del Señor, quien en vez de escoger a tu padre o a cualquier otro de su familia, me escogió a mí y me hizo gobernante de Israel, que es el pueblo del Señor. De modo que seguiré bailando en presencia del Señor, y me rebajaré más todavía, hasta humillarme completamente. Sin embargo, esas mismas esclavas de quienes hablas me rendirán honores.

Y Mical hija de Saúl murió sin haber tenido hijos.

Consciente de que la invaluable arca merecía una majestuosa casa, David comenzó a concebir un templo permanente tan impresionante que las personas de todo el mundo dirían: «¡El Dios de los israelitas es ciertamente grandioso!».

David consultó a Natán, un profeta de Dios de confianza, acerca de sus planes. Y la respuesta del profeta, reflejando la mente de Dios en cuanto al asunto, debió haber dejado pasmado a David.

Una vez instalado en su palacio, David le dijo al profeta Natán: —¡Aquí me tienes, habitando un palacio de cedro, mientras que el arca del pacto del Señor se encuentra bajo una simple tienda de campaña!

—Bien —respondió Natán—. Haga Su Majestad lo que su corazón le dicte, pues Dios está con usted.

Pero aquella misma noche la palabra de Dios vino a Natán y le dijo:

«Ve y dile a mi siervo David que así dice el Señor: "No serás tú quien me construya una casa para que yo la habite. Desde el día en que liberé a Israel hasta el día de hoy, no he habitado en casa alguna, sino que he ido de campamento en campamento y de santuario en santuario. Todo el tiempo que anduve con Israel, cuando mandé a sus jueces que pastorearan a mi pueblo, ¿acaso le reclamé a alguno de ellos el no haberme construido una casa de cedro?"

»Pues bien, dile a mi siervo David que así dice el Señor Todopoderoso: "Yo te saqué del redil para que, en vez de cuidar ovejas, gobernaras a mi pueblo Israel. Yo he estado contigo por dondequiera que has ido, y he aniquilado a todos tus enemigos. Y ahora voy a hacerte tan famoso como los más grandes de la tierra. También voy a designar un lugar para mi pueblo Israel, y allí los plantaré para que puedan vivir sin sobresaltos. Sus malvados enemigos no volverán a oprimirlos como lo han hecho desde el principio, desde los días en que nombré jueces sobre mi pueblo Israel. Yo derrotaré a todos tus enemigos.

Te anuncio, además, que yo, el SEÑOR, te edificaré una casa. Cuando tu vida llegue a su fin y vayas a reunirte con tus antepasados, yo pondré en el trono a uno de tus descendientes, a uno de tus hijos, y afirmaré su reino.

Será él quien construya una casa en mi honor, y yo afirmaré su trono para siempre. Yo seré su padre, y él será mi hijo. Jamás le negaré mi amor, como se lo negué a quien reinó antes que tú. Al contrario, para siempre lo estableceré en mi casa y en mi reino, y su trono será firme para siempre."»

Natán le comunicó todo esto a David, tal como lo había recibido por revelación. Luego el rey David se presentó ante el SEÑOR y le dijo:

«SEÑOR y Dios, ¿quién soy yo, y qué es mi familia, para que me hayas hecho llegar tan lejos? Como si esto fuera poco, SEÑOR y Dios, has hecho promesas a este siervo tuyo en cuanto al futuro de su dinastía. ¡Me has tratado como si fuera yo un hombre muy importante, SEÑOR y Dios!

¿Qué más podría yo decir del honor que me has dado, si tú conoces a tu siervo? SEÑOR, tú has hecho todas estas grandes maravillas, por amor a tu siervo y según tu voluntad, y las has dado a conocer. SEÑOR, nosotros mismos hemos aprendido que no hay nadie como tú, y que aparte de ti no hay Dios.

¿Y qué nación se puede comparar con tu pueblo Israel? Es la única nación en la tierra que tú has redimido, para hacerla tu propio pueblo y para dar a conocer tu nombre. Hiciste prodigios y maravillas cuando al paso de tu pueblo, al cual redimiste de Egipto, expulsaste a las naciones y a sus dioses. Adoptaste a Israel para que fuera tu pueblo para siempre, y para que tú, SEÑOR, fueras su Dios.

»Y ahora, SEÑOR, mantén para siempre la promesa que le has hecho a tu siervo y a su dinastía. Cumple tu palabra para que tu nombre permanezca y sea exaltado por siempre, y para que todos digan: "¡El SEÑOR

Todopoderoso es el Dios de Israel!" Entonces la dinastía de tu siervo David quedará establecida en tu presencia.

»Tú, Dios mío, le has revelado a tu siervo el propósito de establecerle una dinastía, y por eso tu siervo se ha atrevido a dirigirte esta súplica. Oh Señor, ¡tú eres Dios y has prometido este favor a tu siervo! Te has dignado bendecir a la familia de tu siervo, de modo que bajo tu protección exista para siempre. Tú, Señor, la has bendecido, y por eso quedará bendita para siempre.»

Un rey sin un ejército no es rey por mucho tiempo. Así que David organizó un ejército eficaz con un liderazgo de confianza y lo utilizó estratégicamente con el fin de estabilizar sus fronteras y eliminar la oposición regional. Los mercenarios no pudieron derrotarlo, y aun dos batallas de primera fila terminaron en victorias decisivas para él. David fue un guerrero, un poeta y un hombre conforme al corazón de Dios. Fue un líder que ponía a Dios en primer lugar, lo amaba y lo seguía. En todo el mundo fue evidente que Dios bendijo a este pastor-rey.

Sin embargo, David no era un hombre perfecto. Un día, cuando sus generales se habían marchado a la guerra, el rey tuvo que enfrentar a un enemigo interno tan intenso como cualquier enemigo que enfrentara en el campo de batalla.

12

Las pruebas de un rey

En la primavera, que era la época en que los reyes salían de campaña, David mandó a Joab con la guardia real y todo el ejército de Israel para que aniquilara a los amonitas y sitiara la ciudad de Rabá. Pero David se quedó en Jerusalén.

Una tarde, al levantarse David de la cama, comenzó a pasearse por la azotea del palacio, y desde allí vio a una mujer que se estaba bañando. La mujer era sumamente hermosa, por lo que David mandó que averiguaran quién era, y le informaron: «Se trata de Betsabé, que es hija de Elián y esposa de Urías el hitita.» Entonces David ordenó que la llevaran a su presencia, y cuando Betsabé llegó, él se acostó con ella. Después de eso, ella volvió a su casa. (Hacía poco que Betsabé se había purificado de su menstruación), así que quedó embarazada y se lo hizo saber a David.

Entonces David le envió este mensaje a Joab: «Mándame aquí a Urías el hitita.» Y Joab así lo hizo. Cuando Urías llegó, David le preguntó cómo estaban Joab y los soldados, y cómo iba la campaña. Luego le dijo: «Vete a tu casa y acuéstate con tu mujer.» Tan pronto como salió del palacio, Urías recibió un regalo de parte del rey, pero en vez de irse a su propia casa, se acostó a la entrada del palacio, donde dormía la guardia real.

David se enteró de que Urías no había ido a su casa, así que le preguntó: —Has hecho un viaje largo; ¿por qué no fuiste a tu casa?

—En este momento —respondió Urías—, tanto el arca como los hombres de Israel y de Judá se guarecen en simples enramadas, y mi señor Joab y sus oficiales acampan al aire libre, ¿y yo voy a entrar en mi

Reinado de David	David y Betsabé	Reinado de Salomón	Construcción del templo
a.C. 1010–970		970–930	966–959

Para información completa sobre la cronología vea la página ix.

casa para darme un banquete y acostarme con mi esposa? ¡Tan cierto como que Su Majestad vive, que yo no puedo hacer tal cosa!

—Bueno, entonces quédate hoy aquí, y mañana te enviaré de regreso —replicó David. Urías se quedó ese día en Jerusalén. Pero al día siguiente David lo invitó a un banquete y logró emborracharlo. A pesar de eso, Urías no fue a su casa sino que volvió a pasar la noche donde dormía la guardia real.

A la mañana siguiente, David le escribió una carta a Joab, y se la envió por medio de Urías. La carta decía: «Pongan a Urías al frente de la batalla, donde la lucha sea más dura. Luego déjenlo solo, para que lo hieran y lo maten.»

Por tanto, cuando Joab ya había sitiado la ciudad, puso a Urías donde sabía que estaban los defensores más aguerridos. Los de la ciudad salieron para enfrentarse a Joab, y entre los oficiales de David que cayeron en batalla también perdió la vida Urías el hitita.

Cuando Betsabé se enteró de que Urías, su esposo, había muerto, hizo duelo por él. Después del luto, David mandó que se la llevaran al palacio y la tomó por esposa. Con el tiempo, ella le dio un hijo. Sin embargo, lo que David había hecho le desagradó al SEÑOR.

El SEÑOR envió a Natán para que hablara con David. Cuando este profeta se presentó ante David, le dijo: —Dos hombres vivían en un pueblo. El uno era rico, y el otro pobre. El rico tenía muchísimas ovejas y vacas; en cambio, el pobre no tenía más que una sola ovejita que él mismo había comprado y criado. La ovejita creció con él y con sus hijos: comía de su plato, bebía de su vaso y dormía en su regazo. Era para ese hombre como su propia hija.

Pero sucedió que un viajero llegó de visita a casa del hombre rico, y como éste no quería matar ninguna de sus propias ovejas o vacas para darle de comer al huésped, le quitó al hombre pobre su única ovejita.

Tan grande fue el enojo de David contra aquel hombre, que le respondió a Natán: —¡Tan cierto como que el SEÑOR vive, que quien hizo esto merece la muerte! ¿Cómo pudo hacer algo tan ruin? ¡Ahora pagará cuatro veces el valor de la oveja!

Entonces Natán le dijo a David: —¡Tú eres ese hombre! Así dice el SEÑOR, Dios de Israel: "Yo te ungí como rey sobre Israel, y te libré del poder de Saúl. Te di el palacio de tu amo, y puse sus mujeres en tus brazos. También te permití gobernar a Israel y a Judá. Y por si esto hubiera sido poco, te habría dado mucho más. ¿Por qué, entonces, despreciaste la palabra del Señor haciendo lo que me desagrada? ¡Asesinaste a Urías el hitita para apoderarte de su esposa! ¡Lo mataste con la espada de los amonitas! Por eso la espada jamás se apartará de tu familia, pues me despreciaste al tomar la esposa de Urías el hitita para hacerla tu mujer."

»Pues bien, así dice el Señor: "Yo haré que el desastre que mereces surja de tu propia familia, y ante tus propios ojos tomaré a tus mujeres y se las daré a otro, el cual se acostará con ellas en pleno día. Lo que tú hiciste a escondidas, yo lo haré a plena luz, a la vista de todo Israel."

—¡He pecado contra el Señor! —reconoció David ante Natán.

A diferencia de Saúl, David no presentó excusas por su pecado. Humillado y con el corazón quebrantado, David reconoció su pecado y derramó sus sentimientos en esta oración.

Un salmo de David. Cuando el profeta Natán llegó a él después que David había cometido adulterio con Betsabé.

> Ten compasión de mí, oh Dios,
>   conforme a tu gran amor;
> conforme a tu inmensa bondad,
>   borra mis transgresiones.[1]
> Lávame de toda mi maldad
>   y límpiame de mi pecado.
>
> Yo reconozco mis transgresiones;
>   siempre tengo presente mi pecado.
> Contra ti he pecado, sólo contra ti,
>   y he hecho lo que es malo ante tus ojos;
> por eso, tu sentencia es justa,
>   y tu juicio, irreprochable.
> Yo sé que soy malo de nacimiento;
>   pecador me concibió mi madre.
> Yo sé que tú amas la verdad en lo íntimo;
>   en lo secreto me has enseñado sabiduría.
> Purifícame con hisopo, y quedaré limpio;
>   lávame, y quedaré más blanco que la nieve.

---

[1] **Transgresión(es):** Ofensa contra Dios; sinónimo con el pecado.

Anúnciame gozo y alegría;
    infunde gozo en estos huesos que has quebrantado.
Aparta tu rostro de mis pecados
    y borra toda mi maldad.

Crea en mí, oh Dios, un corazón limpio,
    y renueva la firmeza de mi espíritu.
No me alejes de tu presencia
    ni me quites tu santo Espíritu.[2]
Devuélveme la alegría de tu salvación;
    que un espíritu obediente me sostenga.

El rey fue humillado por la misma debilidad sexual conocida por muchos hombres. No obstante, a diferencia de muchos otros, David entendió que su pecado había roto su relación con Dios. Él había decepcionado a Dios con su codicia, lujuria y asesinato. El pecado de David significaba un rompimiento con la amistad divina, lo que era necesario remediar. Su arrepentimiento fue verdadero, pero aun así hubo consecuencias por sus actos.

—El Señor ha perdonado ya tu pecado, y no morirás —contestó Natán—. Sin embargo, tu hijo sí morirá, pues con tus acciones has ofendido al Señor.

Dicho esto, Natán volvió a su casa. Y el Señor hirió al hijo que la esposa de Urías le había dado a David, de modo que el niño cayó gravemente enfermo. David se puso a rogar a Dios por él; ayunaba y pasaba las noches tirado en el suelo. Los ancianos de su corte iban a verlo y le rogaban que se levantara, pero él se resistía, y aun se negaba a comer con ellos.

Siete días después, el niño murió. Los oficiales de David tenían miedo de darle la noticia, pues decían: «Si cuando el niño estaba vivo, le hablábamos al rey y no nos hacía caso, ¿qué locura no hará ahora si le decimos que el niño ha muerto?»

Pero David, al ver que sus oficiales estaban cuchicheando, se dio cuenta de lo que había pasado y les preguntó: —¿Ha muerto el niño?

---

[2]**Espíritu Santo/Santo Espíritu:** Las manifestaciones de Dios que habitan en los que creen en Jesucristo, y les da poder para seguir el camino de Dios. Dios es un Dios, pero actúa en tres «personas» de Dios Padre, Jesús el Hijo y el Espíritu Santo.

—Sí, ya ha muerto —le respondieron.

Entonces David se levantó del suelo y en seguida se bañó y se perfumó; luego se vistió y fue a la casa del SEÑOR para adorar. Después regresó al palacio, pidió que le sirvieran alimentos, y comió.

El perdón purifica las heridas del pecado. David, lleno de remordimiento, le pidió a Dios que lo perdonara, y Dios le dijo que sí. Dios ama a la persona que respeta su santidad y atesora su amistad. David expresó su gratitud por el regalo del perdón de Dios en uno de sus salmos.

> Dichoso aquel
> > a quien se le perdonan sus transgresiones,
> > a quien se le borran sus pecados.
> Dichoso aquel
> > a quien el SEÑOR no toma en cuenta su maldad
> > y en cuyo espíritu no hay engaño.
>
> Mientras guardé silencio,
> > mis huesos se fueron consumiendo
> > por mi gemir de todo el día.
> Mi fuerza se fue debilitando
> > como al calor del verano,
> porque día y noche
> > tu mano pesaba sobre mí.
>
> Pero te confesé mi pecado,
> > y no te oculté mi maldad.
> Me dije: «Voy a confesar mis transgresiones
> > al SEÑOR »,
> > y tú perdonaste mi maldad y mi pecado.
>
> Por eso los fieles te invocan
> > en momentos de angustia;
> caudalosas aguas podrán desbordarse,
> > pero a ellos no los alcanzarán.
> Tú eres mi refugio;
> > tú me protegerás del peligro
> > y me rodearás con cánticos de liberación.

Muchas son las calamidades de los malvados,
  pero el gran amor del SEÑOR
  envuelve a los que en él confían.

¡Alégrense, ustedes los justos;
  regocíjense en el SEÑOR!
¡canten todos ustedes,
  los rectos de corazón!

Luego David fue a consolar a su esposa y se unió a ella. Betsabé le dio un hijo, al que David llamó Salomón. El SEÑOR amó al niño y mandó a decir por medio del profeta Natán que le pusieran por nombre Jedidías,[3] por disposición del SEÑOR.

Con su pecado perdonado, David de nuevo elogió a Dios con un corazón pleno y continuó dirigiendo al ejército con gran éxito. Este brillante estratega sabía cómo motivar a los hombres. Sin embargo, una lucha se gestaba entre sus propios hijos, la que David no vio venir. En especial con respecto a su hijo Absalón, el discernimiento intelectual de la conducta humana normalmente profundo que poseía David le falló. David no actuó de la forma debida, y Absalón sutilmente minó la administración de su padre e incitó a la población. Por último, Absalón retó la posición política de David. Este hombre hermoso, con una chispa indomable que David debió haber reconocido, se convirtió en un traidor.

David se halla ahora en territorio desconocido, enfrentando una rebelión dentro de su propia familia, un enemigo que también era un hijo amado. ¿Cómo marchar contra un enemigo que amas? ¿Cómo tirar una lanza contra el corazón de otro, cuando el golpe aplasta el espíritu de su propio corazón también?

David pasó revista a sus tropas y nombró jefes sobre grupos de mil y de cien soldados. Los dividió en tres unidades y los envió a la batalla. La primera unidad estaba bajo el mando de Joab, la segunda bajo el mando de Abisay, hijo de Sarvia y hermano de Joab, y la tercera bajo el mando de Itay el guitita. —Yo los voy a acompañar —dijo el rey.

---

[3] **Jedidías:** *Jedidías* significa «amado por el Señor».

Pero los soldados respondieron: —No, Su Majestad no debe acompañarnos. Si tenemos que huir, el enemigo no se va a ocupar de nosotros. Y aun si la mitad de nosotros muere, a ellos no les va a importar. ¡Pero Su Majestad vale por diez mil de nosotros! Así que es mejor que se quede y nos apoye desde la ciudad.

—Bien —dijo el rey—, haré lo que les parezca más conveniente.

Dicho esto, se puso a un lado de la entrada de la ciudad, mientras todos los soldados marchaban en grupos de cien y de mil. Además, el rey dio esta orden a Joab, Abisay e Itay: —No me traten duro al joven Absalón. Y todas las tropas oyeron las instrucciones que el rey le dio a cada uno de sus generales acerca de Absalón.

El ejército marchó al campo para pelear contra Israel, y la batalla se libró en el bosque de Efraín. La lucha fue intensa aquel día: hubo veinte mil bajas. Sin embargo, los soldados de David derrotaron allí al ejército de Israel. La batalla se extendió por toda el área, de modo que el bosque causó más muertes que la espada misma.

Absalón, que huía montado en una mula, se encontró con los soldados de David. La mula se metió por debajo de una gran encina, y a Absalón se le trabó la cabeza entre las ramas. Como la mula siguió de largo, Absalón quedó colgado en el aire.

Un soldado que vio lo sucedido le dijo a Joab: —Acabo de ver a Absalón colgado de una encina.

—¡Cómo! —exclamó Joab—. ¿Lo viste y no lo mataste ahí mismo? Te habría dado diez monedas de plata y un cinturón.

Pero el hombre respondió: —Aun si recibiera mil monedas, yo no alzaría la mano contra el hijo del rey. Todos oímos cuando el rey les ordenó a usted, a Abisay y a Itay que no le hicieran daño al joven Absalón. Si yo me hubiera arriesgado, me habrían descubierto, pues nada se le escapa al rey; y usted, por su parte, me habría abandonado.

—No voy a malgastar mi tiempo contigo —replicó Joab. Acto seguido, agarró tres lanzas y fue y se las clavó en el pecho a Absalón, que todavía estaba vivo en medio de la encina. Luego, diez de los escuderos de Joab rodearon a Absalón y lo remataron.

Entonces Joab mandó tocar la trompeta para detener a las tropas, y dejaron de perseguir a los israelitas. Después tomaron el cuerpo de Absalón, lo tiraron en un hoyo grande que había en el bosque, y sobre su cadáver amontonaron muchísimas piedras. Mientras tanto, todos los israelitas huyeron a sus hogares.

En vida, Absalón se había erigido una estela en el valle del Rey, pues pensaba: «No tengo ningún hijo que conserve mi memoria.» Así que a esa estela le puso su propio nombre, y por eso hasta la fecha se conoce como la Estela de Absalón.

Entonces Joab se dirigió a un soldado cusita y le ordenó: —Ve tú y dile al rey lo que has visto.

El cusita se inclinó ante Joab y salió corriendo.

Entonces llegó el cusita y anunció: —Le traigo buenas noticias a Su Majestad. El Señor lo ha librado hoy de todos los que se habían rebelado en contra suya.

—¿Y está bien el joven Absalón? —preguntó el rey.

El cusita contestó: —¡Que sufran como ese joven los enemigos de Su Majestad, y todos los que intentan hacerle mal!

Al oír esto, el rey se estremeció; y mientras subía al cuarto que está encima de la puerta, lloraba y decía: «¡Ay, Absalón, hijo mío! ¡Hijo mío, Absalón, hijo mío! ¡Ojalá hubiera muerto yo en tu lugar! ¡Ay, Absalón, hijo mío, hijo mío!»

Pero el rey, cubriéndose la cara, seguía gritando a voz en cuello: «¡Ay, Absalón, hijo mío! ¡Ay, Absalón, hijo mío, hijo mío!»

La rebelión de Absalón fue suprimida y el daño político reparado. Ahora David vuelve su atención a los asuntos más placenteros. La palabra del Señor le dice a David que el gran proyecto del templo debe ser encargado a su sucesor, Salomón. David planificó de manera grandiosa y acumuló lujosos materiales, pero Salomón más tarde debería dirigir la construcción en sí. El trabajo de David estaba casi completo. Vendrían cambios. ¿Sería el futuro tan bendecido por Dios como en el pasado?

Entonces dijo David: «Aquí se levantará el templo de Dios el Señor, y también el altar donde Israel ofrecerá el holocausto.»

Luego David ordenó que se reuniera a los extranjeros que vivían en territorio israelita. De entre ellos nombró canteros que labraran piedras para la construcción del templo de Dios. Además, David juntó mucho hierro para los clavos y las bisagras de las puertas, y bronce en abundancia. También amontonó mucha madera de cedro, pues los habitantes de Sidón y de Tiro le habían traído madera de cedro en abundancia.

«Mi hijo Salomón —pensaba David— es muy joven e inexperto, y el templo que hay que construir para el Señor debe ser el más grande y famoso de toda la tierra; por eso le dejaré todo listo.» Así que antes de morir, David dejó todo listo.

Luego llamó a su hijo Salomón y le encargó construir el templo para el Señor, Dios de Israel. David le dijo a Salomón: «Hijo mío, yo tenía la intención de construir un templo para honrar al Señor mi Dios. Pero el Señor me dijo: "Ante mis propios ojos has derramado mucha sangre y has hecho muchas guerras en la tierra; por eso no serás tú quien me construya un templo. Pero tendrás un hijo que será un hombre pacífico; yo haré que los países vecinos que sean sus enemigos lo dejen en paz; por eso se llamará Salomón.[4] Durante su reinado, yo le daré a Israel paz y tranquilidad. Él será quien me construya un templo. Él será para mí como un hijo, y yo seré para él como un padre. Yo afirmaré para siempre el trono de su reino en Israel."

»Ahora, hijo mío, que el Señor tu Dios te ayude a construir su templo, tal como te lo ha prometido. Que te dé prudencia y sabiduría para que, cuando estés al frente de Israel, obedezcas su ley. Él es el Señor tu Dios. Si cumples las leyes y normas que el Señor le entregó a Israel por medio de Moisés, entonces te irá bien. ¡Sé fuerte y valiente! ¡No tengas miedo ni te desanimes!

»Mira, con mucho esfuerzo he logrado conseguir para el templo del Señor tres mil trescientas toneladas de oro, treinta y tres mil toneladas de plata y una incontable cantidad de bronce y de hierro. Además, he conseguido madera y piedra, pero tú debes adquirir más. También cuentas con una buena cantidad de obreros: canteros, albañiles, carpinteros, y expertos en toda clase de trabajos en oro, plata, bronce y hierro. Así que, ¡pon manos a la obra, y que el Señor te acompañe!»

Después David les ordenó a todos los jefes de Israel que colaboraran con su hijo Salomón. Les dijo: «El Señor su Dios está con ustedes, y les ha dado paz en todo lugar. Él ha entregado en mi poder a los habitantes de la región, y éstos han quedado sometidos al Señor y a su pueblo. Ahora, pues, busquen al Señor su Dios de todo corazón y con toda el alma. Comiencen la construcción del santuario de Dios el Señor, para que trasladen el arca del pacto y los utensilios sagrados al templo que se construirá en su honor.»

---

[4]**Salomón:** *Salomón* se parece y puede ser derivado de la palabra hebrea para «paz».

El rey David le dijo a toda la asamblea: «Dios ha escogido a mi hijo Salomón, pero para una obra de esta magnitud todavía le falta experiencia. El palacio no es para un hombre sino para Dios el SEÑOR. Con mucho esfuerzo he hecho los preparativos para el templo de Dios. He conseguido oro para los objetos de oro, plata para los de plata, bronce para los de bronce, hierro para los de hierro, madera para los de madera, y piedras de ónice, piedras de engaste, piedras talladas de diversos colores, piedras preciosas de toda clase, y mármol en abundancia. Además, aparte de lo que ya he conseguido, por amor al templo de mi Dios entrego para su templo todo el oro y la plata que poseo: cien mil kilos de oro de Ofir y doscientos treinta mil kilos de plata finísima, para recubrir las paredes de los edificios, para todos los objetos de oro y de plata, y para toda clase de trabajo que hagan los orfebres. ¿Quién de ustedes quiere hoy dar una ofrenda al SEÑOR?»

Entonces los jefes de familia, los jefes de las tribus de Israel, los jefes de mil y de cien soldados, y los encargados de las obras del rey hicieron sus ofrendas voluntarias. Donaron para las obras del templo de Dios ciento sesenta y cinco mil kilos y diez mil monedas de oro, trescientos treinta mil kilos de plata, y alrededor de seiscientos mil kilos de bronce y tres millones trescientos mil kilos de hierro. Los que tenían piedras preciosas las entregaron a Jehiel el guersonita para el tesoro del templo del SEÑOR. El pueblo estaba muy contento de poder dar voluntariamente sus ofrendas al SEÑOR, y también el rey David se sentía muy feliz.

Entonces David bendijo así al SEÑOR en presencia de toda la asamblea:

«¡Bendito seas, SEÑOR,
    Dios de nuestro padre Israel,
    desde siempre y para siempre!
Tuyos son, SEÑOR,
    la grandeza y el poder,
    la gloria, la victoria y la majestad.
Tuyo es todo cuanto hay
    en el cielo y en la tierra.
Tuyo también es el reino,
    y tú estás por encima de todo.
De ti proceden la riqueza y el honor;
    tú lo gobiernas todo.

En tus manos están la fuerza y el poder,
    y eres tú quien engrandece y fortalece a todos.
Por eso, Dios nuestro, te damos gracias,
    y a tu glorioso nombre tributamos alabanzas.

»Pero, ¿quién soy yo, y quién es mi pueblo, para que podamos darte estas ofrendas voluntarias? En verdad, tú eres el dueño de todo, y lo que te hemos dado, de ti lo hemos recibido. Ante ti, somos extranjeros y peregrinos, como lo fueron nuestros antepasados. Nuestros días sobre la tierra son sólo una sombra sin esperanza. SEÑOR y Dios nuestro, de ti procede todo cuanto hemos conseguido para construir un templo a tu santo nombre. ¡Todo es tuyo! Yo sé, mi Dios, que tú pruebas los corazones y amas la rectitud. Por eso, con rectitud de corazón te he ofrecido voluntariamente todas estas cosas, y he visto con júbilo que tu pueblo, aquí presente, te ha traído sus ofrendas. SEÑOR, Dios de nuestros antepasados Abraham, Isaac e Israel, conserva por siempre estos pensamientos en el corazón de tu pueblo, y dirige su corazón hacia ti. Dale también a mi hijo Salomón un corazón íntegro, para que obedezca y ponga en práctica tus mandamientos, preceptos y leyes. Permítele construir el templo para el cual he hecho esta provisión.»

Luego David animó a toda la asamblea: «¡Alaben al SEÑOR su Dios!» Entonces toda la asamblea alabó al SEÑOR, Dios de sus antepasados, y se inclinó ante el SEÑOR y ante el rey.

¿Qué constituía la esencia de la intrigante personalidad de este líder? ¿Era su poder y avaricia el estilo normal de los reyes? No. Fue el amor a Dios. David era un hombre lleno de dinamismo y pasión, su riqueza era segura, y su familia era tan grande como una pequeña aldea. Sin embargo, lo que dominaba su vida y consumía su corazón era un profundo amor a Dios. Quitando lo demás, aún permanecía Dios. Dios era el dador generoso y el Padre amoroso que guió a David desde la infancia hasta la vejez. La poesía de David pinta un hermoso cuadro de su relación con su Dios, protector, Padre y Señor.

Un salmo de David.

El SEÑOR es mi pastor, nada me falta;
    en verdes pastos me hace descansar.

Junto a tranquilas aguas me conduce;
    me infunde nuevas fuerzas.
Me guía por sendas de justicia
    por amor a su nombre.
Aun si voy por valles tenebrosos,
    no temo peligro alguno
    porque tú estás a mi lado;
tu vara de pastor me reconforta.

Dispones ante mí un banquete
    en presencia de mis enemigos.
Has ungido con perfume mi cabeza;
    has llenado mi copa a rebosar.
La bondad y el amor me seguirán
    todos los días de mi vida;
y en la casa del Señor
    habitaré para siempre.

David sabía que sus días como un guerrero habían terminado y su energía para dirigir una nación disminuía. Aun así se resistió a transferirle el poder a su hijo Salomón. Un día, su adorable esposa Betsabé susurró en su oído: «Ahora, David, ahora es el momento». Y el rey cumplió.

13

El rey que lo tenía todo

El rey David era ya tan anciano y tan entrado en años que, por más que lo abrigaban, no conseguía entrar en calor.

Betsabé se dirigió entonces a la habitación del rey. Como éste ya era muy anciano, lo atendía Abisag la sunamita. Al llegar Betsabé, se arrodilló ante el rey.

Este le preguntó: —¿Qué quieres?

—Mi señor juró por el Señor su Dios a esta servidora suya —contestó Betsabé—, que mi hijo Salomón sucedería en el trono a Su Majestad.

Entonces el rey le hizo este juramento: —Tan cierto como que vive el Señor, que me ha librado de toda angustia, te aseguro que hoy cumpliré lo que te juré por el Señor, el Dios de Israel. Yo te prometí que tu hijo Salomón me sucederá en el trono y reinará en mi lugar.

Betsabé se inclinó ante el rey y, postrándose rostro en tierra, exclamó: —¡Que viva para siempre mi señor el rey David!

David ya estaba próximo a morir, así que le dio estas instrucciones a su hijo Salomón:

«Según el destino que a todos nos espera, pronto partiré de este mundo. ¡Cobra ánimo y pórtate como hombre! Cumple los mandatos del Señor tu Dios; sigue sus sendas y obedece sus decretos, mandamientos, leyes y preceptos, los cuales están escritos en la ley de Moisés. Así prosperarás en todo lo que hagas y por dondequiera que vayas, y el

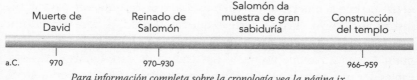

Muerte de David	Reinado de Salomón	Salomón da muestra de gran sabiduría	Construcción del templo
a.C. 970	970–930		966–959

Para información completa sobre la cronología vea la página ix.

SEÑOR cumplirá esta promesa que me hizo: "Si tus descendientes cuidan su conducta y me son fieles con toda el alma y de todo corazón, nunca faltará un sucesor tuyo en el trono de Israel."

David murió y fue sepultado en la ciudad que lleva su nombre. Había reinado siete años en Hebrón y treinta y tres en Jerusalén, así que en total reinó en Israel cuarenta años. Lo sucedió en el trono su hijo Salomón, y así se consolidó firmemente su reino.

Salomón entró en alianza con el faraón, rey de Egipto, casándose con su hija, a la cual llevó a la Ciudad de David mientras terminaba de construir su palacio, el templo del SEÑOR y el muro alrededor de Jerusalén. Como aún no se había construido un templo en honor del SEÑOR, el pueblo seguía ofreciendo sacrificios en los santuarios paganos. Salomón amaba al SEÑOR y cumplía los decretos de su padre David. Sin embargo, también iba a los santuarios paganos para ofrecer sacrificios y quemar incienso.

Como en Gabaón estaba el santuario pagano más importante, Salomón acostumbraba ir allá para ofrecer sacrificios. Allí ofreció mil holocaustos; y allí mismo se le apareció el SEÑOR en un sueño, y le dijo:

—Pídeme lo que quieras.

Salomón respondió: —Tú trataste con mucho amor a tu siervo David, mi padre, pues se condujo delante de ti con lealtad y justicia, y con un corazón recto. Y, como hoy se puede ver, has reafirmado tu gran amor al concederle que un hijo suyo lo suceda en el trono.

»Ahora, SEÑOR mi Dios, me has hecho rey en lugar de mi padre David. No soy más que un muchacho, y apenas sé cómo comportarme. Sin embargo, aquí me tienes, un siervo tuyo en medio del pueblo que has escogido, un pueblo tan numeroso que es imposible contarlo. Yo te ruego que le des a tu siervo discernimiento para gobernar a tu pueblo y para distinguir entre el bien y el mal. De lo contrario, ¿quién podrá gobernar a este gran pueblo tuyo?

Al Señor le agradó que Salomón hubiera hecho esa petición, de modo que le dijo: —Como has pedido esto, y no larga vida ni riquezas para ti, ni has pedido la muerte de tus enemigos sino discernimiento para administrar justicia, voy a concederte lo que has pedido. Te daré un corazón sabio y prudente, como nadie antes de ti lo ha tenido ni lo tendrá después. Además, aunque no me lo has pedido, te daré tantas riquezas y esplendor que en toda tu vida ningún rey podrá compararse contigo. Si andas por mis sendas y obedeces mis decretos y mandamientos, como lo hizo tu padre David, te daré una larga vida. Cuando Salomón despertó y se dio cuenta del sueño que había tenido, regresó a Jerusalén. Se presentó ante el arca del pacto del Señor y ofreció holocaustos y sacrificios de comunión. Luego ofreció un banquete para toda su corte.

Tiempo después, dos prostitutas fueron a presentarse ante el rey. Una de ellas le dijo: —Su Majestad, esta mujer y yo vivimos en la misma casa. Mientras ella estaba allí conmigo, yo di a luz, y a los tres días también ella dio a luz. No había en la casa nadie más que nosotras dos.

Pues bien, una noche esta mujer se acostó encima de su hijo, y el niño murió. Pero ella se levantó a medianoche, mientras yo dormía, y tomando a mi hijo, lo acostó junto a ella y puso a su hijo muerto a mi lado. Cuando amaneció, me levanté para amamantar a mi hijo, ¡y me di cuenta de que estaba muerto! Pero al clarear el día, lo observé bien y pude ver que no era el hijo que yo había dado a luz.

—¡No es cierto! —exclamó la otra mujer—. ¡El niño que está vivo es el mío, y el muerto es el tuyo!

—¡Mientes! —insistió la primera—. El niño muerto es el tuyo, y el que está vivo es el mío. Y se pusieron a discutir delante del rey.

El rey deliberó: «Una dice: "El niño que está vivo es el mío, y el muerto es el tuyo." Y la otra dice: "¡No es cierto! El niño muerto es el tuyo, y el que está vivo es el mío."»

Entonces ordenó: —Tráiganme una espada. Cuando se la trajeron, dijo: —Partan en dos al niño que está vivo, y denle una mitad a ésta y la otra mitad a aquélla.

La verdadera madre, angustiada por su hijo, le dijo al rey: —¡Por favor, Su Majestad! ¡Déle usted a ella el niño que está vivo, pero no lo mate!

En cambio, la otra exclamó: —¡Ni para mí ni para ti! ¡Que lo partan!

Entonces el rey ordenó: —No lo maten. Entréguenle a la primera el niño que está vivo, pues ella es la madre.

Cuando todos los israelitas se enteraron de la sentencia que el rey había pronunciado, sintieron un gran respeto por él, pues vieron que tenía sabiduría de Dios para administrar justicia.

Los habitantes de Judá e Israel eran tan numerosos como la arena en la orilla del mar; y comían, bebían y eran felices. Y Salomón gobernó sobre todos los reinos, desde el río Éufrates hasta la tierra de los filisteos, y tan lejos como la frontera con Egipto. Estos países le rindieron tributo y estuvieron sometidos a Salomón durante toda su vida.

Dios le dio a Salomón sabiduría e inteligencia extraordinarias; sus conocimientos eran tan vastos como la arena que está a la orilla del mar. Sobrepasó en sabiduría a todos los sabios del Oriente y de Egipto. En efecto, fue más sabio que nadie: más que Etán el ezraíta, y más que Hemán, Calcol y Dardá, los hijos de Majol. Por eso la fama de Salomón se difundió por todas las naciones vecinas. Compuso tres mil proverbios y mil cinco canciones. Disertó acerca de las plantas, desde el cedro del Líbano hasta el hisopo que crece en los muros. También enseñó acerca de las bestias y las aves, los reptiles y los peces. Los reyes de todas las naciones del mundo que se enteraron de la sabiduría de Salomón enviaron a sus representantes para que lo escucharan.

El nombre de Salomón es sinónimo de sabiduría, en parte debido a la colección de sus dichos contenidos en el famoso libro de los Proverbios. Tocando muchos temas de la vida cotidiana, estas pegajosas coplas ofrecen una apreciación práctica de lo que significa temer al Señor, tener relaciones honorables con Dios y manejar sabiamente las finanzas, el trabajo y la vida.

Proverbios de Salomón hijo de David, rey de Israel:

> para adquirir sabiduría y disciplina;
> para discernir palabras de inteligencia;
> para recibir la corrección que dan la prudencia,
> la rectitud, la justicia y la equidad;
> para infundir sagacidad en los inexpertos,

> El temor del SEÑOR es el principio del conocimiento;
> los necios desprecian la sabiduría y la disciplina.

> Hijo mío, si haces tuyas mis palabras
> y atesoras mis mandamientos;
> si tu oído inclinas hacia la sabiduría
> y de corazón te entregas a la inteligencia;
> si llamas a la inteligencia
> y pides discernimiento;
> si la buscas como a la plata,
> como a un tesoro escondido,
> entonces comprenderás el temor del SEÑOR

y hallarás el conocimiento de Dios.
Porque el Señor da la sabiduría;
conocimiento y ciencia brotan de sus labios.

La sabiduría te librará del camino de los malvados,
de los que profieren palabras perversas,

Hijo mío, no te olvides de mis enseñanzas;
más bien, guarda en tu corazón mis mandamientos.
Porque prolongarán tu vida muchos años
y te traerán prosperidad.

Que nunca te abandonen el amor y la verdad:
llévalos siempre alrededor de tu cuello
y escríbelos en el libro de tu corazón.
Contarás con el favor de Dios
y tendrás buena fama entre la gente.

Confía en el Señor de todo corazón,
y no en tu propia inteligencia.
Reconócelo en todos tus caminos,
y él allanará tus sendas.

No seas sabio en tu propia opinión;
más bien, teme al Señor y huye del mal.
Esto infundirá salud a tu cuerpo
y fortalecerá tu ser.

Honra al Señor con tus riquezas
y con los primeros frutos de tus cosechas.
Así tus graneros se llenarán a reventar
y tus bodegas rebosarán de vino nuevo.

Hijo mío, no desprecies la disciplina del Señor,
ni te ofendas por sus reprensiones.
Porque el Señor disciplina a los que ama,
como corrige un padre a su hijo querido.
¿Puede alguien caminar sobre las brasas
sin quemarse los pies?

Pues tampoco quien se acuesta con la mujer ajena
puede tocarla y quedar impune.

Rugido de león es la furia del rey;
quien provoca su enojo se juega la vida.

Honroso es al hombre evitar la contienda,
pero no hay necio que no inicie un pleito.

El perezoso no labra la tierra en otoño;
en tiempo de cosecha buscará y no hallará.

Justo es quien lleva una vida sin tacha;
¡dichosos los hijos que sigan su ejemplo!

Pesas falsas y medidas engañosas:
¡vaya pareja que el Señor detesta!

No te des al sueño, o te quedarás pobre;
manténte despierto y tendrás pan de sobra.

Oro hay, y abundan las piedras preciosas,
pero aun más valiosos son los labios del saber.

Tal vez sea agradable ganarse el pan con engaños,
pero uno acaba con la boca llena de arena.

El chismoso traiciona la confianza;
no te juntes con la gente que habla de más.
Al que maldiga a su padre y a su madre,
su lámpara se le apagará en la más densa oscuridad.

La herencia de fácil comienzo
no tendrá un final feliz.
Nunca digas: «¡Me vengaré de ese daño!»
Confía en el Señor, y él actuará por ti.

Los pasos del hombre los dirige el Señor.
¿Cómo puede el hombre entender su propio camino?

El espíritu humano es la lámpara del SEÑOR,
pues escudriña lo más recóndito del ser.

La gloria de los jóvenes radica en su fuerza;
la honra de los ancianos, en sus canas.

En las manos del SEÑOR el corazón del rey es como un río:
sigue el curso que el SEÑOR le ha trazado.

A cada uno le parece correcto su proceder,
pero el SEÑOR juzga los corazones.

Practicar la justicia y el derecho
lo prefiere el SEÑOR a los sacrificios.

Los ojos altivos, el corazón orgulloso
y la lámpara de los malvados son pecado.

Los planes bien pensados: ¡pura ganancia!
Los planes apresurados: ¡puro fracaso!

La fortuna amasada por la lengua embustera
se esfuma como la niebla y es mortal como una trampa.

La violencia de los malvados los destruirá,
porque se niegan a practicar la justicia.
El malvado sólo piensa en el mal;
jamás se compadece de su prójimo.

Quien cierra sus oídos al clamor del pobre,
llorará también sin que nadie le responda.

El regalo secreto apacigua el enojo;
el obsequio discreto calma la ira violenta.

Cuando se hace justicia,
se alegra el justo y tiembla el malhechor.

El que ama el placer se quedará en la pobreza;

el que ama el vino y los perfumes jamás será rico.

Más vale habitar en el desierto
que con mujer pendenciera y de mal genio.

En casa del sabio abundan las riquezas
y el perfume,
pero el necio todo lo despilfarra.

El que va tras la justicia y el amor
halla vida, prosperidad y honra.

El que refrena su boca y su lengua
se libra de muchas angustias.

El sacrificio de los malvados es detestable,
y más aun cuando se ofrece con mala intención.

El testigo falso perecerá,
y quien le haga caso será destruido para siempre.

De nada sirven ante el Señor
la sabiduría, la inteligencia y el consejo.

Se alista al caballo para el día de la batalla,
pero la victoria depende del Señor.

Debido a que el éxito militar de su padre había asegurado las fronteras de Israel, el rey Salomón podía centrarse en la diplomacia, el arte y la construcción del templo. Si el primer enfoque de David hacia sus vecinos era blandir su espada, el de Salomón era decir una palabra sabia y lograr un buen trato. David fue el rey guerrero; Salomón fue el brillante contratista general.

El rey Hiram de Tiro siempre había tenido buenas relaciones con David, así que al saber que Salomón había sido ungido para suceder en el trono a su padre David, le mandó una embajada. En respuesta, Salomón le envió este mensaje:

«Tú bien sabes que, debido a las guerras en que mi padre David se vio envuelto, no le fue posible construir un templo en honor del Señor su Dios. Tuvo que esperar hasta que el Señor sometiera a sus enemigos bajo su dominio. Pues bien, ahora el Señor mi Dios me ha dado paz por todas partes, de modo que no me amenazan ni adversarios ni calamidades. Por lo tanto me propongo construir un templo en honor del Señor mi Dios, pues él le prometió a mi padre David: "Tu hijo, a quien pondré en el trono como sucesor tuyo, construirá el templo en mi honor."

»Ahora, pues, ordena que se talen para mí cedros del Líbano. Mis obreros trabajarán con los tuyos, y yo te pagaré el salario que determines para tus obreros. Tú sabes que no hay entre nosotros quien sepa talar madera tan bien como los sidonios.»

Cuando Hiram oyó el mensaje de Salomón, se alegró mucho y dijo: «¡Alabado sea hoy el Señor, porque le ha dado a David un hijo sabio para gobernar a esta gran nación!»
Entonces Hiram envió a Salomón este mensaje:

«He recibido tu petición. Yo te proporcionaré toda la madera de cedro y de pino que quieras. Mis obreros la transportarán desde el Líbano hasta el mar. Allí haré que la aten en forma de balsas para llevarla flotando hasta donde me indiques, y allí se desatará para que la recojas. Tú, por tu parte, tendrás a bien proporcionarle alimento a mi corte.»
Así que Hiram le proveía a Salomón toda la madera de cedro y de pino que éste deseaba, y Salomón, por su parte, año tras año le entregaba a Hiram, como alimento para su corte, veinte mil cargas de trigo y veinte mil medidas de aceite de oliva. El Señor, cumpliendo su palabra, le dio sabiduría a Salomón. Hiram y Salomón hicieron un tratado, y hubo paz entre ellos.

Salomón comenzó a construir el templo del Señor en el cuarto año de su reinado en Israel, en el mes de zif, que es el mes segundo. Habían transcurrido cuatrocientos ochenta años desde que los israelitas salieron de Egipto.

Los detalles de la construcción revelaron un templo de modesto tamaño (27.5 m por 9.15 m), pero de espectacular belleza y significado histórico. Dos pilares de bronce conducían al pórtico, que luego llevaba al Lugar Santo, construido con cedro y madera de olivo. A continuación seguía el Lugar Santísimo, recubierto de oro. El arca de Dios fue colocada en el Lugar Santísimo, al que solo el sumo sacerdote podía ingresar. El plan de construcción del templo de Salomón seguía el patrón del tabernáculo que Moisés construyera durante el viaje por el desierto de los israelitas. La construcción llevó siete años de trabajo con ciento ochenta mil trabajadores reclutados y cerca de cuatro mil supervisores. La percusión del martillo y el cincel sonaba con fuerza en el pedregal. En el lugar de la construcción había una tranquila solemnidad que anticipaba la inauguración de la casa de Dios.

Una vez terminada toda la obra que el rey había mandado hacer para el templo del SEÑOR, Salomón hizo traer el oro, la plata y los utensilios que su padre David había consagrado, y los depositó en el tesoro del templo del SEÑOR.

Entonces el rey Salomón mandó que los ancianos de Israel, y todos los jefes de las tribus y los patriarcas de las familias israelitas, se congregaran ante él en Jerusalén para trasladar el arca del pacto del SEÑOR desde Sión, la Ciudad de David. Así que en el mes de etanim, durante la fiesta del mes séptimo, todos los israelitas se congregaron ante el rey Salomón.

Cuando llegaron todos los ancianos de Israel, los sacerdotes alzaron el arca. Con la ayuda de los levitas, trasladaron el arca del SEÑOR junto con la Tienda de reunión y con todos los utensilios sagrados que había en ella. El rey Salomón y toda la asamblea de Israel reunida con él delante del arca sacrificaron ovejas y bueyes en tal cantidad que fue imposible llevar la cuenta.

Luego los sacerdotes llevaron el arca del pacto del SEÑOR a su lugar en el santuario interior del templo, que es el Lugar Santísimo, y la pusieron bajo las alas de los querubines.

Los sacerdotes se retiraron del Lugar Santo. Todos los sacerdotes allí presentes, sin distinción de clases, se habían santificado. Todos los levitas cantores —es decir, Asaf, Hemán, Jedutún, sus hijos y sus parientes— estaban de pie en el lado este del altar, vestidos de lino fino y con címbalos, arpas y liras. Junto a ellos estaban ciento veinte sacerdotes que tocaban la trompeta. Los trompetistas y los cantores alababan y daban gracias al Señor al son de trompetas, címbalos y otros instrumentos musicales. Y cuando tocaron y cantaron al unísono:

«El Señor es bueno;
    su gran amor perdura para siempre.»

Entonces una nube cubrió el templo del Señor. Por causa de la nube, los sacerdotes no pudieron celebrar el culto, pues la gloria del Señor había llenado el templo.

Entonces Salomón declaró:
«Señor, tú has dicho que habitarías en la oscuridad de una nube, y yo te he construido un excelso templo, un lugar donde habites para siempre.»
Luego se puso de frente para bendecir a toda la asamblea de Israel que estaba allí de pie.

A continuación, Salomón se puso delante del altar del Señor y, en presencia de toda la asamblea de Israel, extendió las manos hacia el cielo y dijo:

«Señor, Dios de Israel, no hay Dios como tú arriba en el cielo ni abajo en la tierra, pues tú cumples tu pacto de amor con quienes te sirven y te siguen de todo corazón. Has llevado a cabo lo que le dijiste a tu siervo David, mi padre; y este día has cumplido con tu mano lo que con tu boca le prometiste.

»Pero ¿será posible, Dios mío, que tú habites en la tierra? Si los cielos, por altos que sean, no pueden contenerte, ¡mucho menos este templo que he construido! Sin embargo, Señor mi Dios, atiende a la oración y a la súplica de este siervo tuyo. Oye el clamor y la oración que hoy elevo en tu presencia. ¡Que tus ojos estén abiertos día y noche sobre este templo, el lugar donde decidiste habitar, para que oigas la oración que tu siervo te eleva aquí! Oye la súplica de tu siervo y de tu pueblo Israel cuando oren en este lugar. Oye desde el cielo, donde habitas; ¡escucha y perdona!

»Ahora, Dios mío, te ruego que tus ojos se mantengan abiertos, y atentos tus oídos a las oraciones que se eleven en este lugar.

»Levántate, SEÑOR y Dios;
    ven a descansar,
    tú y tu arca poderosa.

SEÑOR y Dios,
    ¡que tus sacerdotes se revistan de salvación!
    ¡Que tus fieles se regocijen en tu bondad!

SEÑOR y Dios,
    no le des la espalda a tu ungido.
    ¡Recuerda tu fiel amor hacia David, tu siervo!»

Cuando Salomón terminó de orar, descendió fuego del cielo y consumió el holocausto y los sacrificios, y la gloria del SEÑOR llenó el templo. Tan lleno de su gloria estaba el templo, que los sacerdotes no podían entrar en él. Al ver los israelitas que el fuego descendía y que la gloria del SEÑOR se posaba sobre el templo, cayeron de rodillas y, postrándose rostro en tierra, alabaron al SEÑOR diciendo:

«El SEÑOR es bueno;
    su gran amor perdura para siempre.»

Salomón había estado ante el altar del SEÑOR, de rodillas y con las manos extendidas hacia el cielo. Cuando terminó de orar y de hacer esta súplica al SEÑOR, se levantó y, puesto de pie, bendijo en voz alta a toda la asamblea de Israel, diciendo:

«¡Bendito sea el SEÑOR, que conforme a sus promesas ha dado descanso a su pueblo Israel! No ha dejado de cumplir ni una sola de las gratas promesas que hizo por medio de su siervo Moisés. Que el SEÑOR nuestro Dios esté con nosotros, como estuvo con nuestros antepasados; que nunca nos deje ni nos abandone. Que incline nuestro corazón hacia él, para que sigamos todos sus caminos y cumplamos los mandamientos, decretos y leyes que les dio a nuestros antepasados. Y que día y noche el SEÑOR tenga presente todo lo que le he suplicado, para que defienda la causa de este siervo suyo y la de su pueblo Israel, según la necesidad de cada día. Así todos los pueblos de la tierra sabrán que el SEÑOR es Dios, y que no hay otro. Y ahora, dedíquense por completo al SEÑOR nuestro Dios; vivan según sus decretos y cumplan sus mandamientos, como ya lo hacen.»

Entonces el rey y todo el pueblo ofrecieron sacrificios en presencia del Señor. El rey Salomón ofreció veintidós mil bueyes y ciento veinte mil ovejas. Así fue como el rey y todo el pueblo dedicaron el templo de Dios.

Cuando Salomón terminó el templo del Señor y el palacio real, llevando a feliz término todo lo que se había propuesto hacer en ellos, el Señor se le apareció una noche y le dijo:

«He escuchado tu oración, y he escogido este templo para que en él se me ofrezcan sacrificios.

Cuando yo cierre los cielos para que no llueva, o le ordene a la langosta que devore la tierra, o envíe pestes sobre mi pueblo, si mi pueblo, que lleva mi nombre, se humilla y ora, y me busca y abandona su mala conducta, yo lo escucharé desde el cielo, perdonaré su pecado y restauraré su tierra. Mantendré abiertos mis ojos, y atentos mis oídos a las oraciones que se eleven en este lugar. Desde ahora y para siempre escojo y consagro este templo para habitar en él. Mis ojos y mi corazón siempre estarán allí.

»En cuanto a ti, si me sigues como lo hizo tu padre David, y me obedeces en todo lo que yo te ordene y cumples mis decretos y leyes, yo afirmaré tu trono real, como pacté con tu padre David cuando le dije: "Nunca te faltará un descendiente en el trono de Israel."

»Pero si ustedes[1] me abandonan, y desobedecen los decretos y mandamientos que les he dado, y se apartan de mí para servir y adorar a otros dioses, los desarraigaré de la tierra que les he dado y repudiaré este templo que he consagrado en mi honor. Entonces los convertiré en el hazmerreír de todos los pueblos. Y aunque ahora este templo es imponente, llegará el día en que todo el que pase frente a él quedará asombrado y preguntará: "¿Por qué el Señor ha tratado así a este país y a este templo?" Y le responderán: "Porque abandonaron al Señor, Dios de sus antepasados, que los sacó de Egipto, y se echaron en los brazos de otros dioses, a los cuales adoraron y sirvieron. Por eso el Señor ha dejado que les sobrevenga tanto desastre."»

Los ornamentos de oro y madera de cedro del templo le trajeron mucha gloria a Dios y constituyeron obsequios de gran belleza

---

[1] **Usted, ustedes:** El hebreo es plural para ambos casos de usted en esta frase.

*para muchas generaciones. Sin embargo, Dios le recordó a Salo-
món que un corazón sumiso y alegre era lo que él más deseaba.
Salomón escuchó todo esto, lo creyó y lo siguió, incluso al enfrentarse a los elogios de sus admiradores. De todas partes llegaron
visitantes para conocer a este famoso rey.*

La reina de Sabá se enteró de la fama de Salomón, con la cual él
honraba al SEÑOR, así que fue a verlo para ponerlo a prueba con preguntas difíciles. Llegó a Jerusalén con un séquito muy grande. Sus camellos
llevaban perfumes y grandes cantidades de oro y piedras preciosas. Al
presentarse ante Salomón, le preguntó todo lo que tenía pensado, y él
respondió a todas sus preguntas. No hubo ningún asunto, por difícil
que fuera, que el rey no pudiera resolver. La reina de Sabá se quedó ató-
nita al ver la sabiduría de Salomón y el palacio que él había construido,
los manjares de su mesa, los asientos que ocupaban sus funcionarios, el
servicio y la ropa de los camareros, las bebidas, y los holocaustos que
ofrecía en el templo del SEÑOR.

Entonces le dijo al rey: «¡Todo lo que escuché en mi país acerca de
tus triunfos y de tu sabiduría es cierto! No podía creer nada de eso hasta
que vine y lo vi con mis propios ojos. Pero en realidad, ¡no me habían
contado ni siquiera la mitad! Tanto en sabiduría como en riqueza, supe-
ras todo lo que había oído decir. ¡Dichosos tus súbditos! ¡Dichosos estos
servidores tuyos, que constantemente están en tu presencia bebiendo de
tu sabiduría! ¡Y alabado sea el SEÑOR tu Dios, que se ha deleitado en ti y
te ha puesto en el trono de Israel! En su eterno amor por Israel, el SEÑOR
te ha hecho rey para que gobiernes con justicia y rectitud.»

Luego la reina le regaló a Salomón tres mil novecientos sesenta kilos
de oro, piedras preciosas y gran cantidad de perfumes. Nunca más llegaron a Israel tantos perfumes como los que la reina de Sabá le obsequió
al rey Salomón.

El rey Salomón, por su parte, le dio a la reina de Sabá todo lo que a
ella se le antojó pedirle, además de lo que él, en su magnanimidad, ya le
había regalado. Después de eso, la reina regresó a su país con todos los
que la atendían.

La cantidad de oro que Salomón recibía anualmente llegaba a los veintidós mil kilos, sin contar los impuestos aportados por los mercaderes, el
tráfico comercial, y todos los reyes árabes y los gobernadores del país.

El rey Salomón hizo doscientos escudos grandes de oro batido, en
cada uno de los cuales se emplearon unos seis kilos y medio de oro.

Hizo además trescientos escudos más pequeños, también de oro batido, empleando en cada uno de ellos un kilo y medio de oro. Estos escudos los puso el rey en el palacio llamado «Bosque del Líbano».

El rey hizo también un gran trono de marfil, recubierto de oro puro. El trono tenía seis peldaños, un espaldar redondo, brazos a cada lado del asiento, dos leones de pie junto a los brazos y doce leones de pie sobre los seis peldaños, uno en cada extremo. En ningún otro reino se había hecho algo semejante. Todas las copas del rey Salomón y toda la vajilla del palacio «Bosque del Líbano» eran de oro puro. Nada estaba hecho de plata, pues en tiempos de Salomón la plata era poco apreciada. Cada tres años, la flota comercial que el rey tenía en el mar, junto con la flota de Hiram, regresaba de Tarsis trayendo oro, plata y marfil, monos y mandriles.

Tanto en riquezas como en sabiduría, el rey Salomón sobrepasó a los demás reyes de la tierra. Todo el mundo procuraba visitarlo para oír la sabiduría que Dios le había dado, y año tras año le llevaban regalos: artículos de plata y de oro, vestidos, armas y perfumes, y caballos y mulas.

Salomón multiplicó el número de sus carros de combate y sus caballos; llegó a tener mil cuatrocientos carros y doce mil caballos, los cuales mantenía en las caballerizas y también en su palacio en Jerusalén. El rey hizo que en Jerusalén la plata fuera tan común y corriente como las piedras, y el cedro tan abundante como las higueras de la llanura. Los caballos de Salomón eran importados de Egipto y de Coa, que era donde los mercaderes de la corte los compraban. En Egipto compraban carros por seiscientas monedas de plata, y caballos por ciento cincuenta, para luego vendérselos a todos los reyes hititas y sirios.

Durante el tiempo de Salomón, la poligamia se consideraba normal (y no era sancionada por Dios). Al igual que otros reyes, Salomón tuvo un gran harén de esposas, algunas de las cuales procedían de otras naciones. Para Salomón, por desgracia, la irresistible atracción del dulce perfume lo llevó a bajar la guardia en cuanto al culto pagano... una mala decisión de parte de un individuo conocido por su sabiduría. Este fue el principio del fin.

Ahora bien, además de casarse con la hija del faraón, el rey Salomón tuvo amoríos con muchas mujeres moabitas, amonitas, edomitas, sidonias e hititas, todas ellas mujeres extranjeras, que procedían de naciones de las cuales el Señor había dicho a los israelitas: «No se unan a ellas, ni ellas a ustedes, porque de seguro les desviarán el corazón para que sigan a otros dioses.» Con tales mujeres se unió Salomón y tuvo amoríos. Tuvo setecientas esposas que eran princesas, y trescientas concubinas; todas estas mujeres hicieron que se pervirtiera su corazón. En efecto, cuando Salomón llegó a viejo, sus mujeres le pervirtieron el corazón de modo que él siguió a otros dioses, y no siempre fue fiel al SEÑOR su Dios como lo había sido su padre David. Por el contrario, Salomón siguió a Astarté, diosa de los sidonios, y a Moloc, el detestable dios de los amonitas.

Así que Salomón hizo lo que ofende al SEÑOR y no permaneció fiel a él como su padre David. Entonces el SEÑOR, Dios de Israel, se enojó con Salomón porque su corazón se había apartado de él, a pesar de que en dos ocasiones se le había aparecido para prohibirle que siguiera a otros dioses. Como Salomón no había cumplido esa orden, el SEÑOR le dijo: «Ya que procedes de este modo, y no has cumplido con mi pacto ni con los decretos que te he ordenado, puedes estar seguro de que te quitaré el reino y se lo daré a uno de tus siervos. No obstante, por consideración a tu padre David no lo haré mientras tú vivas, sino que lo arrancaré de la mano de tu hijo. Y a éste, también por consideración a mi siervo David y a Jerusalén, no le quitaré todo el reino, sino que le dejaré una sola tribu, la cual ya he escogido.»

14

Un reino desgarrado en dos

Por medio del profeta Ahías, Dios le dijo a una figura en ascenso en la administración de Salomón, cuyo nombre era Jeroboán, que él sería el futuro rey. Dios le daría a Jeroboán todas las tribus de Israel, a excepción de una. Después de posiblemente hacer un intento privado de obtener el trono, Jeroboán aprendió a esperar el momento de Dios. Salomón no estaba dispuesto a ceder el trono y trató de matar a Jeroboán a fin de evitar que se convirtiera en rey. Jeroboán huyó a Egipto y allí esperó la oportunidad para hacer su próxima jugada.

Después de la muerte de Salomón, su propia tribu de Judá automáticamente aceptó a su hijo Roboán como el próximo rey. Sin embargo, en gran parte de la población, especialmente de las otras tribus, había aumentado el resentimiento contra Salomón debido a sus impuestos altos y por haber sido reclutados para trabajar en sus grandes proyectos. Representantes de todo Israel se reunieron a fin de hacer rey a Roboán, y también para dar a conocer sus quejas.

ROBOÁN FUE A SIQUÉN PORQUE TODOS LOS ISRAELITAS SE HABÍAN reunido allí para proclamarlo rey. De esto se enteró Jeroboán hijo de Nabat, quien al huir del rey Salomón se había establecido en Egipto y aún vivía allí. Cuando lo mandaron a buscar, él y toda la asamblea de Israel fueron a ver a Roboán y le dijeron: —Su padre nos impuso un yugo pesado. Alívienos usted ahora el duro trabajo y el pesado yugo que él nos echó encima; así serviremos a Su Majestad.

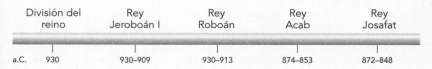

División del reino	Rey Jeroboán I	Rey Roboán	Rey Acab	Rey Josafat
a.C. 930	930–909	930–913	874–853	872–848

Para información completa sobre la cronología vea la página ix.

171

—Váyanse por ahora —respondió Roboán—, pero vuelvan a verme dentro de tres días. Cuando el pueblo se fue el rey Roboán consultó con los ancianos que en vida de su padre Salomón habían estado a su servicio. —¿Qué me aconsejan ustedes que le responda a este pueblo? —preguntó.

—Si Su Majestad se pone hoy al servicio de este pueblo —respondieron ellos—, y condesciende con ellos y les responde con amabilidad, ellos le servirán para siempre.

Pero Roboán rechazó el consejo que le dieron los ancianos, y consultó más bien con los jóvenes que se habían criado con él y que estaban a su servicio. —¿Ustedes qué me aconsejan? —les preguntó—. ¿Cómo debo responderle a este pueblo que me dice: "Alívienos el yugo que su padre nos echó encima"?

Aquellos jóvenes, que se habían criado con él, le contestaron: —Este pueblo le ha dicho a Su Majestad: "Su padre nos impuso un yugo pesado; hágalo usted más ligero." Pues bien, respóndales de este modo: "Mi dedo meñique es más grueso que la cintura de mi padre. Si él les impuso un yugo pesado, ¡yo les aumentaré la carga! Y si él los castigaba a ustedes con una vara, ¡yo lo haré con un látigo!"

Al tercer día, en la fecha que el rey Roboán había indicado, Jeroboán regresó con todo el pueblo para presentarse ante él. Pero el rey les respondió con brusquedad: rechazó el consejo que le habían dado los ancianos, y siguió más bien el de los jóvenes. Les dijo: «Si mi padre les impuso un yugo pesado, ¡yo les aumentaré la carga! Si él los castigaba a ustedes con una vara, ¡yo lo haré con un látigo!» De modo que el rey no le hizo caso al pueblo. Las cosas tomaron este rumbo por voluntad del SEÑOR, para que se cumpliera lo que ya él le había dicho a Jeroboán hijo de Nabat por medio de Ahías el silonita.

Cuando se dieron cuenta de que el rey no iba a hacerles caso, todos los israelitas exclamaron a una:

«¡Pueblo de Israel, todos a sus casas!
    ¡Y tú, David, ocúpate de los tuyos!
¿Qué parte tenemos con David?
    ¿Qué herencia tenemos con el hijo de Isaí?»

Así que se fueron, cada uno a su casa. Sin embargo, Roboán siguió reinando sobre los israelitas que vivían en las ciudades de Judá.

Roboán se retiró para gobernar Judá (el territorio más pequeño, al sur de la región), mientras que Jeroboán se convirtió en rey de Israel (el territorio más grande, al norte de la región). Dios había advertido que el reino sería dividido porque Salomón había fallado en mantener el culto pagano fuera. Ya dividida en cuanto a las prácticas de adoración, la nación ahora también se dividía en la política, el sacerdocio, en materia de defensa y las condiciones de seguridad. Durante dos generaciones, el ejército de Israel había sido el orgullo de la región, sus almacenes estaban llenos de metales preciosos, su pueblo alimentado, sus ciudades ocupadas y su templo activo. ¿Qué le ocurriría a Israel y Judá ahora, ante la separación por las disputas que sus dirigentes no podían resolver?

Más tarde, el rey Roboán envió a Adonirán para que supervisara el trabajo forzado, pero todos los israelitas lo mataron a pedradas. ¡A duras penas logró el rey subir a su carro y escapar a Jerusalén! Desde entonces Israel ha estado en rebelión contra la familia de David.

Cuando los israelitas se enteraron de que Jeroboán había regresado, mandaron a llamarlo para que se presentara ante la asamblea, y lo proclamaron rey de todo Israel. No hubo quien se mantuviera leal a la familia de David, con la sola excepción de la tribu de Judá.

Roboán hijo de Salomón llegó a Jerusalén y movilizó a todas las familias de Judá y a la tribu de Benjamín, ciento ochenta mil guerreros selectos en total, para hacer la guerra contra Israel y así recuperar el reino.

Pero la palabra de Dios vino a Semaías, hombre de Dios, y le dio este mensaje: «Diles a Roboán hijo de Salomón y rey de Judá, a todas las familias de Judá y de Benjamín, y al resto del pueblo que así dice el SEÑOR: "No vayan a luchar contra sus hermanos, los israelitas. Regrese cada uno a su casa, porque es mi voluntad que esto haya sucedido."» Y ellos obedecieron la palabra del SEÑOR y regresaron, tal como el SEÑOR lo había ordenado.

Jeroboán fortificó la ciudad de Siquén en la región montañosa de Efraín, y se estableció allí. Luego se fue de Siquén y fortificó Peniel.

Pero reflexionó: «¿Y qué tal si ahora el reino vuelve a la familia de David? Si la gente sigue subiendo a Jerusalén para ofrecer sacrificios en el templo del SEÑOR, acabará por reconciliarse con su señor Roboán, rey de Judá. Entonces a mí me matarán, y volverán a unirse a él.»

Después de buscar consejo, el rey hizo dos becerros de oro, y le dijo al pueblo: «¡Israelitas, no es necesario que sigan subiendo a Jerusalén!

Aquí están sus dioses, que los sacaron de Egipto.» Así que colocó uno de los becerros en Betel, y el otro en Dan. Y esto incitó al pueblo a pecar; muchos incluso iban hasta Dan para adorar al becerro que estaba allí.

Jeroboán construyó santuarios paganos en los cerros, y puso como sacerdotes a toda clase de gente, hasta a quienes no eran levitas. Decretó celebrar una fiesta el día quince del mes octavo, semejante a la que se celebraba en Judá. En el altar de Betel ofreció sacrificios a los becerros que había hecho, y estableció también sacerdotes para los santuarios paganos que había construido. Así pues, el día quince del mes octavo Jeroboán subió al altar que había construido en Betel y quemó incienso. Ése fue el día que arbitrariamente decretó como día de fiesta para los israelitas.

Sucedió que un hombre de Dios fue desde Judá hasta Betel en obediencia a la palabra del SEÑOR. Cuando Jeroboán, de pie junto al altar, se disponía a quemar incienso, el hombre de Dios, en obediencia a la palabra del SEÑOR, gritó: «¡Altar, altar! Así dice el SEÑOR: "En la familia de David nacerá un hijo llamado Josías, el cual sacrificará sobre ti a estos sacerdotes de altares paganos que aquí queman incienso. ¡Sobre ti se quemarán huesos humanos!"» Aquel mismo día el hombre de Dios ofreció una señal: «Ésta es la señal que el SEÑOR les da: ¡El altar será derribado, y las cenizas se esparcirán!»

Al oír la sentencia que el hombre de Dios pronunciaba contra el altar de Betel, el rey extendió el brazo desde el altar y dijo: «¡Agárrenlo!» Pero el brazo que había extendido contra el hombre se le paralizó, de modo que no podía contraerlo. En ese momento el altar se vino abajo y las cenizas se esparcieron, según la señal que, en obediencia a la palabra del SEÑOR, les había dado el hombre de Dios.

Entonces el rey le dijo al hombre de Dios: —¡Apacigua al SEÑOR tu Dios! ¡Ora por mí, para que se me cure el brazo! El hombre de Dios suplicó al SEÑOR, y al rey se le curó el brazo, quedándole como antes.

Con todo, Jeroboán no cambió su mala conducta, sino que una vez más puso como sacerdotes para los santuarios paganos a toda clase de gente. A cualquiera que deseaba ser sacerdote de esos santuarios, él lo consagraba como tal.

En aquel tiempo se enfermó Abías hijo de Jeroboán, y éste le dijo a su esposa: «Disfrázate para que nadie se dé cuenta de que eres mi esposa. Luego vete a Siló, donde está Ahías, el profeta que me anunció que yo sería rey de este pueblo. Llévate diez panes, algunas tortas y un jarro de miel. Cuando llegues, él te dirá lo que va a pasar con nuestro hijo.» Así que la esposa de Jeroboán emprendió el viaje a Siló y fue a casa de Ahías.

Debido a su edad, Ahías había perdido la vista y estaba ciego. Pero el SEÑOR le había dicho: «La esposa de Jeroboán, haciéndose pasar por otra, viene a pedirte información acerca de su hijo, que está enfermo. Quiero que le des tal y tal respuesta.»

Así que cuando Ahías oyó el sonido de sus pasos, se dirigió a la puerta y dijo: «Esposa de Jeroboán, ¿por qué te haces pasar por otra? Entra, que tengo malas noticias para ti. Regresa a donde está Jeroboán y adviértele que así dice el SEÑOR, Dios de Israel: "Yo te levanté de entre mi pueblo Israel y te hice su gobernante. Le quité el reino a la familia de David para dártelo a ti. Tú, sin embargo, no has sido como mi siervo David, que cumplió mis mandamientos y me siguió con todo el corazón, haciendo solamente lo que me agrada. Por el contrario, te has portado peor que todos los que vivieron antes de ti, al extremo de hacerte otros dioses, ídolos de metal; esto me enfurece, pues me has dado la espalda.

» "Por eso voy a enviarle una desgracia a la familia de Jeroboán. De sus descendientes en Israel exterminaré hasta el último varón, esclavo o libre. Barreré la descendencia de Jeroboán como se barre el estiércol, hasta no dejar rastro. A los que mueran en la ciudad se los comerán los perros, y a los que mueran en el campo se los comerán las aves del cielo. ¡El SEÑOR lo ha dicho!"

»En cuanto a ti, vuelve a tu casa, pues cuando llegues a la ciudad, morirá el muchacho. Entonces todos los israelitas harán duelo por él y lo sepultarán. De la familia de Jeroboán sólo él será sepultado, porque en esa familia sólo él ha complacido al SEÑOR, Dios de Israel.

»El SEÑOR levantará para sí un rey en Israel que exterminará a la familia de Jeroboán. De ahora en adelante el SEÑOR sacudirá a los israelitas como el agua sacude las cañas. Los desarraigará de esta buena tierra que les dio a sus antepasados y los dispersará más allá del río Éufrates, porque se hicieron imágenes de la diosa Aserá y provocaron así la ira del SEÑOR. Y el SEÑOR abandonará a Israel por los pecados que Jeroboán cometió e hizo cometer a los israelitas.»

Entonces la esposa de Jeroboán se puso en marcha y regresó a Tirsá. En el momento en que atravesó el umbral de la casa, el muchacho murió. Así que lo sepultaron, y todo Israel hizo duelo por él, según la palabra que el SEÑOR había anunciado por medio de su siervo, el profeta Ahías.

Roboán hijo de Salomón fue rey de Judá. Tenía cuarenta y un años cuando ascendió al trono, y reinó diecisiete años en Jerusalén, la ciudad donde, de entre todas las tribus de Israel, el SEÑOR había decidido habitar.

Los habitantes de Judá hicieron lo que ofende al SEÑOR, y con sus pecados provocaron los celos del SEÑOR más que sus antepasados. Además, en todas las colinas y bajo todo árbol frondoso se construyeron santuarios paganos, piedras sagradas e imágenes de la diosa Aserá. Incluso se practicaba en el país la prostitución sagrada. El pueblo participaba en todas las repugnantes ceremonias de las naciones que el SEÑOR había expulsado del territorio de los israelitas.

Sisac, rey de Egipto, atacó a Jerusalén en el quinto año del reinado de Roboán, y saqueó los tesoros del templo del SEÑOR y del palacio real. Se lo llevó todo, aun los escudos de oro que Salomón había hecho. Para reemplazarlos, el rey Roboán mandó hacer escudos de bronce y los puso al cuidado de los jefes de la guardia que custodiaba la entrada del palacio real. Siempre que el rey iba al templo del SEÑOR, los guardias portaban los escudos, pero luego los devolvían a la sala de los centinelas.

Durante su reinado hubo guerra constante entre él y Jeroboán. Cuando murió Roboán, hijo de la amonita llamada Noamá, fue sepultado con sus antepasados en la Ciudad de David, y su hijo Abías lo sucedió en el trono.

En el año dieciocho del reinado de Jeroboán hijo de Nabat, Abías ascendió al trono de Judá, y reinó en Jerusalén tres años. Su madre era Macá hija de Abisalón.

Abías cometió todos los pecados que, antes de él, había cometido su padre, pues no siempre fue fiel al SEÑOR su Dios como lo había sido su antepasado David. No obstante, por consideración a David, el SEÑOR su Dios mantuvo la lámpara de David encendida en Jerusalén, y le dio un hijo que lo sucediera, para fortalecer así a Jerusalén.

Porque David había hecho lo que agrada al SEÑOR, y en toda su vida no había dejado de cumplir ninguno de los mandamientos del SEÑOR, excepto en el caso de Urías el hitita.

Durante toda la vida de Abías hubo guerra entre Roboán y Jeroboán.

Y Abías murió y fue sepultado en la Ciudad de David. Y su hijo Asá lo sucedió en el trono.

En el año veinte de Jeroboán, rey de Israel, Asá ocupó el trono de Judá, y reinó en Jerusalén cuarenta y un años. Su abuela era Macá hija de Abisalón.

Asá hizo lo que agrada al SEÑOR, como lo había hecho su antepasado David. Expulsó del país a los que practicaban la prostitución sagrada y acabó con todos los ídolos que sus antepasados habían fabricado. Hasta destituyó a su abuela Macá de su puesto como reina madre, porque ella se había hecho una escandalosa imagen de la diosa Aserá. Asá derribó la imagen y la quemó en el arroyo de Cedrón. Aunque no quitó los santuarios paganos, Asá se mantuvo siempre fiel al SEÑOR. Además, llevó al templo del SEÑOR el oro, la plata y los utensilios que él y su padre habían consagrado.

Durante los reinados de Asá y Basá, rey de Israel, hubo guerra entre ellos. Basá, rey de Israel, atacó a Judá y fortificó Ramá para aislar totalmente a Asá, rey de Judá.

Entonces Asá tomó todo el oro y la plata que habían quedado en los tesoros del templo del SEÑOR y de su propio palacio, y les encargó a sus funcionarios que se los llevaran a Ben Adad, hijo de Tabrimón y nieto de Hezión, rey de Siria, que estaba gobernando en Damasco. Y le envió este mensaje: «Hagamos tú y yo un tratado como el que antes hicieron tu padre y el mío. Aquí te envío un presente de oro y plata. Anula tu tratado con Basá, rey de Israel, para que se marche de aquí.»

Ben Adad estuvo de acuerdo con el rey Asá y mandó a los jefes de su ejército para que atacaran las ciudades de Israel. Así conquistó Iyón, Dan, Abel Betmacá y todo Quinéret, además de Neftalí. Cuando Basá se enteró, dejó de fortificar Ramá y se retiró a Tirsá. Entonces el rey Asá movilizó a todo Judá, sin eximir a nadie, y se llevaron de Ramá las piedras y la madera con que Basá había estado fortificando la ciudad. Con ellas el rey Asá fortificó Gueba de Benjamín, y también Mizpa.

Los demás acontecimientos del reinado de Asá, y todo su poderío y todo lo que hizo, y lo que atañe a las ciudades que edificó, están escritos en el libro de las crónicas de los reyes de Judá. Sin embargo, en su vejez sufrió una enfermedad de los pies. Luego Asá murió y fue sepultado con sus antepasados en la Ciudad de David. Y su hijo Josafat lo sucedió en el trono.

Después de veintidós años como rey de Israel, Jeroboán también murió. Varios reyes gobernaron en Israel y Judá. La mayoría de ellos lo hicieron mal. El único rey considerado «bueno» fue el rey

Asa de Judá, quien «hizo lo recto ante los ojos de Dios». Hacer el bien incluyó librar al reino de la idolatría. El rey Asa llegó hasta a privar de su elevada posición de reina madre a su abuela, Maaca, a causa de su culto pagano. Asa no se detuvo allí. Comprendió que solo el Señor Dios es digno de culto, y limpió toda la tierra de Judá de los ídolos.

Por el lado despreciable, el hijo de Jeroboán, Nadab, «hizo lo malo ante los ojos de Dios, siguiendo los caminos de su padre». Un hombre llamado Baasa conspiró contra Nadab y mató al rey y a toda la familia de Jeroboán, y así se cumplió la profecía de Dios por medio del profeta Ahías. No obstante, Baasa, «cometiendo el mismo pecado que Jeroboán había llevado a Israel a cometer», no fue un mejor rey. Asimismo Zimri, que también siguió el «camino de maldad de Jeroboán», mató a su predecesor, el rey Ela, para obtener el trono. No obstante, Zimri había fallado en calcular el apoyo popular que tenía, pues carecía de este, y estuvo en el poder solo siete días antes de quemarse a sí mismo en el palacio y dejar las cenizas de su descontento a Omri, el elegido del pueblo. Durante su reinado, Omri hizo de la ciudad de Samaria la capital del reino del norte, y «Samaria» también llegó a significar todo el territorio de las tribus del norte.

Cuando murió Omri, su hijo Acab se convirtió en rey de Israel. Sin embargo, el verdadero poder en la familia de Acab era su infame esposa Jezabel, hija de un rey pagano extranjero y una mujer poderosa con voluntad de hierro. Acab y Jezabel adoraban a Baal y odiaban a los profetas de Dios, de los cuales Elías era el jefe. Elías se convirtió en el enemigo público número uno, pero Dios tenía un ardiente enfrentamiento previsto para mostrarle a su pueblo de qué lado se encontraba.

En el año treinta y ocho de Asá, rey de Judá, Acab hijo de Omrí ascendió al trono, y reinó sobre Israel en Samaria veintidós años. Acab hijo de Omrí hizo lo que ofende al SEÑOR, más que todos los reyes que lo precedieron. Como si hubiera sido poco el cometer los mismos pecados de Jeroboán hijo de Nabat, también se casó con Jezabel hija de Et Baal, rey de los sidonios, y se dedicó a servir a Baal y a adorarlo. Le erigió un altar en el templo que le había construido en Samaria, y también fabricó una imagen de la diosa Aserá. En fin, hizo más para provocar la ira del SEÑOR, Dios de Israel, que todos los reyes de Israel que lo precedieron.

En tiempos de Acab, Jiel de Betel reconstruyó Jericó. Echó los cimientos al precio de la vida de Abirán, su hijo mayor, y puso las puertas al precio de la vida de Segub, su hijo menor, según la palabra que el SEÑOR había dado a conocer por medio de Josué hijo de Nun.

15

Mensajeros de Dios

AHORA BIEN, ELÍAS, EL DE TISBÉ DE GALAAD, FUE A DECIRLE A ACAB: «Tan cierto como que vive el SEÑOR, Dios de Israel, a quien yo sirvo, te juro que no habrá rocío ni lluvia en los próximos años, hasta que yo lo ordene.»

Entonces la palabra del SEÑOR vino a Elías y le dio este mensaje: «Sal de aquí hacia el oriente, y escóndete en el arroyo de Querit, al este del Jordán. Beberás agua del arroyo, y yo les ordenaré a los cuervos que te den de comer allí.»

Así que Elías se fue al arroyo de Querit, al este del Jordán, y allí permaneció, conforme a la palabra del SEÑOR. Por la mañana y por la tarde los cuervos le llevaban pan y carne, y bebía agua del arroyo.

Después de un largo tiempo, en el tercer año, la palabra del SEÑOR vino a Elías y le dio este mensaje: «Ve y preséntate ante Acab, que voy a enviar lluvia sobre la tierra.» Así que Elías se puso en camino para presentarse ante Acab.

Cuando lo vio, le preguntó: —¿Eres tú el que le está causando problemas a Israel?

—No soy yo quien le está causando problemas a Israel —respondió Elías—. Quienes se los causan son tú y tu familia, porque han abandonado los mandamientos del SEÑOR y se han ido tras los baales. Ahora convoca de todas partes al pueblo de Israel, para que se reúna conmigo en el monte Carmelo con los cuatrocientos cincuenta profetas de Baal

Ministerio de Elías	Ministerio de Eliseo	Ministerio de Amós	Ministerio de Oseas
875–848	848–797	760–750	750–715

a.C.

Para información completa sobre la cronología vea la página ix.

y los cuatrocientos profetas de la diosa Aserá que se sientan a la mesa de Jezabel.

Acab convocó en el monte Carmelo a todos los israelitas y a los profetas. Elías se presentó ante el pueblo y dijo: —¿Hasta cuándo van a seguir indecisos? Si el Dios verdadero es el SEÑOR, deben seguirlo; pero si es Baal, síganlo a él.

El pueblo no dijo una sola palabra.

Entonces Elías añadió: —Yo soy el único que ha quedado de los profetas del SEÑOR; en cambio, Baal cuenta con cuatrocientos cincuenta profetas. Tráigannos dos bueyes. Que escojan ellos uno, y lo descuarticen y pongan los pedazos sobre la leña, pero sin prenderle fuego. Yo prepararé el otro buey y lo pondré sobre la leña, pero tampoco le prenderé fuego. Entonces invocarán ellos el nombre de su dios, y yo invocaré el nombre del SEÑOR. ¡El que responda con fuego, ése es el Dios verdadero!

Y todo el pueblo estuvo de acuerdo.

Entonces Elías les dijo a los profetas de Baal: —Ya que ustedes son tantos, escojan uno de los bueyes y prepárenlo primero. Invoquen luego el nombre de su dios, pero no prendan fuego. Los profetas de Baal tomaron el buey que les dieron y lo prepararon.

Invocaron el nombre de su dios desde la mañana hasta el mediodía. —¡Baal, respóndenos! —gritaban, mientras daban brincos alrededor del altar que habían hecho. Pero no se escuchó nada, pues nadie respondió.

Al mediodía Elías comenzó a burlarse de ellos: —¡Griten más fuerte! —les decía—. Seguro que es un dios, pero tal vez esté meditando, o esté ocupado o de viaje. ¡A lo mejor se ha quedado dormido y hay que despertarlo! Comenzaron entonces a gritar más fuerte y, como era su costumbre, se cortaron con cuchillos y dagas hasta quedar bañados en sangre. Pasó el mediodía, y siguieron con su espantosa algarabía hasta la hora del sacrificio vespertino. Pero no se escuchó nada, pues nadie respondió ni prestó atención.

Entonces Elías le dijo a todo el pueblo: —¡Acérquense! Así lo hicieron. Como el altar del SEÑOR estaba en ruinas, Elías lo reparó. Luego recogió doce piedras, una por cada tribu descendiente de Jacob, a quien el SEÑOR le había puesto por nombre Israel. Con las piedras construyó un altar en honor del SEÑOR, y alrededor cavó una zanja en que cabían quince litros de cereal. Colocó la leña, descuartizó el buey, puso los pedazos sobre la leña y dijo: —Llenen de agua cuatro cántaros, y vacíenlos sobre el holocausto y la leña.

Luego dijo: —Vuelvan a hacerlo. Y así lo hicieron.

—¡Háganlo una vez más! —les ordenó. Y por tercera vez vaciaron los cántaros. El agua corría alrededor del altar hasta llenar la zanja.

A la hora del sacrificio vespertino, el profeta Elías dio un paso adelante y oró así: «Señor, Dios de Abraham, de Isaac y de Israel, que todos sepan hoy que tú eres Dios en Israel, y que yo soy tu siervo y he hecho todo esto en obediencia a tu palabra. ¡Respóndeme, Señor, respóndeme, para que esta gente reconozca que tú, Señor, eres Dios, y que estás convirtiendo a ti su corazón!»

En ese momento cayó el fuego del Señor y quemó el holocausto, la leña, las piedras y el suelo, y hasta lamió el agua de la zanja.

Cuando todo el pueblo vio esto, se postró y exclamó: «¡El Señor es Dios, el Dios verdadero!»

Luego Elías les ordenó: —¡Agarren a los profetas de Baal! ¡Que no escape ninguno! Tan pronto como los agarraron, Elías hizo que los bajaran al arroyo Quisón, y allí los ejecutó.

Entonces Elías le dijo a Acab: —Anda a tu casa, y come y bebe, porque ya se oye el ruido de un torrentoso aguacero. Acab se fue a comer y beber, pero Elías subió a la cumbre del Carmelo, se inclinó hasta el suelo y puso el rostro entre las rodillas.

—Ve y mira hacia el mar —le ordenó a su criado. El criado fue y miró, y dijo:

—No se ve nada.

Siete veces le ordenó Elías que fuera a ver, y la séptima vez el criado le informó: —Desde el mar viene subiendo una nube. Es tan pequeña como una mano.

Entonces Elías le ordenó: —Ve y dile a Acab: "Engancha el carro y vete antes de que la lluvia te detenga."

Las nubes fueron oscureciendo el cielo; luego se levantó el viento y se desató una fuerte lluvia. Pero Acab se fue en su carro hacia Jezrel. Entonces el poder del Señor vino sobre Elías, quien ajustándose el manto con el cinturón, echó a correr y llegó a Jezrel antes que Acab.

Jezabel no era mujer de contar sus pérdidas. Cuando el deseo de combatir de Acab se agotó, pudo contar con Jezabel para continuar luchando. El deseo de ella de ganar superó cualquier duda que pudo haber tenido sobre el fracaso en el Monte Carmelo.

Acab le contó a Jezabel todo lo que Elías había hecho, y cómo había matado a todos los profetas a filo de espada. Entonces Jezabel envió un mensajero a que le dijera a Elías: «¡Que los dioses me castiguen sin piedad si mañana a esta hora no te he quitado la vida como tú se la quitaste a ellos!»

Elías se asustó y huyó para ponerse a salvo. Cuando llegó a Berseba de Judá, dejó allí a su criado y caminó todo un día por el desierto. Llegó a donde había un arbusto, y se sentó a su sombra con ganas de morirse. «¡Estoy harto, Señor! —protestó—. Quítame la vida, pues no soy mejor que mis antepasados.» Luego se acostó debajo del arbusto y se quedó dormido.

De repente, un ángel lo tocó y le dijo: «Levántate y come.» Elías miró a su alrededor, y vio a su cabecera un panecillo cocido sobre carbones calientes, y un jarro de agua. Comió y bebió, y volvió a acostarse.

El ángel del Señor regresó y, tocándolo, le dijo: «Levántate y come, porque te espera un largo viaje.» Elías se levantó, y comió y bebió. Una vez fortalecido por aquella comida, viajó cuarenta días y cuarenta noches hasta que llegó a Horeb, el monte de Dios. Allí pasó la noche en una cueva.

Más tarde, la palabra del Señor vino a él. —¿Qué haces aquí, Elías? —le preguntó.

—Me consume mi amor por ti, Señor Dios Todopoderoso —respondió él—. Los israelitas han rechazado tu pacto, han derribado tus altares, y a tus profetas los han matado a filo de espada. Yo soy el único que ha quedado con vida, ¡y ahora quieren matarme a mí también!

El Señor le ordenó: —Sal y preséntate ante mí en la montaña, porque estoy a punto de pasar por allí.

Como heraldo del Señor vino un viento recio, tan violento que partió las montañas e hizo añicos las rocas; pero el Señor no estaba en el viento. Al viento lo siguió un terremoto, pero el Señor tampoco estaba en el terremoto. Tras el terremoto vino un fuego, pero el Señor tampoco estaba en el fuego. Y después del fuego vino un suave murmullo. Cuando Elías lo oyó, se cubrió el rostro con el manto y, saliendo, se puso a la entrada de la cueva.

Entonces oyó una voz que le dijo: —¿Qué haces aquí, Elías?

Él respondió: —Me consume mi amor por ti, Señor, Dios Todopoderoso. Los israelitas han rechazado tu pacto, han derribado tus altares, y a tus profetas los han matado a filo de espada. Yo soy el único que ha quedado con vida, ¡y ahora quieren matarme a mí también!

El Señor le dijo: —Regresa por el mismo camino, y ve al desierto de Damasco. Cuando llegues allá, unge a Jazael como rey de Siria, y a Jehú hijo de Nimsi como rey de Israel; unge también a Eliseo hijo de Safat, de Abel Mejolá, para que te suceda como profeta. Jehú dará muerte a cualquiera que escape de la espada de Jazael, y Eliseo dará muerte a cualquiera que escape de la espada de Jehú. Sin embargo, yo preservaré a siete mil israelitas que no se han arrodillado ante Baal ni lo han besado.

Elías salió de allí y encontró a Eliseo hijo de Safat, que estaba arando. Había doce yuntas de bueyes en fila, y él mismo conducía la última. Elías pasó junto a Eliseo y arrojó su manto sobre él. Entonces Eliseo dejó sus bueyes y corrió tras Elías. —Permítame usted despedirme de mi padre y de mi madre con un beso —dijo él—, y luego lo seguiré.

—Anda, ve —respondió Elías—. Yo no te lo voy a impedir.

Eliseo lo dejó y regresó. Tomó su yunta de bueyes y los sacrificó. Quemando la madera de la yunta, asó la carne y se la dio al pueblo, y ellos comieron. Luego partió para seguir a Elías y se puso a su servicio.

El rey Acab fluctuaba constantemente, teniendo un día las dotes de un rey y luego al siguiente aparentando ser otra persona. Él le perdonó la vida su mayor enemigo, Ben Adad, cuando en la batalla Dios entregó al rey de Aram en sus manos. Sin embargo, Acab cobró la vida de su propio vasallo, Nabot, con el fin de robarle su viñedo. Al final, Acab murió en la batalla disfrazado como un soldado de a pie por una flecha disparada al azar. Su hijo Ocozías no pudo mejorar la conducta miserable de sus padres, por lo que también se añadió a las crónicas de los reyes malvados y murió sin un sucesor. En Judá, Asa, hijo de Josafat, siguió a Dios, sobrevivió a las amenazas de los enemigos, y la parte sur del reinado comenzó a prosperar.

Mientras tanto, el tiempo de Elías había llegado a su fin. Nunca hubo una partida tan grande como la de él, o evidencia más convincente para su sucesor, Eliseo, de que el manto del poder divino había sido pasado a él.

Cuando se acercaba la hora en que el SEÑOR se llevaría a Elías al cielo en un torbellino, Elías y Eliseo salieron de Guilgal. Entonces Elías le dijo a Eliseo: —Quédate aquí, pues el SEÑOR me ha enviado a Betel.

Pero Eliseo le respondió: —Tan cierto como que el SEÑOR y tú viven, te juro que no te dejaré solo. Así que fueron juntos a Betel.

Cincuenta miembros de la comunidad de profetas fueron también hasta ese lugar, pero se mantuvieron a cierta distancia, frente a ellos.

Elías tomó su manto y, enrollándolo, golpeó el agua. El río se partió en dos, de modo que ambos lo cruzaron en seco.

Al cruzar, Elías le preguntó a Eliseo: —¿Qué quieres que haga por ti antes de que me separen de tu lado? —Te pido que sea yo el heredero de tu espíritu por partida doble —respondió Eliseo.

—Has pedido algo difícil —le dijo Elías—, pero si logras verme cuando me separen de tu lado, te será concedido; de lo contrario, no.

Iban caminando y conversando cuando, de pronto, los separó un carro de fuego con caballos de fuego, y Elías subió al cielo en medio de un torbellino. Eliseo, viendo lo que pasaba, se puso a gritar: «¡Padre mío, padre mío, carro y fuerza conductora de Israel!» Pero no volvió a verlo. Entonces agarró su ropa y la rasgó en dos.

Luego recogió el manto que se le había caído a Elías y, regresando a la orilla del Jordán, golpeó el agua con el manto y exclamó: «¿Dónde está el SEÑOR, el Dios de Elías?» En cuanto golpeó el agua, el río se partió en dos, y Eliseo cruzó.

Los profetas de Jericó, al verlo, exclamaron: «¡El espíritu de Elías se ha posado sobre Eliseo!» Entonces fueron a su encuentro y se postraron ante él, rostro en tierra.

Elías se había ido. Eliseo quedó encargado de continuar el trabajo, y sus dramáticos milagros dejaron en claro que su Dios era único en su indescriptible poder y gloria. En un momento, Eliseo purificó un manantial para proporcionarle agua potable a toda una ciudad. En otra ocasión, a través de la intervención de Eliseo, una pobre viuda y sus hijos fueron salvados de la ruina económica y la esclavitud gracias a una jarra de aceite que no se agotaba. Eliseo apreciaba los pequeños favores que aligeraban la carga estresante de un profeta. En una ocasión una mujer rica de Sunén le ofreció una comida, proponiéndole finalmente a su marido que le ofreciera a Eliseo un lugar para alojarse siempre que llegara a su vecindad. Agradecido por su amistad y bondad, Eliseo oró a Dios por la mujer, la cual no tenía hijos.

En cierta ocasión Eliseo llegó, fue a su cuarto y se acostó. Luego le dijo a su criado Guiezi: —Llama a la señora. El criado así lo hizo, y ella se presentó. Entonces Eliseo le dijo a Guiezi: —Dile a la señora: "¡Te has tomado muchas molestias por nosotros! ¿Qué puedo hacer por ti? ¿Quieres que le hable al rey o al jefe del ejército en tu favor?"

Pero ella le respondió: —Yo vivo segura en medio de mi pueblo.

Eliseo le preguntó a Guiezi: —¿Qué puedo hacer por ella?

—Bueno —contestó el siervo— ella no tiene hijos, y su esposo ya es anciano.

—Llámala —ordenó Eliseo. Guiezi la llamó, y ella' se detuvo en la puerta. Entonces Eliseo le prometió: —El año que viene, por esta fecha, estarás abrazando a un hijo.

—¡No, mi señor, hombre de Dios! —exclamó ella—. No engañe usted a su servidora.

En efecto, la mujer quedó embarazada. Y al año siguiente, por esa misma fecha, dio a luz un hijo, tal como Eliseo se lo había dicho.

Más tarde, cuando el niño era mayorcito, se enfermó. Imagine la angustia de la madre cuando el niño murió en sus brazos. Su primer paso fue viajar para ir a ver a Eliseo.

Fue a la montaña y se abrazó a los pies del hombre de Dios. Guiezi se acercó con el propósito de apartarla, pero el hombre de Dios intervino: —¡Déjala! Está muy angustiada, y el Señor me ha ocultado lo que pasa; no me ha dicho nada.

—Señor mío —le reclamó la mujer—, ¿acaso yo le pedí a usted un hijo? ¿No le rogué que no me engañara?

Eliseo le ordenó a Guiezi: —Arréglate la ropa, toma mi bastón y ponte en camino. Si te encuentras con alguien, ni lo saludes; si alguien te saluda, no le respondas. Y cuando llegues, coloca el bastón sobre la cara del niño.

Pero la madre del niño exclamó: —¡Le juro a usted que no lo dejaré solo! ¡Tan cierto como que el Señor y usted viven! Así que Eliseo se levantó y fue con ella.

Guiezi, que se había adelantado, llegó y colocó el bastón sobre la cara del niño, pero éste no respondió ni dio ninguna señal de vida. Por tanto, Guiezi volvió para encontrarse con Eliseo y le dijo: —El niño no despierta.

Cuando Eliseo llegó a la casa, encontró al niño muerto, tendido sobre su cama. Entró al cuarto, cerró la puerta y oró al Señor. Luego subió a la cama y se tendió sobre el niño boca a boca, ojos a ojos y manos a manos, hasta que el cuerpo del niño empezó a entrar en calor. Eliseo se levantó y se puso a caminar de un lado a otro del cuarto, y luego volvió a tenderse sobre el niño. Esto lo hizo siete veces, al cabo de las cuales el niño estornudó y abrió los ojos.

Entonces Eliseo le dijo a Guiezi: —Llama a la señora. Guiezi así lo hizo, y cuando la mujer llegó, Eliseo le dijo: —Puedes llevarte a tu hijo. Ella entró, se arrojó a los pies de Eliseo y se postró rostro en tierra. Entonces tomó a su hijo y salió.

Entre los muchos hechos notables de Eliseo, uno de los más famosos se inició con el testimonio de una joven de Israel. Su nombre es desconocido, pero su situación era bastante común. Ella fue capturada por asaltantes enemigos de Aram y a continuación vivió como esclava en la casa del comandante de su ejército. Este hombre, Naamán, tenía lepra. La niña israelita compasivamente le instaba a buscar la curación del profeta de su Dios. Con la fe que nace de la desesperación, Naamán buscó a Eliseo y recibió del profeta instrucciones sorprendentes: ve a lavarte en el río Jordán. Una vez que Naamán cumplió el mandato, fue sanado por completo. No obstante, cuando Guiezi, el sirviente de Eliseo, trató de extraer una pequeña remuneración por este milagro, se volvió leproso por su codicia.

Ni el profeta de Dios, ni las palabras que hablaba eran para tomarse a la ligera o tratarse casualmente. El rey de Aram descubrió este hecho por sí mismo.

El rey de Siria, que estaba en guerra con Israel, deliberó con sus ministros y les dijo: «Vamos a acampar en tal lugar.»

Pero el hombre de Dios le envió este mensaje al rey de Israel: «Procura no pasar por este sitio, pues los sirios te han tendido allí una emboscada.» Así que el rey de Israel envió a reconocer el lugar que el hombre de Dios le había indicado. Y en varias otras ocasiones Eliseo le avisó al rey, de modo que éste tomó precauciones.

El rey de Siria, enfurecido por lo que estaba pasando, llamó a sus ministros y les reclamó: —¿Quieren decirme quién está informando al rey de Israel?

—Nadie, mi señor y rey —respondió uno de ellos—. El responsable es Eliseo, el profeta que está en Israel. Es él quien le comunica todo al rey de Israel, aun lo que Su Majestad dice en su alcoba.

—Pues entonces averigüen dónde está —ordenó el rey—, para que mande a capturarlo. Cuando le informaron que Eliseo estaba en Dotán, el rey envió allá un destacamento grande, con caballos y carros de combate. Llegaron de noche y cercaron la ciudad.

Por la mañana, cuando el criado del hombre de Dios se levantó para salir, vio que un ejército con caballos y carros de combate rodeaba la ciudad. —¡Ay, mi señor! —exclamó el criado—. ¿Qué vamos a hacer?

—No tengas miedo —respondió Eliseo—. Los que están con nosotros son más que ellos.

Entonces Eliseo oró: «SEÑOR, ábrele a Guiezi los ojos para que vea.» El SEÑOR así lo hizo, y el criado vio que la colina estaba llena de caballos y de carros de fuego alrededor de Eliseo.

Como ya los sirios se acercaban a él, Eliseo volvió a orar: «SEÑOR, castiga a esta gente con ceguera.» Y el SEÑOR hizo lo que le pidió Eliseo.

Luego Eliseo les dijo: «Ésta no es la ciudad adonde iban; han tomado un camino equivocado. Síganme, que yo los llevaré adonde está el hombre que buscan.» Pero los llevó a Samaria.

Después de entrar en la ciudad, Eliseo dijo: «SEÑOR, ábreles los ojos, para que vean.» El SEÑOR así lo hizo, y ellos se dieron cuenta de que estaban dentro de Samaria.

Cuando el rey de Israel los vio, le preguntó a Eliseo: —¿Los mato, mi señor? ¿Los mato?

—No, no los mates —contestó Eliseo—. ¿Acaso los has capturado con tu espada y tu arco, para que los mates? Mejor sírveles comida y agua para que coman y beban, y que luego vuelvan a su rey. Así que el rey de Israel les dio un tremendo banquete. Cuando terminaron de comer, los despidió, y ellos regresaron a su rey. Y las bandas de sirios no volvieron a invadir el territorio israelita.

Poco antes de su muerte, Eliseo ordenó que Jehú fuera ungido rey de Israel. Este mismo Jehú, lleno de celo santo, condujo un regimiento a la casa de Jezabel en la ciudad de Jezreel. Jehú la enfrentó sin temor, pidiéndoles a sus sirvientes que la lanzaran desde su ventana. Así, pues, la «mujer maldita» murió ese día, y más tarde todos los descendientes de Acab fueron asesinados. Estos acontecimientos ocurrieron en cumplimiento de la sentencia profética de Elías dada años antes. Luego Jehú volvió su espada en contra de los ministros del dios pagano Baal, porque sin duda las más sutiles y perniciosas amenazas radicales estaban en la subversión del culto al verdadero Dios. Los altares de Baal tenían que ser destruidos antes de que Israel pudiera estar segura.

Muchos reyes llegaron y partieron en Israel y Judá. Algunos lograron reformas piadosas; otros hicieron un lío de lo que habían heredado. Joacaz, hijo de Jehú, perdió su ejército, pero mantuvo la unidad de la nación. Alrededor del año 797 a. C., Eliseo hizo un pronunciamiento más en contra de los arameos, en respuesta a los pedidos desesperados del rey Joás. Una vez que la victoria del rey fue asegurada, Eliseo murió.

Jeroboán II tomó las riendas y protegió las fronteras de Israel, pero nunca guardó el alma de la nación. La adoración de los falsos dioses y el negocio de la fabricación de ídolos florecieron durante su régimen. Durante este período próspero, surgió un profeta con un conmovedor mensaje de justicia y juicio.

Éstas son las palabras de Amós, pastor de Tecoa. Es la visión que recibió acerca de Israel dos años antes del terremoto, cuando Uzías era rey de Judá, y Jeroboán hijo de Joás era rey de Israel.

Amós dijo:

Oigan, israelitas, esta palabra que el Señor pronuncia contra ustedes, contra toda la familia que saqué de Egipto:

«Sólo a ustedes los he escogido
   entre todas las familias de la tierra.
Por tanto, les haré pagar
   todas sus perversidades.»

Proclamen en las fortalezas de Asdod
   y en los baluartes de Egipto:
«Reúnanse sobre los montes de Samaria
   y vean cuánto pánico hay en ella,
   ¡cuánta opresión hay en su medio!»

«Los que acumulan en sus fortalezas
   el fruto de la violencia y el saqueo
   no saben actuar con rectitud»,
afirma el Señor.

Por lo tanto, así dice el Señor omnipotente:

«Un enemigo invadirá tu tierra;
    echará abajo tu poderío
    y saqueará tus fortalezas.»

El Señor omnipotente ha jurado por su santidad:
    «Vendrán días en que hasta la última de ustedes
    será arreada con garfios y arpones.
Una tras otra saldrán por las brechas del muro,
    y hacia Hermón serán expulsadas
                        —afirma el Señor—.

»Yo les hice pasar hambre en todas sus ciudades,
    y los privé de pan en todos sus poblados.
    Con todo, ustedes no se volvieron a mí
                        —afirma el Señor—.

»Les mandé plagas
    como las de Egipto.
Pasé por la espada a sus mejores jóvenes,
    junto con los caballos capturados.
Hice que llegara hasta sus propias narices
    el hedor de los cadáveres.
    Con todo, ustedes no se volvieron a mí
                        —afirma el Señor—.

»Por eso, Israel, voy a actuar contra ti;
    y como voy a hacerlo,
    ¡prepárate, Israel, para encontrarte con tu Dios!»

Busquen al Señor y vivirán,
    no sea que él caiga como fuego
    sobre los descendientes de José,
fuego que devore a Betel

Busquen el bien y no el mal, y vivirán;
    y así estará con ustedes el Señor Dios Todopoderoso,
    tal como ustedes lo afirman.
¡Odien el mal y amen el bien!
    Hagan que impere la justicia en los tribunales;

tal vez así el Señor, el Dios Todopoderoso,
     tenga compasión del remanente de José.

Por eso los ojos del Señor omnipotente
     están sobre este reino pecaminoso.
Borraré de la faz de la tierra a los descendientes de Jacob,
     aunque no del todo
                                        —afirma el Señor—.

Oseas siguió como profeta en Israel. Él derramó su corazón, cla-
mando a una nación que se negaba a amar a un Dios fiel. Oseas le
advirtió al reino del norte que si no se arrepentía y volvía a Dios, se
enfrentaría con graves consecuencias.

Escuchen, israelitas, la palabra del Señor,
porque el Señor va a entrar en juicio
     contra los habitantes del país:
     «Ya no hay entre mi pueblo fidelidad ni amor,
     ni conocimiento de Dios.
Cunden, más bien, el perjurio[1] y la mentira.
     Abundan el robo, el adulterio y el asesinato.
     ¡Un homicidio sigue a otro!

»No les permiten sus malas obras
     volverse a su Dios;
su tendencia a prostituirse
     les impide conocer al Señor.

Han traicionado al Señor;
     han dado a luz hijos de otros padres.
     ¡Ahora la destrucción devorará sus fincas!

Yo seré como un león para Efraín,
     como un cachorro para Judá.
Yo mismo los haré pedazos,
     y luego me alejaré;
yo mismo me llevaré la presa,

---

[1] **Perjurio:** Juramento en falso.

y no habrá quien me la arrebate.
Volveré luego a mi morada,
    hasta que reconozcan su culpa.
Buscarán ganarse mi favor;
    angustiados, me buscarán con ansias.»

Voy ahora a tomar en cuenta sus perversidades,
    y castigaré sus pecados;
    ¡y tendrán que regresar a Egipto!
Israel se olvidó de su Hacedor y se edificó palacios;
    Judá multiplicó las ciudades amuralladas;
pero yo lanzaré sobre sus ciudades y fortalezas
    un fuego que las consuma.»

Han llegado los días del castigo,
    han llegado los días de la retribución.
    ¡Que lo sepa Israel!
Es tan grande tu maldad,
    y tan intensa tu hostilidad,
que al profeta se le tiene por necio,
    y al hombre inspirado por loco.

Vuélvete, Israel, al Señor tu Dios.
    ¡Tu perversidad te ha hecho caer!
Piensa bien lo que le dirás,
    y vuélvete al Señor con este ruego:
«Perdónanos nuestra perversidad,
    y recíbenos con benevolencia,
pues queremos ofrecerte
    el fruto de nuestros labios.

Aunque los profetas advirtieron al pueblo, el reino del norte de Israel no escuchó. Ellos endurecieron sus corazones y continuaron ignorando los pedidos de Dios para regresar a sus caminos. Los reyes de Israel llevaron a la gente a un caos espiritual y social. Entre Jeroboán II y Oseas hubo una serie de otros cinco reyes, conocidos por hacer lo malo ante los del Señor. Todos ellos llegaron al poder, o terminaron sus reinados, por medio de un asesinato.

¿Por cuánto tiempo más el pueblo le daría la espalda a Dios?

16

El principio del fin
(del reino de Israel)

En el año duodécimo del reinado de Acaz, rey de Judá, Oseas hijo de Elá ascendió al trono de Israel, y reinó en Samaria nueve años. Hizo lo que ofende al Señor, aunque no tanto como los reyes de Israel que lo habían precedido.

Salmanasar, rey de Asiria, atacó a Oseas, lo hizo su vasallo y le impuso tributo. Más tarde, el rey de Asiria descubrió que Oseas lo traicionaba, pues éste había enviado emisarios a So, rey de Egipto, y además había dejado de pagarle el tributo anual. Por eso el rey de Asiria mandó arrestarlo y lo metió en la cárcel. Después invadió el país entero, marchó contra Samaria y sitió la ciudad durante tres años. En el año noveno del reinado de Oseas, el rey de Asiria, después de conquistar Samaria, deportó a los israelitas a Asiria y los instaló en Jalaj, en Gozán (que está junto al río Jabor) y en las ciudades de los medos.

Todo esto sucedió porque los israelitas habían pecado contra el Señor su Dios, que los había sacado de Egipto, librándolos del poder del faraón, rey de Egipto. Adoraron a otros dioses.

Fueron tantas las maldades que cometieron, que provocaron la ira del Señor. Rindieron culto a los ídolos, aunque el Señor se lo había prohibido categóricamente. Por eso el Señor les dio esta advertencia a Israel y a Judá por medio de todos los profetas y videntes: «¡Vuélvanse de sus malos caminos! Cumplan mis mandamientos y decretos, y obedezcan todas las leyes que ordené a sus antepasados, y que les di a conocer a ustedes por medio de mis siervos los profetas.»

Caída de Israel	Israel llevado cautivo a Asiria	Ministerio de Isaías	Reinado de Ezequías
a.C. 722	722	740–681	715–686

Para información completa sobre la cronología vea la página ix.

Con todo, no hicieron caso, sino que fueron tan tercos como lo habían sido sus antepasados, que no confiaron en el SEÑOR su Dios.

Así, pues, fueron desterrados y llevados cautivos a Asiria, donde hasta el día de hoy se han quedado.

Por lo tanto, el SEÑOR se enojó mucho contra Israel y lo arrojó de su presencia. Sólo quedó la tribu de Judá.

No tomen prisioneros. Aterroricen a los conquistados. Tales eran las prácticas comunes de los antiguos imperios. Con el fin de evitar la rebelión organizada, Sargón II de Asiria deportó a más de veintisiete mil personas desde el reino del norte de Israel hasta ciudades distantes después que las defensas de Israel se rompieron. Cualquier apariencia de una nación, un pueblo con una causa y una herencia común, se había ido.

En el reino del sur, en Judá, el joven rey Ezequías vio estos acontecimientos llevarse a cabo. ¿Cómo gobernar una pequeña nación cuando el mayor ejército del mundo está acampado en su frontera del norte?

En el tercer año de Oseas hijo de Elá, rey de Israel, Ezequías hijo de Acaz, rey de Judá, ascendió al trono. Tenía veinticinco años cuando ascendió al trono, y reinó en Jerusalén veintinueve años. Su madre era Abí hija de Zacarías. Ezequías hizo lo que agrada al SEÑOR, pues en todo siguió el ejemplo de su antepasado David. Quitó los altares paganos, destrozó las piedras sagradas y quebró las imágenes de la diosa Aserá.

El SEÑOR estaba con Ezequías, y por tanto éste tuvo éxito en todas sus empresas. Se rebeló contra el rey de Asiria y no se sometió a él.

Desde Laquis el rey de Asiria envió a su virrey, al funcionario principal y a su comandante en jefe, al frente de un gran ejército, para hablar con el rey Ezequías en Jerusalén. Marcharon hacia Jerusalén y, al llegar, se detuvieron junto al acueducto del estanque superior, en el camino que lleva al Campo del Lavandero. Entonces llamaron al rey, y salió a recibirlos Eliaquín hijo de Jilquías, que era el administrador del palacio, junto con el cronista Sebna y el secretario Joa hijo de Asaf.

El comandante en jefe les dijo: —Díganle a Ezequías que así dice el gran rey, el rey de Asiria:

"¿En qué se basa tu confianza? Tú dices que tienes estrategia y fuerza militar, pero éstas no son más que palabras sin fundamento. ¿En quién confías, que te rebelas contra mí? Ahora bien, tú confías en Egipto, ¡ese bastón de caña astillada, que traspasa la mano y hiere al que se apoya en él! Porque eso es el faraón, el rey de Egipto, para todos los que en él confían. Y si ustedes me dicen: 'Nosotros confiamos en el Señor, nuestro Dios', ¿no se trata acaso, Ezequías, del Dios cuyos altares y santuarios paganos tú mismo quitaste, diciéndoles a Judá y a Jerusalén: 'Deben adorar solamente ante este altar en Jerusalén'?"

»Ahora bien, Ezequías, haz este trato con mi señor, el rey de Asiria: Yo te doy dos mil caballos, si tú consigues otros tantos jinetes para montarlos. ¿Cómo podrás rechazar el ataque de uno solo de los funcionarios más insignificantes de mi señor, si confías en obtener de Egipto carros de combate y jinetes? ¿Acaso he venido a atacar y a destruir este lugar sin el apoyo del Señor? ¡Si fue él mismo quien me ordenó: "Marcha contra este país y destrúyelo!"

Dicho esto, el comandante en jefe se puso de pie y a voz en cuello gritó en hebreo: —¡Oigan las palabras del gran rey, el rey de Asiria! Así dice el rey: "No se dejen engañar por Ezequías. ¡Él no puede librarlos de mis manos! No dejen que Ezequías los persuada a confiar en el Señor, diciendo: 'Sin duda el Señor nos librará; ¡esta ciudad no caerá en manos del rey de Asiria!'"

»No le hagan caso a Ezequías. Así dice el rey de Asiria: "Hagan las paces conmigo, y ríndanse. De este modo cada uno podrá comer de su vid y de su higuera, y beber agua de su propio pozo, hasta que yo venga y los lleve a un país como el de ustedes, país de grano y de mosto, de pan y de viñedos, de aceite de oliva y de miel. Así vivirán en vez de morir."

»No le hagan caso a Ezequías, que los quiere seducir cuando dice: "El Señor nos librará." ¿Acaso alguno de los dioses de las naciones pudo librar a su país de las manos del rey de Asiria?

Senaquerib, rey de Asiria, envió a su comandante para intimidar a Ezequías, un rey fiel a Dios. Evidentemente excedido en número y enfrentado a una derrota brutal, Ezequías apeló al profeta Isaías. «Por favor, ora por la ayuda de Dios», el rey imploró, desgarrando su ropa y cubriéndose con cilicio en desesperación absoluta.

Isaías, hablando en nombre de Dios, le aseguró a Ezequías que Dios eliminaría a Senaquerib y su ejército. Con todas las vías de evacuación cortadas, la humilde oración de Ezequías trajo resultados dramáticos.

Luego Senaquerib recibió el informe de que Tiracá, rey de Cus, había salido para luchar contra él, así que una vez más envió mensajeros a Ezequías para que le dijeran: «Tú, Ezequías, rey de Judá: No dejes que tu Dios, en quien confías, te engañe cuando dice: "No caerá Jerusalén en manos del rey de Asiria." Sin duda te habrás enterado de lo que han hecho los reyes de Asiria en todos los países, destruyéndolos por completo. ¿Y acaso vas tú a librarte? ¿Libraron sus dioses a las naciones que mis antepasados han destruido: Gozán, Jarán, Résef y la gente de Edén que vivía en Telasar? ¿Dónde están el rey de Jamat, el rey de Arfad, el rey de la ciudad de Sefarvayin, o de Hená o Ivá?»

Ezequías tomó la carta de mano de los mensajeros, y la leyó. Luego subió al templo del SEÑOR, la desplegó delante del SEÑOR, y en su presencia oró así: «SEÑOR, Dios de Israel, entronizado sobre los querubines: sólo tú eres el Dios de todos los reinos de la tierra. Tú has hecho los cielos y la tierra. Presta atención, SEÑOR, y escucha; abre tus ojos, SEÑOR, y mira; escucha las palabras que Senaquerib ha mandado a decir para insultar al Dios viviente.

»Es verdad, SEÑOR, que los reyes asirios han asolado todas estas naciones y sus tierras. Han arrojado al fuego sus dioses, y los han destruido, porque no eran dioses sino sólo madera y piedra, obra de manos humanas. Ahora, pues, SEÑOR y Dios nuestro, por favor, sálvanos de su mano, para que todos los reinos de la tierra sepan que sólo tú, SEÑOR, eres Dios.»

Entonces Isaías hijo de Amoz le envió este mensaje a Ezequías: «Así dice el SEÑOR, Dios de Israel: "Por cuanto me has rogado respecto a Senaquerib, rey de Asiria, te he escuchado. Ésta es la palabra que yo, el SEÑOR, he pronunciado contra él:

¿A quién has insultado?
    ¿Contra quién has blasfemado?[1]
¿Contra quién has alzado la voz
    y levantado los ojos con orgullo?

---

[1] **Blasfemia:** Palabras pronunciadas o acciones dirigidas a insultar o devaluar a Dios.

¡Contra el Santo de Israel!
Has enviado a tus mensajeros
    a insultar al Señor.

»"Yo sé bien cuándo te sientas,
    cuándo sales, cuándo entras,
    y cuánto ruges contra mí.
Porque has rugido contra mí
    y tu insolencia ha llegado a mis oídos,
te pondré una argolla en la nariz
    y un freno en la boca,
y por el mismo camino por donde viniste
    te haré regresar.

»"Yo, el SEÑOR, declaro esto acerca del rey de Asiria:

»"No entrará en esta ciudad,
    ni lanzará contra ella una sola flecha.
No se enfrentará a ella con escudos,
    ni construirá contra ella una rampa de asalto.
Volverá por el mismo camino que vino;
    ¡en esta ciudad no entrará!
                            Yo, el SEÑOR, lo afirmo.

Por mi causa, y por consideración a David mi siervo,
    defenderé esta ciudad y la salvaré."»

Esa misma noche el ángel del SEÑOR salió y mató a ciento ochenta y cinco mil hombres del campamento asirio. A la mañana siguiente, cuando los demás se levantaron, ¡allí estaban tendidos todos los cadáveres! Así que Senaquerib, rey de Asiria, levantó el campamento y se retiró. Volvió a Nínive y permaneció allí.

Pero un día, mientras adoraba en el templo de su dios Nisroc, sus hijos Adramélec y Sarézer lo mataron a espada y escaparon a la tierra de Ararat. Y su hijo Esarjadón lo sucedió en el trono.

El mayor de los escritores proféticos, Isaías, comenzó su trabajo en Jerusalén (capital de Judá, el reino del sur) en el 740 a. C., poco antes de que el rey Usías muriera. Isaías alcanzó prominencia durante

el reinado de Ezequías, al ayudar al rey a detener la amenaza asi-
ria confiando solo en Dios. Dicha estrategia debe estar fundada
en una fe sólida como la roca, y este tipo de fe era la que Isaías
practicaba y desarrollaba. Su llamado al servicio vino en una visión
poderosa, un apropiado inicio para una vocación profética que se
extendería por casi sesenta años.

El año de la muerte del rey Uzías, vi al Señor excelso y sublime, sentado en un trono; las orlas de su manto llenaban el templo. Por encima
de él había serafines,[2] cada uno de los cuales tenía seis alas: con dos de
ellas se cubrían el rostro, con dos se cubrían los pies, y con dos volaban.
Y se decían el uno al otro:

«Santo, santo, santo es el SEÑOR Todopoderoso;
  toda la tierra está llena de su gloria.»

Al sonido de sus voces, se estremecieron los umbrales de las puertas
y el templo se llenó de humo.

Entonces grité: «¡Ay de mí, que estoy perdido! Soy un hombre de
labios impuros y vivo en medio de un pueblo de labios blasfemos, ¡y no
obstante mis ojos han visto al Rey, al SEÑOR Todopoderoso!»

En ese momento voló hacia mí uno de los serafines. Traía en la mano
una brasa que, con unas tenazas, había tomado del altar. Con ella me
tocó los labios y me dijo:

«Mira, esto ha tocado tus labios;
  tu maldad ha sido borrada,
  y tu pecado, perdonado.»

Entonces oí la voz del Señor que decía: —¿A quién enviaré? ¿Quién
irá por nosotros?

Y respondí: —Aquí estoy. ¡Envíame a mí!

Los falsos profetas actuaban como consultores de relaciones pú-
blicas, midiendo su mensaje contra las expectativas de la audien-
cia. Sin embargo, los verdaderos profetas, como Isaías, simple-
mente hablaban la palabra de Dios sin doblegarse a las presiones

---

[2]**Serafines:** Seres angelicales ocupados constantemente en la alabanza y la adoración de Dios.

políticas. Este profeta verdaderamente literario no era un mero narrador. El mensaje de Isaías contenía algunas malas noticias: Jerusalén caería. Una vez anunciado, era seguro que este suceso ocurriría.

¡Presten atención!
 El Señor, el SEÑOR Todopoderoso,
retira de Jerusalén y de Judá
  todo apoyo y sustento:
  toda provisión de pan,
  toda provisión de agua.
Él retira al valiente y al guerrero,
  al juez y al profeta,
  al adivino y al anciano,
al capitán y al dignatario,
  al consejero, al artesano experto
  y al hábil encantador.

Jerusalén se tambalea,
  Judá se derrumba,
porque su hablar y su actuar
  son contrarios al SEÑOR:
  ¡desafían su gloriosa presencia!
Su propio descaro los acusa
  y, como Sodoma, se jactan de su pecado;
  ¡ni siquiera lo disimulan!
¡Ay de ellos,
  porque causan su propia desgracia!

¡Pobre pueblo mío, extraviado por tus guías,
  que tuercen el curso de tu senda!

El SEÑOR se dispone a denunciar;
  se levanta para enjuiciar al pueblo.

¡Escuchen! Se oye tumulto en las montañas,
  como el de una gran multitud.
¡Escuchen! Se oye un estruendo de reinos,
  de naciones que se han reunido.

El Señor Todopoderoso pasa revista
a un ejército para la batalla.
Vienen de tierras lejanas,
de los confines del horizonte.
Viene el Señor con las armas de su ira
para destruir toda la tierra.

El pueblo se alejó de Dios y se enfrentó a las consecuencias del exilio y la opresión. No obstante, la historia está lejos de terminar. Dios no se había olvidado de ellos, sino que anhelaba colmarlos con su compasión y su gracia una vez más. Las profecías de Isaías también predijeron que, tras el juicio de Dios, los israelitas regresarían a sus hogares de Babilonia y reconstruirían su nación, revelando claramente que el Señor Dios estaba en control de los acontecimientos mundiales.

En verdad, el Señor tendrá compasión de Jacob y elegirá de nuevo a Israel. Los asentará en su propia tierra. Los extranjeros se juntarán con ellos, y se unirán a los descendientes de Jacob. Los pueblos los acogerán y los llevarán hasta su patria. Los israelitas los tomarán como siervos y siervas en el suelo del Señor; apresarán a sus captores y dominarán a sus opresores.

Cuando el Señor los haga descansar de su sufrimiento, de su tormento y de la cruel esclavitud a la que fueron sometidos, pronunciarán esta sátira contra el rey de Babilonia:

¡Hay que ver cómo terminó el opresor,
y cómo acabó su furia insolente!
Quebró el Señor la vara de los malvados;
rompió el bastón de los tiranos

Así dice el Señor:

«En el momento propicio te respondí,
y en el día de salvación te ayudé.
Ahora te guardaré, y haré de ti
un pacto para el pueblo,
para que restaures el país
y repartas las propiedades asoladas;

para que digas a los cautivos:
"¡Salgan!",
y a los que viven en tinieblas:
"¡Están en libertad!"
Ustedes los cielos, ¡griten de alegría!
Tierra, ¡regocíjate!
Montañas, ¡prorrumpan en canciones!
Porque el Señor consuela a su pueblo
y tiene compasión de sus pobres.

Pero Sión dijo: «El Señor me ha abandonado;
el Señor se ha olvidado de mí.»

«¿Puede una madre olvidar a su niño de pecho,
y dejar de amar al hijo que ha dado a luz?
Aun cuando ella lo olvidara,
¡yo no te olvidaré!
Grabada te llevo en las palmas de mis manos;
tus muros siempre los tengo presentes.
Tus constructores se apresuran;
de ti se apartan tus destructores
y los que te asolaron.

Alza tus ojos, y mira a tu alrededor;
todos se reúnen y vienen hacia ti.
Tan cierto como que yo vivo, afirma el Señor,
a todos ellos los usarás como adorno,
los lucirás en tu vestido de novia.

Sabrás entonces que yo soy el Señor,
y que no quedarán avergonzados
los que en mí confían.»

Toda la humanidad sabrá entonces
que yo, el Señor, soy tu Salvador;
que yo, el Poderoso de Jacob, soy tu Redentor.»

*El futuro retorno prometido del reino de Judá iba a ser un precur-
sor de algo mucho más glorioso que estaba aún por venir, el plan*

mayor de Dios de darle a su pueblo la libertad infinita y la gloria. Las profecías de Isaías terminaron con las promesas de un Siervo sufriente, el Mesías, que guiaría a un glorioso reino sin fin.

¿Quién ha creído a nuestro mensaje
    y a quién se le ha revelado el poder del SEÑOR?
Creció en su presencia como vástago tierno,
    como raíz de tierra seca.
No había en él belleza ni majestad alguna;
    su aspecto no era atractivo
    y nada en su apariencia lo hacía deseable.
Despreciado y rechazado por los hombres,
    varón de dolores, hecho para el sufrimiento.
Todos evitaban mirarlo;
    fue despreciado, y no lo estimamos.

Ciertamente él cargó con nuestras enfermedades
    y soportó nuestros dolores,
pero nosotros lo consideramos herido,
    golpeado por Dios, y humillado.
Él fue traspasado por nuestras rebeliones,
    y molido por nuestras iniquidades;
sobre él recayó el castigo, precio de nuestra paz,
    y gracias a sus heridas fuimos sanados.
Todos andábamos perdidos, como ovejas;
    cada uno seguía su propio camino,
pero el SEÑOR hizo recaer sobre él
    la iniquidad de todos nosotros.

Maltratado y humillado,
    ni siquiera abrió su boca;
como cordero, fue llevado al matadero;
    como oveja, enmudeció ante su trasquilador;
    y ni siquiera abrió su boca.
Después de aprehenderlo y juzgarlo, le dieron muerte;
    nadie se preocupó de su descendencia.
Fue arrancado de la tierra de los vivientes,
    y golpeado por la transgresión de mi pueblo.

Se le asignó un sepulcro con los malvados,
　　y murió entre los malhechores,
aunque nunca cometió violencia alguna,
　　ni hubo engaño en su boca.
Pero el SEÑOR quiso quebrantarlo y hacerlo sufrir,
　　y como él ofreció su vida en expiación,
verá su descendencia y prolongará sus días,
　　y llevará a cabo la voluntad del SEÑOR.
Después de su sufrimiento,
　　verá la luz y quedará satisfecho;
por su conocimiento
　　mi siervo justo justificará a muchos,
　　y cargará con las iniquidades de ellos.
Por lo tanto, le daré un puesto entre los grandes,
　　y repartirá el botín con los fuertes,
porque derramó su vida hasta la muerte,
　　y fue contado entre los transgresores.
Cargó con el pecado de muchos,
　　e intercedió por los pecadores.

En el ínterin, el fiel rey Ezequías murió y fue enterrado. Por desgracia, su hijo, Manasés, no siguió el ejemplo fiel de su padre. El reinado de Manasés apoyaba activamente las prácticas religiosas detestables y la opresión brutal. Las personas justas[3] de la tierra debieron haber tenido gratos recuerdos de los buenos días anteriores de Ezequías, mientras que soportaban las traiciones y concesiones de Manasés.

---

[3]**Justas:** Quienes valoran a Dios por encima de toda persona y toda cosa. Una persona justa vive una vida en obediencia a Dios.

17

La caída del reino

MANASÉS TENÍA DOCE AÑOS CUANDO ASCENDIÓ AL TRONO, Y REINÓ en Jerusalén cincuenta y cinco años.

Manasés hizo lo que ofende al SEÑOR, pues practicaba las repugnantes ceremonias de las naciones que el SEÑOR había expulsado delante de los israelitas. Reconstruyó los altares paganos que su padre Ezequías había destruido; además, erigió otros altares en honor de Baal e hizo una imagen de la diosa Aserá, como lo había hecho Acab, rey de Israel. Se postró ante todos los astros del cielo y los adoró. Construyó altares en el templo del SEÑOR, lugar del cual el SEÑOR había dicho: «Jerusalén será el lugar donde yo habite.» En ambos atrios del templo del SEÑOR construyó altares en honor de los astros del cielo. Sacrificó en el fuego a su propio hijo, practicó la magia y la hechicería, y consultó a nigromantes y a espiritistas. Hizo continuamente lo que ofende al SEÑOR, provocando así su ira.

Tomó la imagen de la diosa Aserá que él había hecho, y la puso en el templo, lugar del cual el SEÑOR había dicho a David y a su hijo Salomón: «En este templo en Jerusalén, la ciudad que he escogido de entre todas las tribus de Israel, he decidido habitar para siempre. Nunca más dejaré que los israelitas anden perdidos fuera de la tierra que les di a sus antepasados, siempre y cuando tengan cuidado de cumplir todo lo que yo les he ordenado, es decir, toda la ley que les dio mi siervo Moisés.» Pero no hicieron caso; Manasés los descarrió, de modo que se condujeron peor que las naciones que el SEÑOR destruyó delante de ellos.

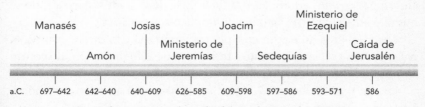

Manasés		Josías		Joacim		Ministerio de Ezequiel	
	Amón		Ministerio de Jeremías		Sedequías		Caída de Jerusalén
a.C.	697–642	642–640	640–609	626–585	609–598	597–586	593–571	586

Para información completa sobre la cronología vea la página ix.

Por lo tanto, el SEÑOR dijo por medio de sus siervos los profetas: «Como Manasés, rey de Judá, ha practicado estas repugnantes ceremonias y se ha conducido peor que los amorreos que lo precedieron, haciendo que los israelitas pequen con los ídolos que él hizo, así dice el SEÑOR, Dios de Israel: "Voy a enviar tal desgracia sobre Jerusalén y Judá, que a todo el que lo oiga le quedará retumbando en los oídos. Extenderé sobre Jerusalén el mismo cordel con que medí a Samaria, y la misma plomada con que señalé a la familia de Acab. Voy a tratar a Jerusalén como se hace con un plato que se restriega y se pone boca abajo. Abandonaré al resto de mi heredad, entregando a mi pueblo en manos de sus enemigos, que lo saquearán y lo despojarán. Porque los israelitas han hecho lo que me ofende, y desde el día en que sus antepasados salieron de Egipto hasta hoy me han provocado."»

Además del pecado que hizo cometer a Judá, haciendo así lo que ofende al SEÑOR, Manasés derramó tanta sangre inocente que inundó a Jerusalén de un extremo a otro.

El SEÑOR les habló a Manasés y a su pueblo, pero no le hicieron caso. Por eso el SEÑOR envió contra ellos a los jefes del ejército del rey de Asiria, los cuales capturaron a Manasés y lo llevaron a Babilonia sujeto con garfios y cadenas de bronce. Estando en tal aflicción, imploró al SEÑOR, Dios de sus antepasados, y se humilló profundamente ante él. Oró al SEÑOR, y él escuchó sus súplicas y le permitió regresar a Jerusalén y volver a reinar. Así Manasés reconoció que sólo el SEÑOR es Dios.

Cualquier sentimiento de nueva esperanza y promesa suscitado por el arrepentimiento de Manasés fue suprimido cuando su hijo Amón se convirtió en rey, tras la muerte de Manasés.

Amón tenía veintidós años cuando ascendió al trono, y reinó en Jerusalén dos años. Pero hizo lo que ofende al SEÑOR, como lo había hecho su padre Manasés, y ofreció sacrificios a todos los ídolos que había hecho su padre, y los adoró. Pero, a diferencia de su padre Manasés, no se humilló ante el SEÑOR, sino que multiplicó sus pecados.

Los ministros de Amón conspiraron contra él y lo asesinaron en su palacio. A su vez, la gente mató a todos los que habían conspirado contra él, y en su lugar proclamaron rey a su hijo Josías.

Joacim tenía veinticinco años cuando ascendió al trono, y reinó en Jerusalén once años.

El hijo de Amón, Josías, solo tenía ocho años cuando comenzó a reinar. Josías reinó con éxito, incluso con distinción, por treinta y un años de renovación y reforma espiritual. Durante su reinado se descubrió el antiguo Libro de la Ley de Moisés mientras Josías estaba reparando el ruinoso templo, y Josías siguió sus instrucciones celosamente. Él puso su corazón y su alma en redescubrir para todo el pueblo la manera de vivir de Dios. Sin embargo, como resultado de una fatídica decisión política, murió en la batalla contra el faraón Necao de Egipto en el 609 a. C.

El viejo patrón del hijo diferente al padre continuó, y el hijo de Josías, Joacaz, fue patético como rey, durando solo tres meses. Luego vino Joacim, el cual no fue mejor.

También este rey hizo lo que ofende al Señor, tal como lo hicieron sus antepasados.

Durante el reinado de Joacim, lo atacó Nabucodonosor, rey de Babilonia, y lo sometió durante tres años, al cabo de los cuales Joacim decidió rebelarse. Entonces el Señor envió contra Joacim bandas de guerrilleros babilonios, sirios, moabitas y amonitas. Las envió contra Judá para destruir el país, según la palabra que el Señor había dado a conocer por medio de sus siervos los profetas.

Joacim murió, y su hijo Joaquín lo sucedió en el trono.

Joaquín tenía dieciocho años cuando ascendió al trono, y reinó en Jerusalén tres meses. Su madre era Nejustá hija de Elnatán, oriunda de Jerusalén. Joaquín hizo lo que ofende al Señor, tal como lo había hecho su padre.

En aquel tiempo, las tropas de Nabucodonosor, rey de Babilonia, marcharon contra Jerusalén y la sitiaron. Cuando ya la tenían cercada, Nabucodonosor llegó a la ciudad. Joaquín, rey de Judá, se rindió, junto con su madre y sus funcionarios, generales y oficiales.

Así, en el año octavo de su reinado, el rey de Babilonia capturó a Joaquín. Tal como el Señor lo había anunciado, Nabucodonosor se llevó los tesoros del templo del Señor y del palacio real, partiendo en pedazos todos los utensilios de oro que Salomón, rey de Israel, había hecho para el templo. Además, deportó a todo Jerusalén: a los generales y a los mejores soldados, a los artesanos y a los herreros, un total de diez mil personas. No quedó en el país más que la gente pobre.

Nabucodonosor deportó a Joaquín a Babilonia, y también se llevó de Jerusalén a la reina madre, a las mujeres del rey, a sus oficiales y a la flor y nata del país. Deportó además a todos los guerreros, que eran siete mil, y a mil artesanos y herreros, todos aptos para la guerra. El rey de Babilonia se los llevó cautivos a Babilonia. Luego puso como rey a Matanías, tío de Joaquín, y le dio el nombre de Sedequías.

Dios permitió que el poderoso rey Nabucodonosor empezara a aplastar a Jerusalén, el último bastión de promesa y esperanza de Judá. Bajo las órdenes de Nabucodonosor, un segundo y aun más grande grupo de israelitas fue deportado a Babilonia en el año 597 a. C. Entre ellos estaba un joven sacerdote llamado Ezequiel, un hombre de gran intelecto, inmenso talento literario y visión espiritual.

Ezequiel le comunica a sus compañeros exiliados el severo mensaje del juicio de Dios. Jerusalén estaba todavía en pie, pero este fue el principio del fin. En esta visión, Ezequiel recibió las órdenes de su marcha y su mensaje profético: la incredulidad lleva a la perdición.

En el día quinto del mes cuarto del año treinta, mientras me encontraba entre los deportados a orillas del río Quebar, los cielos se abrieron y recibí visiones de Dios.

De pronto me fijé y vi que del norte venían un viento huracanado y una nube inmensa rodeada de un fuego fulgurante y de un gran resplandor. En medio del fuego se veía algo semejante a un metal refulgente. También en medio del fuego vi algo parecido a cuatro seres vivientes, cada uno de los cuales tenía cuatro caras y cuatro alas.

Sobre las cabezas de los seres vivientes había una especie de bóveda, muy hermosa y reluciente como el cristal.

Debajo de la bóveda las alas de estos seres se extendían y se tocaban entre sí, y cada uno de ellos tenía otras dos alas con las que se cubría el cuerpo. Cuando los seres avanzaban, yo podía oír el ruido de sus alas: era como el estruendo de muchas aguas, como la voz del Todopoderoso, como el tumultuoso ruido de un campamento militar. Cuando se detenían, replegaban sus alas.

Luego, mientras estaban parados con sus alas replegadas, se produjo un estruendo por encima de la bóveda que estaba sobre sus cabezas. Por encima de esa bóveda había algo semejante a un trono de zafiro, y sobre lo que parecía un trono había una figura de aspecto humano. De lo que parecía ser su cintura para arriba, vi algo que brillaba como el metal bruñido, rodeado de fuego. De su cintura para abajo, vi algo semejante al fuego, y un resplandor a su alrededor. El resplandor era semejante al del arco iris cuando aparece en las nubes en un día de lluvia.

Tal era el aspecto de la gloria del Señor. Ante esa visión, caí rostro en tierra y oí que una voz me hablaba.

Esa voz me dijo: «Hijo de hombre, ponte en pie, que voy a hablarte.» Mientras me hablaba, el Espíritu entró en mí, hizo que me pusiera de pie, y pude oír al que me hablaba.

Me dijo: «Hijo de hombre, te voy a enviar a los israelitas. Es una nación rebelde que se ha sublevado contra mí. Ellos y sus antepasados se han rebelado contra mí hasta el día de hoy. Te estoy enviando a un pueblo obstinado y terco, al que deberás advertirle: "Así dice el Señor omnipotente."

Tú, hijo de hombre, no tengas miedo de ellos ni de sus palabras, por más que estés en medio de cardos y espinas, y vivas rodeado de escorpiones. No temas por lo que digan, ni te sientas atemorizado, porque son un pueblo obstinado. Tal vez te escuchen, tal vez no, pues son un pueblo rebelde; pero tú les proclamarás mis palabras.

El Señor me dirigió la palabra: «Hijo de hombre, alza tu mirada hacia los cerros de Israel, y profetiza contra ellos. Diles: "Escuchen, cerros de Israel, la palabra del Señor. Esto dice el Señor omnipotente a cerros y colinas, a ríos y valles: 'Haré que venga contra ustedes la espada, y destruiré sus lugares de culto idolátrico. Despedazaré sus altares, haré añicos sus quemadores de incienso, y haré también que sus muertos caigan frente a sus ídolos malolientes. ¡Sí! Delante de sus ídolos malolientes arrojaré los cadáveres de los israelitas, y esparciré sus huesos en torno a sus altares. No importa dónde vivan ustedes, sus ciudades serán destruidas y sus lugares de culto idolátrico serán devastados. Sus altares quedarán completamente destrozados; sus ídolos malolientes, hechos un montón de ruinas; sus quemadores de incienso, hechos añicos. ¡Todas sus obras desaparecerán! Su propia gente caerá muerta, y así sabrán ustedes que yo soy el Señor.

»" 'Pero yo dejaré que algunos de ustedes se escapen de la muerte y queden esparcidos entre las naciones y los pueblos. Los sobrevivientes se acordarán de mí en las naciones donde hayan sido llevados cautivos. Se acordarán de cómo sufrí por culpa de su corazón adúltero, y de cómo se apartaron de mí y se fueron tras sus ídolos malolientes. ¡Sentirán asco de ellos mismos por todas las maldades que hicieron y por sus obras repugnantes! Entonces sabrán que no en vano yo, el SEÑOR, los amenacé con estas calamidades'. "

»Así dice el SEÑOR omnipotente: ¡Las desgracias se siguen unas a otras!

Te ha llegado la hora, habitante del país. Ya viene la hora, ya se acerca el día. En las montañas hay pánico y no alegría. Ya estoy por descargar sobre ti mi furor; desahogaré mi enojo contra ti. Te juzgaré según tu conducta; te pediré cuentas por todas tus acciones detestables.

Al regresar a casa, las cosas iban de mal en peor en Jerusalén. Sin embargo, Dios continuó buscando y advirtiendo a su pueblo. Otro profeta, de nombre Jeremías, fue llamado al servicio en una conversación muy interesante con Dios.

La palabra del SEÑOR vino a mí:

«Antes de formarte en el vientre,
     ya te había elegido;
antes de que nacieras,
     ya te había apartado;
     te había nombrado profeta para las naciones.»

Yo le respondí: «¡Ah, SEÑOR mi Dios! ¡Soy muy joven, y no sé hablar!»

Pero el SEÑOR me dijo: «No digas: "Soy muy joven", porque vas a ir adondequiera que yo te envíe, y vas a decir todo lo que yo te ordene. No le temas a nadie, que yo estoy contigo para librarte.» Lo afirma el SEÑOR.

Luego extendió el SEÑOR la mano y, tocándome la boca, me dijo: «He puesto en tu boca mis palabras. Mira, hoy te doy autoridad sobre naciones y reinos, »para arrancar y derribar, para destruir y demoler, para construir y plantar.»

Hoy te he puesto como ciudad fortificada, como columna de hierro y muro de bronce, contra todo el país, contra los reyes de Judá, contra sus autoridades y sus sacerdotes, y contra la gente del país. Pelearán contra ti, pero no te podrán vencer, porque yo estoy contigo para librarte», afirma el SEÑOR.

Sabiendo que Dios estaba con él, Jeremías derramó sus temores. Conocido como el «profeta llorón», Jeremías sintió profundamente la carga del pecado de la gente y el juicio venidero. No ayudó que su mensaje fuese inoportuno y no deseado. Él les dijo acerca de la destrucción de Jerusalén que estaba por venir, y del juicio de Dios por los pecados de la idolatría y el orgullo del pueblo.

No obstante, Jeremías conocía otra verdad y la dijo: la misericordia de Dios nunca fallará, aunque el indulto de la pena pueda parecer distante. A pesar de todos los edificios destruidos, las vidas perdidas en las desventuradas batallas y las vidas desperdiciadas persiguiendo el placer pagano, todavía la misericordia de Dios permanece, tiernas misericordias serán vertidas sobre la nación que lo había abandonado. Con el Dios de amor majestuoso, nada es imposible.

¡Escuchen la palabra del SEÑOR, descendientes de Jacob,
    tribus todas del pueblo de Israel!

¿Hay alguna nación que haya cambiado de dioses,
    a pesar de que no son dioses?
¡Pues mi pueblo ha cambiado al que es su gloria,
    por lo que no sirve para nada!
¡Espántense, cielos, ante esto!
    ¡Tiemblen y queden horrorizados!
                        —afirma el SEÑOR—.

»Dos son los pecados
    que ha cometido mi pueblo:
Me han abandonado a mí,
    fuente de agua viva,
y han cavado sus propias cisternas,
    cisternas rotas que no retienen agua.
»Desde hace mucho quebraste el yugo;

te quitaste las ataduras
y dijiste: "¡No quiero servirte!"

Yo te planté, como vid selecta,
con semilla genuina.
¿Cómo es que te has convertido
en una vid degenerada y extraña?
Aunque te laves con lejía,
y te frotes con mucho jabón,
ante mí seguirá presente
la mancha de tu iniquidad
—afirma el SEÑOR omnipotente—.

»El pueblo de Israel se avergonzará,
junto con sus reyes y autoridades,
sacerdotes y profetas,
como se avergüenza el ladrón cuando lo descubren.
A un trozo de madera le dicen:
"Tú eres mi padre",
y a una piedra le repiten:
"Tú me has dado a luz."
Me han vuelto la espalda;
no me quieren dar la cara.
Pero les llega la desgracia y me dicen:
"¡Levántate y sálvanos!"
¿Dónde están, Judá, los dioses que te fabricaste?
¡Tienes tantos dioses como ciudades!
¡Diles que se levanten!
¡A ver si te salvan cuando caigas en desgracia!

»¡Anúncienlo en Judá,
proclámenlo en Jerusalén!
¡Toquen la trompeta por todo el país!
Griten a voz en cuello:
"¡Reúnanse y entremos
en las ciudades fortificadas!"
Señalen a Sión con la bandera;
¡busquen refugio, no se detengan!

Porque yo traigo del norte
    calamidad y gran destrucción.
Un león ha salido del matorral,
    un destructor de naciones se ha puesto en marcha;
ha salido de su lugar de origen
    para desolar tu tierra;
tus ciudades quedarán en ruinas
    y totalmente despobladas.
Por esto, vístanse de luto,
    laméntense y giman,
porque la ardiente ira del Señor
    no se ha apartado de nosotros.

«Recorran las calles de Jerusalén,
    observen con cuidado,
    busquen por las plazas.
Si encuentran una sola persona
    que practique la justicia y busque la verdad,
    yo perdonaré a esta ciudad.

Pero si ustedes no obedecen,
    lloraré en secreto
    por causa de su orgullo;
mis ojos llorarán amargamente
    y se desharán en lágrimas,
porque el rebaño del Señor
    será llevado al cautiverio.

Di al rey y a la reina madre:
    «¡Humíllense, siéntense en el suelo,
que ya no ostentan sobre su cabeza
    la corona de gloria!»
Las ciudades del Néguev están cerradas,
    y no hay quien abra sus puertas.
Todo Judá se ha ido al destierro,
    exiliado en su totalidad.

Las palabras de Jeremías eran claras, pero los reyes de Judá se negaron a escuchar. Ellos se volvieron cada vez más descarados, ignorando las advertencias del profeta y su sabiduría. Sus tácticas llenas de duplicidad y codicia estaban destinadas al fracaso. Finalmente los reyes de Judá tuvieron que hacerle frente a la fuerza militar de Babilonia, poderosa y lista para matar.

Por amor a su pueblo y al lugar donde habita, el Señor, Dios de sus antepasados, con frecuencia les enviaba advertencias por medio de sus mensajeros. Pero ellos se burlaban de los mensajeros de Dios, tenían en poco sus palabras, y se mofaban de sus profetas. Por fin, el Señor desató su ira contra el pueblo, y ya no hubo remedio.

Sedequías tenía veintiún años cuando ascendió al trono, y reinó en Jerusalén once años, pero hizo lo que ofende al Señor su Dios. No se humilló ante el profeta Jeremías, que hablaba en nombre del Señor, y además se rebeló contra el rey Nabucodonosor, a quien había jurado lealtad. Sedequías fue terco y, en su obstinación, no quiso volverse al Señor, Dios de Israel. También los jefes de los sacerdotes y el pueblo aumentaron su maldad, pues siguieron las prácticas detestables de los países vecinos y contaminaron el templo que el Señor había consagrado para sí en Jerusalén.

En el año noveno del reinado de Sedequías, a los diez días del mes décimo, Nabucodonosor, rey de Babilonia, marchó con todo su ejército y atacó a Jerusalén. Acampó frente a la ciudad y construyó una rampa de asalto a su alrededor. La ciudad estuvo sitiada hasta el año undécimo del reinado de Sedequías.

A los nueve días del mes cuarto, […] el hambre se agravó en la ciudad, y no había más alimento para el pueblo...

En la superficie, parecía que Dios había abandonado a su pueblo. ¿Dónde estaba su misericordia ahora? Sedequías y sus socios querían que Jeremías interviniera y le pidiera ayuda a Dios. En cambio, Jeremías predijo la derrota y la muerte como consecuencias del continuo pecado del pueblo.

Ésta es la palabra del Señor, que vino a Jeremías cuando el rey Sedequías envió a Pasur hijo de Malquías, y al sacerdote Sofonías hijo de Maseías, a que le dijeran: «Consulta ahora al Señor por nosotros, porque

Nabucodonosor, rey de Babilonia, nos está atacando. Tal vez el Señor haga uno de sus milagros, y lo obligue a retirarse.»

Jeremías les respondió: «Adviértanle a Sedequías que así dice el Señor, el Dios de Israel: "Yo haré retroceder tus tropas, las que pelean contra el rey de Babilonia y contra los caldeos, que desde fuera de los muros los tienen sitiados. Haré que tus tropas se replieguen dentro de la ciudad. Yo mismo pelearé contra ustedes. Con gran despliegue de poder, y con ira, furor y gran indignación, heriré a hombres y animales, y los habitantes de esta ciudad morirán por causa de una peste terrible. Después de eso entregaré a Sedequías, rey de Judá, y a sus oficiales y a la gente que haya quedado con vida después de la peste, la espada y el hambre —afirma el Señor—. Los entregaré en manos de Nabucodonosor, rey de Babilonia, y de los enemigos que buscan matarlos. Sin ninguna piedad, clemencia ni compasión, Nabucodonosor los herirá a filo de espada."

»Y a este pueblo adviértele que así dice el Señor: "Pongo delante de ustedes el camino de la vida y el camino de la muerte. El que se quede en esta ciudad morirá por la espada y la peste, o de hambre. Pero el que salga y se rinda a los caldeos que los están sitiando, vivirá. Así salvará su vida. Porque he decidido hacerle a esta ciudad el mal y no el bien —afirma el Señor—. Será entregada en manos del rey de Babilonia, quien le prenderá fuego."

... se abrió una brecha en el muro de la ciudad, de modo que, aunque los babilonios la tenían cercada, todo el ejército se escapó de noche por la puerta que estaba entre los dos muros, junto al jardín real. Huyeron camino al Arabá, pero el ejército babilonio persiguió a Sedequías hasta alcanzarlo en la llanura de Jericó. Sus soldados se dispersaron, abandonándolo, y los babilonios lo capturaron.

Entonces lo llevaron ante el rey de Babilonia, que estaba en Riblá. Allí Sedequías recibió su sentencia. Ante sus propios ojos degollaron a sus hijos, y después le sacaron los ojos, lo ataron con cadenas de bronce y lo llevaron a Babilonia.

A los siete días del mes quinto del año diecinueve del reinado de Nabucodonosor, rey de Babilonia, su ministro Nabuzaradán, que era el comandante de la guardia, fue a Jerusalén y le prendió fuego al templo del Señor, al palacio real y a todas las casas de Jerusalén, incluso a todos los edificios importantes. Entonces el ejército babilonio bajo su mando derribó las murallas que rodeaban la ciudad. Nabuzaradán además deportó a la gente que quedaba en la ciudad, es decir, al resto de la muchedumbre y a los que se habían aliado con el rey de Babilonia. Sin embargo, dejó a algunos de los más pobres para que se encargaran de los viñedos y de los campos.

Así Judá fue desterrado y llevado cautivo.

Jerusalén había caído. No obstante, el profeta Jeremías no fue deportado. Por el contrario, Nabucodonosor le aconsejó que residiera con el nuevo gobernador de la región, Guedalías. Poco después, Guedalías fue asesinado. Muchos de los judíos que permanecían todavía en Judá, temiendo la represalia de Babilonia, huyeron a Egipto y obligaron a Jeremías a ir con ellos. (La tradición judía dice que Jeremías fue apedreado hasta morir mientras vivía en Egipto). Sin embargo, el corazón de Jeremías siempre estaba puesto en la ciudad santa de su patria, una vez ocupada en sus labores y la oración, ahora vacía y quieta. Jeremías lloró amargamente por su pueblo.

¡Ay, cuán desolada se encuentra
la que fue ciudad populosa!
¡Tiene apariencia de viuda
la que fue grande entre las naciones!
¡Hoy es esclava de las provincias
la que fue gran señora entre ellas!

Amargas lágrimas derrama por las noches;
corre el llanto por sus mejillas.
No hay entre sus amantes
uno solo que la consuele.
Todos sus amigos la traicionaron;
se volvieron sus enemigos.

Humillada, cargada de cadenas,
Judá marchó al exilio.
Una más entre las naciones,
no encuentra reposo.
Todos sus perseguidores la acosan,
la ponen en aprietos.

El SEÑOR ha llevado a cabo sus planes;
 ha cumplido su palabra,
  que decretó hace mucho tiempo.
Sin piedad, te echó por tierra;
 dejó que el enemigo se burlara de ti,
  y enalteció el poder de tus oponentes.

Pero algo más me viene a la memoria,
 lo cual me llena de esperanza:

El gran amor del SEÑOR nunca se acaba,
 y su compasión jamás se agota.
Cada mañana se renuevan sus bondades;
 ¡muy grande es su fidelidad!
Por tanto, digo:
 «El SEÑOR es todo lo que tengo.
 ¡En él esperaré!»

Bueno es el SEÑOR con quienes en él confían,
 con todos los que lo buscan.
Bueno es esperar calladamente
 a que el SEÑOR venga a salvarnos.

Recuerda, SEÑOR, lo que nos ha sucedido;
 toma en cuenta nuestro oprobio.

En nuestro corazón ya no hay gozo;
 la alegría de nuestras danzas se convirtió
 en tristeza.

Nuestra cabeza se ha quedado sin corona.
 ¡Ay de nosotros; hemos pecado!

Pero tú, SEÑOR, reinas por siempre;
 tu trono permanece eternamente.
¿Por qué siempre nos olvidas?
 ¿Por qué nos abandonas tanto tiempo?
Permítenos volver a ti, SEÑOR, y volveremos;
 devuélvenos la gloria de antaño.

Aunque Jeremías se enfrentó con el dolor y la tragedia, él confiaba en la misericordia de Dios, tal como lo hizo Ezequiel. Previamente a que Jerusalén cayera ante los babilonios, el profeta Ezequiel le advirtió al pueblo sobre la destrucción venidera. Sin embargo, una vez que Ezequiel y sus compañeros exiliados en Babilonia recibieron la noticia de que Jerusalén había caído, su mensaje les devolvió la esperanza. A pesar de que el pueblo le había dado la espalda a Dios, de nuevo recibirían gracia y misericordia abundantes e inmerecidas.

»Por eso, adviértele al pueblo de Israel que así dice el Señor omnipotente: "Voy a actuar, pero no por ustedes sino por causa de mi santo nombre, que ustedes han profanado entre las naciones por donde han ido. Daré a conocer la grandeza de mi santo nombre, el cual ha sido profanado entre las naciones, el mismo que ustedes han profanado entre ellas. Cuando dé a conocer mi santidad entre ustedes, las naciones sabrán que yo soy el Señor. Lo afirma el Señor omnipotente.

Los sacaré de entre las naciones, los reuniré de entre todos los pueblos, y los haré regresar a su propia tierra. Los rociaré con agua pura, y quedarán purificados. Los limpiaré de todas sus impurezas e idolatrías. Les daré un nuevo corazón, y les infundiré un espíritu nuevo; les quitaré ese corazón de piedra que ahora tienen, y les pondré un corazón de carne. Infundiré mi Espíritu en ustedes, y haré que sigan mis preceptos y obedezcan mis leyes. Vivirán en la tierra que les di a sus antepasados, y ustedes serán mi pueblo y yo seré su Dios.

»"Así dice el Señor omnipotente: El día que yo los purifique de todas sus iniquidades, poblaré las ciudades y reconstruiré las ruinas. Se cultivará la tierra desolada, y ya no estará desierta a la vista de cuantos pasan por ella. Entonces se dirá: 'Esta tierra, que antes yacía desolada, es ahora un jardín de Edén; las ciudades que antes estaban en ruinas, desoladas y destruidas, están ahora habitadas y fortalecidas.' Entonces las naciones que quedaron a su alrededor sabrán que yo, el Señor, reconstruí lo que estaba derribado y replanté lo que había quedado como desierto. Yo, el Señor, lo he dicho, y lo cumpliré."

La mano del Señor vino sobre mí, y su Espíritu me llevó y me colocó en medio de un valle que estaba lleno de huesos. Me hizo pasearme entre ellos, y pude observar que había muchísimos huesos en el valle, huesos que estaban completamente secos. Y me dijo: «Hijo de hombre, ¿podrán revivir estos huesos?»

Y yo le contesté: «SEÑOR omnipotente, tú lo sabes.»

Entonces me dijo: «Profetiza sobre estos huesos, y diles: "¡Huesos secos, escuchen la palabra del SEÑOR! Así dice el SEÑOR omnipotente a estos huesos: 'Yo les daré aliento de vida, y ustedes volverán a vivir. Les pondré tendones, haré que les salga carne, y los cubriré de piel; les daré aliento de vida, y así revivirán. Entonces sabrán que yo soy el SEÑOR.' "»

Tal y como el SEÑOR me lo había mandado, profeticé. Y mientras profetizaba, se escuchó un ruido que sacudió la tierra, y los huesos comenzaron a unirse entre sí. Yo me fijé, y vi que en ellos aparecían tendones, y les salía carne y se recubrían de piel, ¡pero no tenían vida!

Entonces el SEÑOR me dijo: «Profetiza, hijo de hombre; conjura al aliento de vida y dile: "Esto ordena el SEÑOR omnipotente: 'Ven de los cuatro vientos, y dales vida a estos huesos muertos para que revivan.' "»

Yo profeticé, tal como el SEÑOR me lo había ordenado, y el aliento de vida entró en ellos; entonces los huesos revivieron y se pusieron de pie. ¡Era un ejército numeroso!

Luego me dijo: «Hijo de hombre, estos huesos son el pueblo de Israel. Ellos andan diciendo: "Nuestros huesos se han secado. Ya no tenemos esperanza. ¡Estamos perdidos!" Por eso, profetiza y adviérteles que así dice el SEÑOR omnipotente: "Pueblo mío, abriré tus tumbas y te sacaré de ellas, y te haré regresar a la tierra de Israel. Y cuando haya abierto tus tumbas y te haya sacado de allí, entonces, pueblo mío, sabrás que yo soy el SEÑOR. Pondré en ti mi aliento de vida, y volverás a vivir. Y te estableceré en tu propia tierra. Entonces sabrás que yo, el SEÑOR, lo he dicho, y lo cumpliré. Lo afirma el SEÑOR."»

18

Daniel en el exilio

*Daniel y otros tres jóvenes se encontraban entre los cautivos lleva-
dos a Babilonia en el año 605 a. C., como parte de la primera deportación de los judíos antes de la caída de Jerusalén. Estos cuatro
jóvenes se convirtieron en el más conocido cuarteto de héroes del
Antiguo Testamento. Ellos se adaptaron exitosamente a la pérdida
de sus hogares y su familia, sobreviviendo al fuerte entrenamiento
en el protocolo extranjero. No es difícil ver la forma en que rápidamente se convirtieron en los favoritos del rey.*

ADEMÁS, EL REY LE ORDENÓ A ASPENAZ, JEFE DE LOS OFICIALES DE
su corte, que llevara a su presencia a algunos de los israelitas pertene-
cientes a la familia real y a la nobleza. Debían ser jóvenes apuestos y sin
ningún defecto físico, que tuvieran aptitudes para aprender de todo y
que actuaran con sensatez; jóvenes sabios y aptos para el servicio en el
palacio real, a los cuales Aspenaz debía enseñarles la lengua y la literatura de los babilonios. El rey les asignó raciones diarias de la comida y del
vino que se servía en la mesa real. Su preparación habría de durar tres
años, después de lo cual entrarían al servicio del rey.

Entre estos jóvenes se encontraban Daniel, Ananías, Misael y Azarías, que eran de Judá, y a los cuales el jefe de oficiales les cambió el
nombre: a Daniel lo llamó Beltsasar; a Ananías, Sadrac; a Misael, Mesac;
y a Azarías, Abednego.

Pero Daniel se propuso no contaminarse con la comida y el vino del
rey, así que le pidió al jefe de oficiales que no lo obligara a contaminarse.

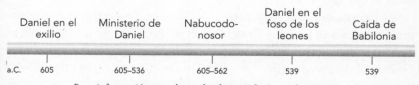

Daniel en el exilio	Ministerio de Daniel	Nabucodo-nosor	Daniel en el foso de los leones	Caída de Babilonia
a.C. 605	605–536	605–562	539	539

Para información completa sobre la cronología vea la página ix.

223

Y aunque Dios había hecho que Daniel se ganara el afecto y la simpatía del jefe de oficiales, éste se vio obligado a responderle a Daniel: «Tengo miedo de mi señor el rey, pues fue él quien te asignó la comida y el vino. Si el rey llega a verte más flaco y demacrado que los otros jóvenes de tu edad, por culpa tuya me cortará la cabeza.»

El jefe de oficiales le ordenó a un guardia atender a Daniel, Ananías, Misael y Azarías. Por su parte, Daniel habló con ese guardia y le dijo: «Por favor, haz con tus siervos una prueba de diez días. Danos de comer sólo verduras, y de beber sólo agua. Pasado ese tiempo, compara nuestro semblante con el de los jóvenes que se alimentan con la comida real, y procede de acuerdo con lo que veas en nosotros.» El guardia aceptó la propuesta, y los sometió a una prueba de diez días.

Al cumplirse el plazo, estos jóvenes se veían más sanos y mejor alimentados que cualquiera de los que participaban de la comida real. Así que el guardia les retiró la comida y el vino del rey, y en su lugar siguió alimentándolos con verduras.

A estos cuatro jóvenes Dios los dotó de sabiduría e inteligencia para entender toda clase de literatura y ciencia. Además, Daniel podía entender toda visión y todo sueño.

Cumplido el plazo fijado por el rey Nabucodonosor, y conforme a sus instrucciones, el jefe de oficiales los llevó ante su presencia. Luego de hablar el rey con Daniel, Ananías, Misael y Azarías, no encontró a nadie que los igualara, de modo que los cuatro entraron a su servicio. El rey los interrogó, y en todos los temas que requerían de sabiduría y discernimiento los halló diez veces más inteligentes que todos los magos y hechiceros de su reino.

Fue así como Daniel se quedó en Babilonia hasta el primer año del rey Ciro.

En el segundo año de su reinado, Nabucodonosor tuvo varios sueños que lo perturbaron y no lo dejaban dormir. Mandó entonces que se reunieran los magos, hechiceros, adivinos y astrólogos de su reino, para que le dijeran lo que había soñado. Una vez reunidos, y ya en presencia del rey, éste les dijo: —Tuve un sueño que me tiene preocupado, y quiero saber lo que significa.

Los astrólogos le respondieron: —¡Que viva Su Majestad por siempre! Estamos a su servicio. Cuéntenos el sueño, y nosotros le diremos lo que significa.

Pero el rey les advirtió: —Mi decisión ya está tomada: Si no me dicen lo que soñé, ni me dan su interpretación, ordenaré que los corten en pedazos y que sus casas sean reducidas a cenizas. Pero si me dicen lo que soñé y me explican su significado, yo les daré regalos, recompensas y grandes honores. Así que comiencen por decirme lo que soñé, y luego explíquenme su significado.

Los astrólogos insistieron: —Si Su Majestad les cuenta a estos siervos suyos lo que soñó, nosotros le diremos lo que significa.

Pero el rey les contestó: —Mi decisión ya está tomada. Eso ustedes bien lo saben, y por eso quieren ganar tiempo. Si no me dicen lo que soñé, ya saben lo que les espera. Ustedes se han puesto de acuerdo para salirme con cuestiones engañosas y mal intencionadas, esperando que cambie yo de parecer. Díganme lo que soñé, y así sabré que son capaces de darme su interpretación.

Entonces los astrólogos le respondieron: —¡No hay nadie en la tierra capaz de hacer lo que Su Majestad nos pide! ¡Jamás a ningún rey se le ha ocurrido pedirle tal cosa a ningún mago, hechicero o astrólogo! Lo que Su Majestad nos pide raya en lo imposible, y nadie podrá revelárselo, a no ser los dioses. ¡Pero ellos no viven entre nosotros!

Tanto enfureció al rey la respuesta de los astrólogos, que mandó ejecutar a todos los sabios de Babilonia. Se publicó entonces un edicto que decretaba la muerte de todos los sabios, de modo que se ordenó la búsqueda de Daniel y de sus compañeros para que fueran ejecutados.

Cuando el comandante de la guardia real, que se llamaba Arioc, salió para ejecutar a los sabios babilonios, Daniel le habló con mucho tacto e inteligencia. Le dijo: «¿Por qué ha emitido el rey un edicto tan violento?» Y una vez que Arioc le explicó cuál era el problema, Daniel fue a ver al rey y le pidió tiempo para poder interpretarle su sueño.

Después volvió a su casa y les contó a sus amigos Ananías, Misael y Azarías cómo se presentaba la situación. Al mismo tiempo, les pidió que imploraran la misericordia del Dios del cielo en cuanto a ese sueño misterioso, para que ni él ni sus amigos fueran ejecutados con el resto de los sabios babilonios. Durante la noche, Daniel recibió en una visión la respuesta al misterio. Entonces alabó al Dios del cielo y dijo:

> «¡Alabado sea por siempre el nombre de Dios!
>   Suyos son la sabiduría y el poder.
> Él cambia los tiempos y las épocas,
>   pone y depone reyes.
> A los sabios da sabiduría,
>   y a los inteligentes, discernimiento.

Él revela lo profundo y lo escondido,
y sabe lo que se oculta en las sombras.
¡En él habita la luz!
A ti, Dios de mis padres,
te alabo y te doy gracias.
Me has dado sabiduría y poder,
me has dado a conocer lo que te pedimos,
¡me has dado a conocer el sueño del rey!»

Entonces Daniel fue a ver a Arioc, a quien el rey le había dado la orden de ejecutar a los sabios de Babilonia, y le dijo: —No mates a los sabios babilonios. Llévame ante el rey, y le interpretaré el sueño que tuvo.

Inmediatamente Arioc condujo a Daniel a la presencia del rey, y le dijo: —Entre los exiliados de Judá he hallado a alguien que puede interpretar el sueño de Su Majestad.

El rey le preguntó a Daniel, a quien los babilonios le habían puesto por nombre Beltsasar: —¿Puedes decirme lo que vi en mi sueño, y darme su interpretación?

A esto Daniel respondió: —No hay ningún sabio ni hechicero, ni mago o adivino, que pueda explicarle a Su Majestad el misterio que le preocupa. Pero hay un Dios en el cielo que revela los misterios. Ese Dios le ha mostrado a usted lo que tendrá lugar en los días venideros. Éstos son el sueño y las visiones que pasaron por la mente de Su Majestad mientras dormía:

Allí, en su cama, Su Majestad dirigió sus pensamientos a las cosas por venir, y el que revela los misterios le mostró lo que está por suceder. Por lo que a mí toca, este misterio me ha sido revelado, no porque yo sea más sabio que el resto de la humanidad, sino para que Su Majestad llegue a conocer su interpretación y entienda lo que pasaba por su mente.

En primer lugar, Daniel describe de forma sorprendente cada detalle del sueño del rey. Su siguiente interpretación del sueño de Nabucodonosor fue una lección de historia en la que utilizó la magnífica estatua del sueño del rey como una ayuda visual. La cabeza de la estatua era de oro. El pecho y los brazos de la figura eran de plata, el vientre y los muslos de bronce, las piernas de hierro y los pies de hierro y barro cocido mezclados. Cada parte de la estatua representaba un imperio.

La cabeza de oro de la estatua representaba a Nabucodonosor mismo y su imperio. Fue jefe entre los jefes, líder del mundo conocido, deslumbrante e incomparable. Sin embargo, de modo lamentable, no permanente. Algún día Babilonia tendría que cederle el paso a un poder inferior, pero momentáneamente más fuerte, el medo-persa bajo Ciro. Estos últimos también caerían ante los griegos guiados por Alejandro Magno.

Y entonces vendrían los romanos. Los diez dedos de los pies de la estatua, los cuales eran hechos en parte de hierro y en parte de arcilla, podrían apuntar a un mundo globalizado con bases de poder cambiantes entretanto la historia se desarrolla, mientras que por otra parte algunos intérpretes de la Biblia han encontrado en los diez dedos claves simbólicas de nuestro propio futuro al final de la historia.

Para Nabucodonosor, sin embargo, el mensaje era claro y simple: Dios dirige la historia, y el poder, el prestigio y los privilegios de Babilonia constituyeron solo un breve capítulo en una historia mucho más larga. Estas noticias en el apogeo de un imperio influyente con certeza crearían una fuerte respuesta.

Al oír esto, el rey Nabucodonosor se postró ante Daniel y le rindió pleitesía, ordenó que se le presentara una ofrenda e incienso, y le dijo: —¡Tu Dios es el Dios de dioses y el soberano de los reyes! ¡Tu Dios revela todos los misterios, pues fuiste capaz de revelarme este sueño misterioso!

Luego el rey puso a Daniel en un puesto prominente y lo colmó de regalos, lo nombró gobernador de toda la provincia de Babilonia y jefe de todos sus sabios. Además, a solicitud de Daniel, el rey nombró a Sadrac, Mesac y Abednego administradores de la provincia de Babilonia. Daniel, por su parte, permaneció en la corte real.

Daniel tenía el don de interpretar el significado de las imágenes de los sueños, pero ni él ni sus tres amigos fueron autorizados a arrodillarse ante los ídolos. Solo hubo una cosa a la que se negaron a adaptarse: las prácticas del culto extranjero que violaban su compromiso con Dios. En ese sentido, eran disidentes, disconformes y delincuentes. Nabucodonosor decidió erigir una estatua de unos 27.5 m de altura y 2.75 m de ancho. Cuando a la gente se le ordenó postrarse y adorar a la estatua, tres hombres se mantuvieron erguidos y se negaron a cumplir. El rey no estaba feliz...

El rey Nabucodonosor mandó hacer una estatua de oro, de veintisiete metros de alto por dos metros y medio de ancho, y mandó que la colocaran en los llanos de Dura, en la provincia de Babilonia. Luego les ordenó a los sátrapas, prefectos, gobernadores, consejeros, tesoreros, jueces, magistrados y demás oficiales de las provincias, que asistieran a la dedicación de la estatua que había mandado erigir. Para celebrar tal dedicación, los sátrapas, prefectos, gobernadores, consejeros, tesoreros, jueces, magistrados y demás oficiales de las provincias se reunieron ante la estatua.

Entonces los heraldos proclamaron a voz en cuello: «A ustedes, pueblos, naciones y gente de toda lengua, se les ordena lo siguiente: Tan pronto como escuchen la música de trompetas, flautas, cítaras, liras, arpas, zampoñas y otros instrumentos musicales, deberán inclinarse y adorar la estatua de oro que el rey Nabucodonosor ha mandado erigir. Todo el que no se incline ante ella ni la adore será arrojado de inmediato a un horno en llamas.»

Ante tal amenaza, tan pronto como se escuchó la música de todos esos instrumentos musicales, todos los pueblos y naciones, y gente de toda lengua, se inclinaron y adoraron la estatua de oro que el rey Nabucodonosor había mandado erigir.

Pero algunos astrólogos se presentaron ante el rey y acusaron a los judíos: —¡Que viva Su Majestad por siempre! —exclamaron—. Usted ha emitido un decreto ordenando que todo el que oiga la música de trompetas, flautas, cítaras, liras, arpas, zampoñas y otros instrumentos musicales, se incline ante la estatua de oro y la adore. También ha ordenado que todo el que no se incline ante la estatua ni la adore será arrojado a un horno en llamas. Pero hay algunos judíos, a quienes Su Majestad ha puesto al frente de la provincia de Babilonia, que no acatan sus órdenes. No adoran a los dioses de Su Majestad ni a la estatua de oro que mandó erigir. Se trata de Sadrac, Mesac y Abednego.

Lleno de ira, Nabucodonosor los mandó llamar. Cuando los jóvenes se presentaron ante el rey, Nabucodonosor les dijo: —Ustedes tres, ¿es verdad que no honran a mis dioses ni adoran a la estatua de oro que he mandado erigir? Ahora que escuchen la música de los instrumentos musicales, más les vale que se inclinen ante la estatua que he mandado hacer, y que la adoren. De lo contrario, serán lanzados de inmediato a un horno en llamas, ¡y no habrá dios capaz de librarlos de mis manos!

Sadrac, Mesac y Abednego le respondieron a Nabucodonosor:

—¡No hace falta que nos defendamos ante Su Majestad! Si se nos arroja al horno en llamas, el Dios al que servimos puede librarnos del horno y de las manos de Su Majestad. Pero aun si nuestro Dios no lo hace así, sepa usted que no honraremos a sus dioses ni adoraremos a su estatua.

Ante la respuesta de Sadrac, Mesac y Abednego, Nabucodonosor se puso muy furioso y cambió su actitud hacia ellos. Mandó entonces que se calentara el horno siete veces más de lo normal, y que algunos de los soldados más fuertes de su ejército ataran a los tres jóvenes y los arrojaran al horno en llamas. Fue así como los arrojaron al horno con sus mantos, sandalias, turbantes y todo, es decir, tal y como estaban vestidos. Tan inmediata fue la orden del rey, y tan caliente estaba el horno, que las llamas alcanzaron y mataron a los soldados que arrojaron a Sadrac, Mesac y Abednego, los cuales, atados de pies y manos, cayeron dentro del horno en llamas.

En ese momento Nabucodonosor se puso de pie, y sorprendido les preguntó a sus consejeros: —¿Acaso no eran tres los hombres que atamos y arrojamos al fuego?

—Así es, Su Majestad —le respondieron.

—¡Pues miren! —exclamó—. Allí en el fuego veo a cuatro hombres, sin ataduras y sin daño alguno, ¡y el cuarto tiene la apariencia de un dios! Dicho esto, Nabucodonosor se acercó a la puerta del horno en llamas y gritó: —Sadrac, Mesac y Abednego, siervos del Dios Altísimo, ¡salgan de allí, y vengan acá!

Cuando los tres jóvenes salieron del horno, los sátrapas, prefectos, gobernadores y consejeros reales se arremolinaron en torno a ellos y vieron que el fuego no les había causado ningún daño, y que ni uno solo de sus cabellos se había chamuscado; es más, su ropa no estaba quemada ¡y ni siquiera olía a humo!

Entonces exclamó Nabucodonosor: «¡Alabado sea el Dios de estos jóvenes, que envió a su ángel y los salvó! Ellos confiaron en él y, desafiando la orden real, optaron por la muerte antes que honrar o adorar a otro dios que no fuera el suyo. Por tanto, yo decreto que se descuartice a cualquiera que hable en contra del Dios de Sadrac, Mesac y Abednego, y que su casa sea reducida a cenizas, sin importar la nación a que pertenezca o la lengua que hable. ¡No hay otro dios que pueda salvar de esta manera!»

Después de eso el rey promovió a Sadrac, Mesac y Abednego a un alto puesto en la provincia de Babilonia.

El orgullo regularmente precede a una caída, pero pocos dirigentes del mundo caen tan bajo como Nabucodonosor y luego recuperan su poder. El rey tuvo otro sueño espectacular, esta vez con un árbol. Daniel fue llamado de nuevo y le informó a Nabucodonosor que el gran árbol representaba al rey mismo. En el sueño el árbol estaba cortado, simbolizando que el rey perdería todo y enloquecería al punto de que su comportamiento se asemejaría al de una bestia salvaje. Un año más tarde, mientras las palabras de orgullo y arrogancia aún permanecían en sus labios, Nabucodonosor fue afectado de repente por un trastorno mental y del comportamiento que causó las más graves formas de desorientación. Vivía en el monte, comiendo hierba y actuando como un animal común. Luego, fue sanado de forma milagrosa, por lo que le dio el crédito al Dios de Daniel, y regresó al palacio de Babilonia como un hombre sano.

Avancemos rápidamente hasta el nuevo rey, Belsasar, quien hace caso omiso a Daniel y deshonra a Dios. Una vez, en una fiesta de gala, Belsasar vierte su mejor vino en cálices tomados del templo de la santa cuidad de Jerusalén, y sus invitados beben con alegría burlona. En el clímax de la diversión, de repente aparece una mano grande y misteriosa que escribe algo en la pared de la sala de banquetes: Mene, Mene, Téquel, Parsin.

El rey se asustó y llamó a Daniel para que le diera sentido a aquellas palabras. El significado de la escritura en la pared era: «Ha sido puesto en la balanza, y no pesa lo que debería pesar». El rey era poderoso ahora, pero pronto él y su reino serían débiles, advirtió Daniel. Esa misma noche, cuando la fiesta se terminaba, los persas invasores entraron victoriosamente por las puertas de Babilonia y mataron al rey Belsasar.

Entonces Daniel le sirvió a otro rey y otro imperio con honor y distinción. Él se convirtió en un administrador principal bajo «Darío», probablemente el nombre para el trono babilónico del rey Ciro de Persia o un nombre dado al recién nombrado gobernador de Ciro en Babilonia. Sin embargo, ¿qué sucede cuando usted mezcla un nuevo gobernante, colegas celosos y la oración?

Para el control eficaz de su reino, Darío consideró prudente nombrar a ciento veinte sátrapas y tres administradores, uno de los cuales era Daniel. Estos sátrapas eran responsables ante los administradores, a fin de que los intereses del rey no se vieran afectados. Y tanto se distinguió Daniel por sus extraordinarias cualidades administrativas, que el rey pensó en ponerlo al frente de todo el reino. Entonces los administradores y los sátrapas empezaron a buscar algún motivo para acusar a Daniel de malos manejos en los negocios del reino. Sin embargo, no encontraron de qué acusarlo porque, lejos de ser corrupto o negligente, Daniel era un hombre digno de confianza. Por eso concluyeron: «Nunca encontraremos nada de qué acusar a Daniel, a no ser algo relacionado con la ley de su Dios.»

Formaron entonces los administradores y sátrapas una comisión para ir a hablar con el rey, y estando en su presencia le dijeron: —¡Que viva para siempre Su Majestad, el rey Darío! Nosotros los administradores reales, junto con los prefectos, sátrapas, consejeros y gobernadores, convenimos en que Su Majestad debiera emitir y confirmar un decreto que exija que, durante los próximos treinta días, sea arrojado al foso de los leones todo el que adore a cualquier dios u hombre que no sea Su Majestad. Expida usted ahora ese decreto, y póngalo por escrito. Así, conforme a la ley de los medos y los persas, no podrá ser revocado. El rey Darío expidió el decreto y lo puso por escrito.

Cuando Daniel se enteró de la publicación del decreto, se fue a su casa y subió a su dormitorio, cuyas ventanas se abrían en dirección a Jerusalén. Allí se arrodilló y se puso a orar y alabar a Dios, pues tenía por costumbre orar tres veces al día. Cuando aquellos hombres llegaron y encontraron a Daniel orando e implorando la ayuda de Dios, fueron a hablar con el rey respecto al decreto real: —¿No es verdad que Su Majestad publicó un decreto? Según entendemos, todo el que en los próximos treinta días adore a otro dios u hombre que no sea Su Majestad, será arrojado al foso de los leones.

—El decreto sigue en pie —contestó el rey—. Según la ley de los medos y los persas, no puede ser derogado.

—¡Pues Daniel —respondieron ellos—, que es uno de los exiliados de Judá, no toma en cuenta a Su Majestad ni al decreto que ha promulgado! ¡Todavía sigue orando a su Dios tres veces al día! Cuando el rey escuchó esto, se deprimió mucho y se propuso salvar a Daniel, así que durante todo el día buscó la forma de salvarlo.

Pero aquellos hombres fueron a ver al rey y lo presionaron: —No olvide Su Majestad que, según la ley de los medos y los persas, ningún decreto ni edicto emitido por el rey puede ser derogado.

El rey dio entonces la orden, y Daniel fue arrojado al foso de los leones. Allí el rey animaba a Daniel: —¡Que tu Dios, a quien siempre sirves, se digne salvarte!

Trajeron entonces una piedra, y con ella taparon la boca del foso. El rey lo selló con su propio anillo y con el de sus nobles, para que la sentencia contra Daniel no pudiera ser cambiada. Luego volvió a su palacio y pasó la noche sin comer y sin divertirse, y hasta el sueño se le fue.

Tan pronto como amaneció, se levantó y fue al foso de los leones. Ya cerca, lleno de ansiedad gritó: —Daniel, siervo del Dios viviente, ¿pudo tu Dios, a quien siempre sirves, salvarte de los leones?

—¡Que viva Su Majestad por siempre! —contestó Daniel desde el foso—. Mi Dios envió a su ángel y les cerró la boca a los leones. No me han hecho ningún daño, porque Dios bien sabe que soy inocente. ¡Tampoco he cometido nada malo contra Su Majestad!

Sin ocultar su alegría, el rey ordenó que sacaran del foso a Daniel. Cuando lo sacaron, no se le halló un solo rasguño, pues Daniel confiaba en su Dios.

Entonces el rey mandó traer a los que falsamente lo habían acusado, y ordenó que los arrojaran al foso de los leones, junto con sus esposas y sus hijos. ¡No habían tocado el suelo cuando ya los leones habían caído sobre ellos y les habían triturado los huesos!

Más tarde el rey Darío firmó este decreto:

«A todos los pueblos, naciones y lenguas de este mundo: »¡Paz y prosperidad para todos!

»He decretado que en todo lugar de mi reino la gente adore y honre al Dios de Daniel.

> »Porque él es el Dios vivo,
>   y permanece para siempre.
> Su reino jamás será destruido,
>   y su dominio jamás tendrá fin.
> Él rescata y salva;
>   hace prodigios en el cielo
>   y maravillas en la tierra.
> ¡Ha salvado a Daniel
>   de las garras de los leones!»

Incluso en el exilio, un remanente fiel de Dios continuaba creciendo. El profeta Jeremías ya había muerto, pero quizás su mensaje

todavía sonaba en sus corazones, el mensaje de Dios de la compa-
sión suprema y finalmente el retorno a la patria. Aunque Jeremías
había profetizado una nube de oscuridad y castigo, el «profeta
llorón» de Judá no había terminado la historia en un tono menor.
Detrás de las páginas de ruina y pérdida había una brillante página
de misericordia, una última palabra de restauración vinculada al
carácter amoroso de Dios. «Esto dice el Señor [...] Yo los salvaré».

«Así dice el Señor, el Dios de Israel: "Escribe en un libro todas las
palabras que te he dicho. Porque vienen días —afirma el Señor— cuando yo haré volver del cautiverio a mi pueblo Israel y Judá, y los traeré a la
tierra que di a sus antepasados, y la poseerán"», afirma el Señor.

»"En aquel día —afirma el Señor Todopoderoso—,
　　quebraré el yugo que mi pueblo lleva sobre el cuello,
　romperé sus ataduras,
　　y ya no serán esclavos de extranjeros.

»"No temas, Jacob, siervo mío;
　　no te asustes, Israel

　　　　　　　　　　　—afirma el Señor—.
A ti, Jacob, te libraré de ese país lejano;
　　a tus descendientes los libraré del exilio.
Volverás a vivir en paz y tranquilidad,
　　y ya nadie te infundirá temor.
Porque yo estoy contigo para salvarte

　　　　　　　　　　　—afirma el Señor—.
Destruiré por completo a todas las naciones
　　entre las que te había dispersado.
Pero a ti no te destruiré del todo,
　　sino que te castigaré con justicia;
　　¡de ninguna manera quedarás impune!"

Así dice el Señor Todopoderoso, el Dios de Israel: «Cuando yo cambie su suerte, en la tierra de Judá y en sus ciudades volverá a decirse:
»"Monte santo, morada de justicia: ¡que el Señor te bendiga!" Allí ha-
bitarán juntos Judá y todas sus ciudades, los agricultores y los pastores
de rebaños. Daré de beber a los sedientos y saciaré a los que estén ago-
tados.»

Así dice el SEÑOR: «Cuando a Babilonia se le hayan cumplido los setenta años, yo los visitaré; y haré honor a mi promesa en favor de ustedes, y los haré volver a este lugar. Porque yo sé muy bien los planes que tengo para ustedes —afirma el SEÑOR—, planes de bienestar y no de calamidad, a fin de darles un futuro y una esperanza. Entonces ustedes me invocarán, y vendrán a suplicarme, y yo los escucharé. Me buscarán y me encontrarán, cuando me busquen de todo corazón. Me dejaré encontrar —afirma el SEÑOR—, y los haré volver del cautiverio. Yo los reuniré de todas las naciones y de todos los lugares adonde los haya dispersado, y los haré volver al lugar del cual los deporté», afirma el SEÑOR.

La nota final de esperanza de Jeremías sonó con claridad. La poderosa Babilonia cayó en las manos de los invasores persas en el año 539 a. C. Durante el primer año oficial de su reinado sobre Babilonia, Ciro, el gran jefe supremo persa, emitió un decreto que les permitía a los judíos exiliados regresar a Jerusalén. Por lo tanto, en poco menos de setenta años después de la primeras deportaciones que comenzaron en el 605 a. C., la caravana de los deportados caminó en sentido opuesto, alabando a Dios a cada paso del camino por haber guiado la historia hacia su buen fin. ¡Ellos regresaban a casa!

19

El retorno a casa

En el primer año del reinado de Ciro, rey de Persia, el Señor dispuso el corazón del rey para que éste promulgara un decreto en todo su reino y así se cumpliera la palabra del Señor por medio del profeta Jeremías. Tanto oralmente como por escrito, el rey decretó lo siguiente:

«Esto es lo que ordena Ciro, rey de Persia:

»El Señor, Dios del cielo, que me ha dado todos los reinos de la tierra, me ha encargado que le construya un templo en la ciudad de Jerusalén, que está en Judá. Por tanto, cualquiera que pertenezca a Judá, vaya a Jerusalén a construir el templo del Señor, Dios de Israel, el Dios que habita en Jerusalén; y que Dios lo acompañe. También ordeno que los habitantes de cada lugar donde haya judíos sobrevivientes los ayuden dándoles plata y oro, bienes y ganado, y ofrendas voluntarias para el templo de Dios en Jerusalén.»

Entonces los jefes de familia de Benjamín y de Judá, junto con los sacerdotes y levitas, es decir, con todos aquellos en cuyo corazón Dios puso el deseo de construir el templo, se dispusieron a ir a Jerusalén. Todos sus vecinos los ayudaron con plata y oro, bienes y ganado, objetos valiosos y todo tipo de ofrendas voluntarias.

Además, el rey Ciro hizo sacar los utensilios que Nabucodonosor se había llevado del templo del Señor en Jerusalén y había depositado en el templo de su dios.

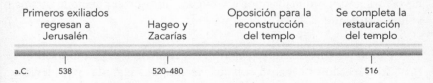

Primeros exiliados regresan a Jerusalén	Hageo y Zacarías	Oposición para la reconstrucción del templo	Se completa la restauración del templo
a.C. 538	520–480		516

Para información completa sobre la cronología vea la página ix.

235

En total fueron cinco mil cuatrocientos los utensilios de oro y de plata. Todos estos objetos los llevó Sesbasar a Jerusalén cuando a los deportados se les permitió regresar de Babilonia.

El número total de los miembros de la asamblea era de cuarenta y dos mil trescientas sesenta personas, sin contar a esclavos y esclavas, que sumaban siete mil trescientos treinta y siete; y tenían doscientos cantores y cantoras. Tenían además setecientos treinta y seis caballos, doscientas cuarenta y cinco mulas, cuatrocientos treinta y cinco camellos y seis mil setecientos veinte burros.

Los babilonios nombraron al penúltimo rey de Judá, Zorobabel, nieto de Joaquín, como gobernador de Judá, y así se convirtió en el último del linaje de David encargado de la autoridad política. Alrededor del 537 a. C., Zorobabel guió a casi cincuenta mil personas de vuelta a su casa para comenzar la obra de reconstrucción. Teniendo un extenso y arduo trabajo por delante de ellos, la gente recordó poner las cosas más importantes primero. Con valentía y convicción, reconstruyeron el altar en primer lugar, y luego colocaron el fundamento para la casa de Dios. El verdadero culto fue hecho de nuevo una realidad.

En el mes séptimo, cuando ya todos los israelitas se habían establecido en sus poblaciones, se reunió el pueblo en Jerusalén con un mismo propósito. Entonces Jesúa hijo de Josadac con sus parientes, que eran sacerdotes, y Zorobabel hijo de Salatiel con sus parientes empezaron a construir el altar del Dios de Israel para ofrecer holocaustos, según lo estipulado en la ley de Moisés, hombre de Dios. A pesar del miedo que tenían de los pueblos vecinos, colocaron el altar en su mismo sitio. Y todos los días, por la mañana y por la tarde, ofrecían holocaustos al SEÑOR. Luego, según lo estipulado en la ley, celebraron la fiesta de las Enramadas, ofreciendo el número de holocaustos prescrito para cada día, como también los holocaustos diarios, los de luna nueva, los de las fiestas solemnes ordenadas por el SEÑOR, y los que el pueblo le ofrecía voluntariamente.

Cuando los constructores echaron los cimientos del templo del SE-ÑOR, los sacerdotes llegaron con sus vestimentas sagradas y los levitas descendientes de Asaf, con sus platillos, ocuparon su lugar para alabar al Señor, según lo establecido por David, rey de Israel. Todos daban gracias al Señor, y a una le cantaban esta alabanza: «Dios es bueno; su gran amor por Israel perdura para siempre.»

Y todo el pueblo alabó con grandes aclamaciones al Señor, porque se habían echado los cimientos del templo. Muchos de los sacerdotes, levitas y jefes de familia, que eran ya ancianos y habían conocido el primer templo, prorrumpieron en llanto cuando vieron los cimientos del nuevo templo, mientras muchos otros gritaban de alegría. Y no se podía distinguir entre los gritos de alegría y las voces de llanto, pues la gente gritaba a voz en cuello, y el ruido se escuchaba desde muy lejos.

Cuando los enemigos del pueblo de Judá y de Benjamín se enteraron de que los repatriados estaban reconstruyendo el templo del Señor, Dios de Israel, se presentaron ante Zorobabel y ante los jefes de familia y les dijeron: —Permítannos participar en la reconstrucción, pues nosotros, al igual que ustedes, hemos buscado a su Dios y le hemos ofrecido holocaustos desde el día en que Esarjadón, rey de Asiria, nos trajo acá.

Pero Zorobabel, Jesúa y los jefes de las familias de Israel les respondieron: —No podemos permitir que ustedes se unan a nosotros en la reconstrucción del templo de nuestro Dios. Nosotros solos nos encargaremos de reedificar el templo para el Señor, Dios de Israel, tal como lo decretó Ciro, rey de Persia.

Entonces los habitantes de la región comenzaron a desanimar e intimidar a los de Judá para que abandonaran la reconstrucción. Y hasta llegaron a sobornar a algunos de los consejeros para impedirles llevar a cabo sus planes. Esto sucedió durante todo el reinado de Ciro, rey de Persia, y hasta el reinado de Darío, que también fue rey de Persia.

De este modo el trabajo de reconstrucción del templo de Dios en Jerusalén quedó suspendido hasta el año segundo del reinado de Darío, rey de Persia.

El éxito inicial de los repatriados alarmó a los samaritanos y a otros pueblos vecinos que temían lo que significaría para la estabilidad política de la zona la reconstrucción de un templo en un floreciente estado judío. Por lo tanto, se opusieron vigorosamente al proyecto, dificultando la labor por casi seis años y deteniéndola por completo durante otros diez años. Cansados de la resistencia y la lucha, los israelitas comenzaron a pensar que después de todo tal vez este no era el momento adecuado para construir la casa del Señor. En lugar de esto, se concentraron en sus propios hogares y en echar raíces.

No obstante, Dios tenía planes diferentes. Él intervino una vez más y envió a sus profetas para poner en marcha el proyecto del templo. El mensaje de Hageo ayudó a sacar a la gente de su tranquilo estado de complacencia.

El día primero del mes sexto del segundo año del rey Darío, vino palabra del SEÑOR por medio del profeta Hageo a Zorobabel hijo de Salatiel, gobernador de Judá, y al sumo sacerdote Josué hijo de Josadac:

«Así dice el SEÑOR Todopoderoso: "Este pueblo alega que todavía no es el momento apropiado para ir a reconstruir la casa del SEÑOR."»

También vino esta palabra del SEÑOR por medio del profeta Hageo:

«¿Acaso es el momento apropiado
    para que ustedes residan en casas techadas
    mientras que esta casa está en ruinas?»

Así dice ahora el SEÑOR Todopoderoso:

«¡Reflexionen sobre su proceder!

»Ustedes siembran mucho, pero cosechan poco;
    comen, pero no quedan satisfechos;
beben, pero no llegan a saciarse;
    se visten, pero no logran abrigarse;
y al jornalero se le va su salario
    como por saco roto.»

Así dice el SEÑOR Todopoderoso:

«¡Reflexionen sobre su proceder!

»Vayan ustedes a los montes;
    traigan madera y reconstruyan mi casa.
Yo veré su reconstrucción con gusto,
    y manifestaré mi gloria

                —dice el SEÑOR—.

»Ustedes esperan mucho,
    pero cosechan poco;
lo que almacenan en su casa,
    yo lo disipo de un soplo.
¿Por qué? ¡Porque mi casa está en ruinas,
mientras ustedes sólo se ocupan de la suya!
                —afirma el SEÑOR Todopoderoso—.

»Por eso, por culpa de ustedes, los cielos retuvieron el rocío y la tierra se negó a dar sus productos. Yo hice venir una sequía sobre los campos y las montañas, sobre el trigo y el vino nuevo, sobre el aceite fresco y el fruto de la tierra, sobre los animales y los hombres, y sobre toda la obra de sus manos.»

Zorobabel hijo de Salatiel, el sumo sacerdote Josué hijo de Josadac, y todo el resto del pueblo, obedecieron al SEÑOR su Dios, es decir, obedecieron las palabras del profeta Hageo, a quien el SEÑOR su Dios había enviado. Y el pueblo sintió temor en la presencia del SEÑOR.

Entonces Hageo su mensajero comunicó al pueblo el mensaje del SEÑOR: «Yo estoy con ustedes. Yo, el SEÑOR, lo afirmo.» Y el SEÑOR inquietó de tal manera a Zorobabel hijo de Salatiel, gobernador de Judá, y al sumo sacerdote Josué hijo de Josadac, y a todo el resto del pueblo, que vinieron y empezaron a trabajar en la casa de su Dios, el SEÑOR Todopoderoso. Era el día veinticuatro del mes sexto del segundo año del rey Darío.

Hageo continuó con su mensaje profético·alentador. Él dijo que Dios no se había olvidado de su pacto con Abraham, Isaac y Jacob. Insinuó la promesa de un futuro glorioso que sonaba demasiado bueno para ser verdad, una promesa que, en última instancia, sería cumplida cuando Jesucristo visitara este templo.

El día veintiuno del mes séptimo, vino palabra del SEÑOR por medio del profeta Hageo: «Pregunta a Zorobabel hijo de Salatiel, gobernador de Judá, al sumo sacerdote Josué hijo de Josadac, y al resto del pueblo: "¿Queda alguien entre ustedes que haya visto esta casa en su antiguo esplendor? ¿Qué les parece ahora? ¿No la ven como muy poca cosa? Pues ahora, ¡ánimo, Zorobabel! —afirma el SEÑOR—. ¡Ánimo, Josué hijo de Josadac! ¡Tú eres el sumo sacerdote! ¡Ánimo, pueblo de esta tierra! —afirma el SEÑOR—. ¡Manos a la obra, que yo estoy con ustedes! —afirma el Señor Todopoderoso—. Y mi Espíritu permanece en medio de ustedes, conforme al pacto que hice con ustedes cuando salieron de Egipto."

»No teman, porque así dice el Señor Todopoderoso: "Dentro de muy poco haré que se estremezcan los cielos y la tierra, el mar y la tierra firme; ¡haré temblar a todas las naciones! Sus riquezas llegarán aquí, y así llenaré de esplendor esta casa —dice el Señor Todopoderoso—. Mía es la plata, y mío es el oro —afirma el Señor Todopoderoso—. El esplendor de esta segunda casa será mayor que el de la primera —dice el Señor Todopoderoso—. Y en este lugar concederé la paz", afirma el Señor Todopoderoso.»

Zacarías, profeta y sacerdote, comenzó su trabajo en Jerusalén en el 520 a. C., durante el tiempo del ministerio de Hageo. Ambos hombres querían estimular la reanudación de la reconstrucción del templo. Al igual que Hageo, Zacarías tuvo un doble mensaje: El templo es importante, pero es una señal y símbolo de algo más grande que está por venir. Trabajen en el templo, no tengan miedo. Estén atentos al día en que Dios bendecirá a Jerusalén otra vez.

En el mes octavo del segundo año del reinado de Darío, la palabra del Señor vino al profeta Zacarías, hijo de Berequías y nieto de Idó:

«Así dice el Señor Todopoderoso:

»"Siento grandes celos por Sión.
  Son tantos mis celos por ella
  que me llenan de furia."

»Así dice el Señor:

»"Regresaré a Sión,
  y habitaré en Jerusalén.
Y Jerusalén será conocida
  como la Ciudad de la Verdad,
y el monte del Señor Todopoderoso
  como el Monte de la Santidad."

»Así dice el Señor Todopoderoso:

»"Los ancianos y las ancianas volverán a sentarse
  en las calles de Jerusalén,
cada uno con su bastón en la mano
  debido a su avanzada edad.

Los niños y las niñas volverán a jugar
  en las calles de la ciudad."

»Así dice el Señor Todopoderoso:

»"Al remanente de este pueblo
  podrá parecerle imposible en aquellos días,
¿pero también a mí me parecerá imposible?,
  afirma el Señor Todopoderoso."

»Así dice el Señor Todopoderoso:

»"Salvaré a mi pueblo
  de los países de oriente y de occidente.
Los haré volver
  para que vivan en Jerusalén;
ellos serán mi pueblo
  y yo seré su Dios,
  en la verdad y en la justicia."

»Así dice el Señor Todopoderoso:

»"¡Cobren ánimo, ustedes,
  los que en estos días han escuchado
  las palabras de los profetas,
mientras se echan los cimientos
  para la reconstrucción del templo
  del Señor Todopoderoso!

Porque antes de estos días
  ni los hombres recibían su jornal
  ni los animales su alimento.
Por culpa del enemigo
  tampoco los viajeros tenían seguridad,
pues yo puse a la humanidad entera
  en contra de sus semejantes.

Pero ya no trataré al remanente de este pueblo
como lo hice en el pasado
—afirma el Señor Todopoderoso—.
Habrá paz cuando se siembre,
y las vides darán su fruto;
la tierra producirá sus cosechas
y el cielo enviará su rocío.
Todo esto se lo daré como herencia
al remanente de este pueblo.
Judá e Israel,
¡no teman, sino cobren ánimo!
Ustedes han sido entre las naciones
objeto de maldición,
pero yo los salvaré,
y serán una bendición."

»Así dice el Señor Todopoderoso:

»"Cuando sus antepasados me hicieron enojar,
yo decidí destruirlos sin ninguna compasión

—afirma el Señor Todopoderoso—.

Pero ahora he decidido
hacerles bien a Jerusalén y a Judá.
¡Así que no tengan miedo!

»"Lo que ustedes deben hacer
es decirse la verdad,
y juzgar en sus tribunales
con la verdad y la justicia.
¡Eso trae la paz!
No maquinen el mal contra su prójimo,
ni sean dados al falso testimonio,
porque yo aborrezco todo eso,

afirma el Señor."»

Vino a mí la palabra del Señor Todopoderoso, y me declaró:
«Así dice el Señor Todopoderoso:

»"Para Judá, los ayunos de los meses
    cuarto, quinto, séptimo y décimo,
serán motivo de gozo y de alegría,
    y de animadas festividades.
        Amen, pues, la verdad y la paz."

»Así dice el Señor Todopoderoso:

»"Todavía vendrán pueblos
    y habitantes de muchas ciudades,

que irán de una ciudad a otra
    diciendo a los que allí vivan:
'¡Vayamos al Señor para buscar su bendición!
    ¡Busquemos al Señor Todopoderoso!
    ¡Yo también voy a buscarlo!'
Y muchos pueblos y potentes naciones
    vendrán a Jerusalén
en busca del Señor Todopoderoso
    y de su bendición."

»Así dice el Señor Todopoderoso: "En aquellos días habrá mucha gente, de todo idioma y de toda nación, que tomará a un judío por el borde de su capa y le dirá: ¡Déjanos acompañarte! ¡Hemos sabido que Dios está con ustedes!"»

Gracias al aliento recibido de Hageo y Zacarías, las personas volvieron a trabajar en el templo. Sin embargo, ellos no fueron los únicos que regresaron a la labor. También lo hicieron sus opositores, y esta vez fue Tatenay, el gobernador de la región al oeste del Éufrates. No obstante, la gente no pudo haber previsto lo que Dios haría próximamente.

En ese mismo tiempo, Tatenay, gobernador de la provincia al oeste del río Éufrates, y Setar Bosnay y sus compañeros, se presentaron ante los judíos y les preguntaron: «¿Quién los autorizó a reconstruir ese templo y restaurar su estructura?» Y añadieron: «¿Cómo se llaman los que están reconstruyendo ese edificio?» Pero como Dios velaba por los dirigentes judíos, no los obligaron a interrumpir el trabajo hasta que se consultara a Darío y éste respondiera por escrito.

Entonces Tatenay, gobernador de la provincia al oeste del río Éufrates, y Setar Bosnay y sus compañeros, que eran los funcionarios del gobierno de esa provincia, enviaron una carta al rey Darío, la cual decía:

Al rey Darío:

Un cordial saludo.

Ponemos en conocimiento de Su Majestad que fuimos a la provincia de Judá, al templo del gran Dios, y vimos que se está reconstruyendo con grandes piedras, y que sus paredes se están recubriendo con madera. El trabajo se hace con esmero y avanza rápidamente.

A los dirigentes les preguntamos quién los había autorizado a reconstruir ese templo y restaurar su estructura, y cómo se llaman los que dirigen la obra, para comunicárselo por escrito a Su Majestad.

Ellos nos respondieron:

«Somos siervos del Dios del cielo y de la tierra, y estamos reconstruyendo el templo que fue edificado y terminado hace ya mucho tiempo por un gran rey de Israel. Pero como nuestros antepasados provocaron a ira al Dios del cielo, él los entregó en manos de Nabucodonosor, rey de Babilonia, el caldeo que destruyó este templo y que llevó al pueblo cautivo a Babilonia.

»Pero más tarde, en el primer año de su reinado, Ciro, rey de Babilonia, ordenó que este templo de Dios fuera reconstruido. También hizo sacar del templo de Babilonia los utensilios de oro y de plata que Nabucodonosor se había llevado del templo de Jerusalén y había puesto en el templo de Babilonia, y se los entregó a Sesbasar, a quien había nombrado gobernador. Ciro, pues, ordenó a Sesbasar que tomara esos utensilios y los devolviera al templo de Jerusalén, y que reedificara en el mismo sitio el templo de Dios. Entonces Sesbasar llegó a Jerusalén y echó los cimientos del templo de Dios. Desde entonces se ha estado trabajando en su reconstrucción, pero aún no se ha terminado.»

Ahora bien, si Su Majestad lo considera conveniente, pedimos que se investiguen los archivos donde están las crónicas de los reyes de Babilonia, para saber si es verdad que el rey Ciro ordenó la reconstrucción del templo de Dios en Jerusalén. Además solicitamos que se nos dé a conocer la decisión de Su Majestad con respecto a este asunto.

Entonces el rey Darío ordenó que se investigara en los archivos donde se guardaban los tesoros de Babilonia. Y en el palacio de Ecbatana, en la provincia de Media, se encontró un rollo que contenía la siguiente memoria:

En el primer año de su reinado, el rey Ciro promulgó el siguiente edicto respecto al templo de Dios en Jerusalén: Que se echen los cimientos y se reconstruya el templo, para que en él se ofrezcan holocaustos. Tendrá veintisiete metros tanto de alto como de ancho, tres hileras de piedras grandes, y una de madera. Todos los gastos serán sufragados por el tesoro real. Con respecto a los utensilios de oro y de plata que Nabucodonosor sacó del templo de Jerusalén y llevó a Babilonia, que los devuelvan a Jerusalén, y que se pongan en el templo de Dios, donde deben estar.

Entonces el rey Darío dio la siguiente orden a Tatenay, gobernador de la provincia al oeste del río Éufrates, y a Setar Bosnay y a sus compañeros, los funcionarios de dicha provincia:

Aléjense de Jerusalén y no estorben la obra de reconstrucción del templo de Dios. Dejen que el gobernador de la provincia de Judá y los dirigentes judíos reconstruyan el templo en su antiguo sitio.

También he decidido que ustedes deben prestarles ayuda, sufragando los gastos de la reconstrucción del templo con los impuestos que la provincia al oeste del río Éufrates paga al tesoro real. No se tarden en pagar todos los gastos, para que no se interrumpan las obras. Además, todos los días, sin falta, deberán suministrarles becerros, carneros y corderos para ofrecerlos en holocausto al Dios del cielo, junto con trigo, sal, vino y aceite, y todo lo que necesiten, según las instrucciones de los sacerdotes que están en Jerusalén. Así podrán ellos ofrecer sacrificios gratos al Dios del cielo y rogar por la vida del rey y de sus hijos.

He determinado así mismo que, a quien desobedezca esta orden, lo empalen en una viga sacada de su propia casa, y que le derrumben la casa. ¡Que el Dios que decidió habitar en Jerusalén derribe a cualquier rey o nación que intente modificar este decreto o destruir ese templo de Dios!

Yo, Darío, promulgo este decreto. Publíquese y cúmplase al pie de la letra.

Entonces Tatenay, gobernador de la provincia al oeste del río Éufrates, y Setar Bosnay y sus compañeros cumplieron al pie de la letra lo que el rey Darío les había ordenado. Así los dirigentes judíos pudieron continuar y terminar la obra de reconstrucción, conforme a la palabra de los profetas Hageo y Zacarías hijo de Idó. Terminaron, pues, la obra de reconstrucción, según el mandato del Dios de Israel y por decreto de Ciro, Darío y Artajerjes, reyes de Persia. La reconstrucción del templo se terminó el día tres del mes de *adar*, en el año sexto del reinado de Darío.

De este modo, el 12 de marzo del 516 a. C., casi setenta años después de su destrucción, la reconstrucción del templo fue completada. El trabajo continuo había tenido lugar durante tres años y medio. Aunque no era tan grande o espectacular como el de Salomón, el templo reconstruido en realidad disfrutó de una vida más larga.

Entonces los israelitas —es decir, los sacerdotes, los levitas y los demás que regresaron del cautiverio—, llenos de júbilo dedicaron el templo de Dios. Como ofrenda de dedicación, ofrecieron a Dios cien becerros, doscientos carneros, cuatrocientos corderos y doce chivos, conforme al número de las tribus de Israel, para expiación por el pecado del pueblo. Luego, según lo que está escrito en el libro de Moisés, instalaron a los sacerdotes en sus turnos y a los levitas en sus funciones, para el culto que se ofrece a Dios en Jerusalén.

Muchos judíos decidieron no regresar a Judá. Un hombre, Mardoqueo, vivía en la ciudad de Susa (una de las cuatro capitales del imperio persa) con su hija adoptiva Hadasa, también conocida como Ester. A través de una serie de acontecimientos milagrosos, ambos se involucraron en un enredo de circunstancias que involucraron al rey, un decreto real y una cruel conspiración de traición.

20

La reina de belleza y valor

EL REY ASUERO, QUE REINÓ SOBRE CIENTO VEINTISIETE PROVINCIAS que se extendían desde la India hasta Cus, estableció su trono real en la ciudadela de Susa. En el tercer año de su reinado ofreció un banquete para todos sus funcionarios y servidores, al que asistieron los jefes militares de Persia y Media, y los magistrados y los gobernadores de las provincias y durante ciento ochenta días les mostró la enorme riqueza de su reino y la esplendorosa gloria de su majestad.

Pasado este tiempo, el rey ofreció otro banquete, que duró siete días, para todos los que se encontraban en la ciudadela de Susa, tanto los más importantes como los de menor importancia. Este banquete tuvo lugar en el jardín interior de su palacio, el cual lucía cortinas blancas y azules, sostenidas por cordones de lino blanco y tela púrpura, los cuales pasaban por anillos de plata sujetos a columnas de mármol. También había sofás de oro y plata sobre un piso de mosaicos de pórfido, mármol, madreperla y otras piedras preciosas. En copas de oro de las más variadas formas se servía el vino real, el cual corría a raudales, como era de esperarse del rey. Todos los invitados podían beber cuanto quisieran, pues los camareros habían recibido instrucciones del rey de servir a cada uno lo que deseara.

La reina Vasti, por su parte, ofreció también un banquete para las mujeres en el palacio del rey Asuero.

Al séptimo día, como a causa del vino el rey Asuero estaba muy alegre, les ordenó a los siete eunucos que le servían —Meumán, Biztá, Jarboná, Bigtá, Abagtá, Zetar y Carcás— que llevaran a su presencia a la

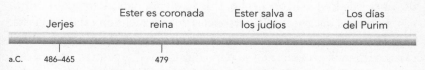

| Jerjes | Ester es coronada reina | Ester salva a los judíos | Los días del Purim |

a.C.   486–465   479

Para información completa sobre la cronología vea la página ix.

247

reina, ceñida con la corona real, a fin de exhibir su belleza ante los pueblos y sus dignatarios, pues realmente era muy hermosa. Pero cuando los eunucos le comunicaron la orden del rey, la reina se negó a ir. Esto contrarió mucho al rey, y se enfureció.

De inmediato el rey consultó a los sabios conocedores de leyes, porque era costumbre que en cuestiones de ley y justicia el rey consultara a los expertos. Los más allegados a él eran: Carsena, Setar, Admata, Tarsis, Meres, Marsená y Memucán, los siete funcionarios de Persia y Media que tenían acceso especial a la presencia del rey y ocupaban los puestos más altos en el reino.

—Según la ley, ¿qué se debe hacer con la reina Vasti por haber desobedecido la orden del rey transmitida por los eunucos? —preguntó el rey.

En presencia del rey y de los funcionarios, Memucán respondió: —La reina Vasti no sólo ha ofendido a Su Majestad, sino también a todos los funcionarios y a todos los pueblos de todas las provincias del reino. Porque todas las mujeres se enterarán de la conducta de la reina, y esto hará que desprecien a sus esposos, pues dirán: "El rey Asuero mandó que la reina Vasti se presentara ante él, pero ella no fue." El día en que las mujeres de la nobleza de Persia y de Media se enteren de la conducta de la reina, les responderán de la misma manera a todos los dignatarios de Su Majestad. ¡Entonces no habrá fin al desprecio y a la discordia!

»Por lo tanto, si le parece bien a Su Majestad, emita un decreto real, el cual se inscribirá con carácter irrevocable en las leyes de Persia y Media: que Vasti nunca vuelva a presentarse ante Su Majestad, y que el título de reina se lo otorgue a otra mejor que ella. Así, cuando el edicto real se dé a conocer por todo su inmenso reino, todas las mujeres respetarán a sus esposos, desde los más importantes hasta los menos importantes.

Al rey y a sus funcionarios les pareció bien ese consejo, de modo que el rey hizo lo que había propuesto Memucán: envió cartas por todo el reino, a cada provincia en su propia escritura y a cada pueblo en su propio idioma, proclamando en la lengua de cada pueblo que todo hombre debe ejercer autoridad sobre su familia.

Algún tiempo después, ya aplacada su furia, el rey Asuero se acordó de Vasti y de lo que había hecho, y de lo que se había decretado contra ella. Entonces los ayudantes personales del rey hicieron esta propuesta: «Que se busquen jóvenes vírgenes y hermosas para el rey. Que nombre el rey para cada provincia de su reino delegados que reúnan a todas esas jóvenes hermosas en el harén de la ciudadela de Susa. Que sean puestas bajo el cuidado de Jegay, el eunuco encargado de las mujeres del rey, y que se les dé un tratamiento de belleza. Y que reine en lugar de Vasti la joven que más le guste al rey.» Esta propuesta le agradó al rey, y ordenó que así se hiciera.

Vasti pagó el precio por su actitud contra el rey. Aunque ella era la reina legítima, fue destituida por el capricho de su marido. Tal era el estado precario de las mujeres (y los hombres) en la corte real.

Las mujeres fuera de la corte también estaban sujetas a los propósitos del rey. Su decreto que indicaba que las muchachas del reino debían ser traídas a su harén fue irrefutable. Las jóvenes y sus familias no tenían voz en el asunto. Si el rey lo demandaba, la familia no tenía otra alternativa más que entregarle su hija al monarca.

En la ciudadela de Susa vivía un judío de la tribu de Benjamín, llamado Mardoqueo hijo de Yaír, hijo de Simí, hijo de Quis, uno de los capturados en Jerusalén y llevados al exilio cuando Nabucodonosor, rey de Babilonia, se llevó cautivo a Jeconías, rey de Judá. Mardoqueo tenía una prima llamada Jadasá. Esta joven, conocida también como Ester, a quien había criado porque era huérfana de padre y madre, tenía una figura atractiva y era muy hermosa. Al morir sus padres, Mardoqueo la adoptó como su hija.

Cuando se proclamaron el edicto y la orden del rey, muchas jóvenes fueron reunidas en la ciudadela de Susa y puestas al cuidado de Jegay. Ester también fue llevada al palacio del rey y confiada a Jegay, quien estaba a cargo del harén. La joven agradó a Jegay y se ganó su simpatía. Por eso él se apresuró a darle el tratamiento de belleza y los alimentos especiales. Le asignó las siete doncellas más distinguidas del palacio y la trasladó con sus doncellas al mejor lugar del harén.

Ester no reveló su nacionalidad ni sus antecedentes familiares, porque Mardoqueo se lo había prohibido. Éste se paseaba diariamente frente al patio del harén para saber cómo le iba a Ester y cómo la trataban.

Ahora bien, para poder presentarse ante el rey, una joven tenía que completar los doce meses de tratamiento de belleza prescritos: seis meses con aceite de mirra, y seis con perfumes y cosméticos. Terminado el tratamiento, la joven se presentaba ante el rey y podía llevarse del harén al palacio todo lo que quisiera. Iba al palacio por la noche, y a la mañana siguiente volvía a un segundo harén bajo el cuidado de Sasgaz, el eunuco encargado de las concubinas del rey. Y no volvía a presentarse ante el rey, a no ser que él la deseara y la mandara a llamar.

Cuando a Ester, la joven que Mardoqueo había adoptado y que era hija de su tío Abijaíl, le llegó el turno de presentarse ante el rey, ella no pidió nada fuera de lo sugerido por Jegay, el eunuco encargado del harén del rey. Para entonces, ella se había ganado la simpatía de todo el que la veía. Ester fue llevada al palacio real ante el rey Asuero en el mes décimo, el mes de *tébet*, durante el séptimo año de su reinado.

El rey se enamoró de Ester más que de todas las demás mujeres, y ella se ganó su aprobación y simpatía más que todas las otras vírgenes. Así que él le ciñó la corona real y la proclamó reina en lugar de Vasti. Luego el rey ofreció un gran banquete en honor de Ester para todos sus funcionarios y servidores. Declaró un día de fiesta en todas las provincias y distribuyó regalos con generosidad digna de un rey.

Mientras se reunía a un segundo grupo de vírgenes, Mardoqueo permanecía sentado a la puerta del rey. Ester, por su parte, continuó guardando en secreto sus antecedentes familiares y su nacionalidad, tal como Mardoqueo le había ordenado, ya que seguía cumpliendo las instrucciones de Mardoqueo como cuando estaba bajo su cuidado.

En aquellos días, mientras Mardoqueo seguía sentado a la puerta del rey, Bigtán y Teres, los dos eunucos del rey, miembros de la guardia, se enojaron y tramaron el asesinato del rey Asuero. Al enterarse Mardoqueo de la conspiración, se lo contó a la reina Ester, quien a su vez se lo hizo saber al rey de parte de Mardoqueo. Cuando se investigó el informe y se descubrió que era cierto, los dos eunucos fueron empalados en una estaca. Todo esto fue debidamente anotado en los registros reales, en presencia del rey.

Amán, un noble de la corte del rey, no tenía conocimiento de los antecedentes de Ester y la lealtad al rey de Mardoqueo, o no hubiera conspirado abiertamente contra los judíos. Sin embargo, la tradición judía lo considera como un descendiente del rey de Amalec, un enemigo de Israel durante el reinado de Saúl. Los amalecitas eran enemigos antiguos de los judíos. Por lo tanto, quizás su enfrentamiento con Mardoqueo y el consiguiente decreto contra los judíos fue inevitable.

Después de estos acontecimientos, el rey Asuero honró a Amán hijo de Hamedata, el descendiente de Agag, ascendiéndolo a un puesto más alto que el de todos los demás funcionarios que estaban con él. Todos los servidores de palacio asignados a la puerta del rey se arrodillaban ante Amán, y le rendían homenaje, porque así lo había ordenado el rey. Pero Mardoqueo no se arrodillaba ante él ni le rendía homenaje.

Entonces los servidores de palacio asignados a la puerta del rey le preguntaron a Mardoqueo: «¿Por qué desobedeces la orden del rey?» Día tras día se lo reclamaban; pero él no les hacía caso. Por eso lo denunciaron a Amán para ver si seguía tolerándose la conducta de Mardoqueo, ya que éste les había confiado que era judío.

Cuando Amán se dio cuenta de que Mardoqueo no se arrodillaba ante él ni le rendía homenaje, se enfureció. Y cuando le informaron a qué pueblo pertenecía Mardoqueo, desechó la idea de matarlo sólo a él y buscó la manera de exterminar a todo el pueblo de Mardoqueo, es decir, a los judíos que vivían por todo el reino de Asuero.

Para determinar el día y el mes, se echó el *pur*, es decir, la suerte, en presencia de Amán, en el mes primero, que es el mes de *nisán*, del año duodécimo del reinado de Asuero. Y la suerte cayó sobre el mes duodécimo, el mes de *adar*.

Entonces Amán le dijo al rey Asuero: —Hay cierto pueblo disperso y diseminado entre los pueblos de todas las provincias del reino, cuyas leyes y costumbres son diferentes de las de todos los demás. ¡No obedecen las leyes del reino, y a Su Majestad no le conviene tolerarlos! Si le parece bien, emita Su Majestad un decreto para aniquilarlos, y yo depositaré en manos de los administradores trescientos treinta mil kilos de plata para el tesoro real.

Entonces el rey se quitó el anillo que llevaba su sello y se lo dio a Amán hijo de Hamedata, descendiente de Agag y enemigo de los judíos. —Quédate con el dinero —le dijo el rey a Amán—, y haz con ese pueblo lo que mejor te parezca.

El día trece del mes primero se convocó a los secretarios del rey. Redactaron en la escritura de cada provincia y en el idioma de cada pueblo todo lo que Amán ordenaba a los sátrapas del rey, a los intendentes de las diversas provincias y a los funcionarios de los diversos pueblos. Todo se escribió en nombre del rey Asuero y se selló con el anillo real. Luego se enviaron los documentos por medio de los mensajeros a todas las provincias del rey con la orden de exterminar, matar y aniquilar a todos los judíos —jóvenes y ancianos, mujeres y niños— y saquear sus bienes en un solo día: el día trece del mes duodécimo, es decir, el mes de *adar*. En cada provincia se debía emitir como ley una copia del edicto, el cual se comunicaría a todos los pueblos a fin de que estuvieran preparados para ese día.

Los mensajeros partieron de inmediato por orden del rey, y a la vez se publicó el edicto en la ciudadela de Susa. Luego el rey y Amán se sentaron a beber, mientras que en la ciudad de Susa reinaba la confusión.

Cuando Mardoqueo se enteró de todo lo que se había hecho, se rasgó las vestiduras, se vistió de luto, se cubrió de ceniza y salió por la ciudad dando gritos de amargura. Pero como a nadie se le permitía entrar a palacio vestido de luto, sólo pudo llegar hasta la puerta del rey. En cada provincia adonde llegaban el edicto y la orden del rey, había gran duelo entre los judíos, con ayuno, llanto y lamentos. Muchos de ellos, vestidos de luto, se tendían sobre la ceniza.

Cuando las criadas y los eunucos de la reina Ester llegaron y le contaron lo que pasaba, ella se angustió mucho y le envió ropa a Mardoqueo para que se la pusiera en lugar de la ropa de luto; pero él no la aceptó. Entonces Ester mandó llamar a Hatac, uno de los eunucos del rey puesto al servicio de ella, y le ordenó que averiguara qué preocupaba a Mardoqueo y por qué actuaba de esa manera.

Así que Hatac salió a ver a Mardoqueo, que estaba en la plaza de la ciudad, frente a la puerta del rey. Mardoqueo le contó todo lo que le había sucedido, mencionándole incluso la cantidad exacta de dinero que Amán había prometido pagar al tesoro real por la aniquilación de los judíos. También le dio una copia del texto del edicto promulgado en Susa, el cual ordenaba el exterminio, para que se lo mostrara a Ester, se lo explicara, y la exhortara a que se presentara ante el rey para implorar clemencia e interceder en favor de su pueblo.

Hatac regresó y le informó a Ester lo que Mardoqueo había dicho. Entonces ella ordenó a Hatac que le dijera a Mardoqueo: «Todos los servidores del rey y el pueblo de las provincias del reino saben que, para cualquier hombre o mujer que, sin ser invitado por el rey, se acerque a él en el patio interior, hay una sola ley: la pena de muerte. La única excepción es que el rey, extendiendo su cetro de oro, le perdone la vida. En cuanto a mí, hace ya treinta días que el rey no me ha pedido presentarme ante él.»

Cuando Mardoqueo se enteró de lo que había dicho Ester, mandó a decirle: «No te imagines que por estar en la casa del rey serás la única que escape con vida de entre todos los judíos. Si ahora te quedas absolutamente callada, de otra parte vendrán el alivio y la liberación para los judíos, pero tú y la familia de tu padre perecerán. ¡Quién sabe si no has llegado al trono precisamente para un momento como éste!»

Ester le envió a Mardoqueo esta respuesta: «Ve y reúne a todos los judíos que están en Susa, para que ayunen por mí. Durante tres días no coman ni beban, ni de día ni de noche. Yo, por mi parte, ayunaré con mis doncellas al igual que ustedes. Cuando cumpla con esto, me presentaré ante el rey, por más que vaya en contra de la ley. ¡Y si perezco, que perezca!»

Entonces Mardoqueo fue y cumplió con todas las instrucciones de Ester.

La reina Vasti había arriesgado su vida al negarse a presentarse ante el rey cuando fue convocada. Como resultado, ella perdió su posición como reina. Ahora Ester arriesga su vida al comparecer ante el mismo rey sin invitación.

Al tercer día, Ester se puso sus vestiduras reales y fue a pararse en el patio interior del palacio, frente a la sala del rey. El rey estaba sentado allí en su trono real, frente a la puerta de entrada. Cuando vio a la reina Ester de pie en el patio, se mostró complacido con ella y le extendió el cetro de oro que tenía en la mano. Entonces Ester se acercó y tocó la punta del cetro.

El rey le preguntó: —¿Qué te pasa, reina Ester? ¿Cuál es tu petición? ¡Aun cuando fuera la mitad del reino, te lo concedería!

—Si le parece bien a Su Majestad —respondió Ester—, venga hoy al banquete que ofrezco en su honor, y traiga también a Amán.

—Vayan de inmediato por Amán, para que podamos cumplir con el deseo de Ester —ordenó el rey.

Así que el rey y Amán fueron al banquete que ofrecía Ester. Cuando estaban brindando, el rey volvió a preguntarle a Ester: —Dime qué deseas, y te lo concederé. ¿Cuál es tu petición? ¡Aun cuando fuera la mitad del reino, te lo concedería!

Ester respondió: —Mi deseo y petición es que, si me he ganado el favor de Su Majestad, y si le agrada cumplir mi deseo y conceder mi petición, venga mañana con Amán al banquete que les voy a ofrecer, y entonces le daré la respuesta.

Amán salió aquel día muy contento y de buen humor; pero cuando vio a Mardoqueo en la puerta del rey y notó que no se levantaba ni temblaba ante su presencia, se llenó de ira contra él. No obstante, se contuvo y se fue a su casa.

Luego llamó Amán a sus amigos y a Zeres, su esposa, e hizo alarde de su enorme riqueza y de sus muchos hijos, y de cómo el rey lo había honrado en todo sentido ascendiéndolo sobre los funcionarios y demás servidores del rey. —Es más —añadió Amán—, yo soy el único a quien la reina Ester invitó al banquete que le ofreció al rey. Y también me ha invitado a acompañarlo mañana. Pero todo esto no significa nada para mí, mientras vea a ese judío Mardoqueo sentado a la puerta del rey.

Su esposa Zeres y todos sus amigos le dijeron: —Haz que se coloque una estaca a veinticinco metros de altura, y por la mañana pídele al rey que empale en ella a Mardoqueo. Así podrás ir contento al banquete con el rey. La sugerencia le agradó a Amán, y mandó que se colocara la estaca.

Aquella noche el rey no podía dormir, así que mandó que le trajeran las crónicas reales —la historia de su reino— y que se las leyeran. Allí constaba que Mardoqueo había delatado a Bigtán y Teres, dos de los eunucos del rey, miembros de la guardia, que habían tramado asesinar al rey Asuero.

—¿Qué honor o reconocimiento ha recibido Mardoqueo por esto? —preguntó el rey.

—No se ha hecho nada por él —respondieron sus ayudantes personales.

Amán acababa de entrar en el patio exterior del palacio para pedirle al rey que empalara a Mardoqueo en la estaca que había mandado levantar para él. Así que el rey preguntó: —¿Quién anda en el patio?

Sus ayudantes respondieron: —El que anda en el patio es Amán.

—¡Que pase! —ordenó el rey.

Cuando entró Amán, el rey le preguntó: —¿Cómo se debe tratar al hombre a quien el rey desea honrar?

Entonces Amán dijo para sí: «¿A quién va a querer honrar el rey sino a mí?» Así que contestó: —Para el hombre a quien el rey desea honrar, que se mande traer una vestidura real que el rey haya usado, y un caballo en el que haya montado y que lleve en la cabeza un adorno real. La vestidura y el caballo deberán entregarse a uno de los funcionarios más ilustres del rey, para que vista al hombre a quien el rey desea honrar, y que lo pasee a caballo por las calles de la ciudad, proclamando a su paso: "¡Así se trata al hombre a quien el rey desea honrar!"

—Ve de inmediato —le dijo el rey a Amán—, toma la vestidura y el caballo, tal como lo has sugerido, y haz eso mismo con Mardoqueo, el judío que está sentado a la puerta del rey. No descuides ningún detalle de todo lo que has recomendado.

Así que Amán tomó la vestidura y el caballo, vistió a Mardoqueo y lo llevó a caballo por las calles de la ciudad, proclamando a su paso: «¡Así se trata al hombre a quien el rey desea honrar!»

Después Mardoqueo volvió a la puerta del rey. Pero Amán regresó apurado a su casa, triste y tapándose la cara. Y les contó a Zeres, su esposa, y a todos sus amigos todo lo que le había sucedido.

Entonces sus consejeros y su esposa Zeres le dijeron: —Si Mardoqueo, ante quien has comenzado a caer, es de origen judío, no podrás contra él. ¡Sin duda acabarás siendo derrotado! Mientras todavía estaban hablando con Amán, llegaron los eunucos del rey y lo llevaron de prisa al banquete ofrecido por Ester.

El rey y Amán fueron al banquete de la reina Ester, y al segundo día, mientras brindaban, el rey le preguntó otra vez: —Dime qué deseas, reina Ester, y te lo concederé. ¿Cuál es tu petición? ¡Aun cuando fuera la mitad del reino, te lo concedería!

Ester respondió: —Si me he ganado el favor de Su Majestad, y si le parece bien, mi deseo es que me conceda la vida. Mi petición es que se compadezca de mi pueblo. Porque a mí y a mi pueblo se nos ha vendido para exterminio, muerte y aniquilación. Si sólo se nos hubiera vendido como esclavos, yo me habría quedado callada, pues tal angustia no sería motivo suficiente para inquietar a Su Majestad.

El rey le preguntó: —¿Y quién es ése que se ha atrevido a concebir semejante barbaridad? ¿Dónde está?

—¡El adversario y enemigo es este miserable de Amán! —respondió Ester.

Amán quedó aterrorizado ante el rey y la reina. El rey se levantó enfurecido, dejó de beber y salió al jardín del palacio. Pero Amán, dándose cuenta de que el rey ya había decidido su fin, se quedó para implorarle a la reina Ester que le perdonara la vida.

Cuando el rey volvió del jardín del palacio a la sala del banquete, Amán estaba inclinado sobre el diván donde Ester estaba recostada.

Al ver esto, el rey exclamó: —¡Y todavía se atreve éste a violar a la reina en mi presencia y en mi casa! Tan pronto como el rey pronunció estas palabras, cubrieron el rostro de Amán. Y Jarboná, uno de los eunucos que atendían al rey, dijo: —Hay una estaca a veinticinco metros de altura, junto a la casa de Amán. Él mandó colocarla para Mardoqueo, el que intervino en favor del rey.

—¡Empálenlo en ella! —ordenó el rey. De modo que empalaron a Amán en la estaca que él había mandado levantar para Mardoqueo. Con eso se aplacó la furia del rey.

Ese mismo día el rey Asuero le dio a la reina Ester las propiedades de Amán, el enemigo de los judíos. Mardoqueo se presentó ante el rey, porque Ester le había dicho cuál era su parentesco con ella. El rey se quitó el anillo con su sello, el cual había recuperado de Amán, y se lo obsequió a Mardoqueo. Ester, por su parte, lo designó administrador de las propiedades de Amán.

Ester y Mardoqueo están seguros, pero el decreto irrevocable aún es una amenaza para el resto de los judíos. El derrocamiento de Amán y el ascenso de Mardoqueo no podían darle consuelo a Ester mientras el decreto de Amán contra los judíos se mantuviera vigente.

Luego Ester volvió a interceder ante el rey. Se echó a sus pies y, con lágrimas en los ojos, le suplicó que pusiera fin al malvado plan que Amán el agagueo había maquinado contra los judíos. El rey le extendió a Ester el cetro de oro. Entonces ella se levantó y, permaneciendo de pie ante él, dijo:

—Si me he ganado el favor de Su Majestad, y si piensa que es correcto hacerlo y está contento conmigo, dígnese dar una contraorden que invalide los decretos para aniquilar a los judíos que están en todas las provincias del reino, los cuales fraguó y escribió Amán hijo de Hamedata, el agagueo. ¿cómo podría yo ver la calamidad que se cierne sobre mi pueblo? ¿Cómo podría ver impasible el exterminio de mi gente?

El rey Asuero respondió entonces a la reina Ester y a Mardoqueo el judío: —Debido a que Amán atentó contra los judíos, le he dado sus propiedades a Ester, y a él lo han empalado en la estaca. Redacten ahora, en mi nombre, otro decreto en favor de los judíos, como mejor les parezca, y séllenlo con mi anillo real. Un documento escrito en mi nombre, y sellado con mi anillo, es imposible revocarlo.

De inmediato fueron convocados los secretarios del rey. Era el día veintitrés del mes tercero, el mes de *siván*. Se escribió todo lo que Mardoqueo ordenó a los judíos y a los sátrapas, intendentes y funcionarios de las ciento veintisiete provincias que se extendían desde la India hasta Cus. Esas órdenes se promulgaron en la escritura de cada provincia y en el idioma de cada pueblo, y también en la escritura e idioma propios de los judíos. Mardoqueo escribió los decretos en nombre del rey Asuero, los selló con el anillo real, y los envió por medio de mensajeros del rey, que montaban veloces corceles de las caballerizas reales.

El edicto del rey facultaba a los judíos de cada ciudad a reunirse y defenderse, a exterminar, matar y aniquilar a cualquier fuerza armada de cualquier pueblo o provincia que los atacara a ellos o a sus mujeres y niños, y a apoderarse de los bienes de sus enemigos. Para llevar esto a cabo en todas las provincias del rey Asuero, los judíos fijaron el día trece del mes doce, que es el mes de *adar*. En cada provincia se emitiría como ley una copia del edicto, y se daría a conocer a todos los pueblos. Así los judíos estarían preparados ese día para vengarse de sus enemigos.

Los mensajeros, siguiendo las órdenes del rey, salieron de inmediato montando veloces corceles. El edicto se publicó también en la ciudadela de Susa.

Mardoqueo salió de la presencia del rey vistiendo ropas reales de azul y blanco, una gran corona de oro y un manto de lino fino color púrpura. La ciudad de Susa estalló en gritos de alegría. Para los judíos, aquél fue un tiempo de luz y de alegría, júbilo y honor. En cada provincia y ciudad adonde llegaban el edicto y la orden del rey, había alegría y regocijo entre los judíos, con banquetes y festejos. Y muchas personas de otros pueblos se hicieron judíos por miedo a ellos.

El edicto y la orden del rey debían ejecutarse el día trece del mes doce, que es el mes de *adar*. Los enemigos de los judíos esperaban dominarlos ese día; pero ahora se habían invertido los papeles, y los judíos dominaban a quienes los odiaban. En todas las provincias del rey Asuero, los judíos se reunieron en sus respectivas ciudades para atacar a los que procuraban su ruina. Nadie podía combatirlos, porque el miedo a ellos se había apoderado de todos. Los funcionarios de las provincias, los sátrapas, los intendentes y los administradores del rey apoyaban a los judíos, porque el miedo a Mardoqueo se había apoderado de todos ellos. Mardoqueo se había convertido en un personaje distinguido dentro del palacio real. Su fama se extendía por todas las provincias, y cada vez se hacía más poderoso.

Los judíos mataron a filo de espada a todos sus enemigos. Los mataron y los aniquilaron, e hicieron lo que quisieron con quienes los odiaban. En la ciudadela de Susa mataron y aniquilaron a quinientos hombres. También mataron a Parsandata, Dalfón, Aspata, Porata, Adalías, Aridata, Parmasta, Arisay, Ariday y Vaizata, que eran los diez hijos de

Amán hijo de Hamedata, el enemigo de los judíos. Pero no se apoderaron de sus bienes.

Ese mismo día, al enterarse el rey del número de muertos en la ciudadela de Susa, le dijo a la reina Ester: —Si los judíos han matado y aniquilado a quinientos hombres y a los diez hijos de Amán en la ciudadela de Susa, ¡qué no habrán hecho en el resto de las provincias del reino! Dime cuál es tu deseo, y se te concederá. ¿Qué otra petición tienes? ¡Se cumplirá tu deseo!

—Si a Su Majestad le parece bien —respondió Ester—, concédales permiso a los judíos de Susa para prorrogar hasta mañana el edicto de este día, y permita que sean empalados en la estaca los diez hijos de Amán.

El rey ordenó que se hiciera así. Se emitió un edicto en Susa, y los diez hijos de Amán fueron empalados. Los judíos de Susa se reunieron también el día catorce del mes de *adar*, y mataron allí a trescientos hombres, pero no se apoderaron de sus bienes.

Mientras tanto, los judíos restantes que estaban en las provincias del rey también se reunieron para defenderse y librarse de sus enemigos. Mataron a setenta y cinco mil de quienes los odiaban, pero tampoco se apoderaron de sus bienes. Esto sucedió el día trece del mes de *adar*. El día catorce descansaron, y lo celebraron con un alegre banquete.

Esta historia de Ester y Mardoqueo es también la historia de los comienzos de uno de los festivales anuales de los judíos, la fiesta de Purim. La historia también conserva vivo el recuerdo de la gran liberación del pueblo judío durante el reinado de Asuero.

Mardoqueo registró estos acontecimientos, y envió cartas a todos los judíos de todas las provincias lejanas y cercanas del rey Asuero, exigiéndoles que celebraran cada año los días catorce y quince del mes de *adar* como el tiempo en que los judíos se libraron de sus enemigos, y como el mes en que su aflicción se convirtió en alegría, y su dolor en día de fiesta. Por eso debían celebrarlos como días de banquete y de alegría, compartiendo los alimentos los unos con los otros y dándoles regalos a los pobres.

Así los judíos acordaron convertir en costumbre lo que habían comenzado a festejar, cumpliendo lo que Mardoqueo les había ordenado por escrito. Porque Amán hijo de Hamedata, el agagueo, el enemigo de todos los judíos, había maquinado aniquilar a los judíos y había echado el *pur* —es decir, la suerte— para confundirlos y aniquilarlos. Pero cuando Ester se presentó ante el rey, éste ordenó por escrito que el malvado plan que Amán había maquinado contra los judíos debía recaer sobre su propia cabeza, y que él y sus hijos fueran empalados en la estaca. Por tal razón, a estos días se los llamó *Purim*, de la palabra *pur*. Conforme a todo lo escrito en esta carta, y debido a lo que habían visto y a lo que les había sucedido, los judíos establecieron para ellos y sus descendientes, y para todos los que se les unieran, la costumbre de celebrar sin falta estos dos días cada año, según la manera prescrita y en la fecha fijada. Toda familia, y cada provincia y ciudad, debía recordar y celebrar estos días en cada generación. Y estos días de *Purim* no debían dejar de festejarse entre los judíos, ni debía morir su recuerdo entre sus descendientes.

21

Se reconstruyen los muros

Dios le había prometido al pueblo que algún día los traería de regreso a su tierra. Y, como se prometió, las personas comenzaron a regresar a Judá. Una vez allí, Zorobabel y los profetas alentaron al pueblo para que terminara el templo, el sitio de culto central de los judíos en Jerusalén. Entra en el relato Esdras (medio siglo más tarde), un sacerdote respetado y profesor de la Ley que había vivido en Babilonia, el cual mostró un serio interés en asegurarse de que la Ley de Dios fuera escuchada y seguida de nuevo ahora que la gente había regresado a su tierra.

DURANTE EL REINADO DE ARTAJERJES, REY DE PERSIA, VIVIÓ UN hombre llamado Esdras hijo de Seraías, que era descendiente en línea directa de Azarías, Jilquías, Salún, Sadoc, Ajitob, Amarías, Azarías, Merayot, Zeraías, Uzi, Buquí, Abisúa, Finés, Eleazar y Aarón, que fue el primer sacerdote. Este Esdras llegó de Babilonia. Era un maestro muy versado en la ley que el SEÑOR, Dios de Israel, le había dado a Moisés. Gozaba de la simpatía del rey, y el SEÑOR su Dios estaba con él. Con Esdras regresaron a Jerusalén algunos israelitas, entre los cuales había sacerdotes, levitas, cantores, porteros y servidores del templo. Esto sucedió en el séptimo año del reinado de Artajerjes.

Así que Esdras llegó a Jerusalén en el mes quinto del séptimo año del reinado de Artajerjes. Había salido de Babilonia el día primero del mes primero, y llegó a Jerusalén el día primero del mes quinto, porque la mano bondadosa de Dios estaba con él. Esdras se había dedicado por

Retorna el segundo grupo de exiliados	Retorno de los últimos exiliados	Oposición para reconstruir el templo	Se reconstruyen los muros de Jerusalén	Ministerio de Malaquías
a.C. 458	445		445	440–430

Para información completa sobre la cronología vea la página ix.

completo a estudiar la ley del Señor, a ponerla en práctica y a enseñar sus preceptos y normas a los israelitas.

Esdras

Esdras hijo de Seraías,

hijo de Azarías,

hijo de Jilquías,

hijo de Salún,

hijo de Sadoc,

hijo de Ajitob,

hijo de Amarías,

hijo de Azarías,

hijo de Merayot,

hijo de Zeraías,

hijo de Uzi,

hijo de Buquí,

hijo de Abisúa,

hijo de Finés,

hijo de Eleazar,

hijo de Aarón, que fue el primer sacerdote.

El rey Artajerjes le entregó la siguiente carta a Esdras, quien era sacerdote y maestro de los mandamientos y preceptos que el Señor le dio a Israel:

Artajerjes, rey de reyes,

a Esdras, sacerdote y maestro versado en la ley del Dios del cielo:

Saludos.

He dispuesto que todos los israelitas que quieran ir contigo a Jerusalén puedan hacerlo, incluyendo a los sacerdotes y levitas. El rey y sus siete consejeros te mandan a investigar la situación de Jerusalén y de Judá, conforme a la ley de tu Dios que se te ha confiado. Lleva el oro y la plata que el rey y sus consejeros han ofrecido voluntariamente al Dios de Israel, que habita en Jerusalén. También lleva contigo toda la plata y el oro que obtengas de la provincia de Babilonia, junto con los donativos del pueblo y de los sacerdotes para el templo de su Dios en Jerusalén. Con ese dinero compra, sin falta, becerros, carneros y corderos, con sus respectivas ofrendas de cereales y de vino, para ofrecerlos en el altar del templo del Dios de ustedes en Jerusalén.

Con el resto de la plata y del oro tú y tus compañeros podrán hacer lo que les parezca mejor, de acuerdo con la voluntad del Dios de ustedes. Pero deposita en el templo los utensilios sagrados que se te han entregado para rendir culto a tu Dios en Jerusalén. Cualquier otro gasto que sea necesario para el templo de tu Dios, se cubrirá del tesoro real.

Ahora bien, yo, el rey Artajerjes, les ordeno a todos los tesoreros que están al oeste del río Éufrates, que entreguen de inmediato todo cuanto solicite Esdras, sacerdote y maestro versado en la ley del Dios del cielo. Pueden darle hasta tres mil trescientos kilos de plata, veintidós mil litros de trigo, dos mil doscientos litros de vino, dos mil doscientos litros de aceite y toda la sal que se requiera. Todo lo que ha ordenado el Dios del cielo para su templo, háganlo de inmediato, de modo que no se descargue su ira contra el dominio del rey y su familia. También les ordeno que exoneren de impuestos a los sacerdotes, levitas, cantores, porteros y servidores del templo de Dios.

Por cuanto tú, Esdras, posees la sabiduría de Dios, serás el encargado de nombrar funcionarios y jueces para que juzguen a los habitantes de la provincia al oeste del río Éufrates, es decir, a todos los que conocen la ley de Dios. Pero a quienes no la conozcan, enséñasela. Si alguien desobedece la ley de tu Dios y las órdenes del rey, haz que se le castigue de inmediato con la pena de muerte, el destierro, la confiscación de bienes o la cárcel.

«Bendito sea el SEÑOR, Dios de nuestros antepasados, que puso en el corazón del rey el propósito de honrar el templo del SEÑOR en Jerusalén. Por su infinito amor, él me ha permitido recibir el favor del rey, de sus consejeros y de todos sus funcionarios más importantes. Y porque Dios estaba conmigo, cobré ánimo y reuní a los jefes de Israel para que me acompañaran a Jerusalén.»

Colmado de los regalos y suministros del rey, Esdras condujo a varios miles de compatriotas israelitas en su viaje de retorno a Jerusalén. Él encontró el templo en buen estado, pero también descubrió que el pueblo estaba practicando la exogamia con las culturas vecinas que adoraban a otros dioses. La Ley de Dios le advertía a la población claramente en contra de tales acciones. Horrorizado, Esdras rasgó su ropa en medio de su dolor y lloró mientras oraba, confesando el pecado del pueblo y pidiendo la misericordia de Dios.

Alrededor de trece años más tarde, Nehemías, copero del rey de Persia (una posición que requería el más alto nivel de seguridad y confianza), recibió una visita de su hermano que vivía en Judá. Nehemías estaba ansioso por escuchar las noticias de la ciudad de Jerusalén. Sin embargo, como Esdras había descubierto antes, las noticias de casa no eran tan buenas.

Éstas son las palabras de Nehemías hijo de Jacalías:

En el mes de *quisleu* del año veinte, estando yo en la ciudadela de Susa, llegó Jananí, uno de mis hermanos, junto con algunos hombres de Judá. Entonces les pregunté por el resto de los judíos que se habían librado del destierro, y por Jerusalén.

Me respondieron: «Los que se libraron del destierro y se quedaron en la provincia están enfrentando una gran calamidad y humillación. La muralla de Jerusalén sigue derribada, con sus puertas consumidas por el fuego.»

Al escuchar esto, me senté a llorar; hice duelo por algunos días, ayuné y oré al Dios del cielo. Le dije:

«Señor, Dios del cielo, grande y temible, que cumples el pacto y eres fiel con los que te aman y obedecen tus mandamientos, te suplico que me prestes atención, que fijes tus ojos en este siervo tuyo que día y noche ora en favor de tu pueblo Israel. Confieso que los israelitas, entre los cuales estamos incluidos mi familia y yo, hemos pecado contra ti.

Señor, te suplico que escuches nuestra oración, pues somos tus siervos y nos complacemos en honrar tu nombre. Y te pido que a este siervo tuyo le concedas tener éxito y ganarse el favor del rey.»

El templo en Jerusalén había sido concluido, pero el muro de la ciudad todavía estaba en ruinas. ¿Una ciudad sin un muro? Se debería simplemente invitar a los saqueadores a pasar por las puertas abiertas. Nehemías decidió que guiaría al pueblo en la reconstrucción de los muros de la ciudad.

Una misión de este alcance requería la autorización de Artajerjes, rey de Persia. Después de orar por la ayuda de Dios, Nehemías se acercó al rey, quien se complació en enviar a Nehemías de viaje con cartas de salvoconducto y suministros. Un arduo trabajo quedaba por delante, largos días y noches sin descanso, pero Nehemías preparó sus pertenencias y guió a su caravana hacia Jerusalén.

Tres días después de haber llegado a Jerusalén, salí de noche acompañado de algunos hombres, pero a ninguno de ellos le conté lo que mi Dios me había motivado hacer por Jerusalén. La única bestia que llevábamos era la que yo montaba.

Esa noche salí por la puerta del Valle hacia la fuente del Dragón y la puerta del Basurero. Inspeccioné las ruinas de la muralla de Jerusalén, y sus puertas consumidas por el fuego. Después me dirigí hacia la puerta de la Fuente y el estanque del Rey, pero no hallé por dónde pasar con mi cabalgadura. Así que, siendo aún de noche, subí por el arroyo mientras inspeccionaba la muralla. Finalmente regresé y entré por la puerta del Valle. Los gobernadores no supieron a dónde fui ni qué hice, porque hasta entonces no había dicho nada a ningún judío: ni a los sacerdotes, ni a los nobles, ni a los gobernadores ni a los que estaban trabajando en la obra.

Por eso les dije: —Ustedes son testigos de nuestra desgracia. Jerusalén está en ruinas, y sus puertas han sido consumidas por el fuego. ¡Vamos, anímense! ¡Reconstruyamos la muralla de Jerusalén para que ya nadie se burle de nosotros! Entonces les conté cómo la bondadosa mano de Dios había estado conmigo y les relaté lo que el rey me había dicho.

Al oír esto, exclamaron: —¡Manos a la obra! Y unieron la acción a la palabra.

Así como los judíos habían recibido la oposición de los pueblos vecinos cuando trabajaron en la reconstrucción del templo un siglo antes, ahora fueron objeto de ataque por tratar de reconstruir los muros de Jerusalén. Sambalat, el gobernador de Samaria, y Tobías, uno de los principales oficiales y tal vez gobernador de Transjordania, se sentían sin duda particularmente amenazados por el hecho de que el rey Artajerjes no solo había provisto para el viaje de Nehemías a Jerusalén, sino que lo había nombrado también gobernador de Judá.

Cuando Sambalat se enteró de que estábamos reconstruyendo la muralla, se disgustó muchísimo y se burló de los judíos. Ante sus compañeros y el ejército de Samaria dijo: —¿Qué están haciendo estos miserables judíos? ¿Creen que se les va a dejar que reconstruyan y que vuelvan a ofrecer sacrificios? ¿Piensan acaso terminar en un solo día? ¿Cómo creen que de esas piedras quemadas, de esos escombros, van a hacer algo nuevo?

Y Tobías el amonita, que estaba junto a él, añadió: —¡Hasta una zorra, si se sube a ese montón de piedras, lo echa abajo!

Por eso oramos:

«¡Escucha, Dios nuestro,
    cómo se burlan de nosotros!
Haz que sus ofensas recaigan sobre ellos mismos:
    entrégalos a sus enemigos;
    ¡que los lleven en cautiverio!
No pases por alto su maldad
    ni olvides sus pecados,
    porque insultan a los que reconstruyen.»

Continuamos con la reconstrucción y levantamos la muralla hasta media altura, pues el pueblo trabajó con entusiasmo.

Pero cuando Sambalat y Tobías, y los árabes, los amonitas y los asdodeos se enteraron de que avanzaba la reconstrucción de la muralla y de que ya estábamos cerrando las brechas, se enojaron muchísimo y acordaron atacar a Jerusalén y provocar disturbios en ella. Oramos entonces a nuestro Dios y decidimos montar guardia día y noche para defendernos de ellos.

Por su parte, la gente de Judá decía:
    «Los cargadores desfallecen,
        pues son muchos los escombros;
    ¡no vamos a poder
        reconstruir esta muralla!»

Y nuestros enemigos maquinaban: «Les caeremos por sorpresa y los mataremos; así haremos que la obra se suspenda.»

Algunos de los judíos que vivían cerca de ellos venían constantemente y nos advertían: «Los van a atacar por todos lados.»

Así que puse a la gente por familias, con sus espadas, arcos y lanzas, detrás de las murallas, en los lugares más vulnerables y desguarnecidos. Luego de examinar la situación, me levanté y dije a los nobles y gobernantes, y al resto del pueblo: «¡No les tengan miedo! Acuérdense del Señor, que es grande y temible, y peleen por sus hermanos, por sus hijos e hijas, y por sus esposas y sus hogares.»

Una vez que nuestros enemigos se dieron cuenta de que conocíamos sus intenciones y de que Dios había frustrado sus planes, todos regresamos a la muralla, cada uno a su trabajo.

A partir de aquel día la mitad de mi gente trabajaba en la obra, mientras la otra mitad permanecía armada con lanzas, escudos, arcos y corazas. Los jefes estaban pendientes de toda la gente de Judá. Tanto los que reconstruían la muralla como los que acarreaban los materiales, no descuidaban ni la obra ni la defensa. Todos los que trabajaban en la reconstrucción llevaban la espada a la cintura. A mi lado estaba el encargado de dar el toque de alarma.

Yo les había dicho a los nobles y gobernantes, y al resto del pueblo: «La tarea es grande y extensa, y nosotros estamos muy esparcidos en la muralla, distantes los unos de los otros. Por eso, al oír el toque de alarma, cerremos filas. ¡Nuestro Dios peleará por nosotros!»

Así que, desde el amanecer hasta que aparecían las estrellas, mientras trabajábamos en la obra, la mitad de la gente montaba guardia lanza en mano. En aquella ocasión también le dije a la gente: «Todos ustedes, incluso los ayudantes, quédense en Jerusalén para que en la noche sirvan de centinelas y de día trabajen en la obra.» Ni yo ni mis parientes y ayudantes, ni los de mi guardia personal, nos desvestíamos para nada: cada uno de nosotros se mantenía listo para la defensa.

Nehemías mostró una firme persistencia y gran gracia bajo presión. Siguió adelante mientras todo indicaba grandes problemas. Asimismo, puso de manifiesto su percepción astuta de la naturaleza humana, demostrando además que podía percatarse de una trampa a un kilómetro de distancia.

Sambalat, Tobías, Guesén el árabe y el resto de nuestros enemigos se enteraron de que yo había reconstruido la muralla, y de que se habían cerrado las brechas (aunque todavía no se habían puesto las puertas en su sitio). Entonces Sambalat y Guesén me enviaron este mensaje: «Tenemos que reunirnos contigo en alguna de las poblaciones del valle de Ono.»

En realidad, lo que planeaban era hacerme daño. Así que envié unos mensajeros a decirles: «Estoy ocupado en una gran obra, y no puedo ir. Si bajara yo a reunirme con ustedes, la obra se vería interrumpida.» Cuatro veces me enviaron este mensaje, y otras tantas les respondí lo mismo.

La quinta vez Sambalat me envió, por medio de uno de sus siervos, el mismo mensaje en una carta abierta, que a la letra decía:

«Corre el rumor entre la gente —y Guesén lo asegura— de que tú y los judíos están construyendo la muralla porque tienen planes de rebelarse. Según tal rumor, tú pretendes ser su rey, y has nombrado profetas para que te proclamen rey en Jerusalén, y se declare: "¡Tenemos rey en Judá!" Por eso, ven y hablemos de este asunto, antes de que todo esto llegue a oídos del rey.»

Yo envié a decirle: «Nada de lo que dices es cierto. Todo esto es pura invención tuya.»

En realidad, lo que pretendían era asustarnos. Pensaban desanimarnos, para que no termináramos la obra.

«Y ahora, Señor, ¡fortalece mis manos!»

Fui entonces a la casa de Semaías, hijo de Delaías y nieto de Mehitabel, que se había encerrado en su casa. Él me dijo:

«Reunámonos a puerta cerrada
  en la casa de Dios,
    en el interior del templo,
  porque vendrán a matarte.
    ¡Sí, esta noche te quitarán la vida!»

La muralla se terminó el día veinticinco del mes de *elul*. Su reconstrucción había durado cincuenta y dos días.

Cuando todos nuestros enemigos se enteraron de esto, las naciones vecinas se sintieron humilladas, pues reconocieron que ese trabajo se había hecho con la ayuda de nuestro Dios.

Primero el templo y ahora los muros de la ciudad estaban comple-
tos. Sin embargo, ¿por qué construir templos y muros si los cora-
zones de la gente seguían errantes? Tanto Esdras como Nehemías
querían asegurarse de que fuera establecido un sistema puro de
culto y de hacer cumplir las leyes contra el mestizaje con las na-
ciones impías. ¿Y qué mejor manera de lograrlo que dejar que la
Palabra de Dios hablara por sí misma?

Una vez que se terminó la reconstrucción de la muralla y se colocaron sus puertas, se nombraron porteros, cantores y levitas. A mi
hermano Jananí, que era un hombre fiel y temeroso de Dios como pocos, lo puse a cargo de Jerusalén, junto con Jananías, comandante de la
ciudadela.

Entonces todo el pueblo, como un solo hombre, se reunió en la plaza
que está frente a la puerta del Agua y le pidió al maestro Esdras traer el
libro de la ley que el Señor le había dado a Israel por medio de Moisés.

Así que el día primero del mes séptimo, el sacerdote Esdras llevó la
ley ante la asamblea, que estaba compuesta de hombres y mujeres y de
todos los que podían comprender la lectura, y la leyó en presencia de
ellos en la plaza que está frente a la puerta del Agua. Todo el pueblo
estaba muy atento a la lectura del libro de la ley.

Esdras, a quien la gente podía ver porque él estaba en un lugar más
alto, abrió el libro y todo el pueblo se puso de pie. Entonces Esdras bendijo al Señor, el gran Dios. Y todo el pueblo, levantando las manos,
respondió: «¡Amén y amén!». Luego adoraron al Señor, inclinándose
hasta tocar el suelo con la frente.

Los levitas Jesúa, Baní, Serebías, Jamín, Acub, Sabetay, Hodías, Maseías, Quelitá, Azarías, Jozabed, Janán y Pelaías le explicaban la ley al
pueblo, que no se movía de su sitio. Ellos leían con claridad el libro de la
ley de Dios y lo interpretaban de modo que se comprendiera su lectura.

Al oír las palabras de la ley, la gente comenzó a llorar. Por eso el
gobernador Nehemías, el sacerdote y maestro Esdras, y los levitas que
enseñaban al pueblo, les dijeron: «No lloren ni se pongan tristes, porque
este día ha sido consagrado al Señor su Dios.»

Luego Nehemías añadió: «Ya pueden irse. Coman bien, tomen bebidas dulces y compartan su comida con quienes no tengan nada, porque
este día ha sido consagrado a nuestro Señor. No estén tristes, pues el
gozo del Señor es nuestra fortaleza.»

También los levitas tranquilizaban a todo el pueblo. Les decían: «¡Tranquilos! ¡No estén tristes, que éste es un día santo!»

Así que todo el pueblo se fue a comer y beber y compartir su comida, felices de haber comprendido lo que se les había enseñado.

Al día siguiente, los jefes de familia, junto con los sacerdotes y los levitas, se reunieron con el maestro Esdras para estudiar los términos de la ley. Y en ésta encontraron escrito que el SEÑOR le había mandado a Moisés que durante la fiesta del mes séptimo los israelitas debían habitar en enramadas y pregonar en todas sus ciudades y en Jerusalén esta orden: «Vayan a la montaña y traigan ramas de olivo, de olivo silvestre, de arrayán, de palmera y de todo árbol frondoso, para hacer enramadas, conforme a lo que está escrito.»

De modo que la gente fue y trajo ramas, y con ellas hizo enramadas en las azoteas, en los patios, en el atrio del templo de Dios, en la plaza de la puerta del Agua y en la plaza de la puerta de Efraín. Toda la asamblea de los que habían regresado del cautiverio hicieron enramadas y habitaron en ellas. Como los israelitas no habían hecho esto desde los días de Josué hijo de Nun, hicieron una gran fiesta.

Todos los días, desde el primero hasta el último, se leyó el libro de la ley de Dios. Celebraron la fiesta durante siete días, y en el día octavo hubo una asamblea solemne, según lo ordenado.

Los israelitas habían reconstruido el templo y adoraban a Dios de nuevo, pero muchas personas y sacerdotes se extraviaron de la fe. Dios llamó a Malaquías, el último de los profetas del Antiguo Testamento, para ofrecerle una última palabra a la gente. Malaquías probablemente vivió durante el mismo período que Esdras y Nehemías. Tal vez sus profecías vinieron después de la muerte de Esdras y en el momento en que Nehemías fue llamado a regresar al servicio del rey de Persia. A través de Malaquías, Dios emitió su advertencia contra la hipocresía del pueblo, pero también les recordó su pacto eterno.

Esta profecía es la palabra del SEÑOR dirigida a Israel por medio de Malaquías.

»El hijo honra a su padre y el siervo a su señor. Ahora bien, si soy padre, ¿dónde está el honor que merezco? Y si soy señor, ¿dónde está el respeto que se me debe? Yo, el SEÑOR Todopoderoso, les pregunto a ustedes, sacerdotes que desprecian mi nombre.

»Y encima preguntan: "¿En qué hemos despreciado tu nombre?"

»Pues en que ustedes traen a mi altar alimento mancillado.

»Y todavía preguntan: "¿En qué te hemos mancillado?"

»Pues en que tienen la mesa del SEÑOR como algo despreciable. Ustedes traen animales ciegos para el sacrificio, y piensan que no tiene nada de malo; sacrifican animales cojos o enfermos, y piensan que no tiene nada de malo. ¿Por qué no tratan de ofrecérselos a su gobernante? ¿Creen que estaría él contento con ustedes? ¿Se ganarían su favor? —dice el SEÑOR Todopoderoso—.

»Ahora pues, traten de apaciguar a Dios para que se apiade de nosotros. ¿Creen que con esta clase de ofrendas se van a ganar su favor? —dice el SEÑOR Todopoderoso—.

¡Cómo quisiera que alguno de ustedes clausurara el templo, para que no encendieran en vano el fuego de mi altar! No estoy nada contento con ustedes —dice el SEÑOR Todopoderoso—, y no voy a aceptar ni una sola ofrenda de sus manos. Porque desde donde nace el sol hasta donde se pone, grande es mi nombre entre las naciones. En todo lugar se ofrece incienso y ofrendas puras a mi nombre, porque grande es mi nombre entre las naciones —dice el SEÑOR Todopoderoso—.

Otra cosa que ustedes hacen es inundar de lágrimas el altar del SEÑOR; lloran y se lamentan porque él ya no presta atención a sus ofrendas ni las acepta de sus manos con agrado. Y todavía preguntan por qué. Pues porque el SEÑOR actúa como testigo entre ti y la esposa de tu juventud, a la que traicionaste aunque es tu compañera, la esposa de tu pacto.

¿Acaso no hizo el SEÑOR un solo ser, que es cuerpo y espíritu? Y ¿por qué es uno solo? Porque busca descendencia dada por Dios. Así que cuídense ustedes en su propio espíritu, y no traicionen a la esposa de su juventud.

«Yo aborrezco el divorcio —dice el SEÑOR, Dios de Israel—, y al que cubre de violencia sus vestiduras», dice el SEÑOR Todopoderoso.

Así que cuídense en su espíritu, y no sean traicioneros.

»Yo, el SEÑOR, no cambio. Por eso ustedes, descendientes de Jacob, no han sido exterminados. Desde la época de sus antepasados se han apartado de mis preceptos y no los han guardado. Vuélvanse a mí, y yo me volveré a ustedes —dice el SEÑOR Todopoderoso—.

»Pero ustedes replican: "¿En qué sentido tenemos que volvernos?"

»¿Acaso roba el hombre a Dios? ¡Ustedes me están robando!

»Y todavía preguntan: "¿En qué te robamos?"

»En los diezmos y en las ofrendas. Ustedes —la nación entera— están bajo gran maldición, pues es a mí a quien están robando. »Traigan íntegro el diezmo para los fondos del templo, y así habrá alimento en mi casa. Pruébenme en esto —dice el SEÑOR Todopoderoso—, y vean si no abro las compuertas del cielo y derramo sobre ustedes bendición hasta que sobreabunde. Exterminaré a la langosta, para que no arruine sus cultivos y las vides en los campos no pierdan su fruto —dice el SEÑOR Todopoderoso—. Entonces todas las naciones los llamarán a ustedes dichosos, porque ustedes tendrán una nación encantadora —dice el SEÑOR Todopoderoso—.

»Ustedes profieren insolencias contra mí —dice el SEÑOR—.

»Y encima preguntan: "¿Qué insolencias hemos dicho contra ti?"

»Ustedes han dicho: "Servir a Dios no vale la pena. ¿Qué ganamos con cumplir sus mandatos y vestirnos de luto delante del SEÑOR Todopoderoso si nos toca llamar dichosos a los soberbios, y los que hacen lo malo no sólo prosperan sino que incluso desafían a Dios y se salen con la suya?"»

Los que temían al SEÑOR hablaron entre sí, y él los escuchó y les prestó atención. Entonces se escribió en su presencia un libro de memorias de aquellos que temen al SEÑOR y honran su nombre.

«El día que yo actúe ellos serán mi propiedad exclusiva —dice el SEÑOR Todopoderoso—. Tendré compasión de ellos, como se compadece un hombre del hijo que le sirve. Y ustedes volverán a distinguir entre los buenos y los malos, entre los que sirven a Dios y los que no le sirven.

»Miren, ya viene el día, ardiente como un horno. Todos los soberbios y todos los malvados serán como paja, y aquel día les prenderá fuego hasta dejarlos sin raíz ni rama —dice el SEÑOR Todopoderoso—. Pero para ustedes que temen mi nombre, se levantará el sol de justicia trayendo en sus rayos salud. Y ustedes saldrán saltando como becerros recién alimentados. El día que yo actúe ustedes pisotearán a los malvados, y bajo sus pies quedarán hechos polvo —dice el SEÑOR Todopoderoso—.

»Acuérdense de la ley de mi siervo Moisés. Recuerden los preceptos y las leyes que le di en Horeb para todo Israel.

»Estoy por enviarles al profeta Elías antes que llegue el día del SEÑOR, día grande y terrible. Él hará que los padres se reconcilien con sus hijos y los hijos con sus padres, y así no vendré a herir la tierra con destrucción total.»

Tierra Santa en tiempos de Jesús

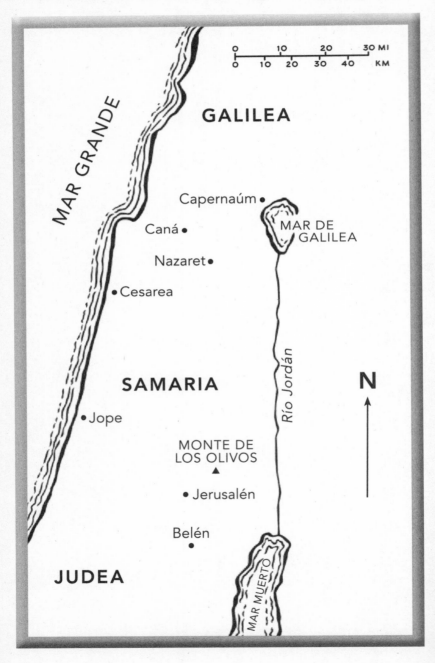

Durante cuatrocientos años después de las profecías de Malaquías, ningún profeta o líder llegó a alcanzar el nivel de inclusión en la documentación de las Sagradas Escrituras. Por esta razón, a este período se le ha llamado a veces «los años silenciosos». En realidad, estos años de conmociones sociales y políticas eran de todo menos silenciosos para el pueblo judío.

La revolución macabea en contra de los seleúcidas durante el segundo siglo a. C. fue una de las épocas más heroicas de la historia judía. También durante estos cuatrocientos años se produjeron numerosos escritos importantes. La comunidad de Qumrán copió los libros de Isaías, los Salmos, Deuteronomio y otros escritos sagrados. Estos manuscritos antiguos fueron descubiertos por un niño pastor en el año 1947 d. C., cerca del Mar Muerto, y hoy son conocidos como los «Rollos del Mar Muerto».

Los libros deuterocanónicos, o libros apócrifos, aceptados como Sagradas Escrituras por las iglesias romanas y oriental, fueron escritos en el lapso entre el fin del Antiguo y el inicio del Nuevo Testamento. La Septuaginta, la traducción griega del Antiguo Testamento, fue también un producto importante de la época. Se convirtió en la Biblia de los judíos de habla griega fuera de Palestina y más tarde de la iglesia primitiva.

Sin embargo, la historia de Dios no había terminado. «Cuando se cumplió el plazo», como dijera el apóstol Pablo, Dios habló de nuevo, esta vez en la persona de Jesucristo, el Hijo de Dios, cuyo nacimiento, vida, muerte y resurrección cambió todo.

Ahora las antiguas promesas de los profetas acerca de un nuevo Siervo-Rey y del reino de Dios, las promesas esperadas durante tantos años, se cumplieron de manera nueva y audaz. Ahora la gente podía ver a Dios personificado en la misericordia, la compasión, el inquebrantable amor y la dedicación a la restauración de las relaciones perdidas de este carpintero y maestro itinerante, Jesús, el Mesías[1] que había llegado a liberar a su pueblo. Toda la sabiduría y los propósitos de Dios se centraban en la misión de Jesús en el planeta Tierra. Él fue la última palabra de Dios. Y así fue como sucedió…

---

[1] **Mesías:** Un nombre de Jesús que enfatiza su papel de elegido enviado por Dios.

22

El nacimiento de un Rey

En el principio ya existía el Verbo,
    y el Verbo estaba con Dios,
    y el Verbo era Dios.
Él estaba con Dios en el principio.
Por medio de él todas las cosas fueron creadas;
    sin él, nada de lo creado llegó a existir.
En él estaba la vida,
    y la vida era la luz de la humanidad.
Esta luz resplandece en las tinieblas,
    y las tinieblas no han podido extinguirla.

VINO UN HOMBRE LLAMADO JUAN. DIOS LO ENVIÓ COMO TESTIGO para dar testimonio de la luz, a fin de que por medio de él todos creyeran. Juan no era la luz, sino que vino para dar testimonio de la luz.

Esa luz verdadera, la que alumbra a todo ser humano, venía a este mundo. El que era la luz ya estaba en el mundo, y el mundo fue creado por medio de él, pero el mundo no lo reconoció. Vino a lo que era suyo, pero los suyos no lo recibieron. Mas a cuantos lo recibieron, a los que creen en su nombre, les dio el derecho de ser hijos de Dios. Éstos no nacen de la sangre, ni por deseos naturales, ni por voluntad humana, sino que nacen de Dios.

Nacimiento de Jesús	Viaje a Egipto	Jesús visita el templo
6/5 a.C.	5/4 a.C.	d.C. 7/8

Para información completa sobre la cronología vea la página ix.

277

Y el Verbo se hizo hombre y habitó entre nosotros. Y hemos contemplado su gloria, la gloria que corresponde al Hijo unigénito del Padre, lleno de gracia[1] y de verdad.

…la ley fue dada por medio de Moisés, mientras que la gracia y la verdad nos han llegado por medio de Jesucristo. A Dios nadie lo ha visto nunca; el Hijo unigénito, que es Dios y que vive en unión íntima con el Padre, nos lo ha dado a conocer.

Dios envió al ángel Gabriel a Nazaret, pueblo de Galilea, a visitar a una joven virgen comprometida para casarse con un hombre que se llamaba José, descendiente de David. La virgen se llamaba María. El ángel se acercó a ella y le dijo: —¡Te saludo, tú que has recibido el favor de Dios! El Señor está contigo.

Ante estas palabras, María se perturbó, y se preguntaba qué podría significar este saludo. —No tengas miedo, María; Dios te ha concedido su favor —le dijo el ángel—. Quedarás encinta y darás a luz un hijo, y le pondrás por nombre Jesús. Él será un gran hombre, y lo llamarán Hijo del Altísimo. Dios el Señor le dará el trono de su padre David, y reinará sobre el pueblo de Jacob para siempre. Su reinado no tendrá fin.

—¿Cómo podrá suceder esto —le preguntó María al ángel—, puesto que soy virgen?

—El Espíritu Santo vendrá sobre ti, y el poder del Altísimo te cubrirá con su sombra. Así que al santo niño que va a nacer lo llamarán Hijo de Dios.

—Aquí tienes a la sierva del Señor —contestó María—. Que él haga conmigo como me has dicho. Con esto, el ángel la dejó.

Entonces dijo María:

—Mi alma glorifica al Señor,
y mi espíritu se regocija en Dios mi Salvador,[2]
porque se ha dignado fijarse en su humilde sierva.

---

[1]**Gracia:** Favor y bendición inmerecida. En el Nuevo Testamento, a menudo este término se refiere al perdón inmerecido del pecado por medio de la muerte de Jesús.

[2]**Salvador:** Uno que rescata o sana. Jesucristo se revela como el Salvador quien rescata a su pueblo del pecado y del castigo eterno.

Desde ahora me llamarán dichosa todas las generaciones,
porque el Poderoso ha hecho grandes cosas por mí.
¡Santo es su nombre!
De generación en generación
se extiende su misericordia a los que le temen.
Hizo proezas con su brazo;
desbarató las intrigas de los soberbios.
De sus tronos derrocó a los poderosos,
mientras que ha exaltado a los humildes.
A los hambrientos los colmó de bienes,
y a los ricos los despidió con las manos vacías.
Acudió en ayuda de su siervo Israel
y, cumpliendo su promesa a nuestros padres,
mostró su misericordia a Abraham
y a su descendencia para siempre.

¿Cómo María, una virgen, se había embarazado? Ella y José esta-
ban comprometidos, pero no habían tenido relaciones sexuales.
Ningún médico podría responder a esta pregunta, pero tal era la
naturaleza misteriosa de la concepción de María y del nacimiento
de Jesús, un milagroso comienzo ordenado solo por el poder de
Dios. ¡Imagínese el problema de María para explicar esta increíble
experiencia! Ella misma no podía entenderlo, y mucho menos ex-
plicarlo a sus amigos y familiares.

En ese tiempo, el estar prometido en matrimonio se conside-
raba una obligación tan fuerte como el matrimonio, por lo que a
José se le llamó «su marido» aunque él y María no estaban oficial-
mente casados. A pesar de que probablemente quería creerle a
María, José se encontraba en una situación difícil. Con una pro-
mesa de casamiento y una obligación hacia una mujer a la que su
familia y amigos ahora despreciarían, José decidió que era mejor
romper el compromiso... hasta que un inusual visitante cambió su
perspectiva.

Como José, su esposo, era un hombre justo y no quería exponerla a
vergüenza pública, resolvió divorciarse de ella en secreto.
Pero cuando él estaba considerando hacerlo, se le apareció en sueños un ángel del Señor y le dijo: «José, hijo de David, no temas recibir a
María por esposa, porque ella ha concebido por obra del Espíritu Santo.

Dará a luz un hijo, y le pondrás por nombre Jesús, porque él salvará a su pueblo de sus pecados.»

Todo esto sucedió para que se cumpliera lo que el Señor había dicho por medio del profeta: «La virgen concebirá y dará a luz un hijo, y lo llamarán Emanuel» (que significa «Dios con nosotros»).

Cuando José se despertó, hizo lo que el ángel del Señor le había mandado y recibió a María por esposa.

Por aquellos días Augusto César decretó que se levantara un censo en todo el imperio romano. (Este primer censo se efectuó cuando Cirenio gobernaba en Siria.) Así que iban todos a inscribirse, cada cual a su propio pueblo.

También José, que era descendiente del rey David, subió de Nazaret, ciudad de Galilea, a Judea. Fue a Belén, la ciudad de David, para inscribirse junto con María su esposa. Ella se encontraba encinta y, mientras estaban allí, se le cumplió el tiempo. Así que dio a luz a su hijo primogénito. Lo envolvió en pañales y lo acostó en un pesebre, porque no había lugar para ellos en la posada.

En esa misma región había unos pastores que pasaban la noche en el campo, turnándose para cuidar sus rebaños. Sucedió que un ángel del Señor se les apareció. La gloria del Señor los envolvió en su luz, y se llenaron de temor. Pero el ángel les dijo: «No tengan miedo. Miren que les traigo buenas noticias[3] que serán motivo de mucha alegría para todo el pueblo. Hoy les ha nacido en la ciudad de David un Salvador, que es Cristo el Señor. Esto les servirá de señal: Encontrarán a un niño envuelto en pañales y acostado en un pesebre.»

De repente apareció una multitud de ángeles del cielo, que alababan a Dios y decían:

«Gloria a Dios en las alturas,
    y en la tierra paz a los que gozan de su buena voluntad.»

Cuando los ángeles se fueron al cielo, los pastores se dijeron unos a otros: «Vamos a Belén, a ver esto que ha pasado y que el Señor nos ha dado a conocer.»

---

[3]**Buenas noticias:** La traducción literal del *Evangelio*, esta palabra se refiere al mensaje de que Jesús ha venido a reconciliar la humanidad con Dios. Las buenas nuevas dicen que cada individuo puede aceptar este regalo inmerecido y entrar en una relación con él.

Así que fueron de prisa y encontraron a María y a José, y al niño que estaba acostado en el pesebre. Cuando vieron al niño, contaron lo que les habían dicho acerca de él, y cuantos lo oyeron se asombraron de lo que los pastores decían. María, por su parte, guardaba todas estas cosas en su corazón y meditaba acerca de ellas. Los pastores regresaron glorificando y alabando a Dios por lo que habían visto y oído, pues todo sucedió tal como se les había dicho.

José y María decidieron permanecer en Belén después que Jesús nació. Fiel a la Ley de Moisés, circuncidaron a Jesús cuando tenía ocho días de edad y lo presentaron al Señor en el templo en Jerusalén a los cuarenta días de nacido. Allí la nueva familia fue recibida por dos santos ancianos, Simeón y Ana, a quienes Dios les dio la oportunidad de ver y reconocer al Mesías antes del final de sus días. Y estos no fueron los últimos individuos que distinguieron la naturaleza especial del niño Jesús.

Después de que Jesús nació en Belén de Judea en tiempos del rey Herodes, llegaron a Jerusalén unos sabios procedentes del Oriente. —¿Dónde está el que ha nacido rey de los judíos? —preguntaron—. Vimos levantarse su estrella y hemos venido a adorarlo.

Cuando lo oyó el rey Herodes, se turbó, y toda Jerusalén con él. Así que convocó de entre el pueblo a todos los jefes de los sacerdotes y maestros de la ley, y les preguntó dónde había de nacer el Cristo. —En Belén de Judea —le respondieron—, porque esto es lo que ha escrito el profeta:

> »"Pero tú, Belén, en la tierra de Judá,
>   de ninguna manera eres la menor entre los principales de
>   Judá;
> porque de ti saldrá un príncipe
>   que será el pastor de mi pueblo Israel."

Luego Herodes llamó en secreto a los sabios y se enteró por ellos del tiempo exacto en que había aparecido la estrella. Los envió a Belén y les dijo: —Vayan e infórmense bien de ese niño y, tan pronto como lo encuentren, avísenme para que yo también vaya y lo adore.

Después de oír al rey, siguieron su camino, y sucedió que la estrella que habían visto levantarse iba delante de ellos hasta que se detuvo sobre el lugar donde estaba el niño. Al ver la estrella, se llenaron de alegría. Cuando llegaron a la casa, vieron al niño con María, su madre; y postrándose lo adoraron. Abrieron sus cofres y le presentaron como regalos oro, incienso y mirra. Entonces, advertidos en sueños de que no volvieran a Herodes, regresaron a su tierra por otro camino.

Cuando ya se habían ido, un ángel del Señor se le apareció en sueños a José y le dijo: «Levántate, toma al niño y a su madre, y huye a Egipto. Quédate allí hasta que yo te avise, porque Herodes va a buscar al niño para matarlo.»

Así que se levantó cuando todavía era de noche, tomó al niño y a su madre, y partió para Egipto, donde permaneció hasta la muerte de Herodes. De este modo se cumplió lo que el Señor había dicho por medio del profeta: «De Egipto llamé a mi hijo.»

Cuando Herodes se dio cuenta de que los sabios se habían burlado de él, se enfureció y mandó matar a todos los niños menores de dos años en Belén y en sus alrededores, de acuerdo con el tiempo que había averiguado de los sabios. Entonces se cumplió lo dicho por el profeta Jeremías:

> «Se oye un grito en Ramá, llanto y gran lamentación;
>> es Raquel, que llora por sus hijos y no quiere ser consolada;
>> ¡sus hijos ya no existen!»

Después de que murió Herodes, un ángel del Señor se le apareció en sueños a José en Egipto y le dijo: «Levántate, toma al niño y a su madre, y vete a la tierra de Israel, que ya murieron los que amenazaban con quitarle la vida al niño.»

Así que se levantó José, tomó al niño y a su madre, y regresó a la tierra de Israel. Pero al oír que Arquelao reinaba en Judea en lugar de su padre Herodes, tuvo miedo de ir allá. Advertido por Dios en sueños, se retiró al distrito de Galilea, y fue a vivir en un pueblo llamado Nazaret.

Nada más se sabe sobre el niño Jesús hasta que aparece en Jerusalén a la edad de doce años. Lo más probable es que como hijo de José aprendiera las habilidades de la carpintería y estudiara en la sinagoga. Su mente creció fuerte, junto con el cuerpo y el alma. Mientras todavía era joven, su mente ágil estaba dispuesta a participar en discusiones con los líderes de la sinagoga. Una vez Jesús llegó a estar tan absorto en la tarea de hacer preguntas y aprender que perdió el sentido del tiempo.

Los padres de Jesús subían todos los años a Jerusalén para la fiesta de la Pascua. Cuando cumplió doce años, fueron allá según era la costumbre. Terminada la fiesta, emprendieron el viaje de regreso, pero el niño Jesús se había quedado en Jerusalén, sin que sus padres se dieran cuenta. Ellos, pensando que él estaba entre el grupo de viajeros, hicieron un día de camino mientras lo buscaban entre los parientes y conocidos. Al no encontrarlo, volvieron a Jerusalén en busca de él. Al cabo de tres días lo encontraron en el templo, sentado entre los maestros, escuchándolos y haciéndoles preguntas. Todos los que le oían se asombraban de su inteligencia y de sus respuestas. Cuando lo vieron sus padres, se quedaron admirados. —Hijo, ¿por qué te has portado así con nosotros? —le dijo su madre—. ¡Mira que tu padre y yo te hemos estado buscando angustiados!

—¿Por qué me buscaban? ¿No sabían que tengo que estar en la casa de mi Padre? Pero ellos no entendieron lo que les decía.

Así que Jesús bajó con sus padres a Nazaret y vivió sujeto a ellos. Pero su madre conservaba todas estas cosas en el corazón.

¿Quién era este Jesús? ¿Un nuevo profeta? ¿Un erudito destinado a ser un gran rabino? ¿Tal vez un líder político con el carisma para finalmente enviar a los opresivos ejércitos romanos, que controlaban Judea, de vuelta al otro lado del mar? Ninguna de estas expectativas resultó adecuada para describirlo de la forma debida. De hecho, Jesús desafió las expectativas mientras el pueblo miraba y especulaba.

Jesús

Esta es la genealogía de Jesús el Mesías,
hijo de David,
hijo de Abraham:

Abraham fue el padre de Isaac;

Isaac, padre de Jacob;

Jacob, padre de Judá y de sus hermanos;

Judá, padre de Fares y de Zera,
cuya madre fue Tamar;

Fares, padre de Jezrón;

Jezrón, padre de Aram;

Aram, padre de Aminadab;

Aminadab, padre de Naasón;

Naasón, padre de Salmón;

Salmón, padre de Booz,
cuya madre fue Rajab;

Booz, padre de Obed, cuya madre fue Rut;

Obed, padre de Isaí;
e Isaí, padre del rey David.

David fue el padre de Salomón,
cuya madre había sido la esposa de Urías;

Salomón, padre de Roboán;

Roboán, padre de Abías;

Abías, padre de Asá;

Asá, padre de Josafat;

Josafat, padre de Jorán;

Jorán, padre de Uzías;

Uzías, padre de Jotán;

Jotán, padre de Acaz;

Acaz, padre de Ezequías;

Ezequías, padre de Manasés;

Manasés, padre de Amón;

Amón, padre de Josías;

y Josías, padre de Jeconías y de sus hermanos
en tiempos de la deportación a Babilonia.

Después de la deportación a Babilonia,

Jeconías fue el padre de Salatiel;

Salatiel, padre de Zorobabel;

Zorobabel, padre de Abiud;

Abiud, padre de Eliaquín;

Eliaquín, padre de Azor;

Azor, padre de Sadoc;

Sadoc, padre de Aquín;

Aquín, padre de Eliud;

Eliud, padre de Eleazar;

Eleazar, padre de Matán

Matán, padre de Jacob;

y Jacob fue padre de José,

que fue el esposo de María,

de la cual nació Jesús,

llamado el Cristo.

23

Comienza el ministerio de Jesús

Imagine que usted estuviera presentando al Salvador del mundo. ¿No lo haría a través de un evento de gala? ¿Convocaría a los medios de comunicación? ¿Haría notorias a las celebridades asistentes? ¿Le daría al Salvador el tratamiento de una persona importante? ¿Buscaría llamar la atención de la gente?

Dios no obra de esa manera. Había previsto la presentación de su Hijo mediante un desaliñado profeta llamado Juan el Bautista, el hijo de Elisabet, la pariente de María. Él era aquel del que se había anunciado que precedería al Mesías «con el espíritu y el poder de Elías». Juan fue único entre los profetas. Vivió fuera de la corriente principal de la cultura religiosa, pero su mensaje fue más oportuno que cualquier otro.

EN AQUELLOS DÍAS SE PRESENTÓ JUAN EL BAUTISTA PREDICANDO EN el desierto de Judea. Decía: «Arrepiéntanse, porque el reino de los cielos está cerca.»

La ropa de Juan estaba hecha de pelo de camello. Llevaba puesto un cinturón de cuero y se alimentaba de langostas y miel silvestre. Acudía a él la gente de Jerusalén, de toda Judea y de toda la región del Jordán. Cuando confesaban sus pecados, él los bautizaba[1] en el río Jordán.

---

[1]**Bautizado, el bautismo:** Un acto simbólico que demuestra que los nuevos creyentes han abandonado sus caminos y han comenzado una nueva vida.

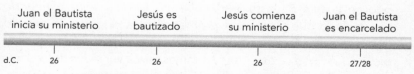

Juan el Bautista inicia su ministerio	Jesús es bautizado	Jesús comienza su ministerio	Juan el Bautista es encarcelado
d.C. 26	26	26	27/28

Para información completa sobre la cronología vea la página ix.

Un día Jesús fue de Galilea al Jordán para que Juan lo bautizara. Pero Juan trató de disuadirlo. —Yo soy el que necesita ser bautizado por ti, ¿y tú vienes a mí? —objetó.

—Dejémoslo así por ahora, pues nos conviene cumplir con lo que es justo —le contestó Jesús. Entonces Juan consintió.

Tan pronto como Jesús fue bautizado, subió del agua. En ese momento se abrió el cielo, y él vio al Espíritu de Dios bajar como una paloma y posarse sobre él. Y una voz del cielo decía: «Éste es mi Hijo amado; estoy muy complacido con él.»

Luego el Espíritu llevó a Jesús al desierto para que el diablo lo sometiera a tentación. Después de ayunar cuarenta días y cuarenta noches, tuvo hambre. El tentador se le acercó y le propuso: —Si eres el Hijo de Dios, ordena a estas piedras que se conviertan en pan.

Jesús le respondió: —Escrito está: "No sólo de pan vive el hombre, sino de toda palabra que sale de la boca de Dios."

Luego el diablo lo llevó a la ciudad santa e hizo que se pusiera de pie sobre la parte más alta del templo, y le dijo: —Si eres el Hijo de Dios, tírate abajo. Porque escrito está:

"Ordenará que sus ángeles
    te sostengan en sus manos,
        para que no tropieces con piedra alguna."

—También está escrito: "No pongas a prueba al Señor tu Dios" —le contestó Jesús.

De nuevo lo tentó el diablo, llevándolo a una montaña muy alta, y le mostró todos los reinos del mundo y su esplendor. —Todo esto te daré si te postras y me adoras.

—¡Vete, Satanás! —le dijo Jesús—. Porque escrito está: "Adora al Señor tu Dios y sírvele solamente a él."

Entonces el diablo lo dejó, y unos ángeles acudieron a servirle.

Después de la prueba en el desierto, Jesús comenzó su ministerio público. Juan el Bautista continuaba señalando a Jesús, afirmando que todo lo que Dios había prometido estaba centrado en este hombre único. Esta noticia sorprendió a la élite religiosa, y se le pidió a Juan que se explicara. Imagínese a los versados defensores de la religión que cuestionaban a este hombre rudo y excéntrico, un hombre sin credenciales o autorizaciones. El interrogatorio comenzó.

Éste es el testimonio de Juan cuando los judíos de Jerusalén enviaron sacerdotes y levitas a preguntarle quién era. No se negó a declararlo, sino que confesó con franqueza: —Yo no soy el Cristo.

—¿Quién eres entonces? —le preguntaron—. ¿Acaso eres Elías?

—No lo soy.

—¿Eres el profeta?

—No lo soy.

—¿Entonces quién eres? ¡Tenemos que llevar una respuesta a los que nos enviaron! ¿Cómo te ves a ti mismo?

—Yo soy la voz del que grita en el desierto: "Enderecen el camino del Señor" —respondió Juan, con las palabras del profeta Isaías.

Algunos que habían sido enviados por los fariseos[2] lo interrogaron: —Pues si no eres el Cristo, ni Elías ni el profeta, ¿por qué bautizas?

—Yo bautizo con agua, pero entre ustedes hay alguien a quien no conocen, y que viene después de mí, al cual yo no soy digno ni siquiera de desatarle la correa de las sandalias.

Todo esto sucedió en Betania, al otro lado del río Jordán, donde Juan estaba bautizando.

Al día siguiente Juan vio a Jesús que se acercaba a él, y dijo: «¡Aquí tienen al Cordero de Dios,[3] que quita el pecado del mundo! De éste hablaba yo cuando dije: "Después de mí viene un hombre que es superior a mí, porque existía antes que yo." Yo ni siquiera lo conocía, pero, para que él se revelara al pueblo de Israel, vine bautizando con agua.»

Juan declaró: «Vi al Espíritu descender del cielo como una paloma y permanecer sobre él. Yo mismo no lo conocía, pero el que me envió a bautizar con agua me dijo: "Aquel sobre quien veas que el Espíritu desciende y permanece, es el que bautiza con el Espíritu Santo." Yo lo he visto y por eso testifico que éste es el Hijo de Dios.»

Al día siguiente Juan estaba de nuevo allí, con dos de sus discípulos.[4]

---

[2]**Fariseos:** El grupo más poderoso de autoridad religiosa dentro del judaísmo. Los fariseos estaban muy centrados en su interpretación de las leyes dadas por Dios, y a menudo retaban a Jesús en relación con estos preceptos.

[3]**Cordero de Dios:** Uno de los nombres de Jesús, que demuestra la relación entre el sacrificio de Jesús y las ofrendas del Antiguo Testamento.

[4]**Discípulos:** Los seguidores de Jesús.

Al ver a Jesús que pasaba por ahí, dijo: —¡Aquí tienen al Cordero de Dios!

Cuando los dos discípulos le oyeron decir esto, siguieron a Jesús. Jesús se volvió y, al ver que lo seguían, les preguntó: —¿Qué buscan?

—Rabí, ¿dónde te hospedas? (Rabí significa: Maestro.)

—Vengan a ver —les contestó Jesús.

Ellos fueron, pues, y vieron dónde se hospedaba, y aquel mismo día se quedaron con él. Eran como las cuatro de la tarde.

Andrés, hermano de Simón Pedro, era uno de los dos que, al oír a Juan, habían seguido a Jesús. Andrés encontró primero a su hermano Simón, y le dijo: —Hemos encontrado al Mesías (es decir, el Cristo). Luego lo llevó a Jesús, quien mirándolo fijamente, le dijo:

—Tú eres Simón, hijo de Juan. Serás llamado Cefas (es decir, Pedro).[5]

Al día siguiente, Jesús decidió salir hacia Galilea. Se encontró con Felipe, y lo llamó: —Sígueme.

Felipe era del pueblo de Betsaida, lo mismo que Andrés y Pedro. Felipe buscó a Natanael y le dijo: —Hemos encontrado a Jesús de Nazaret, el hijo de José, aquel de quien escribió Moisés en la ley, y de quien escribieron los profetas.

—¡De Nazaret! —replicó Natanael—. ¿Acaso de allí puede salir algo bueno?

—Ven a ver —le contestó Felipe.

Cuando Jesús vio que Natanael se le acercaba, comentó: —Aquí tienen a un verdadero israelita, en quien no hay falsedad.

—¿De dónde me conoces? —le preguntó Natanael.

—Antes de que Felipe te llamara, cuando aún estabas bajo la higuera, ya te había visto.

—Rabí, ¡tú eres el Hijo de Dios! ¡Tú eres el Rey de Israel! —declaró Natanael.

—¿Lo crees porque te dije que te vi cuando estabas debajo de la higuera? ¡Vas a ver aun cosas más grandes ue éstas! Y añadió: —Ciertamente les aseguro que ustedes verán abrirse el cielo, y a los ángeles de Dios subir y bajar sobre el Hijo del hombre.[6]

Al tercer día se celebró una boda en Caná de Galilea, y la madre de Jesús se encontraba allí. También habían sido invitados a la boda Jesús y

---

[5]**Pedro:** *Cefas* (arameo) y *Pedro* (griego), ambos significan «piedra».
[6]**Hijo del Hombre:** Un nombre de Jesús que hace énfasis en su doble naturaleza que consiste en ser plenamente Dios y plenamente humano.

sus discípulos. Cuando el vino se acabó, la madre de Jesús le dijo: —Ya no tienen vino.

—Mujer, ¿eso qué tiene que ver conmigo? —respondió Jesús—. Todavía no ha llegado mi hora.

Su madre dijo a los sirvientes: —Hagan lo que él les ordene.

Había allí seis tinajas de piedra, de las que usan los judíos en sus ceremonias de purificación. En cada una cabían unos cien litros.

Jesús dijo a los sirvientes: —Llenen de agua las tinajas. Y los sirvientes las llenaron hasta el borde.

—Ahora saquen un poco y llévenlo al encargado del banquete —les dijo Jesús.

Así lo hicieron. El encargado del banquete probó el agua convertida en vino sin saber de dónde había salido, aunque sí lo sabían los sirvientes que habían sacado el agua. Entonces llamó aparte al novio y le dijo: —Todos sirven primero el mejor vino, y cuando los invitados ya han bebido mucho, entonces sirven el más barato; pero tú has guardado el mejor vino hasta ahora.

Ésta, la primera de sus señales, la hizo Jesús en Caná de Galilea. Así reveló su gloria, y sus discípulos creyeron en él.

Jesús comenzó por revelar quién era, y no se parecía a ninguna otra persona que se hubiera conocido. A pesar de que era plenamente humano, también era plenamente Dios. Con sus doce discípulos como alumnos, Jesús comenzó su ministerio itinerante de enseñanza y sanación.

Pronto viajó a la ciudad de Jerusalén para celebrar la fiesta de la Pascua. Era en Jerusalén donde se tomaban las decisiones políticas y religiosas. Los poderes que se mantenían a la sombra rompieron sus agendas en la bulliciosa ciudad. Muchas personas escucharon las enseñanzas de Jesús y creían que él era el Mesías. Otras pensaban que era un alborotador problemático. Un líder religioso curioso buscó a Jesús en privado, al amparo de la oscuridad. Jesús aprovechó la oportunidad para resumir su misión hablando de nacer... de nuevo.

Había entre los fariseos un dirigente de los judíos llamado Nicodemo. Éste fue de noche a visitar a Jesús. Rabí —le dijo—, sabemos que eres un maestro que ha venido de parte de Dios, porque nadie podría hacer las señales que tú haces si Dios no estuviera con él.

—De veras te aseguro que quien no nazca de nuevo[7] no puede ver el reino de Dios —dijo Jesús.

—¿Cómo puede uno nacer de nuevo siendo ya viejo? —preguntó Nicodemo—. ¿Acaso puede entrar por segunda vez en el vientre de su madre y volver a nacer?

—Yo te aseguro que quien no nazca de agua y del Espíritu, no puede entrar en el reino de Dios —respondió Jesús—. Lo que nace del cuerpo es cuerpo; lo que nace del Espíritu es espíritu. No te sorprendas de que te haya dicho: "Tienen que nacer de nuevo." El viento sopla por donde quiere, y lo oyes silbar, aunque ignoras de dónde viene y a dónde va. Lo mismo pasa con todo el que nace del Espíritu.

Nicodemo replicó: —¿Cómo es posible que esto suceda?

—Tú eres maestro de Israel, ¿y no entiendes estas cosas? —respondió Jesús—. Te digo con seguridad y verdad que hablamos de lo que sabemos y damos testimonio de lo que hemos visto personalmente, pero ustedes no aceptan nuestro testimonio. Si les he hablado de las cosas terrenales, y no creen, ¿entonces cómo van a creer si les hablo de las celestiales? Nadie ha subido jamás al cielo sino el que descendió del cielo, el Hijo del hombre. »Como levantó Moisés la serpiente en el desierto, así también tiene que ser levantado el Hijo del hombre, para que todo el que crea en él tenga vida eterna.

»Porque tanto amó Dios al mundo, que dio a su Hijo unigénito, para que todo el que cree en él no se pierda, sino que tenga vida eterna. Dios no envió a su Hijo al mundo para condenar al mundo, sino para salvarlo por medio de él. El que cree en él no es condenado, pero el que no cree ya está condenado por no haber creído en el nombre del Hijo unigénito de Dios.

El tipo de reclamo que Jesús hizo no lo volvió muy popular entre la élite religiosa. No obstante, Jesús conocía su propósito, y pasó gran parte de su tiempo con la gente común que tenían necesidades humanas comunes. Una de esas personas fue una mujer que conoció en la región de Samaria. Las mujeres eran ciudadanas de segunda clase en la cultura de ese día. Además, había una fuerte rivalidad entre los judíos y los samaritanos, y la mayoría de los

---

[7]**Nacido de nuevo:** Un término que significa la nueva vida espiritual adquirida cuando una cree en Jesucristo como el Hijo de Dios y acepta su muerte en la cruz como un «regalo» que libera la persona de la pena de por los pecados.

judíos no se asociaban de ninguna manera con los samaritanos, mucho menos con una mujer. Sin embargo, una vez más Jesús rompió el molde.

Como tenía que pasar por Samaria, llegó a un pueblo samaritano llamado Sicar, cerca del terreno que Jacob le había dado a su hijo José. Allí estaba el pozo de Jacob. Jesús, fatigado del camino, se sentó junto al pozo. Era cerca del mediodía.

Sus discípulos habían ido al pueblo a comprar comida. En eso llegó a sacar agua una mujer de Samaria, y Jesús le dijo: —Dame un poco de agua.

Pero como los judíos no usan nada en común con los samaritanos, la mujer le respondió: —¿Cómo se te ocurre pedirme agua, si tú eres judío y yo soy samaritana?

—Si supieras lo que Dios puede dar, y conocieras al que te está pidiendo agua —contestó Jesús—, tú le habrías pedido a él, y él te habría dado agua que da vida.

—Señor, ni siquiera tienes con qué sacar agua, y el pozo es muy hondo; ¿de dónde, pues, vas a sacar esa agua que da vida? ¿Acaso eres tú superior a nuestro padre Jacob, que nos dejó este pozo, del cual bebieron él, sus hijos y su ganado?

—Todo el que beba de esta agua volverá a tener sed —respondió Jesús—, pero el que beba del agua que yo le daré, no volverá a tener sed jamás, sino que dentro de él esa agua se convertirá en un manantial del que brotará vida eterna.

—Señor, dame de esa agua para que no vuelva a tener sed ni siga viniendo aquí a sacarla.

—Ve a llamar a tu esposo, y vuelve acá —le dijo Jesús.

—No tengo esposo —respondió la mujer.

—Bien has dicho que no tienes esposo. Es cierto que has tenido cinco, y el que ahora tienes no es tu esposo. En esto has dicho la verdad.

—Señor, me doy cuenta de que tú eres profeta. Nuestros antepasados adoraron en este monte, pero ustedes los judíos dicen que el lugar donde debemos adorar está en Jerusalén.

—Créeme, mujer, que se acerca la hora en que ni en este monte ni en Jerusalén adorarán ustedes al Padre. Ahora ustedes adoran lo que no conocen; nosotros adoramos lo que conocemos, porque la salvación proviene de los judíos. Pero se acerca la hora, y ha llegado ya, en que los verdaderos adoradores rendirán culto al Padre en espíritu y en verdad, porque así quiere el Padre que sean los que le adoren. Dios es espíritu, y quienes lo adoran deben hacerlo en espíritu y en verdad.

—Sé que viene el Mesías, al que llaman el Cristo —respondió la mujer—. Cuando él venga nos explicará todas las cosas.

—Ése soy yo, el que habla contigo —le dijo Jesús.

En esto llegaron sus discípulos y se sorprendieron de verlo hablando con una mujer, aunque ninguno le preguntó: «¿Qué pretendes?» o «¿De qué hablas con ella?»

La mujer dejó su cántaro, volvió al pueblo y le decía a la gente: —Vengan a ver a un hombre que me ha dicho todo lo que he hecho. ¿No será éste el Cristo? Salieron del pueblo y fueron a ver a Jesús.

Muchos de los samaritanos que vivían en aquel pueblo creyeron en él por el testimonio que daba la mujer: «Me dijo todo lo que he hecho.» Así que cuando los samaritanos fueron a su encuentro le insistieron en que se quedara con ellos. Jesús permaneció allí dos días, y muchos más llegaron a creer por lo que él mismo decía.

—Ya no creemos sólo por lo que tú dijiste —le decían a la mujer—; ahora lo hemos oído nosotros mismos, y sabemos que verdaderamente éste es el Salvador del mundo.

Después de esos dos días Jesús salió de allí rumbo a Galilea.

Entraron en Capernaúm, y tan pronto como llegó el sábado, Jesús fue a la sinagoga y se puso a enseñar. La gente se asombraba de su enseñanza, porque la impartía como quien tiene autoridad y no como los maestros de la ley. De repente, en la sinagoga, un hombre que estaba poseído por un espíritu maligno gritó: —¿Por qué te entrometes, Jesús de Nazaret? ¿Has venido a destruirnos? Yo sé quién eres tú: ¡el Santo de Dios!

—¡Cállate! —lo reprendió Jesús—. ¡Sal de ese hombre!

Entonces el espíritu maligno sacudió al hombre violentamente y salió de él dando un alarido. Todos se quedaron tan asustados que se preguntaban unos a otros: «¿Qué es esto? ¡Una enseñanza nueva, pues lo hace con autoridad! Les da órdenes incluso a los espíritus malignos, y le obedecen.» Como resultado, su fama se extendió rápidamente por toda la región de Galilea.

Tan pronto como salieron de la sinagoga, Jesús fue con Jacobo y Juan a casa de Simón y Andrés. La suegra de Simón estaba en cama con fiebre, y en seguida se lo dijeron a Jesús. Él se le acercó, la tomó de la mano y la ayudó a levantarse. Entonces se le quitó la fiebre y se puso a servirles.

Al atardecer, cuando ya se ponía el sol, la gente le llevó a Jesús todos los enfermos y endemoniados, de manera que la población entera se estaba congregando a la puerta. Jesús sanó a muchos que padecían de diversas enfermedades. También expulsó a muchos demonios, pero no los dejaba hablar porque sabían quién era él.

Muy de madrugada, cuando todavía estaba oscuro, Jesús se levantó, salió de la casa y se fue a un lugar solitario, donde se puso a orar. Simón y sus compañeros salieron a buscarlo. Por fin lo encontraron y le dijeron: —Todo el mundo te busca.

Jesús respondió: —Vámonos de aquí a otras aldeas cercanas donde también pueda predicar; para esto he venido. Así que recorrió toda Galilea, predicando en las sinagogas y expulsando demonios.

Un hombre que tenía lepra se le acercó, y de rodillas le suplicó: —Si quieres, puedes limpiarme.

Movido a compasión, Jesús extendió la mano y tocó al hombre, diciéndole: —Sí quiero. ¡Queda limpio! Al instante se le quitó la lepra y quedó sano.

Jesús lo despidió en seguida con una fuerte advertencia: —Mira, no se lo digas a nadie; sólo ve, preséntate al sacerdote y lleva por tu purificación lo que ordenó Moisés, para que sirva de testimonio. Pero él salió y comenzó a hablar sin reserva, divulgando lo sucedido. Como resultado, Jesús ya no podía entrar en ningún pueblo abiertamente, sino que se quedaba afuera, en lugares solitarios. Aun así, gente de todas partes seguía acudiendo a él.

Unos días después, cuando Jesús entró de nuevo en Capernaúm, corrió la voz de que estaba en casa. Se aglomeraron tantos que ya no quedaba sitio ni siquiera frente a la puerta mientras él les predicaba la palabra. Entonces llegaron cuatro hombres que le llevaban un paralítico. Como no podían acercarlo a Jesús por causa de la multitud, quitaron parte del techo encima de donde estaba Jesús y, luego de hacer una abertura, bajaron la camilla en la que estaba acostado el paralítico. Al ver Jesús la fe de ellos, le dijo al paralítico: —Hijo, tus pecados quedan perdonados.

Estaban sentados allí algunos maestros de la ley, que pensaban: «¿Por qué habla éste así? ¡Está blasfemando! ¿Quién puede perdonar pecados sino sólo Dios?»

En ese mismo instante supo Jesús en su espíritu que esto era lo que estaban pensando. —¿Por qué razonan así? —les dijo—. ¿Qué es más fácil, decirle al paralítico: "Tus pecados son perdonados", o decirle:

"Levántate, toma tu camilla y anda"? Pues para que sepan que el Hijo del hombre tiene autoridad en la tierra para perdonar pecados —se dirigió entonces al paralítico—: A ti te digo, levántate, toma tu camilla y vete a tu casa. Él se levantó, tomó su camilla en seguida y salió caminando a la vista de todos. Ellos se quedaron asombrados y comenzaron a alabar a Dios. —Jamás habíamos visto cosa igual —decían.

De nuevo salió Jesús a la orilla del lago. Toda la gente acudía a él, y él les enseñaba. Al pasar vio a Leví hijo de Alfeo, donde éste cobraba impuestos. —Sígueme —le dijo Jesús. Y Leví se levantó y lo siguió.

Sucedió que, estando Jesús a la mesa en casa de Leví, muchos recaudadores de impuestos y pecadores se sentaron con él y sus discípulos, pues ya eran muchos los que lo seguían. Cuando los maestros de la ley, que eran fariseos, vieron con quién comía, les preguntaron a sus discípulos: —¿Y éste come con recaudadores de impuestos y con pecadores?

Al oírlos, Jesús les contestó: —No son los sanos los que necesitan médico sino los enfermos. Y yo no he venido a llamar a justos sino a pecadores.

Desde el inicio, Jesús demostró ser un tipo diferente de rabino. Él parecía hacer caso omiso a las numerosas leyes habituales que definían el comportamiento correcto para el pueblo judío. Antepuso a las personas a las leyes. Su «nuevo camino» era de perdón y bondad. Jesús no llegó como un agitador del pueblo, sino como un amigo de las personas de la calle, las personas sospechosas de no ser puras, gente a la que la mayoría de los líderes religiosos miraba con antipatía.

En otra ocasión entró en la sinagoga, y había allí un hombre que tenía la mano paralizada. Algunos que buscaban un motivo para acusar a Jesús no le quitaban la vista de encima para ver si sanaba al enfermo en sábado. Entonces Jesús le dijo al hombre de la mano paralizada: —Ponte de pie frente a todos.

Luego dijo a los otros: —¿Qué está permitido en sábado: hacer el bien o hacer el mal, salvar una vida o matar?

Pero ellos permanecieron callados.

Jesús se les quedó mirando, enojado y entristecido por la dureza de su corazón, y le dijo al hombre: —Extiende la mano. La extendió, y la mano le quedó restablecida. Tan pronto como salieron los fariseos, comenzaron a tramar con los herodianos[8] cómo matar a Jesús.

Jesús recorría toda Galilea, enseñando en las sinagogas, anunciando las buenas nuevas del reino, y sanando toda enfermedad y dolencia entre la gente. Su fama se extendió por toda Siria, y le llevaban todos los que padecían de diversas enfermedades, los que sufrían de dolores graves, los endemoniados, los epilépticos y los paralíticos, y él los sanaba. Lo seguían grandes multitudes de Galilea, Decápolis, Jerusalén, Judea y de la región al otro lado del Jordán.

Entonces, para evitar que la gente lo atropellara, encargó a sus discípulos que le tuvieran preparada una pequeña barca; pues como había sanado a muchos, todos los que sufrían dolencias se abalanzaban sobre él para tocarlo. Además, los espíritus malignos, al verlo, se postraban ante él, gritando: «¡Tú eres el Hijo de Dios!» Pero él les ordenó terminantemente que no dijeran quién era él.

Los judíos estaban convencidos de que cuando el tan esperado Mesías llegara, libraría al pueblo de la opresión política. Él los liberaría del poder del Imperio Romano. Ellos estaban buscando a un rey terrenal para llevar a su nación al poder. Sin embargo, el propósito de Jesús era mucho más profundo, sus intenciones más importantes, y su reinado infinitamente más glorioso de lo que la gente esperaba. Tuvieron que aprender el significado verdadero de la palabra «Mesías», el ungido. Tenían que descubrir quién era en realidad Jesús. Solo entonces tendrían su aprobación para propagar las Buenas Nuevas.

Subió Jesús a una montaña y llamó a los que quiso, los cuales se reunieron con él. Designó a doce, a quienes nombró apóstoles, para que lo acompañaran y para enviarlos a predicar y ejercer autoridad para expulsar demonios. Éstos son los doce que él nombró: Simón (a quien llamó Pedro); Jacobo y su hermano Juan, hijos de Zebedeo (a quienes llamó Boanerges, que significa: Hijos del trueno); Andrés, Felipe, Bartolomé, Mateo, Tomás, Jacobo, hijo de Alfeo; Tadeo, Simón el Zelote y Judas Iscariote, el que lo traicionó.

---

[8]**Herodianos:** Una secta judía.

Después de esto, Jesús estuvo recorriendo los pueblos y las aldeas, proclamando las buenas nuevas del reino de Dios. Lo acompañaban los doce, y también algunas mujeres que habían sido sanadas de espíritus malignos y de enfermedades: María, a la que llamaban Magdalena, y de la que habían salido siete demonios; Juana, esposa de Cuza, el administrador de Herodes; Susana y muchas más que los ayudaban con sus propios recursos.

Aparentemente, incluso Juan el Bautista no comprendió en verdad quién era Jesús. Juan había anunciado a Jesús como el Mesías venidero, pero la obra de Jesús no había alcanzado los resultados que Juan evidentemente esperaba. Además de la decepción de Juan estaba el hecho de que languideció en la cárcel durante algún tiempo porque había criticado de forma pública a Herodes Antipas.

Herodes Antipas fue uno de los hijos de Herodes el Grande, quien gobernó en el tiempo del nacimiento de Jesús. Herodes Antipas era el gobernante títere romano sobre Galilea, y había convencido a la esposa de su hermano de abandonar a su marido y casarse con él, una violación de la ley judía. Juan había sido encarcelado por señalar el pecado de Herodes.

Juan estaba en la cárcel, y al enterarse de lo que Cristo estaba haciendo, envió a sus discípulos a que le preguntaran: —¿Eres tú el que ha de venir, o debemos esperar a otro?

Les respondió Jesús: —Vayan y cuéntenle a Juan lo que están viendo y oyendo: Los ciegos ven, los cojos andan, los que tienen lepra son sanados, los sordos oyen, los muertos resucitan y a los pobres se les anuncian las buenas nuevas. Dichoso el que no tropieza por causa mía.

Mientras se iban los discípulos de Juan, Jesús comenzó a hablarle a la multitud acerca de Juan: «¿Qué salieron a ver al desierto? ¿Una caña sacudida por el viento? Si no, ¿qué salieron a ver? ¿A un hombre vestido con ropa fina? Claro que no, pues los que usan ropa de lujo están en los palacios de los reyes. Entonces, ¿qué salieron a ver? ¿A un profeta? Sí, les digo, y más que profeta. Éste es de quien está escrito:

»"Yo estoy por enviar a mi mensajero delante de ti,
      el cual preparará tu camino."

Les aseguro que entre los mortales no se ha levantado nadie más grande que Juan el Bautista; sin embargo, el más pequeño en el reino de los cielos es más grande que él. Desde los días de Juan el Bautista hasta ahora, el reino de los cielos ha venido avanzando contra viento y marea, y los que se esfuerzan logran aferrarse a él. Porque todos los profetas y la ley profetizaron hasta Juan. Y si quieren aceptar mi palabra, Juan es el Elías que había de venir.

La respuesta de Jesús a Juan hace más clara la visión de Jesús como Salvador e Hijo de Dios. Muchas personas estaban intrigadas por este profeta y maestro, y deseaban oír más.

24

Ningún hombre común

De nuevo comenzó Jesús a enseñar a la orilla del lago. La multitud que se reunió para verlo era tan grande que él subió y se sentó en una barca que estaba en el lago, mientras toda la gente se quedaba en la playa. Entonces se puso a enseñarles muchas cosas por medio de parábolas y, como parte de su instrucción, les dijo: «¡Pongan atención! Un sembrador salió a sembrar. Sucedió que al esparcir él la semilla, una parte cayó junto al camino, y llegaron los pájaros y se la comieron. Otra parte cayó en terreno pedregoso, sin mucha tierra. Esa semilla brotó pronto porque la tierra no era profunda; pero cuando salió el sol, las plantas se marchitaron y, por no tener raíz, se secaron. Otra parte de la semilla cayó entre espinos que, al crecer, la ahogaron, de modo que no dio fruto. Pero las otras semillas cayeron en buen terreno. Brotaron, crecieron y produjeron una cosecha que rindió el treinta, el sesenta y hasta el ciento por uno.

»El que tenga oídos para oír, que oiga», añadió Jesús.

Cuando se quedó solo, los doce y los que estaban alrededor de él le hicieron preguntas sobre las parábolas. «A ustedes se les ha revelado el secreto del reino de Dios —les contestó—; pero a los de afuera todo les llega por medio de parábolas, para que

»"por mucho que vean, no perciban;
    y por mucho que oigan, no entiendan;
no sea que se conviertan y sean perdonados."

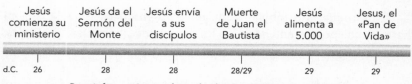

Jesús comienza su ministerio	Jesús da el Sermón del Monte	Jesús envía a sus discípulos	Muerte de Juan el Bautista	Jesús alimenta a 5.000	Jesus, el «Pan de Vida»
d.C. 26	28	28	28/29	29	29

Para información completa sobre la cronología vea la página ix.

»¿No entienden esta parábola? —continuó Jesús—. ¿Cómo podrán, entonces, entender las demás? El sembrador siembra la palabra. Algunos son como lo sembrado junto al camino, donde se siembra la palabra. Tan pronto como la oyen, viene Satanás y les quita la palabra sembrada en ellos. Otros son como lo sembrado en terreno pedregoso: cuando oyen la palabra, en seguida la reciben con alegría, pero como no tienen raíz, duran poco tiempo. Cuando surgen problemas o persecución a causa de la palabra, en seguida se apartan de ella. Otros son como lo sembrado entre espinos: oyen la palabra, pero las preocupaciones de esta vida, el engaño de las riquezas y muchos otros malos deseos entran hasta ahogar la palabra, de modo que ésta no llega a dar fruto. Pero otros son como lo sembrado en buen terreno: oyen la palabra, la aceptan y producen una cosecha que rinde el treinta, el sesenta y hasta el ciento por uno.»

También les dijo: «¿Acaso se trae una lámpara para ponerla debajo de un cajón o debajo de la cama? ¿No es, por el contrario, para ponerla en una repisa? No hay nada escondido que no esté destinado a descubrirse; tampoco hay nada oculto que no esté destinado a ser revelado. El que tenga oídos para oír, que oiga.

»Pongan mucha atención —añadió—. Con la medida que midan a otros, se les medirá a ustedes, y aún más se les añadirá. Al que tiene, se le dará más; al que no tiene, hasta lo poco que tiene se le quitará.»

Jesús continuó: «El reino de Dios se parece a quien esparce semilla en la tierra. Sin que éste sepa cómo, y ya sea que duerma o esté despierto, día y noche brota y crece la semilla. La tierra da fruto por sí sola; primero el tallo, luego la espiga, y después el grano lleno en la espiga. Tan pronto como el grano está maduro, se le mete la hoz, pues ha llegado el tiempo de la cosecha.»

También dijo: «¿Con qué vamos a comparar el reino de Dios? ¿Qué parábola podemos usar para describirlo? Es como un grano de mostaza: cuando se siembra en la tierra, es la semilla más pequeña que hay, pero una vez sembrada crece hasta convertirse en la más grande de las hortalizas, y echa ramas tan grandes que las aves pueden anidar bajo su sombra.»

Y con muchas parábolas semejantes les enseñaba Jesús la palabra hasta donde podían entender. No les decía nada sin emplear parábolas. Pero cuando estaba a solas con sus discípulos, les explicaba todo.

Jesús utilizaba con frecuencia parábolas para enseñar a la gente.

Estas historias, generalmente extraídas de la naturaleza o la vida cotidiana, contenían la verdad que Jesús deseaba compartir. En una ocasión Jesús contó tres parábolas en respuesta a la quejas del ostentoso fariseo sobre la compañía que Jesús mantenía.

Muchos recaudadores de impuestos y pecadores se acercaban a Jesús para oírlo, de modo que los fariseos y los maestros de la ley se pusieron a murmurar: «Este hombre recibe a los pecadores y come con ellos.»

Él entonces les contó esta parábola: «Supongamos que uno de ustedes tiene cien ovejas y pierde una de ellas. ¿No deja las noventa y nueve en el campo, y va en busca de la oveja perdida hasta encontrarla? Y cuando la encuentra, lleno de alegría la carga en los hombros y vuelve a la casa. Al llegar, reúne a sus amigos y vecinos, y les dice: "Alégrense conmigo; ya encontré la oveja que se me había perdido." Les digo que así es también en el cielo: habrá más alegría por un solo pecador que se arrepienta, que por noventa y nueve justos que no necesitan arrepentirse.

»O supongamos que una mujer tiene diez monedas de plata y pierde una. ¿No enciende una lámpara, barre la casa y busca con cuidado hasta encontrarla? Y cuando la encuentra, reúne a sus amigas y vecinas, y les dice: "Alégrense conmigo; ya encontré la moneda que se me había perdido." Les digo que así mismo se alegra Dios con sus ángeles por un pecador que se arrepiente.

»Un hombre tenía dos hijos —continuó Jesús—. El menor de ellos le dijo a su padre: "Papá, dame lo que me toca de la herencia." Así que el padre repartió sus bienes entre los dos.

Poco después el hijo menor juntó todo lo que tenía y se fue a un país lejano; allí vivió desenfrenadamente y derrochó su herencia. »Cuando ya lo había gastado todo, sobrevino una gran escasez en la región, y él comenzó a pasar necesidad. Así que fue y consiguió empleo con un ciudadano de aquel país, quien lo mandó a sus campos a cuidar cerdos. Tanta hambre tenía que hubiera querido llenarse el estómago con la comida que daban a los cerdos, pero aun así nadie le daba nada.

Por fin recapacitó y se dijo: "¡Cuántos jornaleros de mi padre tienen comida de sobra, y yo aquí me muero de hambre! Tengo que volver a mi padre y decirle: Papá, he pecado contra el cielo y contra ti. Ya no merezco que se me llame tu hijo; trátame como si fuera uno de tus jornaleros." Así que emprendió el viaje y se fue a su padre.

»Todavía estaba lejos cuando su padre lo vio y se compadeció de él; salió corriendo a su encuentro, lo abrazó y lo besó.

El joven le dijo: "Papá, he pecado contra el cielo y contra ti. Ya no merezco que se me llame tu hijo."

Pero el padre ordenó a sus siervos: "¡Pronto! Traigan la mejor ropa para vestirlo. Pónganle también un anillo en el dedo y sandalias en los pies. Traigan el ternero más gordo y mátenlo para celebrar un banquete. Porque este hijo mío estaba muerto, pero ahora ha vuelto a la vida; se había perdido, pero ya lo hemos encontrado." Así que empezaron a hacer fiesta.

»Mientras tanto, el hijo mayor estaba en el campo. Al volver, cuando se acercó a la casa, oyó la música del baile. Entonces llamó a uno de los siervos y le preguntó qué pasaba. "Ha llegado tu hermano —le respondió—, y tu papá ha matado el ternero más gordo porque ha recobrado a su hijo sano y salvo."

Indignado, el hermano mayor se negó a entrar. Así que su padre salió a suplicarle que lo hiciera. Pero él le contestó: "¡Fíjate cuántos años te he servido sin desobedecer jamás tus órdenes, y ni un cabrito me has dado para celebrar una fiesta con mis amigos! ¡Pero ahora llega ese hijo tuyo, que ha despilfarrado tu fortuna con prostitutas, y tú mandas matar en su honor el ternero más gordo!"

»"Hijo mío —le dijo su padre—, tú siempre estás conmigo, y todo lo que tengo es tuyo. Pero teníamos que hacer fiesta y alegrarnos, porque este hermano tuyo estaba muerto, pero ahora ha vuelto a la vida; se había perdido, pero ya lo hemos encontrado."»

En otra ocasión, Jesús utilizó una parábola cuando fue interrogado por un líder religioso.

En esto se presentó un experto en la ley y, para poner a prueba a Jesús, le hizo esta pregunta: —Maestro, ¿qué tengo que hacer para heredar la vida eterna?

Jesús replicó: —¿Qué está escrito en la ley? ¿Cómo la interpretas tú?

Como respuesta el hombre citó: —"Ama al Señor tu Dios con todo tu corazón, con todo tu ser, con todas tus fuerzas y con toda tu mente", y: "Ama a tu prójimo como a ti mismo."

—Bien contestado —le dijo Jesús—. Haz eso y vivirás.

Pero él quería justificarse, así que le preguntó a Jesús: —¿Y quién es mi prójimo?

Jesús respondió: —Bajaba un hombre de Jerusalén a Jericó, y cayó en manos de unos ladrones. Le quitaron la ropa, lo golpearon y se fueron, dejándolo medio muerto. Resulta que viajaba por el mismo camino un sacerdote quien, al verlo, se desvió y siguió de largo. Así también llegó a aquel lugar un levita, y al verlo, se desvió y siguió de largo. Pero un samaritano que iba de viaje llegó a donde estaba el hombre y, viéndolo, se compadeció de él. Se acercó, le curó las heridas con vino y aceite, y se las vendó. Luego lo montó sobre su propia cabalgadura, lo llevó a un alojamiento y lo cuidó. Al día siguiente, sacó dos monedas de plata[1] y se las dio al dueño del alojamiento. "Cuídemelo —le dijo—, y lo que gaste usted de más, se lo pagaré cuando yo vuelva."

¿Cuál de estos tres piensas que demostró ser el prójimo del que cayó en manos de los ladrones?

—El que se compadeció de él —contestó el experto en la ley.

—Anda entonces y haz tú lo mismo —concluyó Jesús.

Además de la enseñanza por medio de parábolas, Jesús también enseñó empleando un estilo más directo, como se ha visto en lo que vino a ser conocido como el «Sermón del Monte».

Cuando vio a las multitudes, subió a la ladera de una montaña y se sentó. Sus discípulos se le acercaron, y tomando él la palabra, comenzó a enseñarles diciendo:

«Dichosos los pobres en espíritu,
    porque el reino de los cielos les pertenece.
Dichosos los que lloran,
    porque serán consolados.
Dichosos los humildes,
    porque recibirán la tierra como herencia.
Dichosos los que tienen hambre y sed de justicia,
    porque serán saciados.
Dichosos los compasivos,
    porque serán tratados con compasión.
Dichosos los de corazón limpio,
    porque ellos verán a Dios.
Dichosos los que trabajan por la paz,
    porque serán llamados hijos de Dios.
Dichosos los perseguidos por causa de la justicia,
    porque el reino de los cielos les pertenece.

---

[1] **Dos moneda de plata:** El salario diario de un jornalero.

»Dichosos serán ustedes cuando por mi causa la gente los insulte, los persiga y levante contra ustedes toda clase de calumnias. Alégrense y llénense de júbilo, porque les espera una gran recompensa en el cielo. Así también persiguieron a los profetas que los precedieron a ustedes.

»Ustedes son la sal de la tierra. Pero si la sal se vuelve insípida, ¿cómo recobrará su sabor? Ya no sirve para nada, sino para que la gente la deseche y la pisotee.

»Ustedes son la luz del mundo. Una ciudad en lo alto de una colina no puede esconderse. Ni se enciende una lámpara para cubrirla con un cajón. Por el contrario, se pone en la repisa para que alumbre a todos los que están en la casa. Hagan brillar su luz delante de todos, para que ellos puedan ver las buenas obras de ustedes y alaben al Padre que está en el cielo.

»Cuando oren, no sean como los hipócritas, porque a ellos les encanta orar de pie en las sinagogas y en las esquinas de las plazas para que la gente los vea. Les aseguro que ya han obtenido toda su recompensa. Pero tú, cuando te pongas a orar, entra en tu cuarto, cierra la puerta y ora a tu Padre, que está en lo secreto. Así tu Padre, que ve lo que se hace en secreto, te recompensará. Y al orar, no hablen sólo por hablar como hacen los gentiles, porque ellos se imaginan que serán escuchados por sus muchas palabras. No sean como ellos, porque su Padre sabe lo que ustedes necesitan antes de que se lo pidan.

»Ustedes deben orar así:

»"Padre nuestro que estás en el cielo,
santificado sea tu nombre,
venga tu reino,
hágase tu voluntad
    en la tierra como en el cielo
Danos hoy nuestro pan cotidiano.
Perdónanos nuestras deudas,
    como también nosotros hemos perdonado a nuestros
    deudores.
Y no nos dejes caer en tentación,
sino líbranos del maligno."

»Porque si perdonan a otros sus ofensas, también los perdonará a ustedes su Padre celestial. Pero si no perdonan a otros sus ofensas, tampoco su Padre les perdonará a ustedes las suyas.

»No acumulen para sí tesoros en la tierra, donde la polilla y el óxido destruyen, y donde los ladrones se meten a robar. Más bien, acumulen para sí tesoros en el cielo, donde ni la polilla ni el óxido carcomen, ni los ladrones se meten a robar. Porque donde esté tu tesoro, allí estará también tu corazón.

»El ojo es la lámpara del cuerpo. Por tanto, si tu visión es clara, todo tu ser disfrutará de la luz. Pero si tu visión está nublada, todo tu ser estará en oscuridad. Si la luz que hay en ti es oscuridad, ¡qué densa será esa oscuridad!

»Nadie puede servir a dos señores, pues menospreciará a uno y amará al otro, o querrá mucho a uno y despreciará al otro. No se puede servir a la vez a Dios y a las riquezas.

»Por eso les digo: No se preocupen por su vida, qué comerán o beberán; ni por su cuerpo, cómo se vestirán. ¿No tiene la vida más valor que la comida, y el cuerpo más que la ropa? Fíjense en las aves del cielo: no siembran ni cosechan ni almacenan en graneros; sin embargo, el Padre celestial las alimenta. ¿No valen ustedes mucho más que ellas? ¿Quién de ustedes, por mucho que se preocupe, puede añadir una sola hora al curso de su vida?

»¿Y por qué se preocupan por la ropa? Observen cómo crecen los lirios del campo. No trabajan ni hilan; sin embargo, les digo que ni siquiera Salomón, con todo su esplendor, se vestía como uno de ellos. Si así viste Dios a la hierba que hoy está en el campo y mañana es arrojada al horno, ¿no hará mucho más por ustedes, gente de poca fe? Así que no se preocupen diciendo: "¿Qué comeremos?" o "¿Qué beberemos?" o "¿Con qué nos vestiremos?" Porque los paganos andan tras todas estas cosas, y el Padre celestial sabe que ustedes las necesitan. Más bien, busquen primeramente el reino de Dios y su justicia, y todas estas cosas les serán añadidas. Por lo tanto, no se angustien por el mañana, el cual tendrá sus propios afanes. Cada día tiene ya sus problemas.

»Por tanto, todo el que me oye estas palabras y las pone en práctica es como un hombre prudente que construyó su casa sobre la roca. Cayeron las lluvias, crecieron los ríos, y soplaron los vientos y azotaron aquella casa; con todo, la casa no se derrumbó porque estaba cimentada sobre la roca. Pero todo el que me oye estas palabras y no las pone en práctica es como un hombre insensato que construyó su casa sobre la arena. Cayeron las lluvias, crecieron los ríos, y soplaron los vientos y azotaron aquella casa, y ésta se derrumbó, y grande fue su ruina.»

Las enseñanzas de Jesús llegaron a muchas personas y cambiaron vidas. Sin embargo, los que escucharon continuamente sus parábolas y sermones fueron sus discípulos. En un momento durante los viajes que hacían juntos, la confianza de los discípulos de Jesús fue puesta a prueba cuando una violenta tormenta tomó el control de su barca.

Ese día al anochecer, les dijo a sus discípulos: —Crucemos al otro lado. Dejaron a la multitud y se fueron con él en la barca donde estaba. También lo acompañaban otras barcas. Se desató entonces una fuerte tormenta, y las olas azotaban la barca, tanto que ya comenzaba a inundarse. Jesús, mientras tanto, estaba en la popa, durmiendo sobre un cabezal, así que los discípulos lo despertaron. —¡Maestro! —gritaron—, ¿no te importa que nos ahoguemos?

Él se levantó, reprendió al viento y ordenó al mar: —¡Silencio! ¡Cálmate! El viento se calmó y todo quedó completamente tranquilo.

—¿Por qué tienen tanto miedo? —dijo a sus discípulos—. ¿Todavía no tienen fe?

Ellos estaban espantados y se decían unos a otros: —¿Quién es éste, que hasta el viento y el mar le obedecen?

Cruzaron el lago hasta llegar a la región de los gerasenos. Tan pronto como desembarcó Jesús, un hombre poseído por un espíritu maligno le salió al encuentro de entre los sepulcros. Este hombre vivía en los sepulcros, y ya nadie podía sujetarlo, ni siquiera con cadenas. Muchas veces lo habían atado con cadenas y grilletes, pero él los destrozaba, y nadie tenía fuerza para dominarlo. Noche y día andaba por los sepulcros y por las colinas, gritando y golpeándose con piedras.

Cuando vio a Jesús desde lejos, corrió y se postró delante de él. —¿Por qué te entrometes, Jesús, Hijo del Dios Altísimo? —gritó con fuerza—. ¡Te ruego por Dios que no me atormentes! Es que Jesús le había dicho: «¡Sal de este hombre, espíritu maligno!»

—¿Cómo te llamas? —le preguntó Jesús.

—Me llamo Legión —respondió—, porque somos muchos. Y con insistencia le suplicaba a Jesús que no los expulsara de aquella región.

Como en una colina estaba paciendo una manada de muchos cerdos, los demonios le rogaron a Jesús: —Mándanos a los cerdos; déjanos entrar en ellos. Así que él les dio permiso. Cuando los espíritus malignos salieron del hombre, entraron en los cerdos, que eran unos dos mil, y la manada se precipitó al lago por el despeñadero y allí se ahogó.

Los que cuidaban los cerdos salieron huyendo y dieron la noticia en el pueblo y por los campos, y la gente fue a ver lo que había pasado. Llegaron adonde estaba Jesús, y cuando vieron al que había estado poseído por la legión de demonios, sentado, vestido y en su sano juicio, tuvieron miedo. Los que habían presenciado estos hechos le contaron a la gente lo que había sucedido con el endemoniado y con los cerdos. Entonces la gente comenzó a suplicarle a Jesús que se fuera de la región.

Mientras subía Jesús a la barca, el que había estado endemoniado le rogaba que le permitiera acompañarlo. Jesús no se lo permitió, sino que le dijo: —Vete a tu casa, a los de tu familia, y diles todo lo que el Señor ha hecho por ti y cómo te ha tenido compasión. Así que el hombre se fue y se puso a proclamar en Decápolis lo mucho que Jesús había hecho por él. Y toda la gente se quedó asombrada.

Después de que Jesús regresó en la barca al otro lado del lago, se reunió alrededor de él una gran multitud, por lo que él se quedó en la orilla. Llegó entonces uno de los jefes de la sinagoga, llamado Jairo. Al ver a Jesús, se arrojó a sus pies, suplicándole con insistencia: —Mi hijita se está muriendo. Ven y pon tus manos sobre ella para que se sane y viva. Jesús se fue con él, y lo seguía una gran multitud, la cual lo apretujaba.

Había entre la gente una mujer que hacía doce años padecía de hemorragias. Había sufrido mucho a manos de varios médicos, y se había gastado todo lo que tenía sin que le hubiera servido de nada, pues en vez de mejorar, iba de mal en peor. Cuando oyó hablar de Jesús, se le acercó por detrás entre la gente y le tocó el manto. Pensaba: «Si logro tocar siquiera su ropa, quedaré sana.» Al instante cesó su hemorragia, y se dio cuenta de que su cuerpo había quedado libre de esa aflicción.

Al momento también Jesús se dio cuenta de que de él había salido poder, así que se volvió hacia la gente y preguntó: —¿Quién me ha tocado la ropa?

—Ves que te apretuja la gente —le contestaron sus discípulos—, y aun así preguntas: "¿Quién me ha tocado?"

Pero Jesús seguía mirando a su alrededor para ver quién lo había hecho. La mujer, sabiendo lo que le había sucedido, se acercó temblando de miedo y, arrojándose a sus pies, le confesó toda la verdad. —¡Hija, tu fe te ha sanado! —le dijo Jesús—. Vete en paz y queda sana de tu aflicción.

Todavía estaba hablando Jesús, cuando llegaron unos hombres de la casa de Jairo, jefe de la sinagoga, para decirle: —Tu hija ha muerto. ¿Para qué sigues molestando al Maestro?

Sin hacer caso de la noticia, Jesús le dijo al jefe de la sinagoga: —No tengas miedo; cree nada más.

No dejó que nadie lo acompañara, excepto Pedro, Jacobo y Juan, el hermano de Jacobo. Cuando llegaron a la casa del jefe de la sinagoga, Jesús notó el alboroto, y que la gente lloraba y daba grandes alaridos. Entró y les dijo: —¿Por qué tanto alboroto y llanto? La niña no está muerta sino dormida. Entonces empezaron a burlarse de él, pero él los sacó a todos, tomó consigo al padre y a la madre de la niña y a los discípulos que estaban con él, y entró adonde estaba la niña.

La tomó de la mano y le dijo: —*Talita cum* (que significa: Niña, a ti te digo, ¡levántate!). La niña, que tenía doce años, se levantó en seguida y comenzó a andar. Ante este hecho todos se llenaron de asombro. Él dio órdenes estrictas de que nadie se enterara de lo ocurrido, y les mandó que le dieran de comer a la niña.

Al irse Jesús de allí, dos ciegos lo siguieron, gritándole: —¡Ten compasión de nosotros, Hijo de David!

Cuando entró en la casa, se le acercaron los ciegos, y él les preguntó: —¿Creen que puedo sanarlos?

—Sí, Señor —le respondieron.

Entonces les tocó los ojos y les dijo: —Se hará con ustedes conforme a su fe. Y recobraron la vista. Jesús les advirtió con firmeza: —Asegúrense de que nadie se entere de esto. Pero ellos salieron para divulgar por toda aquella región la noticia acerca de Jesús.

Mientras ellos salían, le llevaron un mudo endemoniado. Así que Jesús expulsó al demonio, y el que había estado mudo habló. La multitud se maravillaba y decía: «Jamás se ha visto nada igual en Israel.»

Pero los fariseos afirmaban: «Éste expulsa a los demonios por medio del príncipe de los demonios.»

Jesús les encomendó a sus más cercanos seguidores esparcirse y decirle a la gente que el reino de Dios había llegado. Asimismo, les dio autoridad espiritual para curar a las personas de sus enfermedades y la opresión demoníaca.

Este primer grupo de predicadores fue enviado casi sin suministros con el fin de aprender acerca de la fe y la oración. Dios hizo muchos milagros a través de ellos, lo que aumentaba el creciente entusiasmo entre la población. Un alto oficial también escuchó los informes... filtrados a través de su conciencia culpable.

El rey Herodes se enteró de esto, pues el nombre de Jesús se había hecho famoso. Algunos decían: «Juan el Bautista ha resucitado, y por eso tiene poder para realizar milagros.»

Otros decían: «Es Elías.»

Otros, en fin, afirmaban: «Es un profeta, como los de antes.»

Pero cuando Herodes oyó esto, exclamó: «¡Juan, al que yo mandé que le cortaran la cabeza, ha resucitado!»

En efecto, Herodes mismo había mandado que arrestaran a Juan y que lo encadenaran en la cárcel. Herodes se había casado con Herodías, esposa de Felipe su hermano, y Juan le había estado diciendo a Herodes: «La ley te prohíbe tener a la esposa de tu hermano.» Por eso Herodías le guardaba rencor a Juan y deseaba matarlo. Pero no había logrado hacerlo, ya que Herodes temía a Juan y lo protegía, pues sabía que era un hombre justo y santo. Cuando Herodes oía a Juan, se quedaba muy desconcertado, pero lo escuchaba con gusto.

Por fin se presentó la oportunidad. En su cumpleaños Herodes dio un banquete a sus altos oficiales, a los comandantes militares y a los notables de Galilea. La hija de Herodías entró en el banquete y bailó, y esto agradó a Herodes y a los invitados.

—Pídeme lo que quieras y te lo daré —le dijo el rey a la muchacha. Y le prometió bajo juramento: —Te daré cualquier cosa que me pidas, aun cuando sea la mitad de mi reino.

Ella salió a preguntarle a su madre: —¿Qué debo pedir?

—La cabeza de Juan el Bautista —contestó.

En seguida se fue corriendo la muchacha a presentarle al rey su petición: —Quiero que ahora mismo me des en una bandeja la cabeza de Juan el Bautista.

El rey se quedó angustiado, pero a causa de sus juramentos y en atención a los invitados, no quiso desairarla. Así que en seguida envió a un verdugo con la orden de llevarle la cabeza de Juan. El hombre fue, decapitó a Juan en la cárcel y volvió con la cabeza en una bandeja. Se la entregó a la muchacha, y ella se la dio a su madre. Al enterarse de esto, los discípulos de Juan fueron a recoger el cuerpo y le dieron sepultura.

Los apóstoles se reunieron con Jesús y le contaron lo que habían hecho y enseñado. Y como no tenían tiempo ni para comer, pues era tanta la gente que iba y venía, Jesús les dijo: —Vengan conmigo ustedes solos a un lugar tranquilo y descansen un poco.

Así que se fueron solos en la barca a un lugar solitario. Pero muchos que los vieron salir los reconocieron y, desde todos los poblados, corrieron por tierra hasta allá y llegaron antes que ellos. Cuando Jesús desembarcó y vio tanta gente, tuvo compasión de ellos, porque eran como ovejas sin pastor. Así que comenzó a enseñarles muchas cosas.

Cuando ya se hizo tarde, se le acercaron sus discípulos y le dijeron: —Éste es un lugar apartado y ya es muy tarde. Despide a la gente, para que vayan a los campos y pueblos cercanos y se compren algo de comer.

—Denles ustedes mismos de comer —contestó Jesús.

—¡Eso costaría casi un año de trabajo! —objetaron—. ¿Quieres que vayamos y gastemos todo ese dinero en pan para darles de comer?

—¿Cuántos panes tienen ustedes? —preguntó—. Vayan a ver.

Después de averiguarlo, le dijeron: —Cinco, y dos pescados.

Entonces les mandó que hicieran que la gente se sentara por grupos sobre la hierba verde. Así que ellos se acomodaron en grupos de cien y de cincuenta. Jesús tomó los cinco panes y los dos pescados y, mirando al cielo, los bendijo. Luego partió los panes y se los dio a los discípulos para que se los repartieran a la gente. También repartió los dos pescados entre todos. Comieron todos hasta quedar satisfechos, y los discípulos recogieron doce canastas llenas de pedazos de pan y de pescado. Los que comieron fueron cinco mil.

En seguida Jesús hizo que los discípulos subieran a la barca y se le adelantaran al otro lado mientras él despedía a la multitud. Después de despedir a la gente, subió a la montaña para orar a solas. Al anochecer, estaba allí él solo, y la barca ya estaba bastante lejos de la tierra, zarandeada por las olas, porque el viento le era contrario.

En la madrugada, Jesús se acercó a ellos caminando sobre el lago. Cuando los discípulos lo vieron caminando sobre el agua, quedaron aterrados. —¡Es un fantasma! —gritaron de miedo.

Pero Jesús les dijo en seguida: —¡Cálmense! Soy yo. No tengan miedo.

—Señor, si eres tú —respondió Pedro—, mándame que vaya a ti sobre el agua.

—Ven —dijo Jesús.

Pedro bajó de la barca y caminó sobre el agua en dirección a Jesús. Pero al sentir el viento fuerte, tuvo miedo y comenzó a hundirse. Entonces gritó: —¡Señor, sálvame!

En seguida Jesús le tendió la mano y, sujetándolo, lo reprendió: —¡Hombre de poca fe! ¿Por qué dudaste?

Cuando subieron a la barca, se calmó el viento. Y los que estaban en la barca lo adoraron diciendo: —Verdaderamente tú eres el Hijo de Dios.

Después de cruzar el lago, desembarcaron en Genesaret. Los habitantes de aquel lugar reconocieron a Jesús y divulgaron la noticia por todos los alrededores. Le llevaban todos los enfermos, suplicándole que les permitiera tocar siquiera el borde de su manto, y quienes lo tocaban quedaban sanos.

Al día siguiente, la multitud que se había quedado en el otro lado del lago se dio cuenta de que los discípulos se habían embarcado solos. Allí había estado una sola barca, y Jesús no había entrado en ella con sus discípulos. Sin embargo, algunas barcas de Tiberíades se aproximaron al lugar donde la gente había comido el pan después de haber dado gracias el Señor. En cuanto la multitud se dio cuenta de que ni Jesús ni sus discípulos estaban allí, subieron a las barcas y se fueron a Capernaúm a buscar a Jesús.

Cuando lo encontraron al otro lado del lago, le preguntaron: —Rabí, ¿cuándo llegaste acá?

—Ciertamente les aseguro que ustedes me buscan, no porque han visto señales sino porque comieron pan hasta llenarse. Trabajen, pero no por la comida que es perecedera, sino por la que permanece para vida eterna, la cual les dará el Hijo del hombre. Sobre éste ha puesto Dios el Padre su sello de aprobación.

—¿Qué tenemos que hacer para realizar las obras que Dios exige? —le preguntaron.

—Ésta es la obra de Dios: que crean en aquel a quien él envió —les respondió Jesús.

—¿Y qué señal harás para que la veamos y te creamos? ¿Qué puedes hacer? —insistieron ellos—. Nuestros antepasados comieron el maná en el desierto, como está escrito: "Pan del cielo les dio a comer."

—Ciertamente les aseguro que no fue Moisés el que les dio a ustedes el pan del cielo —afirmó Jesús—. El que da el verdadero pan del cielo es mi Padre. El pan de Dios es el que baja del cielo y da vida al mundo.

—Señor —le pidieron—, danos siempre ese pan.

—Yo soy el pan de vida[2] —declaró Jesús—. El que a mí viene nunca pasará hambre, y el que en mí cree nunca más volverá a tener sed.

---

[2]**Pan de vida:** Al decir esto, Jesús proclamaba que él es la fuente de la realización y satisfacción verdadera.

Ciertamente les aseguro que el que cree tiene vida eterna. Yo soy el pan de vida. Los antepasados de ustedes comieron el maná en el desierto, y sin embargo murieron. Pero éste es el pan que baja del cielo; el que come de él, no muere. Yo soy el pan vivo que bajó del cielo. Si alguno come de este pan, vivirá para siempre. Este pan es mi carne, que daré para que el mundo viva.

Los judíos comenzaron a disputar acaloradamente entre sí: «¿Cómo puede éste darnos a comer su carne?»

—Ciertamente les aseguro —afirmó Jesús— que si no comen la carne del Hijo del hombre ni beben su sangre, no tienen realmente vida. El que come mi carne y bebe mi sangre tiene vida eterna, y yo lo resucitaré en el día final. Porque mi carne es verdadera comida y mi sangre es verdadera bebida. El que come mi carne y bebe mi sangre, permanece en mí y yo en él. Así como me envió el Padre viviente, y yo vivo por el Padre, también el que come de mí, vivirá por mí. Éste es el pan que bajó del cielo. Los antepasados de ustedes comieron maná y murieron, pero el que come de este pan vivirá para siempre.

Desde entonces muchos de sus discípulos le volvieron la espalda y ya no andaban con él.

Así que Jesús les preguntó a los doce: —¿También ustedes quieren marcharse?

—Señor —contestó Simón Pedro—, ¿a quién iremos? Tú tienes palabras de vida eterna. Y nosotros hemos creído, y sabemos que tú eres el Santo de Dios.

—¿No los he escogido yo a ustedes doce? —repuso Jesús—. No obstante, uno de ustedes es un diablo. Se refería a Judas, hijo de Simón Iscariote, uno de los doce, que iba a traicionarlo.

Jesús podía llegar a ser muy personal, íntimo y particular. Tenía un entendimiento sólido de quién era y deseaba que sus seguidores lo conocieran profundamente. Escuchar sus enseñanzas y admirar su carácter no era suficiente. Para seguir a este rabino, sus seguidores tenían que conocerlo de una manera más profunda, de un modo que cambiaría sus corazones, sus búsquedas y sus vidas. Él deseaba ser el centro, la alegría, el «pan» y el sustento de sus vidas. Al continuar su ministerio, Jesús comenzó a revelar más información acerca de quién era y por qué había venido.

25

Jesús, el Hijo de Dios

Jesús y sus discípulos salieron hacia las aldeas de Cesarea de Filipo. En el camino les preguntó: —¿Quién dice la gente que soy yo?

—Unos dicen que Juan el Bautista, otros que Elías, y otros que uno de los profetas —contestaron.

—Y ustedes, ¿quién dicen que soy yo?

—Tú eres el Cristo —afirmó Pedro.

Jesús les ordenó que no hablaran a nadie acerca de él.

Luego comenzó a enseñarles: —El Hijo del hombre tiene que sufrir muchas cosas y ser rechazado por los ancianos, por los jefes de los sacerdotes y por los maestros de la ley. Es necesario que lo maten y que a los tres días resucite. Habló de esto con toda claridad. Pedro lo llevó aparte y comenzó a reprenderlo.

Pero Jesús se dio la vuelta, miró a sus discípulos, y reprendió a Pedro.

—¡Aléjate de mí, Satanás! —le dijo—. Tú no piensas en las cosas de Dios sino en las de los hombres.

Entonces llamó a la multitud y a sus discípulos. —Si alguien quiere ser mi discípulo —les dijo—, que se niegue a sí mismo, lleve su cruz y me siga. Porque el que quiera salvar su vida, la perderá; pero el que pierda su vida por mi causa y por el evangelio,[1] la salvará. ¿De qué sirve ganar el mundo entero si se pierde la vida? ¿O qué se puede dar a cambio de la

---

[1]**Evangelio:** El mensaje que dice que Jesús ha venido a reconciliar a la humanidad con Dios y que cada individuo puede aceptar este regalo inmerecido y entrar en una relación con él; sinónimo de *buenas noticias*.

Jesús comienza su ministerio	Monte de los Olivos	Jesús resucita a Lázaro	Jesús expulsa a los cambistas	Judas traiciona a Jesús
d.C. 26	29	29	30	30

Para información completa sobre la cronología vea la página ix.

315

vida? Si alguien se avergüenza de mí y de mis palabras en medio de esta generación adúltera y pecadora, también el Hijo del hombre se avergonzará de él cuando venga en la gloria de su Padre con los santos ángeles.

Seis días después, Jesús tomó consigo a Pedro, a Jacobo y a Juan, el hermano de Jacobo, y los llevó aparte, a una montaña alta. Allí se transfiguró en presencia de ellos; su rostro resplandeció como el sol, y su ropa se volvió blanca como la luz.

Y aparecieron dos personajes —Moisés y Elías— que conversaban con Jesús. Tenían un aspecto glorioso, y hablaban de la partida de Jesús, que él estaba por llevar a cabo en Jerusalén.

Pedro le dijo a Jesús: —Rabí, ¡qué bien que estemos aquí! Podemos levantar tres albergues: uno para ti, otro para Moisés y otro para Elías. No sabía qué decir, porque todos estaban asustados.

Mientras estaba aún hablando, apareció una nube luminosa que los envolvió, de la cual salió una voz que dijo: «Éste es mi Hijo amado; estoy muy complacido con él. ¡Escúchenlo!»
Al oír esto, los discípulos se postraron sobre sus rostros, aterrorizados. Pero Jesús se acercó a ellos y los tocó. —Levántense —les dijo—. No tengan miedo. Cuando alzaron la vista, no vieron a nadie más que a Jesús.

Mientras bajaban de la montaña, Jesús les ordenó que no contaran a nadie lo que habían visto hasta que el Hijo del hombre se levantara de entre los muertos. Guardaron el secreto, pero discutían entre ellos qué significaría eso de «levantarse de entre los muertos».

Cuando llegaron a donde estaban los otros discípulos, vieron que a su alrededor había mucha gente y que los maestros de la ley discutían con ellos. Tan pronto como la gente vio a Jesús, todos se sorprendieron y corrieron a saludarlo.

Dejaron aquel lugar y pasaron por Galilea. Pero Jesús no quería que nadie lo supiera, porque estaba instruyendo a sus discípulos. Les decía: «El Hijo del hombre va a ser entregado en manos de los hombres. Lo matarán, y a los tres días de muerto resucitará.» Pero ellos no entendían lo que quería decir con esto, y no se atrevían a preguntárselo.

¿Recuerda al rey David y al rey Salomón? Todos los grandes reyes del antiguo Israel habían sido guerreros, constructores y diplomáticos. No es de extrañar que la mayoría de las personas que creían en un próximo Mesías se imaginaran que el nuevo rey sería el más grande guerrero, constructor y libertador de todos. De modo que causaba extrañeza entonces que Jesús pareciese indiferente ante el cambio de régimen. Su mensaje era: «Ábrele tu corazón a Dios». Él no juntó un arsenal, ni entrenó a una escuadra de comandos para derrocar el dominio romano. Este enfoque inesperado, junto con la insistencia de Jesús en un verdadero arrepentimiento personal, ofendió a muchos de la clase dirigente religiosa de Jerusalén. Algunos fariseos educados lo consideraban un maestro de filosofía peligrosa y engañosa. En medio de la creciente oposición judía y la popularidad entre las personas comunes, Jesús fue a Jerusalén para celebrar una de las más grandes de las fiestas judías, el Festival de los Tabernáculos. Él utilizó el festival como un telón de fondo para revelar su autoridad, identidad y misión.

Por eso las autoridades judías lo buscaban durante la fiesta, y decían: «¿Dónde se habrá metido?»

Entre la multitud corrían muchos rumores acerca de él. Unos decían: «Es una buena persona.»

Otros alegaban: «No, lo que pasa es que engaña a la gente.» Sin embargo, por temor a los judíos nadie hablaba de él abiertamente.

Jesús esperó hasta la mitad de la fiesta para subir al templo y comenzar a enseñar. Los judíos se admiraban y decían: «¿De dónde sacó éste tantos conocimientos sin haber estudiado?»

Algunos de los que vivían en Jerusalén comentaban: «¿No es éste al que quieren matar? Ahí está, hablando abiertamente, y nadie le dice nada. ¿Será que las autoridades se han convencido de que es el Cristo? Nosotros sabemos de dónde viene este hombre, pero cuando venga el Cristo nadie sabrá su procedencia.»

Por eso Jesús, que seguía enseñando en el templo, exclamó: —¡Conque ustedes me conocen y saben de dónde vengo! No he venido por mi propia cuenta, sino que me envió uno que es digno de confianza. Ustedes no lo conocen, pero yo sí lo conozco porque vengo de parte suya, y él mismo me ha enviado.

Entonces quisieron arrestarlo, pero nadie le echó mano porque aún no había llegado su hora. Con todo, muchos de entre la multitud creyeron en él y decían: «Cuando venga el Cristo, ¿acaso va a hacer más señales que este hombre?»

En el último día, el más solemne de la fiesta, Jesús se puso de pie y exclamó: —¡Si alguno tiene sed, que venga a mí y beba! De aquel que cree en mí, como dice la Escritura, brotarán ríos de agua viva. Con esto se refería al Espíritu que habrían de recibir más tarde los que creyeran en él. Hasta ese momento el Espíritu no había sido dado, porque Jesús no había sido glorificado todavía.

Al oír sus palabras, algunos de entre la multitud decían: «Verdaderamente éste es el profeta.»

Otros afirmaban: «¡Es el Cristo!»

Pero otros objetaban: «¿Cómo puede el Cristo venir de Galilea? ¿Acaso no dice la Escritura que el Cristo vendrá de la descendencia de David, y de Belén, el pueblo de donde era David?» Por causa de Jesús la gente estaba dividida. Algunos querían arrestarlo, pero nadie le puso las manos encima.

Cuando Jesús predicó, hizo muchas afirmaciones con las cuales la gente discrepó. ¡Dijo que era la luz, pero solo Dios mismo es la fuente de luz! ¡Indicó haber venido desde arriba, pero solo Dios declara su residencia en el cielo! Jesús estaba estableciendo una clara y definitiva elección: creer en él y reconocer el poder de Dios en su vida, o permanecer en la oscuridad espiritual. Este mensaje cambiaría todo.

Una vez más Jesús se dirigió a la gente, y les dijo: —Yo soy la luz del mundo. El que me sigue no andará en tinieblas, sino que tendrá la luz de la vida.

—Tú te presentas como tu propio testigo —alegaron los fariseos—, así que tu testimonio no es válido.

—Aunque yo sea mi propio testigo —repuso Jesús—, mi testimonio es válido, porque sé de dónde he venido y a dónde voy. Pero ustedes no saben de dónde vengo ni a dónde voy.

De nuevo Jesús les dijo: —Yo me voy, y ustedes me buscarán, pero en su pecado morirán. A donde yo voy, ustedes no pueden ir.

Comentaban, por tanto, los judíos: «¿Acaso piensa suicidarse? ¿Será por eso que dice: "A donde yo voy, ustedes no pueden ir" ?»

—Ustedes son de aquí abajo —continuó Jesús—; yo soy de allá arriba. Ustedes son de este mundo; yo no soy de este mundo. Por eso les he dicho que morirán en sus pecados, pues si no creen que yo soy el que afirmo ser, en sus pecados morirán.

Mientras aún hablaba, muchos creyeron en él.

Jesús se dirigió entonces a los judíos que habían creído en él, y les dijo: —Si se mantienen fieles a mis enseñanzas, serán realmente mis discípulos; y conocerán la verdad, y la verdad los hará libres.

Ciertamente les aseguro que el que cumple mi palabra, nunca morirá.

—¡Ahora estamos convencidos de que estás endemoniado! —exclamaron los judíos—. Abraham murió, y también los profetas, pero tú sales diciendo que si alguno guarda tu palabra, nunca morirá. ¿Acaso eres tú mayor que nuestro padre Abraham? Él murió, y también murieron los profetas. ¿Quién te crees tú?

—Si yo me glorifico a mí mismo —les respondió Jesús—, mi gloria no significa nada. Pero quien me glorifica es mi Padre, el que ustedes dicen que es su Dios, aunque no lo conocen. Yo, en cambio, sí lo conozco. Si dijera que no lo conozco, sería tan mentiroso como ustedes; pero lo conozco y cumplo su palabra. Abraham, el padre de ustedes, se regocijó al pensar que vería mi día; y lo vio y se alegró.

—Ni a los cincuenta años llegas —le dijeron los judíos—, ¿y has visto a Abraham?

—Ciertamente les aseguro que, antes de que Abraham naciera, ¡yo soy! Entonces los judíos tomaron piedras para arrojárselas, pero Jesús se escondió y salió inadvertido del templo.

Así fue. Jesús le dijo a la multitud que él ya existía antes que Abraham naciera. Le explicó a la multitud que su vida no tenía comienzo. ¡Él le indicó a la multitud que era Dios! La multitud se convirtió en una turba dispuesta al linchamiento. Algunos consejeros pudieron haber instado a Jesús a darles tiempo a los líderes religiosos para calmarse, pero Jesús no podía ser detenido. Estaba impulsado por la pasión de mostrarle a la gente la gloria de Dios, y aun cuando un amigo cercano estaba enfermo y cerca de la muerte, utilizó esa experiencia como otro ejemplo del poder divino.

Había un hombre enfermo llamado Lázaro, que era de Betania, el pueblo de María y Marta, sus hermanas. María era la misma que ungió con perfume al Señor, y le secó los pies con sus cabellos. Las dos hermanas mandaron a decirle a Jesús: «Señor, tu amigo querido está enfermo.»

Cuando Jesús oyó esto, dijo: «Esta enfermedad no terminará en muerte, sino que es para la gloria de Dios, para que por ella el Hijo de Dios sea glorificado.» Jesús amaba a Marta, a su hermana y a Lázaro. A pesar de eso, cuando oyó que Lázaro estaba enfermo, se quedó dos días más donde se encontraba. Después dijo a sus discípulos: —Volvamos a Judea.

—Rabí —objetaron ellos—, hace muy poco los judíos intentaron apedrearte, ¿y todavía quieres volver allá?

—¿Acaso el día no tiene doce horas? —respondió Jesús—. El que anda de día no tropieza, porque tiene la luz de este mundo. Pero el que anda de noche sí tropieza, porque no tiene luz.

Dicho esto, añadió: —Nuestro amigo Lázaro duerme, pero voy a despertarlo.

—Señor —respondieron sus discípulos—, si duerme, es que va a recuperarse. Jesús les hablaba de la muerte de Lázaro, pero sus discípulos pensaron que se refería al sueño natural.

Por eso les dijo claramente: —Lázaro ha muerto, y por causa de ustedes me alegro de no haber estado allí, para que crean. Pero vamos a verlo.

Entonces Tomás, apodado el Gemelo, dijo a los otros discípulos: —Vayamos también nosotros, para morir con él.

A su llegada, Jesús se encontró con que Lázaro llevaba ya cuatro días en el sepulcro. Betania estaba cerca de Jerusalén, como a tres kilómetros de distancia, y muchos judíos habían ido a casa de Marta y de María, a darles el pésame por la muerte de su hermano. Cuando Marta supo que Jesús llegaba, fue a su encuentro; pero María se quedó en la casa.

—Señor —le dijo Marta a Jesús—, si hubieras estado aquí, mi hermano no habría muerto. Pero yo sé que aun ahora Dios te dará todo lo que le pidas.

—Tu hermano resucitará —le dijo Jesús.

—Yo sé que resucitará en la resurrección, en el día final —respondió Marta.

Entonces Jesús le dijo: —Yo soy la resurrección y la vida. El que cree en mí vivirá, aunque muera; y todo el que vive y cree en mí no morirá jamás. ¿Crees esto?

—Sí, Señor; yo creo que tú eres el Cristo, el Hijo de Dios, el que había de venir al mundo.

Dicho esto, Marta regresó a la casa y, llamando a su hermana María, le dijo en privado: —El Maestro está aquí y te llama. Cuando María oyó esto, se levantó rápidamente y fue a su encuentro. Jesús aún no había entrado en el pueblo, sino que todavía estaba en el lugar donde Marta se había encontrado con él. Los judíos que habían estado con María en la casa, dándole el pésame, al ver que se había levantado y había salido de prisa, la siguieron, pensando que iba al sepulcro a llorar.

Cuando María llegó a donde estaba Jesús y lo vio, se arrojó a sus pies y le dijo: —Señor, si hubieras estado aquí, mi hermano no habría muerto. Al ver llorar a María y a los judíos que la habían acompañado, Jesús se turbó y se conmovió profundamente. —¿Dónde lo han puesto? —preguntó.

—Ven a verlo, Señor —le respondieron.

Jesús lloró.

—¡Miren cuánto lo quería! —dijeron los judíos.

Pero algunos de ellos comentaban: —Éste, que le abrió los ojos al ciego, ¿no podría haber impedido que Lázaro muriera?

Conmovido una vez más, Jesús se acercó al sepulcro. Era una cueva cuya entrada estaba tapada con una piedra. —Quiten la piedra —ordenó Jesús.

Marta, la hermana del difunto, objetó: —Señor, ya debe oler mal, pues lleva cuatro días allí.

—¿No te dije que si crees verás la gloria de Dios? —le contestó Jesús.

Entonces quitaron la piedra. Jesús, alzando la vista, dijo: —Padre, te doy gracias porque me has escuchado. Ya sabía yo que siempre me escuchas, pero lo dije por la gente que está aquí presente, para que crean que tú me enviaste.

Dicho esto, gritó con todas sus fuerzas: —¡Lázaro, sal fuera! El muerto salió, con vendas en las manos y en los pies, y el rostro cubierto con un sudario.

—Quítenle las vendas y dejen que se vaya —les dijo Jesús.

Muchos de los judíos que habían ido a ver a María y que habían presenciado lo hecho por Jesús, creyeron en él. Pero algunos de ellos fueron a ver a los fariseos y les contaron lo que Jesús había hecho. Entonces los jefes de los sacerdotes y los fariseos convocaron a una reunión del Consejo.

¿Qué vamos a hacer? —dijeron—. Este hombre está haciendo muchas señales milagrosas. Si lo dejamos seguir así, todos van a creer en él, y vendrán los romanos y acabarán con nuestro lugar sagrado, e incluso con nuestra nación.

Uno de ellos, llamado Caifás, que ese año era el sumo sacerdote, les dijo: —¡Ustedes no saben nada en absoluto! No entienden que les conviene más que muera un solo hombre por el pueblo, y no que perezca toda la nación.

Pero esto no lo dijo por su propia cuenta sino que, como era sumo sacerdote ese año, profetizó que Jesús moriría por la nación judía, y no sólo por esa nación sino también por los hijos de Dios que estaban dispersos, para congregarlos y unificarlos. Así que desde ese día convinieron en quitarle la vida.

Por lo general, las personas tratan de evitar los problemas, pero Jesús se dirigió directamente hacia los que estaban conspirando para matarlo. Jerusalén era el lugar de la celebración de la fiesta de la Pascua. La gente necesitaba escuchar su mensaje. El tiempo era corto. Pronto Jesús entraría en Jerusalén por última vez.

Empezaron a llevarle niños a Jesús para que los tocara, pero los discípulos reprendían a quienes los llevaban. Cuando Jesús se dio cuenta, se indignó y les dijo: «Dejen que los niños vengan a mí, y no se lo impidan, porque el reino de Dios es de quienes son como ellos. Les aseguro que el que no reciba el reino de Dios como un niño, de ninguna manera entrará en él.» Y después de abrazarlos, los bendecía poniendo las manos sobre ellos.

Cuando Jesús estaba ya para irse, un hombre llegó corriendo y se postró delante de él. —Maestro bueno —le preguntó—, ¿qué debo hacer para heredar la vida eterna?

—¿Por qué me llamas bueno? —respondió Jesús—. Nadie es bueno sino sólo Dios. Ya sabes los mandamientos: "No mates, no cometas adulterio, no robes, no presentes falso testimonio, no defraudes, honra a tu padre y a tu madre."

—Maestro —dijo el hombre—, todo eso lo he cumplido desde que era joven.

Jesús lo miró con amor y añadió: —Una sola cosa te falta: anda, vende todo lo que tienes y dáselo a los pobres, y tendrás tesoro en el cielo. Luego ven y sígueme.

Al oír esto, el hombre se desanimó y se fue triste porque tenía muchas riquezas.

Jesús miró alrededor y les comentó a sus discípulos: —¡Qué difícil es para los ricos entrar en el reino de Dios!

Los discípulos se asombraron de sus palabras. —Hijos, ¡qué difícil es entrar en el reino de Dios! —repitió Jesús—. Le resulta más fácil a un camello pasar por el ojo de una aguja, que a un rico entrar en el reino de Dios.

Los discípulos se asombraron aun más, y decían entre sí: «Entonces, ¿quién podrá salvarse?»

—Para los hombres es imposible —aclaró Jesús, mirándolos fijamente—, pero no para Dios; de hecho, para Dios todo es posible.

—¿Qué de nosotros, que lo hemos dejado todo y te hemos seguido? —comenzó a reclamarle Pedro.

—Les aseguro —respondió Jesús— que todo el que por mi causa y la del evangelio haya dejado casa, hermanos, hermanas, madre, padre, hijos o terrenos, recibirá cien veces más ahora en este tiempo (casas, hermanos, hermanas, madres, hijos y terrenos, aunque con persecuciones); y en la edad venidera, la vida eterna. Pero muchos de los primeros serán últimos, y los últimos, primeros.

Iban de camino subiendo a Jerusalén, y Jesús se les adelantó. Los discípulos estaban asombrados, y los otros que venían detrás tenían miedo. De nuevo tomó aparte a los doce y comenzó a decirles lo que le iba a suceder. «Ahora vamos rumbo a Jerusalén, y el Hijo del hombre será entregado a los jefes de los sacerdotes y a los maestros de la ley. Ellos lo condenarán a muerte y lo entregarán a los gentiles. Se burlarán de él, le escupirán, lo azotarán y lo matarán. Pero a los tres días resucitará.»

Faltaba poco para la Pascua judía, así que muchos subieron del campo a Jerusalén para su purificación ceremonial antes de la Pascua. Andaban buscando a Jesús, y mientras estaban en el templo comentaban entre sí: «¿Qué les parece? ¿Acaso no vendrá a la fiesta?» Por su parte, los jefes de los sacerdotes y los fariseos habían dado la orden de que si alguien llegaba a saber dónde estaba Jesús, debía denunciarlo para que lo arrestaran.

¿Cuántas veces Jesús había instruido a sus seguidores a esperar, a que se contuvieran, a no decir quién era? Y ellos habían esperado. Ahora, la espera había terminado. Cuando Jesús entró en Jerusalén, dejó que las multitudes se regocijaran. Él sabía lo que le esperaba esa semana, pero por el momento, los que lo amaban podría regocijarse y celebrar.

Cuando se acercaban a Jerusalén y llegaron a Betfagué y a Betania, junto al monte de los Olivos, Jesús envió a dos de sus discípulos con este encargo: «Vayan a la aldea que tienen enfrente. Tan pronto como entren en ella, encontrarán atado un burrito, en el que nunca se ha montado nadie. Desátenlo y tráiganlo acá. Y si alguien les dice: "¿Por qué hacen eso?", díganle: "El Señor lo necesita, y en seguida lo devolverá."»

Fueron, encontraron un burrito afuera en la calle, atado a un portón, y lo desataron. Entonces algunos de los que estaban allí les preguntaron: «¿Qué hacen desatando el burrito?» Ellos contestaron como Jesús les había dicho, y les dejaron desatarlo. Le llevaron, pues, el burrito a Jesús. Luego pusieron encima sus mantos, y él se montó. Muchos tendieron sus mantos sobre el camino; otros usaron ramas que habían cortado en los campos. Tanto los que iban delante como los que iban detrás, gritaban:

—¡Hosanna![2]

—¡Bendito el que viene en el nombre del Señor!

—¡Bendito el reino venidero de nuestro padre David!

—¡Hosanna en las alturas!

Cuando Jesús entró en Jerusalén, toda la ciudad se conmovió. —¿Quién es éste? —preguntaban.

—Éste es el profeta Jesús, de Nazaret de Galilea —contestaba la gente.

Jesús entró en el templo y echó de allí a todos los que compraban y vendían. Volcó las mesas de los que cambiaban dinero y los puestos de los que vendían palomas. «Escrito está —les dijo—: "Mi casa será llamada casa de oración"; pero ustedes la están convirtiendo en "cueva de ladrones".»

Se le acercaron en el templo ciegos y cojos, y los sanó. Pero cuando los jefes de los sacerdotes y los maestros de la ley vieron que hacía cosas maravillosas, y que los niños gritaban en el templo: «¡Hosanna al Hijo de David!», se indignaron.

—¿Oyes lo que ésos están diciendo? —protestaron.

—Claro que sí —respondió Jesús—; ¿no han leído nunca:

---

[2] **Hosanna:** Una expresión hebrea que significa ¡Sálvanos ahora! que se convirtió en un signo de exclamación de alabanza.

"En los labios de los pequeños
　　y de los niños de pecho
　　has puesto la perfecta alabanza"?

Entonces los dejó y, saliendo de la ciudad, se fue a pasar la noche en Betania.

Jesús pasó gran parte de su última semana enseñando en el templo. Comúnmente los rabinos instruían en el templo o las sinagogas. Sin embargo, este rabino era diferente. Este maestro cambió todo implicando que el Mesías, aquel incluso mayor que David, les estaba hablando. Nadie se había expresado así antes. Nadie se había atrevido.

Mientras enseñaba en el templo, Jesús les propuso: —¿Cómo es que los maestros de la ley dicen que el Cristo es hijo de David? David mismo, hablando por el Espíritu Santo, declaró:

　　»"Dijo el Señor a mi Señor:
　　　'Siéntate a mi derecha,
　　　hasta que ponga a tus enemigos
　　　　debajo de tus pies.' "

Si David mismo lo llama "Señor", ¿cómo puede ser su hijo?
La muchedumbre lo escuchaba con agrado.

A la multitud le gustaba Jesús, pero el odio de los líderes religiosos crecía más intensamente. Tan humano era Jesús que cuando su situación empeoró, su corazón se afligió. No obstante, Jesús enfrentó su miedo y se negó a permitir que le impidiera hacer la voluntad de Dios.

»Ahora todo mi ser está angustiado, ¿y acaso voy a decir: "Padre, sálvame de esta hora difícil"? ¡Si precisamente para afrontarla he venido! ¡Padre, glorifica tu nombre!

Se oyó entonces, desde el cielo, una voz que decía: «Ya lo he glorificado, y volveré a glorificarlo.» La multitud que estaba allí, y que oyó la voz, decía que había sido un trueno; otros decían que un ángel le había hablado.

—Esa voz no vino por mí sino por ustedes —dijo Jesús—. El juicio de este mundo ha llegado ya, y el príncipe de este mundo va a ser expulsado. Pero yo, cuando sea levantado de la tierra, atraeré a todos a mí mismo. Con esto daba Jesús a entender de qué manera iba a morir.

A pesar de haber hecho Jesús todas estas señales en presencia de ellos, todavía no creían en él.

Sin embargo, muchos de ellos, incluso de entre los jefes, creyeron en él, pero no lo confesaban porque temían que los fariseos los expulsaran de la sinagoga. Preferían recibir honores de los hombres más que de parte de Dios.

«El que cree en mí —clamó Jesús con voz fuerte—, cree no sólo en mí sino en el que me envió. Y el que me ve a mí, ve al que me envió. Yo soy la luz que ha venido al mundo, para que todo el que crea en mí no viva en tinieblas.

»Si alguno escucha mis palabras, pero no las obedece, no seré yo quien lo juzgue; pues no vine a juzgar al mundo sino a salvarlo. El que me rechaza y no acepta mis palabras tiene quien lo juzgue. La palabra que yo he proclamado lo condenará en el día final. Yo no he hablado por mi propia cuenta; el Padre que me envió me ordenó qué decir y cómo decirlo. Y sé muy bien que su mandato es vida eterna. Así que todo lo que digo es lo que el Padre me ha ordenado decir.»

Faltaban sólo dos días para la Pascua y para la fiesta de los Panes sin levadura. Los jefes de los sacerdotes y los maestros de la ley buscaban con artimañas cómo arrestar a Jesús para matarlo. Por eso decían: «No durante la fiesta, no sea que se amotine el pueblo.»

Detrás de la escena, bajo los entretelones de la política o los tribunales religiosos, un poder oscuro se estaba formando y esperando. Ese poder de maldad encontró una abertura entre el círculo íntimo de los seguidores de Jesús. Un toque de avaricia era todo lo que se necesitaba para acelerar el complot.

Entonces entró Satanás en Judas, uno de los doce, al que llamaban Iscariote. Éste fue a los jefes de los sacerdotes y a los capitanes del templo para tratar con ellos cómo les entregaría a Jesús. Ellos se alegraron y acordaron darle dinero. Él aceptó, y comenzó a buscar una oportunidad para entregarles a Jesús cuando no hubiera gente.

26

La hora de las tinieblas

EL PRIMER DÍA DE LA FIESTA DE LOS PANES SIN LEVADURA, CUANDO SE acostumbraba sacrificar el cordero de la Pascua, los discípulos le preguntaron a Jesús: —¿Dónde quieres que vayamos a hacer los preparativos para que comas la Pascua?

Él envió a dos de sus discípulos con este encargo: —Vayan a la ciudad y les saldrá al encuentro un hombre que lleva un cántaro de agua. Síganlo, y allí donde entre díganle al dueño: "El Maestro pregunta: ¿Dónde está la sala en la que pueda comer la Pascua con mis discípulos?" Él les mostrará en la planta alta una sala amplia, amueblada y arreglada. Preparen allí nuestra cena.

Los discípulos salieron, entraron en la ciudad y encontraron todo tal y como les había dicho Jesús. Así que prepararon la Pascua.

Al anochecer llegó Jesús con los doce.

Se acercaba la fiesta de la Pascua. Jesús sabía que le había llegado la hora de abandonar este mundo para volver al Padre. Y habiendo amado a los suyos que estaban en el mundo, los amó hasta el fin.

Llegó la hora de la cena. El diablo ya había incitado a Judas Iscariote, hijo de Simón, para que traicionara a Jesús. Sabía Jesús que el Padre había puesto todas las cosas bajo su dominio, y que había salido de Dios y a él volvía; así que se levantó de la mesa, se quitó el manto y se ató una toalla a la cintura. Luego echó agua en un recipiente y comenzó a lavarles los pies a sus discípulos y a secárselos con la toalla que llevaba a la cintura.

La cena del Señor	Jesús lava los pies de sus discípulos	Jesús consuela a sus discípulos	Arresto de Jesús	Pedro niega a Jesús	Crucifixión de Jesús

d.C.   30

Para información completa sobre la cronología vea la página tx.

Cuando llegó a Simón Pedro, éste le dijo: —¿Y tú, Señor, me vas a lavar los pies a mí?

—Ahora no entiendes lo que estoy haciendo —le respondió Jesús—, pero lo entenderás más tarde.

—¡No! —protestó Pedro—. ¡Jamás me lavarás los pies!

—Si no te los lavo, no tendrás parte conmigo.

—Entonces, Señor, ¡no sólo los pies sino también las manos y la cabeza!

—El que ya se ha bañado no necesita lavarse más que los pies —le contestó Jesús—; pues ya todo su cuerpo está limpio. Y ustedes ya están limpios, aunque no todos. Jesús sabía quién lo iba a traicionar, y por eso dijo que no todos estaban limpios.

Cuando terminó de lavarles los pies, se puso el manto y volvió a su lugar. Entonces les dijo: —¿Entienden lo que he hecho con ustedes? Ustedes me llaman Maestro y Señor, y dicen bien, porque lo soy. Pues si yo, el Señor y el Maestro, les he lavado los pies, también ustedes deben lavarse los pies los unos a los otros. Les he puesto el ejemplo, para que hagan lo mismo que yo he hecho con ustedes. Ciertamente les aseguro que ningún siervo es más que su amo, y ningún mensajero es más que el que lo envió. ¿Entienden esto? Dichosos serán si lo ponen en práctica.

Dicho esto, Jesús se angustió profundamente y declaró: —Ciertamente les aseguro que uno de ustedes me va a traicionar.

Los discípulos se miraban unos a otros sin saber a cuál de ellos se refería. Uno de ellos, el discípulo a quien Jesús amaba,[1] estaba a su lado. Simón Pedro le hizo señas a ese discípulo y le dijo: —Pregúntale a quién se refiere.

—Señor, ¿quién es? —preguntó él, reclinándose sobre Jesús.

—Aquel a quien yo le dé este pedazo de pan que voy a mojar en el plato —le contestó Jesús. Acto seguido, mojó el pedazo de pan y se lo dio a Judas Iscariote, hijo de Simón. Tan pronto como Judas tomó el pan, Satanás entró en él.

—Lo que vas a hacer, hazlo pronto —le dijo Jesús. Ninguno de los que estaban a la mesa entendió por qué le dijo eso Jesús. Como Judas era el encargado del dinero, algunos pensaron que Jesús le estaba diciendo que comprara lo necesario para la fiesta, o que diera algo a los pobres. En cuanto Judas tomó el pan, salió de allí. Ya era de noche.

---

[1] **Discípulo a quien Jesús amaba:** Probablemente Juan.

Mientras comían, Jesús tomó pan y lo bendijo. Luego lo partió y se lo dio a sus discípulos, diciéndoles: —Tomen y coman; esto es mi cuerpo.

Después que Judas salió, Jesús les dio a sus discípulos una idea de lo que estaba por venir. Él anunció el hecho de que iba a ser «quebrantado» y «derramado», él tomaría el castigo del pecado de la humanidad sobre sí mismo.

Después tomó la copa, dio gracias, y se la ofreció diciéndoles: —Beban de ella todos ustedes. Esto es mi sangre del pacto, que es derramada por muchos para el perdón de pecados. Les digo que no beberé de este fruto de la vid desde ahora en adelante, hasta el día en que beba con ustedes el vino nuevo en el reino de mi Padre.

Jesús les advirtió a sus discípulos que estaría con ellos por solo un poco de tiempo más. Luego procedió a consolar a sus confusos seguidores.

»No se angustien. Confíen en Dios, y confíen también en mí. En el hogar de mi Padre hay muchas viviendas; si no fuera así, ya se lo habría dicho a ustedes. Voy a prepararles un lugar. Y si me voy y se lo preparo, vendré para llevármelos conmigo. Así ustedes estarán donde yo esté. Ustedes ya conocen el camino para ir a donde yo voy.

Dijo entonces Tomás: —Señor, no sabemos a dónde vas, así que ¿cómo podemos conocer el camino?

—Yo soy el camino, la verdad y la vida —le contestó Jesús—. Nadie llega al Padre sino por mí. Si ustedes realmente me conocieran, conocerían también a mi Padre. Y ya desde este momento lo conocen y lo han visto.

—Señor —dijo Felipe—, muéstranos al Padre y con eso nos basta.

—¡Pero, Felipe! ¿Tanto tiempo llevo ya entre ustedes, y todavía no me conoces? El que me ha visto a mí, ha visto al Padre. ¿Cómo puedes decirme: "Muéstranos al Padre"? ¿Acaso no crees que yo estoy en el Padre, y que el Padre está en mí? Las palabras que yo les comunico, no las hablo como cosa mía, sino que es el Padre, que está en mí, el que realiza sus obras. Créanme cuando les digo que yo estoy en el Padre y que el Padre está en mí; o al menos créanme por las obras mismas. Ciertamente les aseguro que el que cree en mí las obras que yo hago también él las hará, y aun las hará mayores, porque yo vuelvo al Padre. Cualquier cosa que ustedes pidan en mi nombre, yo la haré; así será glorificado el Padre en el Hijo. Lo que pidan en mi nombre, yo lo haré.

»Si ustedes me aman, obedecerán mis mandamientos. Y yo le pediré al Padre, y él les dará otro Consolador para que los acompañe siempre: el Espíritu de verdad, a quien el mundo no puede aceptar porque no lo ve ni lo conoce. Pero ustedes sí lo conocen, porque vive con ustedes y estará en ustedes.

»Muchas cosas me quedan aún por decirles, que por ahora no podrían soportar. Pero cuando venga el Espíritu de la verdad, él los guiará a toda la verdad, porque no hablará por su propia cuenta sino que dirá sólo lo que oiga y les anunciará las cosas por venir.

Miren que la hora viene, y ya está aquí, en que ustedes serán dispersados, y cada uno se irá a su propia casa y a mí me dejarán solo. Sin embargo, solo no estoy, porque el Padre está conmigo.

Yo les he dicho estas cosas para que en mí hallen paz. En este mundo afrontarán aflicciones, pero ¡anímense! Yo he vencido al mundo.

Después de que Jesús dijo esto, dirigió la mirada al cielo y oró así:

«Padre, ha llegado la hora. Glorifica a tu Hijo, para que tu Hijo te glorifique a ti, ya que le has conferido autoridad sobre todo mortal para que él les conceda vida eterna a todos los que le has dado. Y ésta es la vida eterna: que te conozcan a ti, el único Dios verdadero, y a Jesucristo, a quien tú has enviado. Yo te he glorificado en la tierra, y he llevado a cabo la obra que me encomendaste. Y ahora, Padre, glorifícame en tu presencia con la gloria que tuve contigo antes de que el mundo existiera.

»Padre, quiero que los que me has dado estén conmigo donde yo estoy. Que vean mi gloria, la gloria que me has dado porque me amaste desde antes de la creación del mundo.

»Padre justo, aunque el mundo no te conoce, yo sí te conozco, y éstos reconocen que tú me enviaste. Yo les he dado a conocer quién eres, y seguiré haciéndolo, para que el amor con que me has amado esté en ellos, y yo mismo esté en ellos.»

Después de cantar los salmos, salieron al monte de los Olivos.

Tal vez ellos cantaron un himno de los Salmos 115–118, los salmos tradicionales cantados como parte de la cena de la Pascua. «El Señor es compasivo y justo; nuestro Dios es todo ternura [...] Den gracias al Señor, porque él es bueno; su gran amor perdura para siempre [...] ¡Bendito el que viene en el nombre del Señor!». ¿Qué pensarían y sentirían los discípulos al seguir a Jesús al Monte de los Olivos? Probablemente habían ido con él a este lugar muchas veces antes para orar y conversar. No obstante, sombras muy oscuras para que ellos las pudieran comprender estaban comenzando a caer ahora sobre sus esperanzas y sueños.

—Esta misma noche —les dijo Jesús— todos ustedes me abandonarán, porque está escrito:

»"Heriré al pastor,
    y se dispersarán las ovejas del rebaño."

Pero después de que yo resucite, iré delante de ustedes a Galilea.

—Aunque todos te abandonen —declaró Pedro—, yo jamás lo haré.

—Te aseguro —le contestó Jesús— que esta misma noche, antes de que cante el gallo, me negarás tres veces.

—Aunque tenga que morir contigo —insistió Pedro—, jamás te negaré. Y los demás discípulos dijeron lo mismo.

Luego fue Jesús con sus discípulos a un lugar llamado Getsemaní, y les dijo: «Siéntense aquí mientras voy más allá a orar.» Se llevó a Pedro y a los dos hijos de Zebedeo, y comenzó a sentirse triste y angustiado. «Es tal la angustia que me invade, que me siento morir —les dijo—. Quédense aquí y manténganse despiertos conmigo.»

Yendo un poco más allá, se postró sobre su rostro y oró: «Padre mío, si es posible, no me hagas beber este trago amargo. Pero no sea lo que yo quiero, sino lo que quieres tú.»

Luego volvió adonde estaban sus discípulos y los encontró dormidos. «¿No pudieron mantenerse despiertos conmigo ni una hora? —le dijo a Pedro—. Estén alerta y oren para que no caigan en tentación. El espíritu está dispuesto, pero el cuerpo es débil.»

Por segunda vez se retiró y oró: «Padre mío, si no es posible evitar que yo beba este trago amargo, hágase tu voluntad.»

Entonces se le apareció un ángel del cielo para fortalecerlo. Pero, como estaba angustiado, se puso a orar con más fervor, y su sudor era como gotas de sangre que caían a tierra.

Cuando volvió, otra vez los encontró dormidos, porque se les cerraban los ojos de sueño. Así que los dejó y se retiró a orar por tercera vez, diciendo lo mismo.

Volvió de nuevo a los discípulos y les dijo: «¿Siguen durmiendo y descansando? Miren, se acerca la hora, y el Hijo del hombre va a ser entregado en manos de pecadores. ¡Levántense! ¡Vámonos! ¡Ahí viene el que me traiciona!»

Todavía estaba hablando Jesús cuando llegó Judas, uno de los doce. Lo acompañaba una gran turba armada con espadas y palos, enviada por los jefes de los sacerdotes y los ancianos del pueblo.

Jesús, que sabía todo lo que le iba a suceder, les salió al encuentro.

—¿A quién buscan? —les preguntó.

—A Jesús de Nazaret —contestaron.

—Yo soy. Judas, el traidor, estaba con ellos. Cuando Jesús les dijo: «Yo soy», dieron un paso atrás y se desplomaron.

—¿A quién buscan? —volvió a preguntarles Jesús.

—A Jesús de Nazaret —repitieron.

—Ya les dije que yo soy. Si es a mí a quien buscan, dejen que éstos se vayan. Esto sucedió para que se cumpliera lo que había dicho: «De los que me diste ninguno se perdió.»

Simón Pedro, que tenía una espada, la desenfundó e hirió al siervo del sumo sacerdote, cortándole la oreja derecha. (El siervo se llamaba Malco.)

—¡Vuelve esa espada a su funda! —le ordenó Jesús a Pedro—. ¿Acaso no he de beber el trago amargo que el Padre me da a beber?

Entonces le tocó la oreja al hombre, y lo sanó.

Luego dijo a los jefes de los sacerdotes, a los capitanes del templo y a los ancianos, que habían venido a prenderlo: —¿Acaso soy un bandido, para que vengan contra mí con espadas y palos? Todos los días estaba con ustedes en el templo, y no se atrevieron a ponerme las manos encima. Pero ya ha llegado la hora de ustedes, cuando reinan las tinieblas.

Los soldados del sistema religioso judío habían llegado para arrestar a Jesús, y Jesús se entregó a sí mismo. Él pudo haber derribado a sus enemigos con una palabra. Tenía el poder para llamar a un gran ejército de ángeles a fin de rescatarlo, pero se entregó. Los discípulos sabían que algo muy malo estaba pasando, y huyeron para salvar su propia piel. Jesús se quedó solo con sus captores.

Los que habían arrestado a Jesús lo llevaron ante Caifás, el sumo sacerdote, donde se habían reunido los maestros de la ley y los ancianos. Pero Pedro lo siguió de lejos hasta el patio del sumo sacerdote. Entró y se sentó con los guardias para ver en qué terminaba aquello.

Los jefes de los sacerdotes y el Consejo en pleno buscaban alguna prueba falsa contra Jesús para poder condenarlo a muerte. Pero no la encontraron, a pesar de que se presentaron muchos falsos testigos.

Por fin se presentaron dos, que declararon: —Este hombre dijo: "Puedo destruir el templo de Dios y reconstruirlo en tres días."

Poniéndose en pie, el sumo sacerdote le dijo a Jesús: —¿No vas a responder? ¿Qué significan estas denuncias en tu contra? Pero Jesús se quedó callado.

Así que el sumo sacerdote insistió: —Te ordeno en el nombre del Dios viviente que nos digas si eres el Cristo, el Hijo de Dios.

—Tú lo has dicho —respondió Jesús—. Pero yo les digo a todos: De ahora en adelante verán ustedes al Hijo del hombre sentado a la derecha del Todopoderoso, y viniendo en las nubes del cielo.

—¡Ha blasfemado! —exclamó el sumo sacerdote, rasgándose las vestiduras—. ¿Para qué necesitamos más testigos? ¡Miren, ustedes mismos han oído la blasfemia! ¿Qué piensan de esto?

—Merece la muerte —le contestaron.

Entonces algunos le escupieron en el rostro y le dieron puñetazos. Otros lo abofeteaban y decían: —A ver, Cristo, ¡adivina quién te pegó!

Pedro no era de naturaleza tímida. Su reacción normal ante los problemas era luchar con ellos, no huirles. Resultaba natural entonces que él fuera el único que siguiera a los soldados hasta la casa del sumo sacerdote y esperara los resultados. Tal vez estaba imaginando un «Plan B» cuando algunas personas lo tomaron por sorpresa.

Pero luego, cuando encendieron una fogata en medio del patio y se sentaron alrededor, Pedro se les unió. Una criada lo vio allí sentado a la lumbre, lo miró detenidamente y dijo: —Éste estaba con él.

Pero él lo negó. —Muchacha, yo no lo conozco.

Poco después lo vio otro y afirmó: —Tú también eres uno de ellos.

—¡No, hombre, no lo soy! —contestó Pedro.

Como una hora más tarde, otro lo acusó: —Seguro que éste estaba con él; miren que es galileo.

—¡Hombre, no sé de qué estás hablando! —replicó Pedro. En el mismo momento en que dijo eso, cantó el gallo. El Señor se volvió y miró directamente a Pedro. Entonces Pedro se acordó de lo que el Señor le había dicho: «Hoy mismo, antes de que el gallo cante, me negarás tres veces.» Y saliendo de allí, lloró amargamente.

Muy de mañana, todos los jefes de los sacerdotes y los ancianos del pueblo tomaron la decisión de condenar a muerte a Jesús. Lo ataron, se lo llevaron y se lo entregaron a Pilato, el gobernador.

Cuando Judas, el que lo había traicionado, vio que habían condenado a Jesús, sintió remordimiento y devolvió las treinta monedas de plata a los jefes de los sacerdotes y a los ancianos. —He pecado —les dijo— porque he entregado sangre inocente.

—¿Y eso a nosotros qué nos importa? —respondieron—. ¡Allá tú!

Entonces Judas arrojó el dinero en el santuario y salió de allí. Luego fue y se ahorcó.

Los líderes judíos trajeron a Jesús ante Pilato, que había gobernado la región de Judea para Roma durante cuatro años. Los registros históricos revelan que no era amigo de los judíos. Con frecuencia les ordenaba a los soldados que golpearan y mataran a los manifestantes judíos, y no tenía reparos en cuanto a ofender a los líderes judíos, colocando símbolos romanos de adoración pagana en Jerusalén. Durante esta mañana del viernes de la semana de Pascua, los líderes judíos le pidieron juzgar a Jesús como una amenaza subversiva. Ahora Pilato estaba en un dilema. Si se negaba a condenar a Jesús, sus acusadores judíos lo presentarían como un enemigo de César (una imagen pública muy peligrosa). Si acordaba crucificar a Jesús, estaría actuando en contra de sus propios instintos judiciales, aun peor, actuando a favor de los que despreciaba. Necesitaba cuestionar al prisionero por sí mismo.

Pilato volvió a entrar en el palacio y llamó a Jesús. —¿Eres tú el rey de los judíos? —le preguntó.

—¿Eso lo dices tú —le respondió Jesús—, o es que otros te han hablado de mí?

—¿Acaso soy judío? —replicó Pilato—. Han sido tu propio pueblo y los jefes de los sacerdotes los que te entregaron a mí. ¿Qué has hecho?

—Mi reino no es de este mundo —contestó Jesús—. Si lo fuera, mis propios guardias pelearían para impedir que los judíos me arrestaran. Pero mi reino no es de este mundo.

—¡Así que eres rey! —le dijo Pilato.

—Eres tú quien dice que soy rey. Yo para esto nací, y para esto vine al mundo: para dar testimonio de la verdad. Todo el que está de parte de la verdad escucha mi voz.

—¿Y qué es la verdad? —preguntó Pilato. Dicho esto, salió otra vez a ver a los judíos. —Yo no encuentro que éste sea culpable de nada —declaró—. Pero como ustedes tienen la costumbre de que les suelte a un preso durante la Pascua, ¿quieren que les suelte al "rey de los judíos"?

—¡No, no sueltes a ése; suelta a Barrabás! —volvieron a gritar desaforadamente. Y Barrabás era un bandido.

Pilato tomó entonces a Jesús y mandó que lo azotaran. Los soldados, que habían tejido una corona de espinas, se la pusieron a Jesús en la cabeza y lo vistieron con un manto de color púrpura. —¡Viva el rey de los judíos! —le gritaban, mientras se le acercaban para abofetearlo.

Pilato volvió a salir. —Aquí lo tienen —dijo a los judíos—. Lo he sacado para que sepan que no lo encuentro culpable de nada. Cuando salió Jesús, llevaba puestos la corona de espinas y el manto de color púrpura. —¡Aquí tienen al hombre! —les dijo Pilato.

Tan pronto como lo vieron, los jefes de los sacerdotes y los guardias gritaron a voz en cuello: —¡Crucifícalo! ¡Crucifícalo!

—Pues llévenselo y crucifíquenlo ustedes —replicó Pilato—. Por mi parte, no lo encuentro culpable de nada.

—Nosotros tenemos una ley, y según esa ley debe morir, porque se ha hecho pasar por Hijo de Dios —insistieron los judíos.

Al oír esto, Pilato se atemorizó aun más, así que entró de nuevo en el palacio y le preguntó a Jesús: —¿De dónde eres tú? Pero Jesús no le contestó nada. —¿Te niegas a hablarme? —le dijo Pilato—. ¿No te das cuenta de que tengo poder para ponerte en libertad o para mandar que te crucifiquen?

—No tendrías ningún poder sobre mí si no se te hubiera dado de arriba —le contestó Jesús—. Por eso el que me puso en tus manos es culpable de un pecado más grande.

Desde entonces Pilato procuraba poner en libertad a Jesús, pero los judíos gritaban desaforadamente: —Si dejas en libertad a este hombre, no eres amigo del emperador. Cualquiera que pretende ser rey se hace su enemigo.

Al oír esto, Pilato llevó a Jesús hacia fuera y se sentó en el tribunal, en un lugar al que llamaban el Empedrado (que en arameo se dice Gabatá). Era el día de la preparación para la Pascua, cerca del mediodía.

—Aquí tienen a su rey —dijo Pilato a los judíos.

—¡Fuera! ¡Fuera! ¡Crucifícalo! —vociferaron.

—¿Acaso voy a crucificar a su rey? —replicó Pilato.

—No tenemos más rey que el emperador romano —contestaron los jefes de los sacerdotes.

Entonces Pilato se lo entregó para que lo crucificaran, y los soldados se lo llevaron.

Al salir encontraron a un hombre de Cirene que se llamaba Simón, y lo obligaron a llevar la cruz.

La crucifixión romana era un castigo cruel. Al ser la persona clavada a una cruz de madera por las manos y los pies, resultaba un modo de morir insoportable, lento y público. Los gemidos de la víctima se convertían en un entretenimiento para los espectadores. Contemplar los horrores de la crucifixión era un medio eficaz de disuasión para los malhechores. Esta muerte atroz de Jesús fue inmerecida. Al dar su vida, él miraba más allá hacia la grandiosa historia de salvación de Dios que se llevaba a cabo a través de su vida y su muerte.

Los que pasaban meneaban la cabeza y blasfemaban contra él. —¡Eh! Tú que destruyes el templo y en tres días lo reconstruyes —decían—, ¡baja de la cruz y sálvate a ti mismo!

De la misma manera se burlaban de él los jefes de los sacerdotes junto con los maestros de la ley. —Salvó a otros —decían—, ¡pero no puede salvarse a sí mismo! Que baje ahora de la cruz ese Cristo, el rey de Israel, para que veamos y creamos.

También llevaban con él a otros dos, ambos criminales, para ser ejecutados. Cuando llegaron al lugar llamado la Calavera, lo crucificaron allí, junto con los criminales, uno a su derecha y otro a su izquierda. — Padre —dijo Jesús—, perdónalos, porque no saben lo que hacen. Mientras tanto, echaban suertes para repartirse entre sí la ropa de Jesús.

La gente, por su parte, se quedó allí observando, y aun los gobernantes estaba burlándose de él. —Salvó a otros —decían—; que se salve a sí mismo, si es el Cristo de Dios, el Escogido.

También los soldados se acercaron para burlarse de él. Le ofrecieron vinagre y le dijeron: —Si eres el rey de los judíos, sálvate a ti mismo.

Resulta que había sobre él un letrero, que decía: «ÉSTE ES EL REY DE LOS JUDÍOS.»

Uno de los criminales allí colgados empezó a insultarlo: —¿No eres tú el Cristo? ¡Sálvate a ti mismo y a nosotros!

Pero el otro criminal lo reprendió: —¿Ni siquiera temor de Dios tienes, aunque sufres la misma condena? En nuestro caso, el castigo es justo, pues sufrimos lo que merecen nuestros delitos; éste, en cambio, no ha hecho nada malo.

Luego dijo: —Jesús, acuérdate de mí cuando vengas en tu reino.

—Te aseguro que hoy estarás conmigo en el paraíso —le contestó Jesús.

Junto a la cruz de Jesús estaban su madre, la hermana de su madre, María la esposa de Cleofas, y María Magdalena. Cuando Jesús vio a su madre, y a su lado al discípulo a quien él amaba, dijo a su madre: —Mujer, ahí tienes a tu hijo. Luego dijo al discípulo: —Ahí tienes a tu madre. Y desde aquel momento ese discípulo la recibió en su casa.

Para aquellos destinados a sufrir la crucifixión, la muerte misma era la única solución. Por lo tanto, Jesús esperó ese día, junto con otras dos víctimas y una multitud de espectadores, que la muerte llegara y lo venciera. Sin embargo, antes de eso un dolor muy profundo se acercaba. Un dolor que iba mucho más allá de los clavos en los pies y las manos, la respiración dificultosa o la «corona» de espinas que perforaba su frente. Dios derramó el correspondiente castigo por el pecado de la humanidad sobre su Hijo. E incluso hasta los elementos físicos temblaron.

Desde el mediodía y hasta la media tarde toda la tierra quedó sumida en la oscuridad, pues el sol se ocultó.

Como a las tres de la tarde, Jesús gritó con fuerza: —*Elí, Elí, ¿lama bactani?* (que significa: "Dios mío, Dios mío, ¿por qué me has desamparado?").

Cuando lo oyeron, algunos de los que estaban allí dijeron: —Está llamando a Elías.

Al instante uno de ellos corrió en busca de una esponja. La empapó en vinagre, la puso en una caña y se la ofreció a Jesús para que bebiera. Los demás decían: —Déjalo, a ver si viene Elías a salvarlo.

Al probar Jesús el vinagre, dijo: —Todo se ha cumplido.

Luego inclinó la cabeza y entregó el espíritu.

En ese momento la cortina del santuario del templo se rasgó en dos, de arriba abajo. La tierra tembló y se partieron las rocas. Se abrieron los sepulcros, y muchos santos que habían muerto resucitaron. Salieron de los sepulcros y, después de la resurrección de Jesús, entraron en la ciudad santa y se aparecieron a muchos.

Cuando el centurión y los que con él estaban custodiando a Jesús vieron el terremoto y todo lo que había sucedido, quedaron aterrados y exclamaron: —¡Verdaderamente éste era el Hijo de Dios!

Entonces los que se habían reunido para presenciar aquel espectáculo, al ver lo ocurrido, se fueron de allí golpeándose el pecho. Pero todos los conocidos de Jesús, incluso las mujeres que lo habían seguido desde Galilea, se quedaron mirando desde lejos.

27

La resurrección

Era el día de la preparación para la Pascua. Los judíos no querían que los cuerpos permanecieran en la cruz en sábado, por ser éste un día muy solemne. Así que le pidieron a Pilato ordenar que les quebraran las piernas a los crucificados y bajaran sus cuerpos. Fueron entonces los soldados y le quebraron las piernas al primer hombre que había sido crucificado con Jesús, y luego al otro. Pero cuando se acercaron a Jesús y vieron que ya estaba muerto, no le quebraron las piernas, sino que uno de los soldados le abrió el costado con una lanza, y al instante le brotó sangre y agua. El que lo vio ha dado testimonio de ello, y su testimonio es verídico. Él sabe que dice la verdad, para que también ustedes crean. Estas cosas sucedieron para que se cumpliera la Escritura: «No le quebrarán ningún hueso» y, como dice otra Escritura: «Mirarán al que han traspasado.»

Después de esto, José de Arimatea le pidió a Pilato el cuerpo de Jesús. José era discípulo de Jesús, aunque en secreto por miedo a los judíos. Con el permiso de Pilato, fue y retiró el cuerpo. También Nicodemo, el que antes había visitado a Jesús de noche, llegó con unos treinta y cuatro kilos de una mezcla de mirra y áloe. Ambos tomaron el cuerpo de Jesús y, conforme a la costumbre judía de dar sepultura, lo envolvieron en vendas con las especias aromáticas. En el lugar donde crucificaron a Jesús había un huerto, y en el huerto un sepulcro nuevo en el que todavía no se había sepultado a nadie. Como era el día judío de la preparación, y el sepulcro estaba cerca, pusieron allí a Jesús.

Al día siguiente, después del día de la preparación, los jefes de los

Jesús sepultado	Resurrección de Jesús	Jesús aparece a María Magdalena y a sus discípulos

d.C.   30

Para información completa sobre la cronología vea la página ix.

sacerdotes y los fariseos se presentaron ante Pilato. —Señor —le dijeron—, nosotros recordamos que mientras ese engañador aún vivía, dijo: "A los tres días resucitaré." Por eso, ordene usted que se selle el sepulcro hasta el tercer día, no sea que vengan sus discípulos, se roben el cuerpo y le digan al pueblo que ha resucitado. Ese último engaño sería peor que el primero.

—Llévense una guardia de soldados —les ordenó Pilato—, y vayan a asegurar el sepulcro lo mejor que puedan. Así que ellos fueron, cerraron el sepulcro con una piedra, y lo sellaron; y dejaron puesta la guardia.

Jesús murió y fue enterrado el viernes. Al día siguiente era el sábado judío, y un guardia fue apostado para impedir cualquier maniobra con el cuerpo. Luego, el primer día de la semana, el domingo, los dolientes de Jesús llegaron a demostrarle su pena.

Cuando pasó el sábado, María Magdalena, María la madre de Jacobo, y Salomé compraron especias aromáticas para ir a ungir el cuerpo de Jesús. Muy de mañana el primer día de la semana, apenas salido el sol, se dirigieron al sepulcro. Iban diciéndose unas a otras: «¿Quién nos quitará la piedra de la entrada del sepulcro?»

Sucedió que hubo un terremoto violento, porque un ángel del Señor bajó del cielo y, acercándose al sepulcro, quitó la piedra y se sentó sobre ella. Su aspecto era como el de un relámpago, y su ropa era blanca como la nieve. Los guardias tuvieron tanto miedo de él que se pusieron a temblar y quedaron como muertos.

El ángel dijo a las mujeres: —No tengan miedo; sé que ustedes buscan a Jesús, el que fue crucificado. No está aquí, pues ha resucitado, tal como dijo. Vengan a ver el lugar donde lo pusieron. Luego vayan pronto a decirles a sus discípulos: "Él se ha levantado de entre los muertos y va delante de ustedes a Galilea. Allí lo verán." Ahora ya lo saben.

Así que las mujeres se alejaron a toda prisa del sepulcro, asustadas pero muy alegres, y corrieron a dar la noticia a los discípulos.

Pedro y el otro discípulo[1] se dirigieron entonces al sepulcro. Ambos fueron corriendo, pero como el otro discípulo corría más aprisa que Pedro, llegó primero al sepulcro. Inclinándose, se asomó y vio allí las

---

[1] **El otro discípulo:** Probablemente Juan.

vendas, pero no entró. Tras él llegó Simón Pedro, y entró en el sepulcro. Vio allí las vendas y el sudario que había cubierto la cabeza de Jesús, aunque el sudario no estaba con las vendas sino enrollado en un lugar aparte. En ese momento entró también el otro discípulo, el que había llegado primero al sepulcro; y vio y creyó. Hasta entonces no habían entendido la Escritura, que dice que Jesús tenía que resucitar. Los discípulos regresaron a su casa, pero María[2] se quedó afuera, llorando junto al sepulcro.

Mientras lloraba, se inclinó para mirar dentro del sepulcro, y vio a dos ángeles vestidos de blanco, sentados donde había estado el cuerpo de Jesús, uno a la cabecera y otro a los pies.

—¿Por qué lloras, mujer? —le preguntaron los ángeles.

—Es que se han llevado a mi Señor, y no sé dónde lo han puesto —les respondió. Apenas dijo esto, volvió la mirada y allí vio a Jesús de pie, aunque no sabía que era él.

Jesús le dijo: —¿Por qué lloras, mujer? ¿A quién buscas?

Ella, pensando que se trataba del que cuidaba el huerto, le dijo: —Señor, si usted se lo ha llevado, dígame dónde lo ha puesto, y yo iré por él.

—María —le dijo Jesús.

Ella se volvió y exclamó:

—¡Raboni! (que en arameo significa: Maestro).

—Suéltame, porque todavía no he vuelto al Padre. Ve más bien a mis hermanos y diles: "Vuelvo a mi Padre, que es Padre de ustedes; a mi Dios, que es Dios de ustedes."

María Magdalena fue a darles la noticia a los discípulos. «¡He visto al Señor!», exclamaba, y les contaba lo que él le había dicho.

Aquel mismo día dos de ellos se dirigían a un pueblo llamado Emaús, a unos once kilómetros de Jerusalén. Iban conversando sobre todo lo que había acontecido. Sucedió que, mientras hablaban y discutían, Jesús mismo se acercó y comenzó a caminar con ellos; pero no lo reconocieron, pues sus ojos estaban velados.

—¿Qué vienen discutiendo por el camino? —les preguntó.

Se detuvieron, cabizbajos; y uno de ellos, llamado Cleofas, le dijo: —¿Eres tú el único peregrino en Jerusalén que no se ha enterado de todo lo que ha pasado recientemente?

—¿Qué es lo que ha pasado? —les preguntó.

---

[2]**María,** es decir, María Magdalena.

—Lo de Jesús de Nazaret. Era un profeta, poderoso en obras y en palabras delante de Dios y de todo el pueblo. Los jefes de los sacerdotes y nuestros gobernantes lo entregaron para ser condenado a muerte, y lo crucificaron; pero nosotros abrigábamos la esperanza de que era él quien redimiría a Israel. Es más, ya hace tres días que sucedió todo esto. También algunas mujeres de nuestro grupo nos dejaron asombrados. Esta mañana, muy temprano, fueron al sepulcro pero no hallaron su cuerpo. Cuando volvieron, nos contaron que se les habían aparecido unos ángeles quienes les dijeron que él está vivo. Algunos de nuestros compañeros fueron después al sepulcro y lo encontraron tal como habían dicho las mujeres, pero a él no lo vieron.

—¡Qué torpes son ustedes —les dijo—, y qué tardos de corazón para creer todo lo que han dicho los profetas! Acaso no tenía que sufrir el Cristo estas cosas antes de entrar en su gloria? Entonces, comenzando por Moisés y por todos los profetas, les explicó lo que se refería a él en todas las Escrituras.

Al acercarse al pueblo adonde se dirigían, Jesús hizo como que iba más lejos. Pero ellos insistieron: —Quédate con nosotros, que está atardeciendo; ya es casi de noche. Así que entró para quedarse con ellos.

Luego, estando con ellos a la mesa, tomó el pan, lo bendijo, lo partió y se lo dio. Entonces se les abrieron los ojos y lo reconocieron, pero él desapareció. Se decían el uno al otro: —¿No ardía nuestro corazón mientras conversaba con nosotros en el camino y nos explicaba las Escrituras?

Al instante se pusieron en camino y regresaron a Jerusalén. Allí encontraron a los once y a los que estaban reunidos con ellos. «¡Es cierto! —decían—. El Señor ha resucitado y se le ha aparecido a Simón.» Los dos, por su parte, contaron lo que les había sucedido en el camino, y cómo habían reconocido a Jesús cuando partió el pan.

Todavía estaban ellos hablando acerca de esto, cuando Jesús mismo se puso en medio de ellos y les dijo: —Paz a ustedes.

Aterrorizados, creyeron que veían a un espíritu. —¿Por qué se asustan tanto? —les preguntó—. ¿Por qué les vienen dudas? Miren mis manos y mis pies. ¡Soy yo mismo! Tóquenme y vean; un espíritu no tiene carne ni huesos, como ven que los tengo yo.

Dicho esto, les mostró las manos y los pies. Como ellos no acababan de creerlo a causa de la alegría y del asombro, les preguntó: —¿Tienen aquí algo de comer? Le dieron un pedazo de pescado asado, así que lo tomó y se lo comió delante de ellos.

Luego les dijo: —Cuando todavía estaba yo con ustedes, les decía que tenía que cumplirse todo lo que está escrito acerca de mí en la ley de Moisés, en los profetas y en los salmos.

Entonces les abrió el entendimiento para que comprendieran las Escrituras. —Esto es lo que está escrito —les explicó—: que el Cristo padecerá y resucitará al tercer día, y en su nombre se predicarán el arrepentimiento y el perdón de pecados a todas las naciones, comenzando por Jerusalén. Ustedes son testigos de estas cosas. Ahora voy a enviarles lo que ha prometido mi Padre; pero ustedes quédense en la ciudad hasta que sean revestidos del poder de lo alto.

Tomás, al que apodaban el Gemelo, y que era uno de los doce, no estaba con los discípulos cuando llegó Jesús. Así que los otros discípulos le dijeron: —¡Hemos visto al Señor!

—Mientras no vea yo la marca de los clavos en sus manos, y meta mi dedo en las marcas y mi mano en su costado, no lo creeré —repuso Tomás.

Una semana más tarde estaban los discípulos de nuevo en la casa, y Tomás estaba con ellos. Aunque las puertas estaban cerradas, Jesús entró y, poniéndose en medio de ellos, los saludó. —¡La paz sea con ustedes! Luego le dijo a Tomás: —Pon tu dedo aquí y mira mis manos. Acerca tu mano y métela en mi costado. Y no seas incrédulo, sino hombre de fe.

—¡Señor mío y Dios mío! —exclamó Tomás.

—Porque me has visto, has creído —le dijo Jesús—; dichosos los que no han visto y sin embargo creen.

Después de esto Jesús se apareció de nuevo a sus discípulos, junto al lago de Tiberíades. Sucedió de esta manera: Estaban juntos Simón Pedro, Tomás (al que apodaban el Gemelo), Natanael, el de Caná de Galilea, los hijos de Zebedeo, y otros dos discípulos. —Me voy a pescar —dijo Simón Pedro. —Nos vamos contigo —contestaron ellos. Salieron, pues, de allí y se embarcaron, pero esa noche no pescaron nada.

Al despuntar el alba Jesús se hizo presente en la orilla, pero los discípulos no se dieron cuenta de que era él.

—Muchachos, ¿no tienen algo de comer? —les preguntó Jesús.

—No —respondieron ellos.

—Tiren la red a la derecha de la barca, y pescarán algo. Así lo hicieron, y era tal la cantidad de pescados que ya no podían sacar la red.

—¡Es el Señor! —dijo a Pedro el discípulo a quien Jesús amaba.[3] Tan pronto como Simón Pedro le oyó decir: «Es el Señor», se puso la ropa, pues estaba semidesnudo, y se tiró al agua. Los otros discípulos lo siguieron en la barca, arrastrando la red llena de pescados, pues estaban a escasos cien metros de la orilla. Al desembarcar, vieron unas brasas con un pescado encima, y un pan.

—Traigan algunos de los pescados que acaban de sacar —les dijo Jesús.

Simón Pedro subió a bordo y arrastró hasta la orilla la red, la cual estaba llena de pescados de buen tamaño. Eran ciento cincuenta y tres, pero a pesar de ser tantos la red no se rompió. —Vengan a desayunar —les dijo Jesús. Ninguno de los discípulos se atrevía a preguntarle: «¿Quién eres tú?», porque sabían que era el Señor. Jesús se acercó, tomó el pan y se lo dio a ellos, e hizo lo mismo con el pescado. Ésta fue la tercera vez que Jesús se apareció a sus discípulos después de haber resucitado.

Cuando terminaron de desayunar, Jesús le preguntó a Simón Pedro: —Simón, hijo de Juan, ¿me amas más que éstos?

—Sí, Señor, tú sabes que te quiero —contestó Pedro.

—Apacienta mis corderos —le dijo Jesús.

Y volvió a preguntarle: —Simón, hijo de Juan, ¿me amas?

—Sí, Señor, tú sabes que te quiero.

—Cuida de mis ovejas.

Por tercera vez Jesús le preguntó: —Simón, hijo de Juan, ¿me quieres?

A Pedro le dolió que por tercera vez Jesús le hubiera preguntado: «¿Me quieres?» Así que le dijo: —Señor, tú lo sabes todo; tú sabes que te quiero.

—Apacienta mis ovejas —le dijo Jesús—. De veras te aseguro que cuando eras más joven te vestías tú mismo e ibas a donde querías; pero cuando seas viejo, extenderás las manos y otro te vestirá y te llevará a donde no quieras ir. Esto dijo Jesús para dar a entender la clase de muerte con que Pedro glorificaría a Dios. Después de eso añadió: —¡Sígueme!

Los once discípulos fueron a Galilea, a la montaña que Jesús les había indicado. Cuando lo vieron, lo adoraron; pero algunos dudaban. Jesús se acercó entonces a ellos y les dijo: —Se me ha dado toda autoridad en el cielo y en la tierra. Por tanto, vayan y hagan discípulos de todas las naciones, bautizándolos en el nombre del Padre y del Hijo y del Espíritu

---

[3]**El discípulo que Jesús amaba:** Probablemente Juan.

Santo, enseñándoles a obedecer todo lo que les he mandado a ustedes. Y les aseguro que estaré con ustedes siempre, hasta el fin del mundo.

Jesús hizo también muchas otras cosas, tantas que, si se escribiera cada una de ellas, pienso que los libros escritos no cabrían en el mundo entero.

Pero éstas se han escrito para que ustedes crean que Jesús es el Cristo, el Hijo de Dios, y para que al creer en su nombre tengan vida.

Desde el Antiguo Testamento, Dios había prometido que redimiría y restauraría a su pueblo. Él envió a su Hijo, el Salvador, que murió y resucitó a la vida para que los seres humanos pudieran ser perdonados y establecieran una relación de paz y comunión con Dios. ¡Qué historia! No obstante, ¿sería la resurrección de Jesús el final de la saga? ¿Qué más podría suceder? Lucas, el autor del Evangelio con ese nombre, responde a esa pregunta en su segunda obra, «Hechos de los Apóstoles», más conocida simplemente como «Hechos».

28

Nuevos comienzos

ESTIMADO TEÓFILO, EN MI PRIMER LIBRO ME REFERÍ A TODO LO QUE Jesús comenzó a hacer y enseñar hasta el día en que fue llevado al cielo, luego de darles instrucciones por medio del Espíritu Santo a los apóstoles que había escogido. Después de padecer la muerte, se les presentó dándoles muchas pruebas convincentes de que estaba vivo. Durante cuarenta días se les apareció y les habló acerca del reino de Dios. Una vez, mientras comía con ellos, les ordenó: —No se alejen de Jerusalén, sino esperen la promesa del Padre, de la cual les he hablado: Juan bautizó con agua, pero dentro de pocos días ustedes serán bautizados con el Espíritu Santo. Entonces los que estaban reunidos con él le preguntaron: —Señor, ¿es ahora cuando vas a restablecer el reino a Israel?

—No les toca a ustedes conocer la hora ni el momento determinados por la autoridad misma del Padre —les contestó Jesús—.

Pero cuando venga el Espíritu Santo sobre ustedes, recibirán poder y serán mis testigos tanto en Jerusalén como en toda Judea y Samaria, y hasta los confines de la tierra.

Habiendo dicho esto, mientras ellos lo miraban, fue llevado a las alturas hasta que una nube lo ocultó de su vista.

Ellos se quedaron mirando fijamente al cielo mientras él se alejaba. De repente, se les acercaron dos hombres vestidos de blanco, que les dijeron: —Galileos, ¿qué hacen aquí mirando al cielo? Este mismo Jesús,

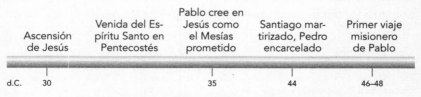

Ascensión de Jesús	Venida del Espíritu Santo en Pentecostés	Pablo cree en Jesús como el Mesías prometido	Santiago martirizado, Pedro encarcelado	Primer viaje misionero de Pablo
d.C. 30		35	44	46–48

Para información completa sobre la cronología vea la página ix.

que ha sido llevado de entre ustedes al cielo, vendrá otra vez de la misma manera que lo han visto irse.

La ascensión de Jesús ocurrió cuarenta días después de su resurrección. En el calendario judío, la fiesta de la cosecha llamada Pentecostés[1] llegó cincuenta días después del sábado de la semana de Pascua, cuando Jesús fue crucificado y resucitó. En esta emocionante celebración de Pentecostés, el Espíritu Santo se apareció en la forma de llamas de fuego sobre la cabeza de los discípulos y les dio a los seguidores de Jesús una nueva energía y confianza, un nuevo sentido de Dios con nosotros. Durante los diez días entre la ascensión de Jesús al cielo y la fiesta de Pentecostés, los once discípulos eligieron un substituto para Judas y luego pasaron la mayor parte de su tiempo orando y esperando por la promesa de Jesús acerca de la llegada del Espíritu Santo. Cuando este llegó, la casa se estremeció.

Cuando llegó el día de Pentecostés, estaban todos juntos en el mismo lugar. De repente, vino del cielo un ruido como el de una violenta ráfaga de viento y llenó toda la casa donde estaban reunidos. Se les aparecieron entonces unas lenguas como de fuego que se repartieron y se posaron sobre cada uno de ellos. Todos fueron llenos del Espíritu Santo y comenzaron a hablar en diferentes lenguas, según el Espíritu les concedía expresarse.

Estaban de visita en Jerusalén judíos piadosos, procedentes de todas las naciones de la tierra. Al oír aquel bullicio, se agolparon y quedaron todos pasmados porque cada uno los escuchaba hablar en su propio idioma. Desconcertados y maravillados, decían: «¿No son galileos todos estos que están hablando? ¿Cómo es que cada uno de nosotros los oye hablar en su lengua materna? Partos, medos y elamitas; habitantes de Mesopotamia, de Judea y de Capadocia, del Ponto y de Asia,[2] de Frigia y de Panfilia, de Egipto y de las regiones de Libia cercanas a Cirene; visitantes llegados de Roma; judíos y prosélitos; cretenses y árabes: ¡todos por igual los oímos proclamar en nuestra propia lengua las maravillas de

---

[1] **Pentecostés:** La celebración judía celebrada 50 días después de la Pascua. Los discípulos de Jesús estaban celebrando este festival cuando Dios envió a su Espíritu Santo para dotarlos con el poder de una nueva vida y bendiciones.

[2] **Asia:** Es decir, la provincia romana de ese nombre.

Dios!» Desconcertados y perplejos, se preguntaban: «¿Qué quiere decir esto?»

Otros se burlaban y decían: «Lo que pasa es que están borrachos.»

Entonces Pedro, con los once, se puso de pie y dijo a voz en cuello: «Compatriotas judíos y todos ustedes que están en Jerusalén, déjenme explicarles lo que sucede; presten atención a lo que les voy a decir. Éstos no están borrachos, como suponen ustedes. ¡Apenas son las nueve de la mañana! En realidad lo que pasa es lo que anunció el profeta Joel:

»"Sucederá que en los últimos días —dice Dios—,
    derramaré mi Espíritu sobre todo el género humano.
Los hijos y las hijas de ustedes profetizarán,
    tendrán visiones los jóvenes
    y sueños los ancianos.
En esos días derramaré mi Espíritu
    aun sobre mis siervos y mis siervas,
    y profetizarán.
Arriba en el cielo y abajo en la tierra mostraré prodigios:
    sangre, fuego y nubes de humo.
El sol se convertirá en tinieblas
    y la luna en sangre
antes que llegue el día del Señor,
    día grande y esplendoroso.
Y todo el que invoque el nombre del Señor
    será salvo."

»Pueblo de Israel, escuchen esto: Jesús de Nazaret fue un hombre acreditado por Dios ante ustedes con milagros, señales y prodigios, los cuales realizó Dios entre ustedes por medio de él, como bien lo saben. Éste fue entregado según el determinado propósito y el previo conocimiento de Dios; y por medio de gente malvada, ustedes lo mataron, clavándolo en la cruz. Sin embargo, Dios lo resucitó, librándolo de las angustias de la muerte, porque era imposible que la muerte lo mantuviera bajo su dominio.

A este Jesús, Dios lo resucitó, y de ello todos nosotros somos testigos. Exaltado por el poder de Dios, y habiendo recibido del Padre el Espíritu Santo prometido, ha derramado esto que ustedes ahora ven y oyen.

»Por tanto, sépalo bien todo Israel que a este Jesús, a quien ustedes crucificaron, Dios lo ha hecho Señor y Mesías.»

Cuando oyeron esto, todos se sintieron profundamente conmovidos y les dijeron a Pedro y a los otros apóstoles: —Hermanos, ¿qué debemos hacer?

—Arrepiéntase y bautícese cada uno de ustedes en el nombre de Jesucristo para perdón de sus pecados —les contestó Pedro—, y recibirán el don del Espíritu Santo. En efecto, la promesa es para ustedes, para sus hijos y para todos los extranjeros, es decir, para todos aquellos a quienes el Señor nuestro Dios quiera llamar.

Y con muchas otras razones les exhortaba insistentemente: —¡Sálvense de esta generación perversa! Así, pues, los que recibieron su mensaje fueron bautizados, y aquel día se unieron a la iglesia unas tres mil personas.

Se mantenían firmes en la enseñanza de los apóstoles, en la comunión, en el partimiento del pan y en la oración. Todos estaban asombrados por los muchos prodigios y señales que realizaban los apóstoles. Todos los creyentes estaban juntos y tenían todo en común: vendían sus propiedades y posesiones, y compartían sus bienes entre sí según la necesidad de cada uno. No dejaban de reunirse en el templo ni un solo día. De casa en casa partían el pan y compartían la comida con alegría y generosidad, alabando a Dios y disfrutando de la estimación general del pueblo. Y cada día el Señor añadía al grupo los que iban siendo salvos.

Un día subían Pedro y Juan al templo a las tres de la tarde, que es la hora de la oración. Junto a la puerta llamada Hermosa había un hombre lisiado de nacimiento, al que todos los días dejaban allí para que pidiera limosna a los que entraban en el templo. Cuando éste vio que Pedro y Juan estaban por entrar, les pidió limosna. Pedro, con Juan, mirándolo fijamente, le dijo: —¡Míranos! El hombre fijó en ellos la mirada, esperando recibir algo.

—No tengo plata ni oro —declaró Pedro—, pero lo que tengo te doy. En el nombre de Jesucristo de Nazaret, ¡levántate y anda! Y tomándolo por la mano derecha, lo levantó. Al instante los pies y los tobillos del hombre cobraron fuerza. De un salto se puso en pie y comenzó a caminar. Luego entró con ellos en el templo con sus propios pies, saltando y alabando a Dios. Cuando todo el pueblo lo vio caminar y alabar a Dios, lo reconocieron como el mismo hombre que acostumbraba pedir limosna sentado junto a la puerta llamada Hermosa, y se llenaron de admiración y asombro por lo que le había ocurrido.

Mientras el hombre seguía aferrado a Pedro y a Juan, toda la gente, que no salía de su asombro, corrió hacia ellos al lugar conocido como Pórtico de Salomón. Al ver esto, Pedro les dijo: «Pueblo de Israel, ¿por qué les sorprende lo que ha pasado? ¿Por qué nos miran como si, por nuestro propio poder o virtud, hubiéramos hecho caminar a este hombre? El Dios de Abraham, de Isaac y de Jacob, el Dios de nuestros antepasados, ha glorificado a su siervo Jesús. Ustedes lo entregaron y lo rechazaron ante Pilato, aunque éste había decidido soltarlo. Rechazaron al Santo y Justo, y pidieron que se indultara a un asesino. Mataron al autor de la vida, pero Dios lo levantó de entre los muertos, y de eso nosotros somos testigos. Por la fe en el nombre de Jesús, él ha restablecido a este hombre a quien ustedes ven y conocen. Esta fe que viene por medio de Jesús lo ha sanado por completo, como les consta a ustedes.

»Ahora bien, hermanos, yo sé que ustedes y sus dirigentes actuaron así por ignorancia. Pero de este modo Dios cumplió lo que de antemano había anunciado por medio de todos los profetas: que su Mesías tenía que padecer. Por tanto, para que sean borrados sus pecados, arrepiéntanse y vuélvanse a Dios, a fin de que vengan tiempos de descanso de parte del Señor, enviándoles el Mesías que ya había sido preparado para ustedes, el cual es Jesús.

Mientras Pedro y Juan le hablaban a la gente, se les presentaron los sacerdotes, el capitán de la guardia del templo y los saduceos.[3] Estaban muy disgustados porque los apóstoles enseñaban a la gente y proclamaban la resurrección, que se había hecho evidente en el caso de Jesús. Prendieron a Pedro y a Juan y, como ya anochecía, los metieron en la cárcel hasta el día siguiente. Pero muchos de los que oyeron el mensaje creyeron, y el número de éstos llegaba a unos cinco mil.

Al día siguiente se reunieron en Jerusalén los gobernantes, los ancianos y los maestros de la ley. Allí estaban el sumo sacerdote Anás, Caifás, Juan, Alejandro y los otros miembros de la familia del sumo sacerdote. Hicieron que Pedro y Juan comparecieran ante ellos y comenzaron a interrogarlos: —¿Con qué poder, o en nombre de quién, hicieron ustedes esto?

Pedro, lleno del Espíritu Santo, les respondió: —Gobernantes del pueblo y ancianos: Hoy se nos procesa por haber favorecido a un inválido,

---

[3]**Saduceos:** Un grupo de clase alta de líderes judíos quienes supervisaban la administración del templo.

¡y se nos pregunta cómo fue sanado! Sepan, pues, todos ustedes y todo el pueblo de Israel que este hombre está aquí delante de ustedes, sano gracias al nombre de Jesucristo de Nazaret, crucificado por ustedes pero resucitado por Dios. Jesucristo es "la piedra que desecharon ustedes los constructores, y que ha llegado a ser la piedra angular".

De hecho, en ningún otro hay salvación,[4] porque no hay bajo el cielo otro nombre dado a los hombres mediante el cual podamos ser salvos.

Los gobernantes, al ver la osadía con que hablaban Pedro y Juan, y al darse cuenta de que eran gente sin estudios ni preparación, quedaron asombrados y reconocieron que habían estado con Jesús. Además, como vieron que los acompañaba el hombre que había sido sanado, no tenían nada que alegar. Así que les mandaron que se retiraran del Consejo, y se pusieron a deliberar entre sí: «¿Qué vamos a hacer con estos sujetos? Es un hecho que por medio de ellos ha ocurrido un milagro evidente; todos los que viven en Jerusalén lo saben, y no podemos negarlo. Pero para evitar que este asunto siga divulgándose entre la gente, vamos a amenazarlos para que no vuelvan a hablar de ese nombre a nadie.»

Los llamaron y les ordenaron terminantemente que dejaran de hablar y enseñar acerca del nombre de Jesús. Pero Pedro y Juan replicaron:
—¿Es justo delante de Dios obedecerlos a ustedes en vez de obedecerlo a él? ¡Júzguenlo ustedes mismos! Nosotros no podemos dejar de hablar de lo que hemos visto y oído.

Después de nuevas amenazas, los dejaron irse. Por causa de la gente, no hallaban manera de castigarlos: todos alababan a Dios por lo que había sucedido.

Todos los creyentes eran de un solo sentir y pensar. Nadie consideraba suya ninguna de sus posesiones, sino que las compartían. Los apóstoles, a su vez, con gran poder seguían dando testimonio de la resurrección del Señor Jesús. La gracia de Dios se derramaba abundantemente sobre todos ellos, pues no había ningún necesitado en la comunidad. Quienes poseían casas o terrenos los vendían, llevaban el dinero de las ventas y lo entregaban a los apóstoles para que se distribuyera a cada uno según su necesidad.

---

[4]**Salvación:** Rescate de la muerte o destrucción. En el sentido bíblico, el término *salvación* expresa la liberación de la deuda del pecado que se tiene ante Dios y la experiencia de vida eterna con él en el cielo. También con respecto a la vida terrenal, la salvación puede referirse a la transformación de la vida cotidiana de todos cuando creemos en Jesús.

Por medio de los apóstoles ocurrían muchas señales y prodigios entre el pueblo; y todos los creyentes se reunían de común acuerdo en el Pórtico de Salomón. Nadie entre el pueblo se atrevía a juntarse con ellos, aunque los elogiaban. Y seguía aumentando el número de los que creían y aceptaban al Señor. Era tal la multitud de hombres y mujeres, que hasta sacaban a los enfermos a las plazas y los ponían en colchonetas y camillas para que, al pasar Pedro, por lo menos su sombra cayera sobre alguno de ellos. También de los pueblos vecinos a Jerusalén acudían multitudes que llevaban personas enfermas y atormentadas por espíritus malignos, y todas eran sanadas.

El sumo sacerdote y todos sus partidarios, que pertenecían a la secta de los saduceos, se llenaron de envidia. Entonces arrestaron a los apóstoles y los metieron en la cárcel común. Pero en la noche un ángel del Señor abrió las puertas de la cárcel y los sacó. «Vayan —les dijo—, preséntense en el templo y comuniquen al pueblo todo este mensaje de vida.»

Conforme a lo que habían oído, al amanecer entraron en el templo y se pusieron a enseñar.

Cuando llegaron el sumo sacerdote y sus partidarios, convocaron al Consejo, es decir, a la asamblea general de los ancianos de Israel, y mandaron traer de la cárcel a los apóstoles. Pero al llegar los guardias a la cárcel, no los encontraron. Así que volvieron con el siguiente informe: «Encontramos la cárcel cerrada, con todas las medidas de seguridad, y a los guardias firmes a las puertas; pero cuando abrimos, no encontramos a nadie adentro.» Al oírlo, el capitán de la guardia del templo y los jefes de los sacerdotes se quedaron perplejos, preguntándose en qué terminaría todo aquello.

En esto, se presentó alguien que les informó: «¡Miren! Los hombres que ustedes metieron en la cárcel están en el templo y siguen enseñando al pueblo.» Fue entonces el capitán con sus guardias y trajo a los apóstoles sin recurrir a la fuerza, porque temían ser apedreados por la gente.

Los condujeron ante el Consejo, y el sumo sacerdote les reclamó:
—Terminantemente les hemos prohibido enseñar en ese nombre. Sin embargo, ustedes han llenado a Jerusalén con sus enseñanzas, y se han propuesto echarnos la culpa a nosotros de la muerte de ese hombre.

—¡Es necesario obedecer a Dios antes que a los hombres! —respondieron Pedro y los demás apóstoles—. El Dios de nuestros antepasados resucitó a Jesús, a quien ustedes mataron colgándolo de un madero. Por su poder, Dios lo exaltó como Príncipe y Salvador, para que diera a Israel arrepentimiento y perdón de pecados. Nosotros somos testigos de estos acontecimientos, y también lo es el Espíritu Santo que Dios ha dado a quienes le obedecen.

A los que oyeron esto se les subió la sangre a la cabeza y querían matarlos. Pero un fariseo llamado Gamaliel, maestro de la ley muy respetado por todo el pueblo, se puso de pie en el Consejo y mandó que hicieran salir por un momento a los apóstoles. Luego dijo: «Hombres de Israel, piensen dos veces en lo que están a punto de hacer con estos hombres. Hace algún tiempo surgió Teudas, jactándose de ser alguien, y se le unieron unos cuatrocientos hombres. Pero lo mataron y todos sus seguidores se dispersaron y allí se acabó todo. Después de él surgió Judas el galileo, en los días del censo, y logró que la gente lo siguiera. A él también lo mataron, y todos sus secuaces se dispersaron. En este caso les aconsejo que dejen a estos hombres en paz. ¡Suéltenlos! Si lo que se proponen y hacen es de origen humano, fracasará; pero si es de Dios, no podrán destruirlos, y ustedes se encontrarán luchando contra Dios.»

Se dejaron persuadir por Gamaliel. Entonces llamaron a los apóstoles y, luego de azotarlos, les ordenaron que no hablaran más en el nombre de Jesús. Después de eso los soltaron.

Así, pues, los apóstoles salieron del Consejo, llenos de gozo por haber sido considerados dignos de sufrir afrentas por causa del Nombre. Y día tras día, en el templo y de casa en casa, no dejaban de enseñar y anunciar las buenas nuevas de que Jesús es el Mesías.

Un movimiento humano creciente puede crear una pesadilla logística. Mientras que cientos y luego miles aceptaban las Buenas Nuevas acerca de la muerte y la resurrección de Jesús, comenzaron a reunirse llenos de alegría y necesidades. Entonces, ¿quién se encargaría de llevar los recados, distribuir los alimentos, lavar los platos y asegurarse de que toda persona tuviera una identificación con su nombre? Para estas importantes labores de servicio, los doce apóstoles escogieron a un pequeño cuerpo de servidores, considerado por algunos como los primeros «diáconos». Entre ellos estaba un hombre descrito como «lleno de fe y del Espíritu Santo». Su nombre era Esteban.

Esteban, hombre lleno de la gracia y del poder de Dios, hacía grandes prodigios y señales milagrosas entre el pueblo. Con él se pusieron a discutir ciertos individuos de la sinagoga llamada de los Libertos, donde había judíos de Cirene y de Alejandría, de Cilicia y de la provincia de

Asia. Como no podían hacer frente a la sabiduría ni al Espíritu con que hablaba Esteban, instigaron a unos hombres a decir: «Hemos oído a Esteban blasfemar contra Moisés y contra Dios.»

Agitaron al pueblo, a los ancianos y a los maestros de la ley. Se apoderaron de Esteban y lo llevaron ante el Consejo. Presentaron testigos falsos, que declararon: «Este hombre no deja de hablar contra este lugar santo y contra la ley. Le hemos oído decir que ese Jesús de Nazaret destruirá este lugar y cambiará las tradiciones que nos dejó Moisés.»

Todos los que estaban sentados en el Consejo fijaron la mirada en Esteban y vieron que su rostro se parecía al de un ángel.

—¿Son ciertas estas acusaciones? —le preguntó el sumo sacerdote.

La respuesta de Esteban a esta pregunta vino en la forma de una lección de historia judía acerca del gran relato de la redención de Dios. Luego Esteban habló acerca de Jesús, «el Justo».

»¡Tercos, duros de corazón y torpes de oídos! Ustedes son iguales que sus antepasados: ¡Siempre resisten al Espíritu Santo! ¿A cuál de los profetas no persiguieron sus antepasados? Ellos mataron a los que de antemano anunciaron la venida del Justo, y ahora a éste lo han traicionado y asesinado ustedes, que recibieron la ley promulgada por medio de ángeles y no la han obedecido.

Al oír esto, rechinando los dientes montaron en cólera contra él. Pero Esteban, lleno del Espíritu Santo, fijó la mirada en el cielo y vio la gloria de Dios, y a Jesús de pie a la derecha de Dios. —¡Veo el cielo abierto —exclamó—, y al Hijo del hombre de pie a la derecha de Dios!

Entonces ellos, gritando a voz en cuello, se taparon los oídos y todos a una se abalanzaron sobre él, lo sacaron a empellones fuera de la ciudad y comenzaron a apedrearlo. Los acusadores le encargaron sus mantos a un joven llamado Saulo.

Mientras lo apedreaban, Esteban oraba. —Señor Jesús —decía—, recibe mi espíritu. Luego cayó de rodillas y gritó: —¡Señor, no les tomes en cuenta este pecado! Cuando hubo dicho esto, murió.

Y Saulo estaba allí, aprobando la muerte de Esteban.

Aquel día se desató una gran persecución contra la iglesia en Jerusalén, y todos, excepto los apóstoles, se dispersaron por las regiones de Judea y Samaria. Unos hombres piadosos sepultaron a Esteban e hicieron gran duelo por él. Saulo, por su parte, causaba estragos en la iglesia: entrando de casa en casa, arrastraba a hombres y mujeres y los metía en la cárcel.

Los que se habían dispersado predicaban la palabra por dondequiera que iban. Felipe bajó a una ciudad de Samaria y les anunciaba al Mesías. Al oír a Felipe y ver las señales milagrosas que realizaba, mucha gente se reunía y todos prestaban atención a su mensaje. De muchos endemoniados los espíritus malignos salían dando alaridos, y un gran número de paralíticos y cojos quedaban sanos. Y aquella ciudad se llenó de alegría.

Mientras tanto, Saulo, respirando aún amenazas de muerte contra los discípulos del Señor, se presentó al sumo sacerdote y le pidió cartas de extradición para las sinagogas de Damasco. Tenía la intención de encontrar y llevarse presos a Jerusalén a todos los que pertenecieran al Camino, fueran hombres o mujeres. En el viaje sucedió que, al acercarse a Damasco, una luz del cielo relampagueó de repente a su alrededor. Él cayó al suelo y oyó una voz que le decía: —Saulo, Saulo, ¿por qué me persigues?

—¿Quién eres, Señor? —preguntó.

—Yo soy Jesús, a quien tú persigues —le contestó la voz—. Levántate y entra en la ciudad, que allí se te dirá lo que tienes que hacer.

Los hombres que viajaban con Saulo se detuvieron atónitos, porque oían la voz pero no veían a nadie. Saulo se levantó del suelo, pero cuando abrió los ojos no podía ver, así que lo tomaron de la mano y lo llevaron a Damasco. Estuvo ciego tres días, sin comer ni beber nada.

Había en Damasco un discípulo llamado Ananías, a quien el Señor llamó en una visión. ¡Ananías!

—Aquí estoy, Señor.

—Anda, ve a la casa de Judas, en la calle llamada Derecha, y pregunta por un tal Saulo de Tarso. Está orando, y ha visto en una visión a un hombre llamado Ananías, que entra y pone las manos sobre él para que recobre la vista.

Entonces Ananías respondió: —Señor, he oído hablar mucho de ese hombre y de todo el mal que ha causado a tus santos en Jerusalén. Y ahora lo tenemos aquí, autorizado por los jefes de los sacerdotes, para llevarse presos a todos los que invocan tu nombre.

—¡Ve! —insistió el Señor—, porque ese hombre es mi instrumento escogido para dar a conocer mi nombre tanto a las naciones y a sus reyes como al pueblo de Israel. Yo le mostraré cuánto tendrá que padecer por mi nombre.

Ananías se fue y, cuando llegó a la casa, le impuso las manos a Saulo y le dijo: «Hermano Saulo, el Señor Jesús, que se te apareció en el camino, me ha enviado para que recobres la vista y seas lleno del Espíritu Santo.» Al instante cayó de los ojos de Saulo algo como escamas, y recobró la vista. Se levantó y fue bautizado; y habiendo comido, recobró las fuerzas.

Saulo pasó varios días con los discípulos que estaban en Damasco, y en seguida se dedicó a predicar en las sinagogas, afirmando que Jesús es el Hijo de Dios. Todos los que le oían se quedaban asombrados, y preguntaban: «¿No es éste el que en Jerusalén perseguía a muerte a los que invocan ese nombre? ¿Y no ha venido aquí para llevárselos presos y entregarlos a los jefes de los sacerdotes?» Pero Saulo cobraba cada vez más fuerza y confundía a los judíos que vivían en Damasco, demostrándoles que Jesús es el Mesías.

Después de muchos días, los judíos se pusieron de acuerdo para hacerlo desaparecer, pero Saulo se enteró de sus maquinaciones. Día y noche vigilaban de cerca las puertas de la ciudad con el fin de eliminarlo. Pero sus discípulos se lo llevaron de noche y lo bajaron en un canasto por una abertura en la muralla.

Cuando llegó a Jerusalén, trataba de juntarse con los discípulos, pero todos tenían miedo de él, porque no creían que de veras fuera discípulo. Entonces Bernabé lo tomó a su cargo y lo llevó a los apóstoles. Saulo les describió en detalle cómo en el camino había visto al Señor, el cual le había hablado, y cómo en Damasco había predicado con libertad en el nombre de Jesús. Así que se quedó con ellos, y andaba por todas partes en Jerusalén, hablando abiertamente en el nombre del Señor. Conversaba y discutía con los judíos de habla griega, pero ellos se proponían eliminarlo. Cuando se enteraron de ello los hermanos, se lo llevaron a Cesarea y de allí lo mandaron a Tarso.

Mientras tanto, la iglesia disfrutaba de paz a la vez que se consolidaba en toda Judea, Galilea y Samaria, pues vivía en el temor del Señor. E iba creciendo en número, fortalecida por el Espíritu Santo.

La mayoría de los nuevos cristianos eran judíos, pero la historia de las Buenas Nuevas de Dios era para todos. Las cosas tenían que cambiar.

Vivía en Cesarea un centurión llamado Cornelio, del regimiento conocido como el Italiano. Él y toda su familia eran devotos y temerosos de Dios. Realizaba muchas obras de beneficencia para el pueblo de Israel y oraba a Dios constantemente. Un día, como a las tres de la tarde, tuvo una visión. Vio claramente a un ángel de Dios que se le acercaba y le decía: —¡Cornelio!

—¿Qué quieres, Señor? —le preguntó Cornelio, mirándolo fijamente y con mucho miedo.

—Dios ha recibido tus oraciones y tus obras de beneficencia como una ofrenda —le contestó el ángel—. Envía de inmediato a algunos hombres a Jope para que hagan venir a un tal Simón, apodado Pedro. Él se hospeda con Simón el curtidor, que tiene su casa junto al mar.

Después de que se fue el ángel que le había hablado, Cornelio llamó a dos de sus siervos y a un soldado devoto de los que le servían regularmente. Les explicó todo lo que había sucedido y los envió a Jope.

Al día siguiente, mientras ellos iban de camino y se acercaban a la ciudad, Pedro subió a la azotea a orar. Era casi el mediodía. Tuvo hambre y quiso algo de comer. Mientras se lo preparaban, le sobrevino un éxtasis. Vio el cielo abierto y algo parecido a una gran sábana que, suspendida por las cuatro puntas, descendía hacia la tierra. En ella había toda clase de cuadrúpedos, como también reptiles y aves. —Levántate, Pedro; mata y come —le dijo una voz.

—¡De ninguna manera, Señor! —replicó Pedro—. Jamás he comido nada impuro o inmundo.

Por segunda vez le insistió la voz: —Lo que Dios ha purificado, tú no lo llames impuro.

Esto sucedió tres veces, y en seguida la sábana fue recogida al cielo.

Pedro no atinaba a explicarse cuál podría ser el significado de la visión. Mientras tanto, los hombres enviados por Cornelio, que estaban preguntando por la casa de Simón, se presentaron a la puerta. Llamando, averiguaron si allí se hospedaba Simón, apodado Pedro.

Mientras Pedro seguía reflexionando sobre el significado de la visión, el Espíritu le dijo: «Mira, Simón, tres hombres te buscan. Date prisa, baja y no dudes en ir con ellos, porque yo los he enviado.»

Pedro bajó y les dijo a los hombres: —Aquí estoy; yo soy el que ustedes buscan. ¿Qué asunto los ha traído por acá?

Ellos le contestaron: —Venimos de parte del centurión Cornelio, un hombre justo y temeroso de Dios, respetado por todo el pueblo judío. Un ángel de Dios le dio instrucciones de invitarlo a usted a su casa para escuchar lo que usted tiene que decirle. Entonces Pedro los invitó a pasar y los hospedó.

Al día siguiente, Pedro se fue con ellos acompañado de algunos creyentes de Jope. Un día después llegó a Cesarea. Cornelio estaba esperándolo con los parientes y amigos íntimos que había reunido. Al llegar Pedro a la casa, Cornelio salió a recibirlo y, postrándose delante de él, le rindió homenaje. Pero Pedro hizo que se levantara, y le dijo: —Ponte de pie, que sólo soy un hombre como tú.

Pedro entró en la casa conversando con él, y encontró a muchos reunidos. Entonces les habló así: —Ustedes saben muy bien que nuestra ley prohíbe que un judío se junte con un extranjero o lo visite. Pero Dios me ha hecho ver que a nadie debo llamar impuro o inmundo.

Pedro llegó a decir que él se había dado cuenta de que Dios no muestra favoritismo e invita a las personas de todos los grupos étnicos y nacionalidades a aceptar el evangelio a través de Jesucristo. Mientras Pedro explicaba el mensaje del evangelio y la primera audiencia pública de gentiles estaba respondiendo con fe y arrepentimiento, algo asombroso ocurrió: el don del Espíritu Santo se derramó sobre ellos tal y como lo había hecho sobre los judíos creyentes el día de Pentecostés.

Al mismo tiempo que la iglesia crecía, también enfrentaba la persecución de Herodes Agripa I, el nieto de Herodes el Grande (que reinaba cuando nació Jesús) y sobrino de Herodes Antípas (el que decapitó a Juan el Bautista).

En ese tiempo el rey Herodes hizo arrestar a algunos de la iglesia con el fin de maltratarlos. A Jacobo, hermano de Juan, lo mandó matar a espada. Al ver que esto agradaba a los judíos, procedió a prender también a Pedro. Esto sucedió durante la fiesta de los Panes sin levadura. Después de arrestarlo, lo metió en la cárcel y lo puso bajo la vigilancia de cuatro grupos de cuatro soldados cada uno. Tenía la intención de hacerlo comparecer en juicio público después de la Pascua.

Pero mientras mantenían a Pedro en la cárcel, la iglesia oraba constante y fervientemente a Dios por él.

La misma noche en que Herodes estaba a punto de sacar a Pedro para someterlo a juicio, éste dormía entre dos soldados, sujeto con dos cadenas. Unos guardias vigilaban la entrada de la cárcel. De repente apareció un ángel del Señor y una luz resplandeció en la celda. Despertó a Pedro con unas palmadas en el costado y le dijo: «¡Date prisa, levántate!» Las cadenas cayeron de las manos de Pedro.

Le dijo además el ángel: «Vístete y cálzate las sandalias.» Así lo hizo, y el ángel añadió: «Échate la capa encima y sígueme.» Pedro salió tras él, pero no sabía si realmente estaba sucediendo lo que el ángel hacía. Le parecía que se trataba de una visión. Pasaron por la primera y la segunda guardia, y llegaron al portón de hierro que daba a la ciudad. El portón se les abrió por sí solo, y salieron. Caminaron unas cuadras, y de repente el ángel lo dejó solo.

Entonces Pedro volvió en sí y se dijo: «Ahora estoy completamente seguro de que el Señor ha enviado a su ángel para librarme del poder de Herodes y de todo lo que el pueblo judío esperaba.»

Cuando cayó en cuenta de esto, fue a casa de María, la madre de Juan, apodado Marcos, donde muchas personas estaban reunidas orando. Llamó a la puerta de la calle, y salió a responder una sierva llamada Rode. Al reconocer la voz de Pedro, se puso tan contenta que volvió corriendo sin abrir. —¡Pedro está a la puerta! —exclamó.

—¡Estás loca! —le dijeron. Ella insistía en que así era, pero los otros decían: —Debe de ser su ángel.

Entre tanto, Pedro seguía llamando. Cuando abrieron la puerta y lo vieron, quedaron pasmados. Con la mano Pedro les hizo señas de que se callaran, y les contó cómo el Señor lo había sacado de la cárcel. —Cuéntenles esto a Jacobo y a los hermanos —les dijo. Luego salió y se fue a otro lugar.

Al amanecer se produjo un gran alboroto entre los soldados respecto al paradero de Pedro. Herodes hizo averiguaciones, pero al no encontrarlo, les tomó declaración a los guardias y mandó matarlos.

Después viajó de Judea a Cesarea y se quedó allí. Herodes estaba furioso con los de Tiro y de Sidón, pero ellos se pusieron de acuerdo y se presentaron ante él. Habiéndose ganado el favor de Blasto, camarero del rey, pidieron paz, porque su región dependía del país del rey para obtener sus provisiones.

El día señalado, Herodes, ataviado con su ropaje real y sentado en su trono, le dirigió un discurso al pueblo. La gente gritaba: «¡Voz de un dios, no de hombre!» Al instante un ángel del Señor lo hirió, porque no le había dado la gloria a Dios; y Herodes murió comido de gusanos.

Pero la palabra de Dios seguía extendiéndose y difundiéndose.

Saulo y su mentor Bernabé pasaron un año ministrándole a la primera gran iglesia gentil en Antioquía, donde los creyentes fueron llamados por primera vez «cristianos». A partir de ahí el Señor los llamó al servicio misionero. Saulo y Bernabé, al principio acompañados por Juan Marcos (quien era primo de Bernabé y más tarde escribiría el Evangelio de Marcos) comenzaron a viajar y proclamar a Jesús en toda Asia Menor. También durante este tiempo fue que Saulo pudo cambiar su nombre a Pablo. Como el Espíritu de Dios los estaba guiando y su esperanza eterna era segura, Saulo (Pablo) y sus colegas hablaban con valentía sobre Jesús dondequiera que iban. Poco sabían de lo que tendrían que soportar a causa de las Buenas Nuevas.

29

La misión de Pablo

En la iglesia de Antioquía eran profetas y maestros Bernabé; Simeón, apodado el Negro; Lucio de Cirene; Manaén, que se había criado con Herodes el tetrarca; y Saulo. Mientras ayunaban y participaban en el culto al Señor, el Espíritu Santo dijo: «Apártenme ahora a Bernabé y a Saulo para el trabajo al que los he llamado.» Así que después de ayunar, orar e imponerles las manos, los despidieron.

Bernabé y Saulo, enviados por el Espíritu Santo, bajaron a Seleucia, y de allí navegaron a Chipre. Al llegar a Salamina, predicaron la palabra de Dios en las sinagogas de los judíos. Tenían también a Juan como ayudante.

Recorrieron toda la isla hasta Pafos. Allí se encontraron con un hechicero, un falso profeta judío llamado Barjesús, que estaba con el gobernador Sergio Paulo. El gobernador, hombre inteligente, mandó llamar a Bernabé y a Saulo, en un esfuerzo por escuchar la palabra de Dios. Pero Elimas el hechicero (que es lo que significa su nombre) se les oponía y procuraba apartar de la fe al gobernador. Entonces Saulo, o sea Pablo, lleno del Espíritu Santo, clavó los ojos en Elimas y le dijo: «¡Hijo del diablo y enemigo de toda justicia, lleno de todo tipo de engaño y de fraude! ¿Nunca dejarás de torcer los caminos rectos del Señor? Ahora la mano del Señor está contra ti; vas a quedarte ciego y por algún tiempo no podrás ver la luz del sol.»

Al instante cayeron sobre él sombra y oscuridad, y comenzó a buscar a tientas quien lo llevara de la mano. Al ver lo sucedido, el gobernador creyó, maravillado de la enseñanza acerca del Señor.

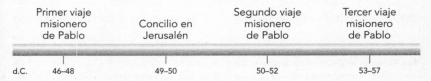

Primer viaje misionero de Pablo	Concilio en Jerusalén	Segundo viaje misionero de Pablo	Tercer viaje misionero de Pablo
d.C. 46–48	49–50	50–52	53–57

Para información completa sobre la cronología vea la página ix.

363

Pablo y sus compañeros se hicieron a la mar desde Pafos, y llegaron a Perge de Panfilia. Juan se separó de ellos y regresó a Jerusalén; ellos, por su parte, siguieron su viaje desde Perge hasta Antioquía de Pisidia. El sábado entraron en la sinagoga y se sentaron. Al terminar la lectura de la ley y los profetas, los jefes de la sinagoga mandaron a decirles: «Hermanos, si tienen algún mensaje de aliento para el pueblo, hablen.»

Pablo se puso en pie, hizo una señal con la mano y dijo: «Escúchenme, israelitas, y ustedes, los gentiles temerosos de Dios:

Los habitantes de Jerusalén y sus gobernantes no reconocieron a Jesús. Por tanto, al condenarlo, cumplieron las palabras de los profetas que se leen todos los sábados. Aunque no encontraron ninguna causa digna de muerte, le pidieron a Pilato que lo mandara a ejecutar. Después de llevar a cabo todas las cosas que estaban escritas acerca de él, lo bajaron del madero y lo sepultaron. Pero Dios lo levantó de entre los muertos. Durante muchos días lo vieron los que habían subido con él de Galilea a Jerusalén, y ellos son ahora sus testigos ante el pueblo.

»Nosotros les anunciamos a ustedes las buenas nuevas respecto a la promesa hecha a nuestros antepasados. Dios nos la ha cumplido plenamente a nosotros, los descendientes de ellos, al resucitar a Jesús.

»Por tanto, hermanos, sepan que por medio de Jesús se les anuncia a ustedes el perdón de los pecados. Ustedes no pudieron ser justificados de esos pecados por la ley de Moisés, pero todo el que cree es justificado[1] por medio de Jesús.

Al salir ellos de la sinagoga, los invitaron a que el siguiente sábado les hablaran más de estas cosas. Cuando se disolvió la asamblea, muchos judíos y prosélitos fieles acompañaron a Pablo y a Bernabé, los cuales en su conversación con ellos les instaron a perseverar en la gracia de Dios.

El siguiente sábado casi toda la ciudad se congregó para oír la palabra del Señor. Pero cuando los judíos vieron a las multitudes, se llenaron de celos y contradecían con maldiciones lo que Pablo decía.

Pablo y Bernabé les contestaron valientemente: «Era necesario que les anunciáramos la palabra de Dios primero a ustedes. Como la

---

[1]**Justificado, justificación:** El proceso por el cual uno se hace aceptable a los ojos de Dios. La justificación se produce a través de la fe que Jesús murió por pagar el precio del pecado humano, por lo que Jesús mismo justifica cada persona que cree en él.

rechazan y no se consideran dignos de la vida eterna, ahora vamos a dirigirnos a los gentiles.

Así nos lo ha mandado el Señor:

> »"Te he puesto por luz para las naciones,
> a fin de que lleves mi salvación hasta los confines de la
> tierra."»

Al oír esto, los gentiles se alegraron y celebraron la palabra del Señor; y creyeron todos los que estaban destinados a la vida eterna.

La palabra del Señor se difundía por toda la región. Pero los judíos incitaron a mujeres muy distinguidas y favorables al judaísmo, y a los hombres más prominentes de la ciudad, y provocaron una persecución contra Pablo y Bernabé. Por tanto, los expulsaron de la región. Ellos, por su parte, se sacudieron el polvo de los pies en señal de protesta contra la ciudad, y se fueron a Iconio. Y los discípulos quedaron llenos de alegría y del Espíritu Santo.

Al llegar a una ciudad nueva, típicamente Pablo visitaba primero la sinagoga judía. Al hacerlo así no solo pensaban que esta era la prioridad indicada por Dios, sino que el edificio de la sinagoga y el horario de las reuniones regulares proveían un lugar conveniente y un tiempo específico para proclamar el evangelio. Las Buenas Nuevas eran a menudo recibidas con resultados variados entre los judíos, algunos abrazaban con gratitud el mensaje mientras que otros lo rechazaban debido a su incredulidad.

Dentro de las principales comunidades gentiles, parte de la resistencia a las Buenas Nuevas de Dios fue motivada puramente por razones económicas: cada nuevo seguidor de Jesús significaba un comprador menos de dijes, amuletos y mercancías destinadas a los ídolos, lo que era un gran negocio en muchas ciudades. Parte de la oposición era por razones políticas, ya que cada nuevo creyente disminuía el número y la influencia de los principales grupos religiosos. Y gran parte era por motivos personales, ya que creer en Jesucristo modificaba a las personas y por lo tanto amenazaba el statu quo.

En Iconio, Pablo y Bernabé entraron, como de costumbre, en la sinagoga judía y hablaron de tal manera que creyó una multitud de judíos y de griegos. Pero los judíos incrédulos incitaron a los gentiles y les amargaron el ánimo contra los hermanos. En todo caso, Pablo y Bernabé pasaron allí bastante tiempo, hablando valientemente en el nombre del Señor, quien confirmaba el mensaje de su gracia, haciendo señales y prodigios por medio de ellos. La gente de la ciudad estaba dividida: unos estaban de parte de los judíos, y otros de parte de los apóstoles. Hubo un complot tanto de los gentiles como de los judíos, apoyados por sus dirigentes, para maltratarlos y apedrearlos. Al darse cuenta de esto, los apóstoles huyeron a Listra y a Derbe, ciudades de Licaonia, y a sus alrededores, donde siguieron anunciando las buenas nuevas.

En Listra vivía un hombre lisiado de nacimiento, que no podía mover las piernas y nunca había caminado. Estaba sentado, escuchando a Pablo, quien al reparar en él y ver que tenía fe para ser sanado, le ordenó con voz fuerte: —¡Ponte en pie y enderézate! El hombre dio un salto y empezó a caminar.

Al ver lo que Pablo había hecho, la gente comenzó a gritar en el idioma de Licaonia: —¡Los dioses han tomado forma humana y han venido a visitarnos! A Bernabé lo llamaban Zeus, y a Pablo, Hermes, porque era el que dirigía la palabra. El sacerdote de Zeus, el dios cuyo templo estaba a las afueras de la ciudad, llevó toros y guirnaldas a las puertas y, con toda la multitud, quería ofrecerles sacrificios.

Al enterarse de esto los apóstoles Bernabé y Pablo, se rasgaron las vestiduras y se lanzaron por entre la multitud, gritando: —Señores, ¿por qué hacen esto? Nosotros también somos hombres mortales como ustedes. Las buenas nuevas que les anunciamos es que dejen estas cosas sin valor y se vuelvan al Dios viviente, que hizo el cielo, la tierra, el mar y todo lo que hay en ellos. En épocas pasadas él permitió que todas las naciones siguieran su propio camino. Sin embargo, no ha dejado de dar testimonio de sí mismo haciendo el bien, dándoles lluvias del cielo y estaciones fructíferas, proporcionándoles comida y alegría de corazón. A pesar de todo lo que dijeron, a duras penas evitaron que la multitud les ofreciera sacrificios.

Pablo sintió todo el peso de la oposición al desafiar a los judíos y gentiles a reconocer a Jesús como el Mesías prometido, esperado durante tanto tiempo, y el propio Hijo de Dios. Poco después de ser confundido por la multitud de gentiles en Listra con un «dios», algunos judíos fueron capaces de cambiar el rumbo de la opinión pública en contra de los apóstoles. Pablo fue atacado por una turba, que lo apedreó y lo dio por muerto. Los cristianos se reunieron alrededor de él y oraron. ¡La fuerza de Pablo se renovó y él caminó de regreso a la ciudad!

Al día siguiente, Pablo y Bernabé salieron para Derbe, la última ciudad que visitarían en este primer viaje misionero. Después volvieron sobre sus pasos para animar a las nuevas iglesias que habían fundado antes y regresaron a su hogar en Antioquía. Alrededor de un año más tarde, el movimiento cristiano se enfrentó con un problema crítico. Algunos de los creyentes judíos insistieron en que los gentiles convertidos debían mantener la Ley de Moisés, especialmente en referencia a la circuncisión, la señal física de la promesa de Dios a los judíos. Un concilio de líderes cristianos se reunió en Jerusalén. Pablo alegó que los gentiles no tenían que ser judíos para ser salvados, y finalmente persuadió a los demás.

Después de esto, Pablo y Bernabé tuvieron un fuerte desacuerdo; Bernabé quería reintegrar a Juan Marcos al equipo, pero Pablo no creía que eso fuese sabio, ya que el joven primo de Bernabé los había abandonado antes. Pablo y Bernabé decidieron tomar caminos separados. Luego Silas y Timoteo se reunieron con Pablo para hacer un viaje a través de Asia Menor. Al parecer fue en Troas, en la costa occidental de Asia Menor, que Lucas (el autor tanto del Evangelio de Lucas como del libro de los Hechos) se sumó a los viajeros misioneros. Además, estando en Troas, Pablo tuvo una visión de un hombre de Macedonia que les imploraba: «¡Vengan aquí, ayúdennos!». Convencidos de que la visión era de Dios, Pablo y sus compañeros cambiaron de dirección hacia el noroeste a través del Mar Egeo, encaminándose a la ciudad de Filipos, una colonia romana y una ciudad principal de Macedonia. Pronto se encontraron en problemas de nuevo.

El sábado salimos a las afueras de la ciudad, y fuimos por la orilla del río, donde esperábamos encontrar un lugar de oración. Nos sentamos y nos pusimos a conversar con las mujeres que se habían reunido. Una de ellas, que se llamaba Lidia, adoraba a Dios. Era de la ciudad de Tiatira y vendía telas de púrpura. Mientras escuchaba, el Señor le abrió el corazón para que respondiera al mensaje de Pablo. Cuando fue bautizada con su familia, nos hizo la siguiente invitación: «Si ustedes me consideran creyente en el Señor, vengan a hospedarse en mi casa.» Y nos persuadió.

Una vez, cuando íbamos al lugar de oración, nos salió al encuentro una joven esclava que tenía un espíritu de adivinación. Con sus poderes ganaba mucho dinero para sus amos. Nos seguía a Pablo y a nosotros, gritando: —Estos hombres son siervos del Dios Altísimo, y les anuncian a ustedes el camino de salvación. Así continuó durante muchos días. Por fin Pablo se molestó tanto que se volvió y reprendió al espíritu: —¡En el nombre de Jesucristo, te ordeno que salgas de ella! Y en aquel mismo momento el espíritu la dejó.

Cuando los amos de la joven se dieron cuenta de que se les había esfumado la esperanza de ganar dinero, echaron mano a Pablo y a Silas y los arrastraron a la plaza, ante las autoridades. Los presentaron ante los magistrados y dijeron: —Estos hombres son judíos, y están alborotando a nuestra ciudad, enseñando costumbres que a los romanos se nos prohíbe admitir o practicar.

Entonces la multitud se amotinó contra Pablo y Silas, y los magistrados mandaron que les arrancaran la ropa y los azotaran. Después de darles muchos golpes, los echaron en la cárcel, y ordenaron al carcelero que los custodiara con la mayor seguridad. Al recibir tal orden, éste los metió en el calabozo interior y les sujetó los pies en el cepo.

A eso de la medianoche, Pablo y Silas se pusieron a orar y a cantar himnos a Dios, y los otros presos los escuchaban. De repente se produjo un terremoto tan fuerte que la cárcel se estremeció hasta sus cimientos. Al instante se abrieron todas las puertas y a los presos se les soltaron las cadenas. El carcelero despertó y, al ver las puertas de la cárcel de par en par, sacó la espada y estuvo a punto de matarse, porque pensaba que los presos se habían escapado. Pero Pablo le gritó: —¡No te hagas ningún daño! ¡Todos estamos aquí!

El carcelero pidió luz, entró precipitadamente y se echó temblando a los pies de Pablo y de Silas. Luego los sacó y les preguntó: —Señores, ¿qué tengo que hacer para ser salvo?

—Cree en el Señor Jesús; así tú y tu familia serán salvos —le contestaron. Luego les expusieron la palabra de Dios a él y a todos los demás que estaban en su casa. A esas horas de la noche, el carcelero se los llevó y les lavó las heridas; en seguida fueron bautizados él y toda su familia. El carcelero los llevó a su casa, les sirvió comida y se alegró mucho junto con toda su familia por haber creído en Dios.

Al amanecer, los magistrados mandaron a unos guardias al carcelero con esta orden: «Suelta a esos hombres.» El carcelero, entonces, le informó a Pablo: —Los magistrados han ordenado que los suelte. Así que pueden irse. Vayan en paz.

Pero Pablo respondió a los guardias: —¿Cómo? A nosotros, que somos ciudadanos romanos, que nos han azotado públicamente y sin proceso alguno, y nos han echado en la cárcel, ¿ahora quieren expulsarnos a escondidas? ¡Nada de eso! Que vengan ellos personalmente a escoltarnos hasta la salida.

Los guardias comunicaron la respuesta a los magistrados. Éstos se asustaron cuando oyeron que Pablo y Silas eran ciudadanos romanos, así que fueron a presentarles sus disculpas. Los escoltaron desde la cárcel, pidiéndoles que se fueran de la ciudad. Al salir de la cárcel, Pablo y Silas se dirigieron a la casa de Lidia, donde se vieron con los hermanos y los animaron. Después se fueron.

Si las Buenas Nuevas de Jesús en realidad eran la respuesta a las mayores preguntas de la humanidad, algunas personas no estaban haciendo las preguntas correctamente. La oposición se presentaba en cada lugar. La ventaja mayor de Pablo, su ciudadanía romana, ciertamente los ayudó en algunas situaciones. No obstante, todavía había que hacerle frente a las turbas (o evitarlas), lidiar con la ira, y pagar las fianzas cuando «perturbador de la paz» era el crimen más conveniente que podían colgar alrededor del cuello de Pablo. Nada de esto era fácil, pero Pablo consideraba los problemas como una oportunidad para confiar en Dios y nunca mirar atrás.

Atravesando Anfípolis y Apolonia, Pablo y Silas llegaron a Tesalónica, donde había una sinagoga de los judíos. Como era su costumbre, Pablo entró en la sinagoga y tres sábados seguidos discutió con ellos. Basándose en las Escrituras, les explicaba y demostraba que era necesario que el Mesías padeciera y resucitara. Les decía: «Este Jesús que les anuncio es el Mesías.» Algunos de los judíos se convencieron y se unieron a Pablo y a Silas, como también lo hicieron un buen número de mujeres prominentes y muchos griegos que adoraban a Dios.

Pero los judíos, llenos de envidia, reclutaron a unos maleantes callejeros, con los que armaron una turba y empezaron a alborotar la ciudad. Asaltaron la casa de Jasón en busca de Pablo y Silas, con el fin de procesarlos públicamente. Pero como no los encontraron, arrastraron a Jasón y a algunos otros hermanos ante las autoridades de la ciudad, gritando: «¡Estos que han trastornado el mundo entero han venido también acá, y Jasón los ha recibido en su casa! Todos ellos actúan en contra de los decretos del emperador, afirmando que hay otro rey, uno que se llama

Jesús.» Al oír esto, la multitud y las autoridades de la ciudad se alborotaron; entonces éstas exigieron fianza a Jasón y a los demás para dejarlos en libertad.

Tan pronto como se hizo de noche, los hermanos enviaron a Pablo y a Silas a Berea, quienes al llegar se dirigieron a la sinagoga de los judíos.

En Berea, Pablo encontró a un público entusiasta y receptivo, aunque una vez más los opositores judíos agitaron a la multitud en su contra. Entonces viajó a Atenas, donde se enfrentó con una audiencia no tan receptiva, los pensadores filosóficos de la época. Al ver un altar con la inscripción: «A un dios desconocido», Pablo desafió a su audiencia a examinar al Dios vivo y el Creador, que se expresó con elocuencia a través de la vida de Cristo resucitado. Unas pocas personas asintieron educadamente, algunos se reían y unos pocos creyeron en Jesucristo. La misión de Pablo era encontrar a personas claves en cada ciudad que pudieran encabezar una nueva comunidad de creyentes, una «iglesia», y ayudar a los necesitados a través de sus obras de misericordia y amor. Él viajó a Corinto y pronto nació una nueva comunidad cristiana.

Después de esto, Pablo se marchó de Atenas y se fue a Corinto. Allí se encontró con un judío llamado Aquila, natural del Ponto, y con su esposa Priscila. Hacía poco habían llegado de Italia, porque Claudio[2] había mandado que todos los judíos fueran expulsados de Roma. Pablo fue a verlos y, como hacía tiendas de campaña al igual que ellos, se quedó para que trabajaran juntos. Todos los sábados discutía en la sinagoga, tratando de persuadir a judíos y a griegos.

Cuando Silas y Timoteo llegaron de Macedonia, Pablo se dedicó exclusivamente a la predicación, testificándoles a los judíos que Jesús era el Mesías. Pero cuando los judíos se opusieron a Pablo y lo insultaron, éste se sacudió la ropa en señal de protesta y les dijo: «¡Caiga la sangre de ustedes sobre su propia cabeza! Estoy libre de responsabilidad. De ahora en adelante me dirigiré a los gentiles.»

Entonces Pablo salió de la sinagoga y se fue a la casa de un tal Ticio Justo, que adoraba a Dios y que vivía al lado de la sinagoga. Crispo, el jefe de la sinagoga, creyó en el Señor con toda su familia. También creyeron y fueron bautizados muchos de los corintios que oyeron a Pablo.

---

[2]**Claudio:** El emperador de Roma.

Una noche el Señor le dijo a Pablo en una visión: «No tengas miedo; sigue hablando y no te calles, pues estoy contigo. Aunque te ataquen, no voy a dejar que nadie te haga daño, porque tengo mucha gente en esta ciudad.» Así que Pablo se quedó allí un año y medio, enseñando entre el pueblo la palabra de Dios.

Como era la manera acostumbrada de comunicación, Pablo preparó cartas en pergamino para las iglesias que había establecido. Estas «epístolas» se hallan recopiladas en la Biblia hoy en día como parte del Nuevo Testamento. Los cristianos las leen como palabras inspiradas y confiables que instruyen acerca de la forma de vivir para Dios.

Mientras estaba en Corinto, Pablo les escribió a los creyentes de Tesalónica, probablemente alrededor del 51 a. C. Tesalónica era una bulliciosa ciudad portuaria de doscientos mil habitantes (la mayor población de Macedonia). Con mucho entusiasmo, Pablo recordó la respuesta de los creyentes hacia él mismo y el mensaje del Evangelio durante su reciente visita allí, su anhelo de verlos de nuevo, y su regocijo cuando recibió un buen informe sobre ellos a través de Timoteo. Luego Pablo los alentó a su vez en medio de sus pruebas y persecuciones con la sorprendente noticia de que el Cristo vivo algún día regresaría.

Pablo, Silvano y Timoteo,

a la iglesia de los tesalonicenses que está en Dios el Padre y en el Señor Jesucristo:

Gracia y paz a ustedes.

Siempre damos gracias a Dios por todos ustedes cuando los mencionamos en nuestras oraciones. Los recordamos constantemente delante de nuestro Dios y Padre a causa de la obra realizada por su fe, el trabajo motivado por su amor, y la constancia sostenida por su esperanza en nuestro Señor Jesucristo.

Hermanos amados de Dios, sabemos que él los ha escogido, porque nuestro evangelio les llegó no sólo con palabras sino también con poder, es decir, con el Espíritu Santo y con profunda convicción. Como bien saben, estuvimos entre ustedes buscando su bien. Ustedes se hicieron imitadores nuestros y del Señor cuando, a pesar de mucho sufrimiento, recibieron el mensaje con la alegría que infunde el Espíritu Santo. De esta manera se constituyeron en ejemplo para todos los creyentes de Macedonia y de Acaya. Partiendo de ustedes, el mensaje del Señor se ha proclamado no sólo en Macedonia y en Acaya sino en todo lugar; a tal punto se ha divulgado su fe en Dios que ya no es necesario que nosotros digamos nada. Ellos mismos cuentan de lo bien que ustedes nos recibieron, y de cómo se convirtieron a Dios dejando los ídolos para servir al Dios vivo y verdadero, y esperar del cielo a Jesús, su Hijo a quien resucitó, que nos libra del castigo venidero.

Hermanos, bien saben que nuestra visita a ustedes no fue un fracaso. Y saben también que, a pesar de las aflicciones e insultos que antes sufrimos en Filipos, cobramos confianza en nuestro Dios y nos atrevimos a comunicarles el evangelio en medio de una gran lucha. Nuestra predicación no se origina en el error ni en malas intenciones, ni procura engañar a nadie. Al contrario, hablamos como hombres a quienes Dios aprobó y les confió el evangelio: no tratamos de agradar a la gente sino a Dios, que examina nuestro corazón. Como saben, nunca hemos recurrido a las adulaciones ni a las excusas para obtener dinero; Dios es testigo. Tampoco hemos buscado honores de nadie; ni de ustedes ni de otros. Aunque como apóstoles de Cristo hubiéramos podido ser exigentes con ustedes, los tratamos con delicadeza.

Como una madre que amamanta y cuida a sus hijos, así nosotros, por el cariño que les tenemos, nos deleitamos en compartir con ustedes no sólo el evangelio de Dios sino también nuestra vida. ¡Tanto llegamos a quererlos!

Nosotros, hermanos, luego de estar separados de ustedes por algún tiempo, en lo físico pero no en lo espiritual, con ferviente anhelo hicimos todo lo humanamente posible por ir a verlos. Sí, deseábamos visitarlos —yo mismo, Pablo, más de una vez intenté ir—, pero Satanás nos lo impidió. En resumidas cuentas, ¿cuál es nuestra esperanza, alegría o motivo de orgullo delante de nuestro Señor Jesús para cuando él venga? ¿Quién más sino ustedes? Sí, ustedes son nuestro orgullo y alegría.

Por tanto, cuando ya no pudimos soportarlo más, pensamos que era mejor quedarnos solos en Atenas. Así que les enviamos a Timoteo, hermano nuestro y colaborador de Dios en el evangelio de Cristo, con el fin de afianzarlos y animarlos en la fe para que nadie fuera perturbado por estos sufrimientos. Ustedes mismos saben que se nos destinó para esto, pues cuando estábamos con ustedes les advertimos que íbamos a padecer sufrimientos. Y así sucedió. Por eso, cuando ya no pude soportarlo más, mandé a Timoteo a indagar acerca de su fe, no fuera que el tentador los hubiera inducido a hacer lo malo y que nuestro trabajo hubiera sido en vano.

Ahora Timoteo acaba de volver de Tesalónica con buenas noticias de la fe y del amor de ustedes. Nos dice que conservan gratos recuerdos de nosotros y que tienen muchas ganas de vernos, tanto como nosotros a ustedes. Por eso, hermanos, en medio de todas nuestras angustias y sufrimientos ustedes nos han dado ánimo por su fe. ¡Ahora sí que vivimos al saber que están firmes en el Señor! ¿Cómo podemos agradecer bastante a nuestro Dios por ustedes y por toda la alegría que nos han proporcionado delante de él? Día y noche le suplicamos que nos permita verlos de nuevo para suplir lo que le falta a su fe.

Que el Dios y Padre nuestro, y nuestro Señor Jesús, nos preparen el camino para ir a verlos. Que el Señor los haga crecer para que se amen más y más unos a otros, y a todos, tal como nosotros los amamos a ustedes. Que los fortalezca interiormente para que, cuando nuestro Señor Jesús venga con todos sus santos, la santidad de ustedes sea intachable delante de nuestro Dios y Padre.

El Señor mismo descenderá del cielo con voz de mando, con voz de arcángel y con trompeta de Dios, y los muertos en Cristo resucitarán primero. Luego los que estemos vivos, los que hayamos quedado, seremos arrebatados junto con ellos en las nubes para encontrarnos con el Señor en el aire. Y así estaremos con el Señor para siempre. Por lo tanto, anímense unos a otros con estas palabras.

Estén siempre alegres, oren sin cesar, den gracias a Dios en toda situación, porque esta es su voluntad para ustedes en Cristo Jesús.

No apaguen el Espíritu, no desprecien las profecías, sométanlo todo a prueba, aférrense a lo bueno, eviten toda clase de mal.

Que Dios mismo, el Dios de paz, los santifique[3] por completo, y conserve todo su ser —espíritu, alma y cuerpo— irreprochable para la venida de nuestro Señor Jesucristo. El que los llama es fiel, y así lo hará.

Hermanos, oren también por nosotros. Saluden a todos los hermanos

---

[3]**Santifique, santificación:** El proceso de crecer continuamente hacia Dios y asemejarse a sus características. La santificación es esencial para la vida cristiana como prueba espiritual de la decisión hecha en el momento de la salvación.

con un beso santo. Les encargo delante del Señor que lean esta carta a todos los hermanos.

Que la gracia de nuestro Señor Jesucristo sea con ustedes.

Si alguna vez hubo un lugar hostil al camino de santidad, fe y alegría de Jesús, fue la ciudad de Corinto. El paganismo se había apoderado de esta ciudad cosmopolita, con su insaciable vida nocturna y sus mercados de alta categoría. Sin embargo, el mensaje de Pablo era firme y seguro: una vez que hayas explorado toda la sabiduría humana elaborada por las mejores mentes de Grecia, aún quedan problemas que solo Jesucristo puede resolver. Las habilidades para el debate de Pablo y sus conocimientos enciclopédicos de las leyes romanas y religiosas lo ayudaron a superar los cargos insignificantes que los líderes judíos hicieron contra él. Ya sea de pie en la sinagoga o la plaza pública, Pablo hablaba de lo que sabía: Jesús, muerto y resucitado, es la clave para alcanzar el gozo del cielo, solo él llena el vacío de Dios en cada corazón.

Mientras Galión era gobernador de Acaya, los judíos a una atacaron a Pablo y lo condujeron al tribunal. —Este hombre —denunciaron ellos— anda persuadiendo a la gente a adorar a Dios de una manera que va en contra de nuestra ley.

Pablo ya iba a hablar cuando Galión les dijo: —Si ustedes los judíos estuvieran entablando una demanda sobre algún delito o algún crimen grave, sería razonable que los escuchara. Pero como se trata de cuestiones de palabras, de nombres y de su propia ley, arréglense entre ustedes. No quiero ser juez de tales cosas. Así que mandó que los expulsaran del tribunal. Entonces se abalanzaron todos sobre Sóstenes, el jefe de la sinagoga, y lo golpearon delante del tribunal. Pero Galión no le dio ninguna importancia al asunto.

Pablo permaneció en Corinto algún tiempo más. Después se despidió de los hermanos y emprendió el viaje rumbo a Siria, acompañado de Priscila y Aquila. En Cencreas, antes de embarcarse, se hizo rapar la cabeza a causa de un voto que había hecho. Al llegar a Éfeso, Pablo se separó de sus acompañantes y entró en la sinagoga, donde se puso a discutir con los judíos. Éstos le pidieron que se quedara más tiempo con ellos. Él no accedió, pero al despedirse les prometió: «Ya volveré, si Dios quiere.» Y zarpó de Éfeso. Cuando desembarcó en Cesarea, subió a Jerusalén a saludar a la iglesia y luego bajó a Antioquía.

Después de pasar algún tiempo allí, Pablo se fue a visitar una por una las congregaciones de Galacia y Frigia, animando a todos los discípulos.

Por aquel entonces llegó a Éfeso un judío llamado Apolos, natural de Alejandría. Era un hombre ilustrado y convincente en el uso de las Escrituras. Había sido instruido en el camino del Señor, y con gran fervor hablaba y enseñaba con la mayor exactitud acerca de Jesús, aunque conocía sólo el bautismo de Juan. Comenzó a hablar valientemente en la sinagoga. Al oírlo Priscila y Aquila, lo tomaron a su cargo y le explicaron con mayor precisión el camino de Dios.

Como Apolos quería pasar a Acaya, los hermanos lo animaron y les escribieron a los discípulos de allá para que lo recibieran. Cuando llegó, ayudó mucho a quienes por la gracia habían creído, pues refutaba vigorosamente en público a los judíos, demostrando por las Escrituras que Jesús es el Mesías.

En todos los lugares a los que viajó, Pablo vio el poder de Dios obrando en la vida de las personas. En algunos lugares fue testigo de progresos espirituales cuando muchas personas creyeron; en cambio, en otros lugares resultó perseguido o golpeado. Siempre confiaba en que Dios produciría de todo algo bueno. Aunque Pablo fue un misionero y viajero incansable, se quedaba por largos períodos de tiempo ministrando en algunas grandes ciudades estratégicas. Este fue el caso de Antioquía y Corinto. Y ahora el Apóstol estaba por pasar más de dos años en Éfeso, el centro comercial principal de Asia Menor y guardián del templo de Artemisa (el nombre griego de la diosa romana Diana), una edificación que constituyó una de las siete maravillas del mundo antiguo.

Mientras Apolos estaba en Corinto, Pablo recorrió las regiones del interior y llegó a Éfeso.

Pablo entró en la sinagoga y habló allí con toda valentía durante tres meses. Discutía acerca del reino de Dios, tratando de convencerlos, pero algunos se negaron obstinadamente a creer, y ante la congregación hablaban mal del Camino. Así que Pablo se alejó de ellos y formó un grupo aparte con los discípulos; y a diario debatía en la escuela de Tirano. Esto continuó por espacio de dos años, de modo que todos los judíos y los griegos que vivían en la provincia de Asia llegaron a escuchar la palabra del Señor.

Dios hacía milagros extraordinarios por medio de Pablo, a tal grado que a los enfermos les llevaban pañuelos y delantales que habían tocado el cuerpo de Pablo, y quedaban sanos de sus enfermedades, y los espíritus malignos salían de ellos.

Unos judíos que andaban expulsando espíritus malignos intentaron invocar sobre los endemoniados el nombre del Señor Jesús. Decían: «¡En el nombre de Jesús, a quien Pablo predica, les ordeno que salgan!» Esto lo hacían siete hijos de un tal Esceva, que era uno de los jefes de los sacerdotes judíos. Un día el espíritu maligno les replicó: «Conozco a Jesús, y sé quién es Pablo, pero ustedes ¿quiénes son?» Y abalanzándose sobre ellos, el hombre que tenía el espíritu maligno los dominó a todos. Los maltrató con tanta violencia que huyeron de la casa desnudos y heridos.

Cuando se enteraron los judíos y los griegos que vivían en Éfeso, el temor se apoderó de todos ellos, y el nombre del Señor Jesús era glorificado. Muchos de los que habían creído llegaban ahora y confesaban públicamente sus prácticas malvadas. Un buen número de los que practicaban la hechicería juntaron sus libros en un montón y los quemaron delante de todos. Cuando calcularon el precio de aquellos libros, resultó un total de cincuenta mil monedas de plata.[4] Así la palabra del Señor crecía y se difundía con poder arrollador.

Por aquellos días se produjo un gran disturbio a propósito del Camino. Un platero llamado Demetrio, que hacía figuras en plata del templo de Artemisa, proporcionaba a los artesanos no poca ganancia. Los reunió con otros obreros del ramo, y les dijo: —Compañeros, ustedes saben que obtenemos buenos ingresos de este oficio. Les consta además que el tal Pablo ha logrado persuadir a mucha gente, no sólo en Éfeso sino en casi toda la provincia de Asia. Él sostiene que no son dioses los que se hacen con las manos. Ahora bien, no sólo hay el peligro de que se desprestigie nuestro oficio, sino también de que el templo de la gran diosa Artemisa sea menospreciado, y que la diosa misma, a quien adoran toda la provincia de Asia y el mundo entero, sea despojada de su divina majestad.

Al oír esto, se enfurecieron y comenzaron a gritar: —¡Grande es Artemisa de los efesios! En seguida toda la ciudad se alborotó. La turba en masa se precipitó en el teatro, arrastrando a Gayo y a Aristarco, compañeros de viaje de Pablo, que eran de Macedonia. Pablo quiso presentarse ante la multitud, pero los discípulos no se lo permitieron. Incluso

---

[4]**Cincuenta mil monedas de plata:** el valor aproximado a un día de salario.

algunas autoridades de la provincia, que eran amigos de Pablo, le enviaron un recado, rogándole que no se arriesgara a entrar en el teatro.

Había confusión en la asamblea. Cada uno gritaba una cosa distinta, y la mayoría ni siquiera sabía para qué se habían reunido. Los judíos empujaron a un tal Alejandro hacia adelante, y algunos de entre la multitud lo sacaron para que tomara la palabra. Él agitó la mano para pedir silencio y presentar su defensa ante el pueblo.

Pero cuando se dieron cuenta de que era judío, todos se pusieron a gritar al unísono como por dos horas: —¡Grande es Artemisa de los efesios!

El secretario del concejo municipal logró calmar a la multitud y dijo: —Ciudadanos de Éfeso, ¿acaso no sabe todo el mundo que la ciudad de Éfeso es guardiana del templo de la gran Artemisa y de su estatua bajada del cielo? Ya que estos hechos son innegables, es preciso que ustedes se calmen y no hagan nada precipitadamente. Ustedes han traído a estos hombres, aunque ellos no han cometido ningún sacrilegio ni han blasfemado contra nuestra diosa. Así que si Demetrio y sus compañeros de oficio tienen alguna queja contra alguien, para eso hay tribunales y gobernadores. Vayan y presenten allí sus acusaciones unos contra otros. Si tienen alguna otra demanda, que se resuelva en legítima asamblea. Tal y como están las cosas, con los sucesos de hoy corremos el riesgo de que nos acusen de causar disturbios. ¿Qué razón podríamos dar de este alboroto, si no hay ninguna? Dicho esto, despidió la asamblea.

Cuando cesó el alboroto, Pablo mandó llamar a los discípulos y, después de animarlos, se despidió y salió rumbo a Macedonia.

Acercándose al final de más de dos años en Éfeso, Pablo escribió una carta muy directa a los cristianos de Corinto. Aunque esta no fue la primera carta que les escribió, la conocemos como «Primera de Corintios», ya que es la primera de las dos cartas de Pablo a los corintios que se encuentran en el Nuevo Testamento. En la ciudad de Corinto, los seguidores de Jesús trabajaron arduamente para mantener la fe. La adoración a los ídolos era popular, ya que Corinto albergaba al menos una docena de templos paganos. En un tiempo, más de mil prostitutas «oficiaban» en solo el templo de Afrodita. Vivir practicando la verdad no era fácil. Y por desgracia, en vez de hacerle frente a los desafíos de su cultura como un «cuerpo» unido, los creyentes de Corinto se hallaban fragmentados en facciones. La carta de Pablo les habló con elocuencia de los problemas que ellos enfrentaban, concluyendo con un recordatorio de que Cristo había triunfado sobre la muerte.

Pablo, llamado por la voluntad de Dios a ser apóstol de Cristo Jesús, y nuestro hermano Sóstenes,

a la iglesia de Dios que está en Corinto, a los que han sido santificados en Cristo Jesús y llamados a ser su santo pueblo, junto con todos los que en todas partes invocan el nombre de nuestro Señor Jesucristo, Señor de ellos y de nosotros:

Que Dios nuestro Padre y el Señor Jesucristo les concedan gracia y paz.

Les suplico, hermanos, en el nombre de nuestro Señor Jesucristo, que todos vivan en armonía y que no haya divisiones entre ustedes, sino que se mantengan unidos en un mismo pensar y en un mismo propósito. Digo esto, hermanos míos, porque algunos de la familia de Cloé me han informado que hay rivalidades entre ustedes. Me refiero a que unos dicen: «Yo sigo a Pablo»; otros afirman: «Yo, a Apolos»; otros: «Yo, a Cefas»;[5] y otros: «Yo, a Cristo.»

¡Cómo! ¿Está dividido Cristo? ¿Acaso Pablo fue crucificado por ustedes? ¿O es que fueron bautizados en el nombre de Pablo?

Yo, hermanos, no pude dirigirme a ustedes como a espirituales sino como a inmaduros, apenas niños en Cristo. Les di leche porque no podían asimilar alimento sólido, ni pueden todavía, pues aún son inmaduros. Mientras haya entre ustedes celos y contiendas, ¿no serán inmaduros? ¿Acaso no se están comportando según criterios meramente humanos? Cuando uno afirma: «Yo sigo a Pablo», y otro: «Yo sigo a Apolos», ¿no es porque están actuando con criterios humanos?

Después de todo, ¿qué es Apolos? ¿Y qué es Pablo? Nada más que servidores por medio de los cuales ustedes llegaron a creer, según lo que el Señor le asignó a cada uno. Yo sembré, Apolos regó, pero Dios ha dado el crecimiento. Así que no cuenta ni el que siembra ni el que riega, sino sólo Dios, quien es el que hace crecer. El que siembra y el que riega están al mismo nivel, aunque cada uno será recompensado según su propio trabajo. En efecto, nosotros somos colaboradores al servicio de Dios; y ustedes son el campo de cultivo de Dios, son el edificio de Dios.

---

[5]**Cefas:** Es decir, Pedro.

Según la gracia que Dios me ha dado, yo, como maestro constructor, eché los cimientos, y otro construye sobre ellos. Pero cada uno tenga cuidado de cómo construye, porque nadie puede poner un fundamento diferente del que ya está puesto, que es Jesucristo.

Por lo tanto, ¡que nadie base su orgullo en el hombre! Al fin y al cabo, todo es de ustedes, ya sea Pablo, o Apolos, o Cefas, o el universo, o la vida, o la muerte, o lo presente o lo por venir; todo es de ustedes, y ustedes son de Cristo, y Cristo es de Dios.

Por carta ya les he dicho que no se relacionen con personas inmorales. Por supuesto, no me refería a la gente inmoral de este mundo, ni a los avaros, estafadores o idólatras. En tal caso, tendrían ustedes que salirse de este mundo. Pero en esta carta quiero aclararles que no deben relacionarse con nadie que, llamándose hermano, sea inmoral o avaro, idólatra, calumniador, borracho o estafador. Con tal persona ni siquiera deben juntarse para comer.

¿Acaso me toca a mí juzgar a los de afuera? ¿No son ustedes los que deben juzgar a los de adentro? Dios juzgará a los de afuera.

Huyan de la inmoralidad sexual. Todos los demás pecados que una persona comete quedan fuera de su cuerpo; pero el que comete inmoralidades sexuales peca contra su propio cuerpo. ¿Acaso no saben que su cuerpo es templo del Espíritu Santo, quien está en ustedes y al que han recibido de parte de Dios? Ustedes no son sus propios dueños; fueron comprados por un precio. Por tanto, honren con su cuerpo a Dios.

Por tanto, mis queridos hermanos, huyan de la idolatría. Me dirijo a personas sensatas; juzguen ustedes mismos lo que digo. Esa copa de bendición por la cual damos gracias, ¿no significa que entramos en comunión con la sangre de Cristo? Ese pan que partimos, ¿no significa que entramos en comunión con el cuerpo de Cristo? Hay un solo pan del cual todos participamos; por eso, aunque somos muchos, formamos un solo cuerpo.

Consideren al pueblo de Israel como tal: ¿No entran en comunión con el altar los que comen de lo sacrificado? ¿Qué quiero decir con esta comparación? ¿Que el sacrificio que los gentiles ofrecen a los ídolos sea algo, o que el ídolo mismo sea algo? No, sino que cuando ellos ofrecen sacrificios, lo hacen para los demonios, no para Dios, y no quiero que ustedes entren en comunión con los demonios. No pueden beber de la copa del Señor y también de la copa de los demonios; no pueden participar de la mesa del Señor y también de la mesa de los demonios.

En cuanto a los dones espirituales, hermanos, quiero que entiendan bien este asunto.

Ahora bien, hay diversos dones, pero un mismo Espíritu. Hay diversas maneras de servir, pero un mismo Señor. Hay diversas funciones, pero es un mismo Dios el que hace todas las cosas en todos.

De hecho, aunque el cuerpo es uno solo, tiene muchos miembros, y todos los miembros, no obstante ser muchos, forman un solo cuerpo. Así sucede con Cristo. Todos fuimos bautizados por un solo Espíritu para constituir un solo cuerpo —ya seamos judíos o gentiles, esclavos o libres—, y a todos se nos dio a beber de un mismo Espíritu. Ahora bien, el cuerpo no consta de un solo miembro sino de muchos.

Si el pie dijera: «Como no soy mano, no soy del cuerpo», no por eso dejaría de ser parte del cuerpo. Y si la oreja dijera: «Como no soy ojo, no soy del cuerpo», no por eso dejaría de ser parte del cuerpo. Si todo el cuerpo fuera ojo, ¿qué sería del oído? Si todo el cuerpo fuera oído, ¿qué sería del olfato? En realidad, Dios colocó cada miembro del cuerpo como mejor le pareció.

Ahora bien, ustedes son el cuerpo de Cristo, y cada uno es miembro de ese cuerpo.

Si hablo en lenguas humanas y angelicales, pero no tengo amor, no soy más que un metal que resuena o un platillo que hace ruido. Si tengo el don de profecía y entiendo todos los misterios y poseo todo conocimiento, y si tengo una fe que logra trasladar montañas, pero me falta el amor, no soy nada. Si reparto entre los pobres todo lo que poseo, y si entrego mi cuerpo para que lo consuman las llamas, pero no tengo amor, nada gano con eso.

El amor es paciente, es bondadoso. El amor no es envidioso ni jactancioso ni orgulloso. No se comporta con rudeza, no es egoísta, no se enoja fácilmente, no guarda rencor. El amor no se deleita en la maldad sino que se regocija con la verdad. Todo lo disculpa, todo lo cree, todo lo espera, todo lo soporta.

Ahora, hermanos, quiero recordarles el evangelio que les prediqué, el mismo que recibieron y en el cual se mantienen firmes. Mediante este evangelio son salvos, si se aferran a la palabra que les prediqué. De otro modo, habrán creído en vano.

Porque ante todo les transmití a ustedes lo que yo mismo recibí: que Cristo murió por nuestros pecados según las Escrituras, que fue sepultado, que resucitó al tercer día según las Escrituras, y que se apareció a Cefas, y luego a los doce. Después se apareció a más de quinientos hermanos a la vez, la mayoría de los cuales vive todavía, aunque algunos han muerto. Luego se apareció a Jacobo, más tarde a todos los apóstoles, y por último, como a uno nacido fuera de tiempo,[6] se me apareció también a mí.

Admito que yo soy el más insignificante de los apóstoles y que ni siquiera merezco ser llamado apóstol, porque perseguí a la iglesia de Dios. Pero por la gracia de Dios soy lo que soy, y la gracia que él me concedió no fue infructuosa. Al contrario, he trabajado con más tesón que todos ellos, aunque no yo sino la gracia de Dios que está conmigo. En fin, ya sea que se trate de mí o de ellos, esto es lo que predicamos, y esto es lo que ustedes han creído.

Ahora bien, si se predica que Cristo ha sido levantado de entre los muertos, ¿cómo dicen algunos de ustedes que no hay resurrección? Si no hay resurrección, entonces ni siquiera Cristo ha resucitado. Y si Cristo no ha resucitado, nuestra predicación no sirve para nada, como tampoco la fe de ustedes. Aun más, resultaríamos falsos testigos de Dios por haber testificado que Dios resucitó a Cristo, lo cual no habría sucedido, si en verdad los muertos no resucitan. Porque si los muertos no resucitan, tampoco Cristo ha resucitado. Y si Cristo no ha resucitado, la fe de ustedes es ilusoria y todavía están en sus pecados. En este caso, también están perdidos los que murieron en Cristo. Si la esperanza que tenemos en Cristo fuera sólo para esta vida, seríamos los más desdichados de todos los mortales.

Lo cierto es que Cristo ha sido levantado de entre los muertos, como primicias de los que murieron. De hecho, ya que la muerte vino por medio de un hombre, también por medio de un hombre viene la resurrección de los muertos. Pues así como en Adán todos mueren, también en Cristo todos volverán a vivir, pero cada uno en su debido orden: Cristo,

---

[6]**Nacido fuera de tiempo:** Es decir, Pablo no formaba parte del grupo original de los apóstoles y no había vivido con Cristo, como los otros lo habían hecho.

las primicias; después, cuando él venga, los que le pertenecen. Entonces vendrá el fin, cuando él entregue el reino a Dios el Padre, luego de destruir todo dominio, autoridad y poder. Porque es necesario que Cristo reine hasta poner a todos sus enemigos debajo de sus pies.

Fíjense bien en el misterio que les voy a revelar: No todos moriremos, pero todos seremos transformados, en un instante, en un abrir y cerrar de ojos, al toque final de la trompeta. Pues sonará la trompeta y los muertos resucitarán con un cuerpo incorruptible, y nosotros seremos transformados. Porque lo corruptible tiene que revestirse de lo incorruptible, y lo mortal, de inmortalidad. Cuando lo corruptible se revista de lo incorruptible, y lo mortal, de inmortalidad, entonces se cumplirá lo que está escrito: «La muerte ha sido devorada por la victoria.»

«¿Dónde está, oh muerte, tu victoria?
¿Dónde está, oh muerte, tu aguijón?»

El aguijón de la muerte es el pecado, y el poder del pecado es la ley. ¡Pero gracias a Dios, que nos da la victoria por medio de nuestro Señor Jesucristo!

Por lo tanto, mis queridos hermanos, manténganse firmes e inconmovibles, progresando siempre en la obra del Señor, conscientes de que su trabajo en el Señor no es en vano.

Las iglesias de la provincia de Asia les mandan saludos. Aquila y Priscila los saludan cordialmente en el Señor, como también la iglesia que se reúne en la casa de ellos. Todos los hermanos les mandan saludos. Salúdense unos a otros con un beso santo.

Yo, Pablo, escribo este saludo de mi puño y letra.
Si alguno no ama al Señor, quede bajo maldición. ¡*Marana ta!*
Que la gracia del Señor Jesús sea con ustedes.
Los amo a todos ustedes en Cristo Jesús. Amén.

¿Cómo agrada una persona a Dios? Muchas religiones enseñan que hay que apaciguar a Dios o a otros dioses con ofrendas rituales o supersticiosas. Sin embargo, la historia de Dios elimina nuestra lista de quehaceres. La fe en Cristo es el camino de Dios para nosotros, y el gozo en Jesús es lo que Dios pide de nuestra

parte. Cuando las personas religiosas se convierten en seguidores de Cristo, son liberadas del pecado y los rituales legalistas.

Los cristianos en Galacia estaban siendo influenciados por los judíos cristianos que creían que varias de las prácticas ceremoniales del judaísmo eran obligatorias para los seguidores de Jesús. Pablo les escribió a las iglesias en esta parte de Asia Menor para advertirles que en realidad estaban abandonando a Dios y anunciando un falso evangelio. Él proclamó fuertemente que las personas no podían ser salvadas por la realización de buenas obras en general, o por adherirse a la Ley de Moisés en particular. Tenemos que llegar a Dios confiando solo en Cristo. Solo entonces experimentaremos la libertad.

Pablo, apóstol, no por investidura ni mediación humanas, sino por Jesucristo y por Dios Padre, que lo levantó de entre los muertos; y todos los hermanos que están conmigo,

a las iglesias de Galacia:

Que Dios nuestro Padre y el Señor Jesucristo les concedan gracia y paz. Jesucristo dio su vida por nuestros pecados para rescatarnos de este mundo malvado, según la voluntad de nuestro Dios y Padre, a quien sea la gloria por los siglos de los siglos. Amén.

Me asombra que tan pronto estén dejando ustedes a quien los llamó por la gracia de Cristo, para pasarse a otro evangelio. No es que haya otro evangelio, sino que ciertos individuos están sembrando confusión entre ustedes y quieren tergiversar el evangelio de Cristo. Pero aun si alguno de nosotros o un ángel del cielo les predicara un evangelio distinto del que les hemos predicado, ¡que caiga bajo maldición! Como ya lo hemos dicho, ahora lo repito: si alguien les anda predicando un evangelio distinto del que recibieron, ¡que caiga bajo maldición!

¡Gálatas torpes! ¿Quién los ha hechizado a ustedes, ante quienes Jesucristo crucificado ha sido presentado tan claramente? Sólo quiero que me respondan a esto: ¿Recibieron el Espíritu por las obras que demanda la ley, o por la fe con que aceptaron el mensaje? ¿Tan torpes son? Después de haber comenzado con el Espíritu, ¿pretenden ahora perfeccionarse con esfuerzos humanos? ¿Tanto sufrir, para nada? ¡Si es que de veras fue para nada! Al darles Dios su Espíritu y hacer milagros entre ustedes, ¿lo hace por las obras que demanda la ley o por la fe con que han aceptado el mensaje?

Todos los que viven por las obras que demanda la ley están bajo maldición, porque está escrito: «Maldito sea quien no practique fielmente todo lo que está escrito en el libro de la ley.» Ahora bien, es evidente que por la ley nadie es justificado delante de Dios, porque «el justo vivirá por la fe».

Antes de venir esta fe, la ley nos tenía presos, encerrados hasta que la fe se revelara. Así que la ley vino a ser nuestro guía encargado de conducirnos a Cristo, para que fuéramos justificados por la fe. Pero ahora que ha llegado la fe, ya no estamos sujetos al guía.

Todos ustedes son hijos de Dios mediante la fe en Cristo Jesús, porque todos los que han sido bautizados en Cristo se han revestido de Cristo. Ya no hay judío ni griego, esclavo ni libre, hombre ni mujer, sino que todos ustedes son uno solo en Cristo Jesús.

Cristo nos libertó para que vivamos en libertad. Por lo tanto, manténganse firmes y no se sometan nuevamente al yugo de esclavitud.

Les hablo así, hermanos, porque ustedes han sido llamados a ser libres; pero no se valgan de esa libertad para dar rienda suelta a sus pasiones. Más bien sírvanse unos a otros con amor.

Las obras de la naturaleza pecaminosa se conocen bien: inmoralidad sexual, impureza y libertinaje; idolatría y brujería; odio, discordia, celos, arrebatos de ira, rivalidades, disensiones, sectarismos y envidia; borracheras, orgías, y otras cosas parecidas. Les advierto ahora, como antes lo hice, que los que practican tales cosas no heredarán el reino de Dios.

En cambio, el fruto del Espíritu es amor, alegría, paz, paciencia, amabilidad, bondad, fidelidad, humildad y dominio propio. No hay ley que condene estas cosas. Los que son de Cristo Jesús han crucificado la naturaleza pecaminosa, con sus pasiones y deseos. Si el Espíritu nos da vida, andemos guiados por el Espíritu. No dejemos que la vanidad nos lleve a irritarnos y a envidiarnos unos a otros.

Hermanos, que la gracia de nuestro Señor Jesucristo sea con el espíritu de cada uno de ustedes. Amén.

Pablo nunca había visitado a la iglesia en Roma, que se componía tanto de judíos como de gentiles cristianos, aunque ciertamente la mayoría eran gentiles. Alrededor del año 57 d. C., les escribió una carta extraordinaria para estabilizar su comprensión de la historia de Dios acerca de Jesús el Mesías y darles valor en sus momentos de presión. Esta brillante carta indicaba las verdades fundamentales del cristianismo y respondía a preguntas difíciles sobre el pecado, la gracia, la ley judía y el eterno poder del amor de Dios.

Pablo, siervo de Cristo Jesús, llamado a ser apóstol, apartado para anunciar el evangelio de Dios, que por medio de sus profetas ya había prometido en las sagradas Escrituras. Este evangelio habla de su Hijo, que según la naturaleza humana era descendiente de David, pero que según el Espíritu de santidad fue designado con poder Hijo de Dios por la resurrección. Él es Jesucristo nuestro Señor.

Les escribo a todos ustedes, los amados de Dios que están en Roma, que han sido llamados a ser santos.

Que Dios nuestro Padre y el Señor Jesucristo les concedan gracia y paz.

A la verdad, no me avergüenzo del evangelio, pues es poder de Dios para la salvación de todos los que creen: de los judíos primeramente, pero también de los gentiles. De hecho, en el evangelio se revela la justicia que proviene de Dios, la cual es por fe de principio a fin, tal como está escrito: «El justo vivirá por la fe.»

Ahora bien, sabemos que todo lo que dice la ley, lo dice a quienes están sujetos a ella, para que todo el mundo se calle la boca y quede convicto delante de Dios. Por tanto, nadie será justificado en presencia de Dios por hacer las obras que exige la ley; más bien, mediante la ley cobramos conciencia del pecado.

Pero ahora, sin la mediación de la ley, se ha manifestado la justicia de Dios, de la que dan testimonio la ley y los profetas. Esta justicia de Dios llega, mediante la fe en Jesucristo, a todos los que creen. De hecho, no hay distinción, pues todos han pecado y están privados de la gloria de Dios, pero por su gracia son justificados gratuitamente mediante la redención[7] que Cristo Jesús efectuó. Dios lo ofreció como un sacrificio de expiación[8] que se recibe por la fe en su sangre, para así demostrar su justicia. Anteriormente, en su paciencia, Dios había pasado por alto los pecados; pero en el tiempo presente ha ofrecido a Jesucristo para manifestar su justicia. De este modo Dios es justo y, a la vez, el que justifica a los que tienen fe en Jesús.

¿Dónde, pues, está la jactancia? Queda excluida. ¿Por cuál principio? ¿Por el de la observancia de la ley? No, sino por el de la fe. Porque sostenemos que todos somos justificados por la fe, y no por las obras que la ley exige.

Entonces, ¿qué diremos en el caso de nuestro antepasado Abraham? En realidad, si Abraham hubiera sido justificado por las obras, habría tenido de qué jactarse, pero no delante de Dios. Pues ¿qué dice la Escritura? «Le creyó Abraham a Dios, y esto se le tomó en cuenta como justicia.»

Ahora bien, cuando alguien trabaja, no se le toma en cuenta el salario como un favor sino como una deuda. Sin embargo, al que no trabaja, sino que cree en el que justifica al malvado, se le toma en cuenta la fe como justicia. David dice lo mismo cuando habla de la dicha de aquel a quien Dios le atribuye justicia sin la mediación de las obras:

> «¡Dichosos aquellos
>> a quienes se les perdonan las transgresiones
>> y se les cubren los pecados!
> ¡Dichoso aquel
>> cuyo pecado el Señor no tomará en cuenta!»

En consecuencia, ya que hemos sido justificados mediante la fe, tenemos paz con Dios por medio de nuestro Señor Jesucristo. También por medio de él, y mediante la fe, tenemos acceso a esta gracia en la cual nos

---

[7] **Redención:** La liberación de la humanidad de la deuda debida a Dios por la desobediencia y el consiguiente restablecimiento de una relación con él.

[8] **Expiación:** Hacer compensación a Dios por los actos de maldad (pecado) a través de un sacrificio. En el Antiguo Testamento, las cosechas o el ganado, eran ofrecidos o sacrificados para la expiación; en el Nuevo Testamento, la muerte de Jesús fue el sacrificio que pagó por los pecados de su pueblo.

mantenemos firmes. Así que nos regocijamos en la esperanza de alcanzar la gloria de Dios. Y no sólo en esto, sino también en nuestros sufrimientos, porque sabemos que el sufrimiento produce perseverancia; la perseverancia, entereza de carácter; la entereza de carácter, esperanza. Y esta esperanza no nos defrauda, porque Dios ha derramado su amor en nuestro corazón por el Espíritu Santo que nos ha dado.

A la verdad, como éramos incapaces de salvarnos, en el tiempo señalado Cristo murió por los malvados. Difícilmente habrá quien muera por un justo, aunque tal vez haya quien se atreva a morir por una persona buena. Pero Dios demuestra su amor por nosotros en esto: en que cuando todavía éramos pecadores, Cristo murió por nosotros.

Y ahora que hemos sido justificados por su sangre, ¡con cuánta más razón, por medio de él, seremos salvados del castigo de Dios! Porque si, cuando éramos enemigos de Dios, fuimos reconciliados con él mediante la muerte de su Hijo, ¡con cuánta más razón, habiendo sido reconciliados, seremos salvados por su vida! Y no sólo esto, sino que también nos regocijamos en Dios por nuestro Señor Jesucristo, pues gracias a él ya hemos recibido la reconciliación.

Porque la paga del pecado es muerte, mientras que la dádiva de Dios es vida eterna en Cristo Jesús, nuestro Señor.

Por lo tanto, ya no hay ninguna condenación para los que están unidos a Cristo Jesús, pues por medio de él la ley del Espíritu de vida me ha liberado de la ley del pecado y de la muerte. En efecto, la ley no pudo liberarnos porque la naturaleza pecaminosa anuló su poder; por eso Dios envió a su propio Hijo en condición semejante a nuestra condición de pecadores, para que se ofreciera en sacrificio por el pecado. Así condenó Dios al pecado en la naturaleza humana, a fin de que las justas demandas de la ley se cumplieran en nosotros, que no vivimos según la naturaleza pecaminosa sino según el Espíritu.

Por tanto, hermanos, tenemos una obligación, pero no es la de vivir conforme a la naturaleza pecaminosa. Porque si ustedes viven conforme a ella, morirán; pero si por medio del Espíritu dan muerte a los malos hábitos del cuerpo, vivirán.

Porque todos los que son guiados por el Espíritu de Dios son hijos de Dios. Y ustedes no recibieron un espíritu que de nuevo los esclavice al miedo, sino el Espíritu que los adopta como hijos y les permite clamar:

«*¡Abba!*[9] ¡Padre!» El Espíritu mismo le asegura a nuestro espíritu que somos hijos de Dios. Y si somos hijos, somos herederos; herederos de Dios y coherederos con Cristo, pues si ahora sufrimos con él, también tendremos parte con él en su gloria.

De hecho, considero que en nada se comparan los sufrimientos actuales con la gloria que habrá de revelarse en nosotros.

Ahora bien, sabemos que Dios dispone todas las cosas para el bien de quienes lo aman, los que han sido llamados de acuerdo con su propósito.

¿Qué diremos frente a esto? Si Dios está de nuestra parte, ¿quién puede estar en contra nuestra? El que no escatimó ni a su propio Hijo, sino que lo entregó por todos nosotros, ¿cómo no habrá de darnos generosamente, junto con él, todas las cosas? ¿Quién acusará a los que Dios ha escogido? Dios es el que justifica. ¿Quién condenará? Cristo Jesús es el que murió, e incluso resucitó, y está a la derecha de Dios e intercede por nosotros. ¿Quién nos apartará del amor de Cristo? ¿La tribulación, o la angustia, la persecución, el hambre, la indigencia, el peligro, o la violencia? Así está escrito:

«Por tu causa siempre nos llevan a la muerte;
¡nos tratan como a ovejas para el matadero!»

Sin embargo, en todo esto somos más que vencedores por medio de aquel que nos amó. Pues estoy convencido de que ni la muerte ni la vida, ni los ángeles ni los demonios, ni lo presente ni lo por venir, ni los poderes, ni lo alto ni lo profundo, ni cosa alguna en toda la creación, podrá apartarnos del amor que Dios nos ha manifestado en Cristo Jesús nuestro Señor.

Por lo tanto, hermanos, tomando en cuenta la misericordia de Dios, les ruego que cada uno de ustedes, en adoración espiritual, ofrezca su cuerpo como sacrificio vivo, santo y agradable a Dios. No se amolden al mundo actual, sino sean transformados mediante la renovación de su mente. Así podrán comprobar cuál es la voluntad de Dios, buena, agradable y perfecta.

Por la gracia que se me ha dado, les digo a todos ustedes: Nadie tenga un concepto de sí más alto que el que debe tener, sino más bien piense

[9] **Abba:** palabra del arameo para Padre.

de sí mismo con moderación, según la medida de fe que Dios le haya dado. Pues así como cada uno de nosotros tiene un solo cuerpo con muchos miembros, y no todos estos miembros desempeñan la misma función, también nosotros, siendo muchos, formamos un solo cuerpo en Cristo, y cada miembro está unido a todos los demás. Tenemos dones diferentes, según la gracia que se nos ha dado. Si el don de alguien es el de profecía, que lo use en proporción con su fe; si es el de prestar un servicio, que lo preste; si es el de enseñar, que enseñe; si es el de animar a otros, que los anime; si es el de socorrer a los necesitados, que dé con generosidad; si es el de dirigir, que dirija con esmero; si es el de mostrar compasión, que lo haga con alegría.

…y como desde hace muchos años anhelo verlos, tengo planes de visitarlos cuando vaya rumbo a España. Espero que, después de que haya disfrutado de la compañía de ustedes por algún tiempo, me ayuden a continuar el viaje. Por ahora, voy a Jerusalén para llevar ayuda a los hermanos, ya que Macedonia y Acaya tuvieron a bien hacer una colecta para los hermanos pobres de Jerusalén. Lo hicieron de buena voluntad, aunque en realidad era su obligación hacerlo. Porque si los gentiles han participado de las bendiciones espirituales de los judíos, están en deuda con ellos para servirles con las bendiciones materiales. Así que, una vez que yo haya cumplido esta tarea y entregado en sus manos este fruto, saldré para España y de paso los visitaré a ustedes. Sé que, cuando los visite, iré con la abundante bendición de Cristo.

Les ruego, hermanos, por nuestro Señor Jesucristo y por el amor del Espíritu, que se unan conmigo en esta lucha y que oren a Dios por mí. Pídanle que me libre de caer en manos de los incrédulos que están en Judea, y que los hermanos de Jerusalén reciban bien la ayuda que les llevo. De este modo, por la voluntad de Dios, llegaré a ustedes con alegría y podré descansar entre ustedes por algún tiempo. El Dios de paz sea con todos ustedes. Amén.

Después de viajar a través de Macedonia y alentar a muchas personas allí, Pablo puso su mirada en Jerusalén. Él se sintió urgentemente obligado por Dios a regresar allí, a pesar de que tuvo el presentimiento de que le esperaban momentos difíciles. Lucas, el médico, viajó con Pablo en esta ocasión y registró en el libro de los Hechos una impresionante descripción en primera persona de sus últimas experiencias compartidas.

30

Los días finales de Pablo

Nosotros, por nuestra parte, nos embarcamos anticipadamente y zarpamos para Asón, donde íbamos a recoger a Pablo. Así se había planeado, ya que él iba a hacer esa parte del viaje por tierra. Cuando se encontró con nosotros en Asón, lo tomamos a bordo y fuimos a Mitilene. Desde allí zarpamos al día siguiente y llegamos frente a Quío. Al otro día cruzamos en dirección a Samos, y un día después llegamos a Mileto. Pablo había decidido pasar de largo a Éfeso para no demorarse en la provincia de Asia, porque tenía prisa por llegar a Jerusalén para el día de Pentecostés, si fuera posible.

Desde Mileto, Pablo mandó llamar a los ancianos de la iglesia de Éfeso. Cuando llegaron, les dijo: «Ustedes saben cómo me porté todo el tiempo que estuve con ustedes, desde el primer día que vine a la provincia de Asia. He servido al Señor con toda humildad y con lágrimas, a pesar de haber sido sometido a duras pruebas por las maquinaciones de los judíos. Ustedes saben que no he vacilado en predicarles nada que les fuera de provecho, sino que les he enseñado públicamente y en las casas. A judíos y a griegos les he instado a convertirse a Dios y a creer en nuestro Señor Jesús.

»Y ahora tengan en cuenta que voy a Jerusalén obligado por el Espíritu, sin saber lo que allí me espera. Lo único que sé es que en todas las ciudades el Espíritu Santo me asegura que me esperan prisiones y sufrimientos. Sin embargo, considero que mi vida carece de valor para mí mismo, con tal de que termine mi carrera y lleve a cabo el servicio que me ha encomendado el Señor Jesús, que es el de dar testimonio del evangelio de la gracia de Dios.

Primer encarcelamiento de Pablo en Roma	Segundo encarcelamiento de Pablo y ejecución	Juan exiliado en Patmos
d.C. 59–62	67–68	90–95

Para información completa sobre la cronología vea la página ix.

391

»Escuchen, yo sé que ninguno de ustedes, entre quienes he andado predicando el reino de Dios, volverá a verme. Por tanto, hoy les declaro que soy inocente de la sangre de todos, porque sin vacilar les he proclamado todo el propósito de Dios. Tengan cuidado de sí mismos y de todo el rebaño sobre el cual el Espíritu Santo los ha puesto como obispos para pastorear la iglesia de Dios, que él adquirió con su propia sangre.

Después de decir esto, Pablo se puso de rodillas con todos ellos y oró. Todos lloraban inconsolablemente mientras lo abrazaban y lo besaban. Lo que más los entristecía era su declaración de que ellos no volverían a verlo. Luego lo acompañaron hasta el barco.

Nosotros continuamos nuestro viaje en barco desde Tiro y arribamos a Tolemaida, donde saludamos a los hermanos y nos quedamos con ellos un día. Al día siguiente salimos y llegamos a Cesarea, y nos hospedamos en casa de Felipe el evangelista, que era uno de los siete; éste tenía cuatro hijas solteras que profetizaban.

Llevábamos allí varios días, cuando bajó de Judea un profeta llamado Ágabo. Éste vino a vernos y, tomando el cinturón de Pablo, se ató con él de pies y manos, y dijo: —Así dice el Espíritu Santo: "De esta manera atarán los judíos de Jerusalén al dueño de este cinturón, y lo entregarán en manos de los gentiles."

Al oír esto, nosotros y los de aquel lugar le rogamos a Pablo que no subiera a Jerusalén. —¿Por qué lloran? ¡Me parten el alma! —respondió Pablo—. Por el nombre del Señor Jesús estoy dispuesto no sólo a ser atado sino también a morir en Jerusalén. Como no se dejaba convencer, desistimos exclamando: —¡Que se haga la voluntad del Señor!

Después de esto, acabamos los preparativos y subimos a Jerusalén.

Frente a una advertencia tan fuerte como la palabra profética a través de Ágabo, la mayoría de las personas buscaría refugio lejos del peligro previsto. Sin embargo, Pablo tenía una vocación y no se acobardaría. Su sentido de seguridad personal le fue confiado solo a Dios. Al llegar a Jerusalén, Pablo fue calurosamente recibido por los creyentes allí, los cuales estaban ansiosos de escuchar lo que Dios había hecho entre los gentiles a través del ministerio de Pablo. Luego se trasladó al templo y sus enemigos vieron una oportunidad. Pablo pudo contar su historia una vez más, Jesús estaba vivo y se le había aparecido en una visión milagrosa en el camino a Damasco.

Unos judíos de la provincia de Asia vieron a Pablo en el templo. Alborotaron a toda la multitud y le echaron mano, gritando: «¡Israelitas! ¡Ayúdennos! Éste es el individuo que anda por todas partes enseñando a toda la gente contra nuestro pueblo, nuestra ley y este lugar. Además, hasta ha metido a unos griegos en el templo, y ha profanado este lugar santo.» Ya antes habían visto en la ciudad a Trófimo el efesio en compañía de Pablo, y suponían que Pablo lo había metido en el templo.

Toda la ciudad se alborotó. La gente se precipitó en masa, agarró a Pablo y lo sacó del templo a rastras, e inmediatamente se cerraron las puertas. Estaban por matarlo, cuando se le informó al comandante del batallón romano que toda la ciudad de Jerusalén estaba amotinada. En seguida tomó algunos centuriones con sus tropas, y bajó corriendo hacia la multitud. Al ver al comandante y a sus soldados, los amotinados dejaron de golpear a Pablo.

El comandante se abrió paso, lo arrestó y ordenó que lo sujetaran con dos cadenas. Luego preguntó quién era y qué había hecho. Entre la multitud cada uno gritaba una cosa distinta. Como el comandante no pudo averiguar la verdad a causa del alboroto, mandó que condujeran a Pablo al cuartel. Cuando Pablo llegó a las gradas, los soldados tuvieron que llevárselo en vilo debido a la violencia de la turba. El pueblo en masa iba detrás gritando: «¡Que lo maten!»

Cuando los soldados estaban a punto de meterlo en el cuartel, Pablo le preguntó al comandante: —¿Me permite decirle algo?

—¿Hablas griego? —replicó el comandante—. ¿No eres el egipcio que hace algún tiempo provocó una rebelión y llevó al desierto a cuatro mil guerrilleros?

—No, yo soy judío, natural de Tarso, una ciudad muy importante de Cilicia —le respondió Pablo—. Por favor, permítame hablarle al pueblo.

Con el permiso del comandante, Pablo se puso de pie en las gradas e hizo una señal con la mano a la multitud. Cuando todos guardaron silencio, les dijo en arameo: «Padres y hermanos, escuchen ahora mi defensa.»

Al oír que les hablaba en arameo, guardaron más silencio.

Pablo continuó: «Yo soy judío, nacido en Tarso de Cilicia, pero criado en esta ciudad. Bajo la tutela de Gamaliel recibí instrucción cabal en la ley de nuestros antepasados, y fui tan celoso de Dios como cualquiera de ustedes lo es hoy día. Perseguí a muerte a los seguidores de este Camino, arrestando y echando en la cárcel a hombres y mujeres por igual, y así lo pueden atestiguar el sumo sacerdote y todo el Consejo de ancianos. Incluso obtuve de parte de ellos cartas de extradición para nuestros hermanos judíos en Damasco, y fui allá con el fin de traer presos a Jerusalén a los que encontrara, para que fueran castigados.

»Sucedió que a eso del mediodía, cuando me acercaba a Damasco, una intensa luz del cielo relampagueó de repente a mi alrededor. Caí al suelo y oí una voz que me decía: "Saulo, Saulo, ¿por qué me persigues?"

"¿Quién eres, Señor?", pregunté.

"Yo soy Jesús de Nazaret, a quien tú persigues", me contestó él. Los que me acompañaban vieron la luz, pero no percibieron la voz del que me hablaba.

"¿Qué debo hacer, Señor?", le pregunté.

"Levántate —dijo el Señor—, y entra en Damasco. Allí se te dirá todo lo que se ha dispuesto que hagas." Mis compañeros me llevaron de la mano hasta Damasco porque el resplandor de aquella luz me había dejado ciego.

»Vino a verme un tal Ananías, hombre devoto que observaba la ley y a quien respetaban mucho los judíos que allí vivían. Se puso a mi lado y me dijo: "Hermano Saulo, ¡recibe la vista!" Y en aquel mismo instante recobré la vista y pude verlo.

Luego dijo: "El Dios de nuestros antepasados te ha escogido para que conozcas su voluntad, y para que veas al Justo y oigas las palabras de su boca. Tú le serás testigo ante toda persona de lo que has visto y oído. Y ahora, ¿qué esperas? Levántate, bautízate y lávate de tus pecados, invocando su nombre."

»Cuando volví a Jerusalén, mientras oraba en el templo tuve una visión y vi al Señor que me hablaba: "¡Date prisa! Sal inmediatamente de Jerusalén, porque no aceptarán tu testimonio acerca de mí."

"Señor —le respondí—, ellos saben que yo andaba de sinagoga en sinagoga encarcelando y azotando a los que creen en ti; y cuando se derramaba la sangre de tu testigo Esteban, ahí estaba yo, dando mi aprobación y cuidando la ropa de quienes lo mataban."

Pero el Señor me replicó: "Vete; yo te enviaré lejos, a los gentiles."»

La multitud estuvo escuchando a Pablo hasta que pronunció esas palabras. Entonces levantaron la voz y gritaron: «¡Bórralo de la tierra! ¡Ese tipo no merece vivir!»

Como seguían gritando, tirando sus mantos y arrojando polvo al aire, el comandante ordenó que metieran a Pablo en el cuartel. Mandó que lo interrogaran a latigazos con el fin de averiguar por qué gritaban así contra él. Cuando lo estaban sujetando con cadenas para azotarlo, Pablo le dijo al centurión que estaba allí: —¿Permite la ley que ustedes azoten a un ciudadano romano antes de ser juzgado?

Al oír esto, el centurión fue y avisó al comandante. —¿Qué va a hacer usted? Resulta que ese hombre es ciudadano romano.

El comandante se acercó a Pablo y le dijo: —Dime, ¿eres ciudadano romano?

—Sí, lo soy.

—A mí me costó una fortuna adquirir mi ciudadanía —le dijo el comandante.

—Pues yo la tengo de nacimiento —replicó Pablo.

Los que iban a interrogarlo se retiraron en seguida. Al darse cuenta de que Pablo era ciudadano romano, el comandante mismo se asustó de haberlo encadenado.

Al día siguiente, como el comandante quería saber con certeza de qué acusaban los judíos a Pablo, lo desató y mandó que se reunieran los jefes de los sacerdotes y el Consejo en pleno. Luego llevó a Pablo para que compareciera ante ellos.

Pablo se quedó mirando fijamente al Consejo y dijo: —Hermanos, hasta hoy yo he actuado delante de Dios con toda buena conciencia. Ante esto, el sumo sacerdote Ananías ordenó a los que estaban cerca de Pablo que lo golpearan en la boca. —¡Hipócrita, a usted también lo va a golpear Dios! —reaccionó Pablo—. ¡Ahí está sentado para juzgarme según la ley!, ¿y usted mismo viola la ley al mandar que me golpeen?

Los que estaban junto a Pablo le interpelaron: —¿Cómo te atreves a insultar al sumo sacerdote de Dios?

—Hermanos, no me había dado cuenta de que es el sumo sacerdote —respondió Pablo—; de hecho está escrito: "No hables mal del jefe de tu pueblo."

Pablo, sabiendo que unos de ellos eran saduceos y los demás fariseos, exclamó en el Consejo: —Hermanos, yo soy fariseo de pura cepa. Me están juzgando porque he puesto mi esperanza en la resurrección de los muertos. Apenas dijo esto, surgió un altercado entre los fariseos y los saduceos, y la asamblea quedó dividida. (Los saduceos sostienen que no hay resurrección, ni ángeles ni espíritus; los fariseos, en cambio, reconocen todo esto.)

Se produjo un gran alboroto, y algunos de los maestros de la ley que eran fariseos se pusieron de pie y protestaron. «No encontramos ningún delito en este hombre —dijeron—. ¿Acaso no podría haberle hablado un espíritu o un ángel?» Se tornó tan violento el altercado que el comandante tuvo miedo de que hicieran pedazos a Pablo. Así que ordenó a los soldados que bajaran para sacarlo de allí por la fuerza y llevárselo al cuartel.

A la noche siguiente el Señor se apareció a Pablo, y le dijo: «¡Ánimo! Así como has dado testimonio de mí en Jerusalén, es necesario que lo des también en Roma.»

Muy de mañana los judíos tramaron una conspiración y juraron bajo maldición no comer ni beber hasta que lograran matar a Pablo. Más de cuarenta hombres estaban implicados en esta conspiración. Se presentaron ante los jefes de los sacerdotes y los ancianos, y les dijeron: —Nosotros hemos jurado bajo maldición no comer nada hasta que logremos matar a Pablo. Ahora, con el respaldo del Consejo, pídanle al comandante que haga comparecer al reo ante ustedes, con el pretexto de obtener información más precisa sobre su caso. Nosotros estaremos listos para matarlo en el camino.

Pero cuando el hijo de la hermana de Pablo se enteró de esta emboscada, entró en el cuartel y avisó a Pablo.

Éste llamó entonces a uno de los centuriones y le pidió: —Lleve a este joven al comandante, porque tiene algo que decirle.

Así que el centurión lo llevó al comandante, y le dijo: —El preso Pablo me llamó y me pidió que le trajera este joven, porque tiene algo que decirle.

El comandante tomó de la mano al joven, lo llevó aparte y le preguntó: —¿Qué quieres decirme?

—Los judíos se han puesto de acuerdo para pedirle a usted que mañana lleve a Pablo ante el Consejo con el pretexto de obtener información más precisa acerca de él. No se deje convencer, porque más de cuarenta de ellos lo esperan emboscados. Han jurado bajo maldición no comer ni beber hasta que hayan logrado matarlo. Ya están listos; sólo aguardan a que usted les conceda su petición.

El comandante despidió al joven con esta advertencia: —No le digas a nadie que me has informado de esto.

Entonces el comandante llamó a dos de sus centuriones y les ordenó: —Alisten un destacamento de doscientos soldados de infantería, setenta de caballería y doscientos lanceros para que vayan a Cesarea esta noche a las nueve. Y preparen cabalgaduras para llevar a Pablo sano y salvo al gobernador Félix.

Además, escribió una carta en estos términos:

Claudio Lisias,

a su excelencia el gobernador Félix:

Saludos.

Los judíos prendieron a este hombre y estaban a punto de matarlo, pero yo llegué con mis soldados y lo rescaté, porque me había enterado de que es ciudadano romano. Yo quería saber de qué lo acusaban, así que lo llevé al Consejo judío. Descubrí que lo acusaban de algunas cuestiones de su ley, pero no había contra él cargo alguno que mereciera la muerte o la cárcel. Cuando me informaron que se tramaba una conspiración contra este hombre, decidí enviarlo a usted en seguida. También les ordené a sus acusadores que expongan delante de usted los cargos que tengan contra él.

Así que los soldados, según se les había ordenado, tomaron a Pablo y lo llevaron de noche hasta Antípatris. Al día siguiente dejaron que la caballería siguiera con él mientras ellos volvían al cuartel. Cuando la caballería llegó a Cesarea, le entregaron la carta al gobernador y le presentaron también a Pablo. Félix leyó la carta y le preguntó de qué provincia era. Al enterarse de que Pablo era de Cilicia, le dijo: «Te daré audiencia cuando lleguen tus acusadores.» Y ordenó que lo dejaran bajo custodia en el palacio de Herodes.

El arresto de Pablo no fue resultado de algún comportamiento criminal, y los años que pasó en espera de la justicia romana hubieran quebrantado a la mayoría de la gente. Ninguno de los funcionarios con los que se enfrentaba podía encontrar culpa en él (la acusación fue de sedición), sin embargo, ninguno lo pondría en libertad por temor a las repercusiones políticas. El gobernador romano Félix detuvo a Pablo en prisión en Cesarea durante dos años, llamándolo con frecuencia con la esperanza de que Pablo le ofreciera un soborno. Por último, Félix fue enviado de regreso a Roma por haber fallado, entre otras cosas, en el control de la insurrección local.

Los líderes judíos de inmediato le pidieron a Festo, el nuevo gobernador, la transferencia de Pablo desde Cesarea hasta Jerusalén. Pablo, un ciudadano romano, se vio obligado a ejercer su derecho de apelación al César a fin de evitar el grave peligro de ir a Jerusalén. A continuación, Pablo compareció ante el rey Herodes Agripa II. Agripa y Festo estaban de acuerdo en que Pablo no era culpable de ningún delito. Sin embargo, Pablo había hecho una apelación a César, por lo que sería la corte imperial romana la que finalmente tendría el privilegio de decidir en su caso.

La defensa de Pablo ante estas autoridades fue más una continuación de su trabajo en la vida que la petición de justicia de un acusado. ¡Pablo trató de mostrarles cuán importante era la fe en Jesús para ellos y para todos! Se negaron a responder, y Pablo fue colocado a bordo de un barco hacia Roma.

Cuando se decidió que navegáramos rumbo a Italia, entregaron a Pablo y a algunos otros presos a un centurión llamado Julio, que pertenecía al batallón imperial. Subimos a bordo de un barco, con matrícula de Adramitio, que estaba a punto de zarpar hacia los puertos de la provincia de Asia, y nos hicimos a la mar. Nos acompañaba Aristarco, un macedonio de Tesalónica.

Al día siguiente hicimos escala en Sidón; y Julio, con mucha amabilidad, le permitió a Pablo visitar a sus amigos para que lo atendieran. Desde Sidón zarpamos y navegamos al abrigo de Chipre, porque los vientos nos eran contrarios. Después de atravesar el mar frente a las costas de Cilicia y Panfilia, arribamos a Mira de Licia. Allí el centurión encontró un barco de Alejandría que iba para Italia, y nos hizo subir a bordo. Durante muchos días la navegación fue lenta, y a duras penas llegamos frente a Gnido. Como el viento nos era desfavorable para seguir el rumbo trazado, navegamos al amparo de Creta, frente a Salmona. Seguimos con dificultad a lo largo de la costa y llegamos a un lugar llamado Buenos Puertos, cerca de la ciudad de Lasea.

Se había perdido mucho tiempo, y era peligrosa la navegación por haber pasado ya la fiesta del ayuno. Así que Pablo les advirtió: «Señores, veo que nuestro viaje va a ser desastroso y que va a causar mucho perjuicio tanto para el barco y su carga como para nuestras propias vidas.» Pero el centurión, en vez de hacerle caso, siguió el consejo del timonel y del dueño del barco. Como el puerto no era adecuado para invernar, la mayoría decidió que debíamos seguir adelante, con la esperanza de llegar a Fenice, puerto de Creta que da al suroeste y al noroeste, y pasar allí el invierno.

Cuando comenzó a soplar un viento suave del sur, creyeron que podían conseguir lo que querían, así que levaron anclas y navegaron junto a la costa de Creta. Poco después se nos vino encima un viento huracanado, llamado Nordeste, que venía desde la isla. El barco quedó atrapado por la tempestad y no podía hacerle frente al viento, así que nos dejamos llevar a la deriva. Mientras pasábamos al abrigo de un islote llamado Cauda, a duras penas pudimos sujetar el bote salvavidas. Después de subirlo a bordo, amarraron con sogas todo el casco del barco para reforzarlo. Temiendo que fueran a encallar en los bancos de arena de la Sirte, echaron el ancla flotante y dejaron el barco a la deriva. Al día siguiente, dado que la tempestad seguía arremetiendo con mucha fuerza contra nosotros, comenzaron a arrojar la carga por la borda. Al tercer día, con sus propias manos arrojaron al mar los aparejos del barco. Como pasaron muchos días sin que aparecieran ni el sol ni las estrellas, y la tempestad seguía arreciando, perdimos al fin toda esperanza de salvarnos.

Llevábamos ya mucho tiempo sin comer, así que Pablo se puso en medio de todos y dijo: «Señores, debían haber seguido mi consejo y no haber zarpado de Creta; así se habrían ahorrado este perjuicio y esta pérdida. Pero ahora los exhorto a cobrar ánimo, porque ninguno de ustedes perderá la vida; sólo se perderá el barco. Anoche se me apareció un ángel del Dios a quien pertenezco y a quien sirvo, y me dijo: "No tengas miedo, Pablo. Tienes que comparecer ante el emperador; y Dios te ha concedido la vida de todos los que navegan contigo." Así que ¡ánimo, señores! Confío en Dios que sucederá tal y como se me dijo. Sin embargo, tenemos que encallar en alguna isla.»

Ya habíamos pasado catorce noches a la deriva por el mar Adriático,[1] cuando a eso de la medianoche los marineros presintieron que se aproximaban a tierra. Echaron la sonda y encontraron que el agua tenía unos treinta y siete metros de profundidad. Más adelante volvieron a echar la sonda y encontraron que tenía cerca de veintisiete metros de profundidad. Temiendo que fuéramos a estrellarnos contra las rocas, echaron cuatro anclas por la popa y se pusieron a rogar que amaneciera. En un intento por escapar del barco, los marineros comenzaron a bajar el bote salvavidas al mar, con el pretexto de que iban a echar algunas anclas desde la proa. Pero Pablo les advirtió al centurión y a los soldados: «Si ésos no se quedan en el barco, no podrán salvarse ustedes.» Así que los soldados cortaron las amarras del bote salvavidas y lo dejaron caer al agua.

---

[1] **Adriático:** En tiempos antiguos el nombre se refería a una zona que se extiende bastante al sur de Italia.

Estaba a punto de amanecer cuando Pablo animó a todos a tomar alimento: «Hoy hace ya catorce días que ustedes están con la vida en un hilo, y siguen sin probar bocado. Les ruego que coman algo, pues lo necesitan para sobrevivir. Ninguno de ustedes perderá ni un solo cabello de la cabeza.» Dicho esto, tomó pan y dio gracias a Dios delante de todos. Luego lo partió y comenzó a comer. Todos se animaron y también comieron. Éramos en total doscientas setenta y seis personas en el barco. Una vez satisfechos, aligeraron el barco echando el trigo al mar.

Cuando amaneció, no reconocieron la tierra, pero vieron una bahía que tenía playa, donde decidieron encallar el barco a como diera lugar. Cortaron las anclas y las dejaron caer en el mar, desatando a la vez las amarras de los timones. Luego izaron a favor del viento la vela de proa y se dirigieron a la playa. Pero el barco fue a dar en un banco de arena y encalló. La proa se encajó en el fondo y quedó varada, mientras la popa se hacía pedazos al embate de las olas.

Los soldados pensaron matar a los presos para que ninguno escapara a nado. Pero el centurión quería salvarle la vida a Pablo, y les impidió llevar a cabo el plan. Dio orden de que los que pudieran nadar saltaran primero por la borda para llegar a tierra, y de que los demás salieran valiéndose de tablas o de restos del barco. De esta manera todos llegamos sanos y salvos a tierra.

Una vez a salvo, nos enteramos de que la isla se llamaba Malta. Los isleños nos trataron con toda clase de atenciones. Encendieron una fogata y nos invitaron a acercarnos, porque estaba lloviendo y hacía frío. Sucedió que Pablo recogió un montón de leña y la estaba echando al fuego, cuando una víbora que huía del calor se le prendió en la mano. Al ver la serpiente colgada de la mano de Pablo, los isleños se pusieron a comentar entre sí: «Sin duda este hombre es un asesino, pues aunque se salvó del mar, la justicia divina no va a consentir que siga con vida.» Pero Pablo sacudió la mano y la serpiente cayó en el fuego, y él no sufrió ningún daño. La gente esperaba que se hinchara o cayera muerto de repente, pero después de esperar un buen rato y de ver que nada extraño le sucedía, cambiaron de parecer y decían que era un dios.

Cerca de allí había una finca que pertenecía a Publio, el funcionario principal de la isla. Éste nos recibió en su casa con amabilidad y nos hospedó durante tres días. El padre de Publio estaba en cama, enfermo con fiebre y disentería. Pablo entró a verlo y, después de orar, le impuso las manos y lo sanó. Como consecuencia de esto, los demás enfermos de la isla también acudían y eran sanados. Nos colmaron de muchas atenciones y nos proveyeron de todo lo necesario para el viaje.

Al cabo de tres meses en la isla, zarpamos en un barco que había invernado allí. Era una nave de Alejandría que tenía por insignia a los dioses Dióscuros. Hicimos escala en Siracusa, donde nos quedamos tres días. Desde allí navegamos bordeando la costa y llegamos a Regio. Al día siguiente se levantó el viento del sur, y al segundo día llegamos a Poteoli. Allí encontramos a algunos creyentes que nos invitaron a pasar una semana con ellos. Y por fin llegamos a Roma. Los hermanos de Roma, habiéndose enterado de nuestra situación, salieron hasta el Foro de Apio y Tres Tabernas a recibirnos. Al verlos, Pablo dio gracias a Dios y cobró ánimo. Cuando llegamos a Roma, a Pablo se le permitió tener su domicilio particular, con un soldado que lo custodiara.

Tres días más tarde, Pablo convocó a los dirigentes de los judíos. Cuando estuvieron reunidos, les dijo: —A mí, hermanos, a pesar de no haber hecho nada contra mi pueblo ni contra las costumbres de nuestros antepasados, me arrestaron en Jerusalén y me entregaron a los romanos. Éstos me interrogaron y quisieron soltarme por no ser yo culpable de ningún delito que mereciera la muerte. Cuando los judíos se opusieron, me vi obligado a apelar al emperador, pero no porque tuviera alguna acusación que presentar contra mi nación. Por este motivo he pedido verlos y hablar con ustedes. Precisamente por la esperanza de Israel estoy encadenado.

—Nosotros no hemos recibido ninguna carta de Judea que tenga que ver contigo —le contestaron ellos—, ni ha llegado ninguno de los hermanos de allá con malos informes o que haya hablado mal de ti. Pero queremos oír tu punto de vista, porque lo único que sabemos es que en todas partes se habla en contra de esa secta.

Señalaron un día para reunirse con Pablo, y acudieron en mayor número a la casa donde estaba alojado. Desde la mañana hasta la tarde estuvo explicándoles y testificándoles acerca del reino de Dios y tratando de convencerlos respecto a Jesús, partiendo de la ley de Moisés y de los profetas. Unos se convencieron por lo que él decía, pero otros se negaron a creer. No pudieron ponerse de acuerdo entre sí, y comenzaron a irse cuando Pablo añadió esta última declaración: «Con razón el Espíritu Santo les habló a sus antepasados por medio del profeta Isaías diciendo:

»"Ve a este pueblo y dile:
    'Por mucho que oigan, no entenderán;
        por mucho que vean, no percibirán.'

Porque el corazón de este pueblo se ha vuelto insensible;
se les han embotado los oídos,
y se les han cerrado los ojos.
De lo contrario, verían con los ojos,
oirían con los oídos,
entenderían con el corazón
y se convertirían, y yo los sanaría."

»Por tanto, quiero que sepan que esta salvación de Dios se ha enviado a los gentiles, y ellos sí escucharán.»

Durante dos años completos permaneció Pablo en la casa que tenía alquilada, y recibía a todos los que iban a verlo. Y predicaba el reino de Dios y enseñaba acerca del Señor Jesucristo sin impedimento y sin temor alguno.

Mientras que Pablo estaba bajo arresto domiciliario en Roma, a la espera de su juicio ante César, les escribió una carta a sus amados amigos de Éfeso. Esta carta probablemente tenía la intención de ser leída y distribuida en varias iglesias además de la de Éfeso. Era un apasionado reconocimiento del amor de Dios a través de Cristo Jesús y un llamado a todos los creyentes a vivir en unidad. Al acercarse la vida de Pablo a su fin, su corazón se desbordaba de alegría y alabanza ante la maravillosa historia de Dios y la redención en Jesús el Mesías.

Pablo, apóstol de Cristo Jesús por la voluntad de Dios,

a los santos y fieles en Cristo Jesús que están en Éfeso:

Que Dios nuestro Padre y el Señor Jesucristo les concedan gracia y paz.

Alabado sea Dios, Padre de nuestro Señor Jesucristo, que nos ha bendecido en las regiones celestiales con toda bendición espiritual en Cristo. Dios nos escogió en él antes de la creación del mundo, para que seamos santos y sin mancha delante de él. En amor nos predestinó para ser adoptados como hijos suyos por medio de Jesucristo, según el buen propósito de su voluntad, para alabanza de su gloriosa gracia, que nos concedió en su Amado. En él tenemos la redención mediante su sangre, el perdón de nuestros pecados, conforme a las riquezas de la gracia que

Dios nos dio en abundancia con toda sabiduría y entendimiento. Él nos hizo conocer el misterio de su voluntad conforme al buen propósito que de antemano estableció en Cristo, para llevarlo a cabo cuando se cumpliera el tiempo: reunir en él todas las cosas, tanto las del cielo como las de la tierra.

No he dejado de dar gracias por ustedes al recordarlos en mis oraciones. Pido que el Dios de nuestro Señor Jesucristo, el Padre glorioso, les dé el Espíritu de sabiduría y de revelación, para que lo conozcan mejor. Pido también que les sean iluminados los ojos del corazón para que sepan a qué esperanza él los ha llamado, cuál es la riqueza de su gloriosa herencia entre los santos, y cuán incomparable es la grandeza de su poder a favor de los que creemos. Ese poder es la fuerza grandiosa y eficaz que Dios ejerció en Cristo cuando lo resucitó de entre los muertos y lo sentó a su derecha en las regiones celestiales, muy por encima de todo gobierno y autoridad, poder y dominio, y de cualquier otro nombre que se invoque, no sólo en este mundo sino también en el venidero. Dios sometió todas las cosas al dominio de Cristo, y lo dio como cabeza de todo a la iglesia. Ésta, que es su cuerpo, es la plenitud de aquel que lo llena todo por completo.

En otro tiempo ustedes estaban muertos en sus transgresiones y pecados, en los cuales andaban conforme a los poderes de este mundo. Se conducían según el que gobierna las tinieblas, según el espíritu que ahora ejerce su poder en los que viven en la desobediencia. En ese tiempo también todos nosotros vivíamos como ellos, impulsados por nuestros deseos pecaminosos, siguiendo nuestra propia voluntad y nuestros propósitos. Como los demás, éramos por naturaleza objeto de la ira de Dios. Pero Dios, que es rico en misericordia, por su gran amor por nosotros, nos dio vida con Cristo, aun cuando estábamos muertos en pecados. ¡Por gracia ustedes han sido salvados! Y en unión con Cristo Jesús, Dios nos resucitó y nos hizo sentar con él en las regiones celestiales, para mostrar en los tiempos venideros la incomparable riqueza de su gracia, que por su bondad derramó sobre nosotros en Cristo Jesús. Porque por gracia ustedes han sido salvados mediante la fe; esto no procede de ustedes, sino que es el regalo de Dios, no por obras, para que nadie se jacte. Porque somos hechura de Dios, creados en Cristo Jesús para buenas obras, las cuales Dios dispuso de antemano a fin de que las pongamos en práctica.

Por lo tanto, recuerden ustedes los gentiles de nacimiento —los que son llamados «incircuncisos» por aquellos que se llaman «de la circuncisión», la cual se hace en el cuerpo por mano humana—, recuerden que en ese entonces ustedes estaban separados de Cristo, excluidos de la ciudadanía de Israel y ajenos a los pactos de la promesa, sin esperanza y sin Dios en el mundo. Pero ahora en Cristo Jesús, a ustedes que antes estaban lejos, Dios los ha acercado mediante la sangre de Cristo.

Porque Cristo es nuestra paz: de los dos pueblos ha hecho uno solo, derribando mediante su sacrificio el muro de enemistad que nos separaba, pues anuló la ley con sus mandamientos y requisitos. Esto lo hizo para crear en sí mismo de los dos pueblos una nueva humanidad al hacer la paz, para reconciliar con Dios a ambos en un solo cuerpo mediante la cruz, por la que dio muerte a la enemistad. Él vino y proclamó paz a ustedes que estaban lejos y paz a los que estaban cerca. Pues por medio de él tenemos acceso al Padre por un mismo Espíritu.

Por lo tanto, ustedes ya no son extraños ni extranjeros, sino conciudadanos de los santos y miembros de la familia de Dios, edificados sobre el fundamento de los apóstoles y los profetas, siendo Cristo Jesús mismo la piedra angular. En él todo el edificio, bien armado, se va levantando para llegar a ser un templo santo en el Señor. En él también ustedes son edificados juntamente para ser morada de Dios por su Espíritu.

Por esta razón me arrodillo delante del Padre, de quien recibe nombre toda familia en el cielo y en la tierra. Le pido que, por medio del Espíritu y con el poder que procede de sus gloriosas riquezas, los fortalezca a ustedes en lo íntimo de su ser, para que por fe Cristo habite en sus corazones. Y pido que, arraigados y cimentados en amor, puedan comprender, junto con todos los santos, cuán ancho y largo, alto y profundo es el amor de Cristo; en fin, que conozcan ese amor que sobrepasa nuestro conocimiento, para que sean llenos de la plenitud de Dios.

Al que puede hacer muchísimo más que todo lo que podamos imaginarnos o pedir, por el poder que obra eficazmente en nosotros, ¡a él sea la gloria en la iglesia y en Cristo Jesús por todas las generaciones, por los siglos de los siglos! Amén.

Por eso yo, que estoy preso por la causa del Señor, les ruego que vivan de una manera digna del llamamiento que han recibido, siempre humildes y amables, pacientes, tolerantes unos con otros en amor. Esfuércense por mantener la unidad del Espíritu mediante el vínculo de la paz. Hay un solo cuerpo y un solo Espíritu, así como también fueron llamados a una sola esperanza; un solo Señor, una sola fe, un solo bautismo; un solo Dios y Padre de todos, que está sobre todos y por medio de todos y en todos.

Sométanse unos a otros, por reverencia a Cristo.

Esposas, sométanse a sus propios esposos como al Señor. Porque el esposo es cabeza de su esposa, así como Cristo es cabeza y salvador de la iglesia, la cual es su cuerpo. Así como la iglesia se somete a Cristo, también las esposas deben someterse a sus esposos en todo.

Esposos, amen a sus esposas, así como Cristo amó a la iglesia y se entregó por ella para hacerla santa. Él la purificó, lavándola con agua mediante la palabra, para presentársela a sí mismo como una iglesia radiante, sin mancha ni arruga ni ninguna otra imperfección, sino santa e intachable. Así mismo el esposo debe amar a su esposa como a su propio cuerpo. El que ama a su esposa se ama a sí mismo, pues nadie ha odiado jamás a su propio cuerpo; al contrario, lo alimenta y lo cuida, así como Cristo hace con la iglesia, porque somos miembros de su cuerpo. «Por eso dejará el hombre a su padre y a su madre, y se unirá a su esposa, y los dos llegarán a ser un solo cuerpo.» Esto es un misterio profundo; yo me refiero a Cristo y a la iglesia. En todo caso, cada uno de ustedes ame también a su esposa como a sí mismo, y que la esposa respete a su esposo.

Hijos, obedezcan en el Señor a sus padres, porque esto es justo. «Honra a tu padre y a tu madre —que es el primer mandamiento con promesa— para que te vaya bien y disfrutes de una larga vida en la tierra.»

Y ustedes, padres, no hagan enojar a sus hijos, sino críenlos según la disciplina e instrucción del Señor.

Que Dios el Padre y el Señor Jesucristo les concedan paz, amor y fe a los hermanos. La gracia sea con todos los que aman a nuestro Señor Jesucristo con amor imperecedero.

Aparentemente Pablo fue liberado del arresto domiciliario en Roma en el año 62 a. C y se embarcó en un viaje misionero final hacia el Asia Menor, Creta, Grecia y tal vez España. Fue encarcelado de nuevo en Roma, pero esta vez languideció en un frío calabozo, encadenado como un criminal común. Pablo fue martirizado durante el reinado del emperador Nerón en el año 67 o 68 a. C. Durante sus postreros días, escribió una última carta, una carta personal a Timoteo, su compañero de trabajo y su «hijo en la fe». Para distinguirla de la carta anterior de Pablo a Timoteo, esta carta es conocida como «Segunda de Timoteo» en el Nuevo Testamento. Aquí el Apóstol amado derrama su corazón con una mezcla de soledad, fe tenaz y la preocupación por sus compañeros creyentes durante este tiempo de persecución bajo Nerón.

Pablo, apóstol de Cristo Jesús por mandato de Dios nuestro Salvador y de Cristo Jesús nuestra esperanza,

a Timoteo, mi verdadero hijo en la fe:

Que Dios el Padre y Cristo Jesús nuestro Señor te concedan gracia, misericordia y paz.

Al recordarte de día y de noche en mis oraciones, siempre doy gracias a Dios, a quien sirvo con una conciencia limpia como lo hicieron mis antepasados. Y al acordarme de tus lágrimas, anhelo verte para llenarme de alegría.

Traigo a la memoria tu fe sincera, la cual animó primero a tu abuela Loida y a tu madre Eunice, y ahora te anima a ti. De eso estoy convencido.

Así que no te avergüences de dar testimonio de nuestro Señor, ni tampoco de mí, que por su causa soy prisionero. Al contrario, tú también, con el poder de Dios, debes soportar sufrimientos por el evangelio. Pues Dios nos salvó y nos llamó a una vida santa, no por nuestras propias obras, sino por su propia determinación y gracia. Nos concedió este favor en Cristo Jesús antes del comienzo del tiempo; y ahora lo ha revelado con la venida de nuestro Salvador Cristo Jesús, quien destruyó la muerte y sacó a la luz la vida incorruptible mediante el evangelio. De este evangelio he sido yo designado heraldo, apóstol y maestro. Por ese motivo padezco estos sufrimientos. Pero no me avergüenzo, porque sé en quién he creído, y estoy seguro de que tiene poder para guardar hasta aquel día lo que le he confiado.

Así que tú, hijo mío, fortalécete por la gracia que tenemos en Cristo Jesús. Lo que me has oído decir en presencia de muchos testigos, encomiéndalo a creyentes dignos de confianza, que a su vez estén capacitados para enseñar a otros. Comparte nuestros sufrimientos, como buen soldado de Cristo Jesús. Ningún soldado que quiera agradar a su superior se enreda en cuestiones civiles. Así mismo, el atleta no recibe la corona de vencedor si no compite según el reglamento. El labrador que trabaja duro tiene derecho a recibir primero parte de la cosecha. Reflexiona en lo que te digo, y el Señor te dará una mayor comprensión de todo esto.

No dejes de recordar a Jesucristo, descendiente de David, levantado de entre los muertos. Este es mi evangelio, por el que sufro al extremo de llevar cadenas como un criminal. Pero la palabra de Dios no está encadenada.

Tú, en cambio, has seguido paso a paso mis enseñanzas, mi manera de vivir, mi propósito, mi fe, mi paciencia, mi amor, mi constancia, mis persecuciones y mis sufrimientos. Estás enterado de lo que sufrí en Antioquía, Iconio y Listra, y de las persecuciones que soporté. Y de todas ellas me libró el Señor. Así mismo serán perseguidos todos los que quieran llevar una vida piadosa en Cristo Jesús, mientras que esos malvados embaucadores irán de mal en peor, engañando y siendo engañados. Pero tú, permanece firme en lo que has aprendido y de lo cual estás convencido, pues sabes de quiénes lo aprendiste. Desde tu niñez conoces las Sagradas Escrituras, que pueden darte la sabiduría necesaria para la salvación mediante la fe en Cristo Jesús. Toda la Escritura es inspirada por Dios y útil para enseñar, para reprender, para corregir y para instruir en la justicia, a fin de que el siervo de Dios esté enteramente capacitado para toda buena obra.

Yo, por mi parte, ya estoy a punto de ser ofrecido como un sacrificio, y el tiempo de mi partida ha llegado. He peleado la buena batalla, he terminado la carrera, me he mantenido en la fe. Por lo demás me espera la corona de justicia que el Señor, el juez justo, me otorgará en aquel día; y no sólo a mí, sino también a todos los que con amor hayan esperado su venida.

Haz todo lo posible por venir a verme cuanto antes, pues Demas, por amor a este mundo, me ha abandonado y se ha ido a Tesalónica. Crescente se ha ido a Galacia y Tito a Dalmacia. Sólo Lucas está conmigo. Recoge a Marcos y tráelo contigo, porque me es de ayuda en mi ministerio. A Tíquico lo mandé a Éfeso. Cuando vengas, trae la capa que dejé en Troas, en casa de Carpo; trae también los libros, especialmente los pergaminos.

Pablo no fue el único apóstol que sería martirizado. La tradición dice que Juan, el autor de una magnífica y misteriosa visión descrita en un libro llamado «Apocalipsis», fue el más longevo y el último superviviente de los discípulos originales de Jesús. En el momento en que escribió ese libro, es probable que los otros discípulos ya hubieran sido asesinados (de acuerdo a la tradición, Pedro fue crucificado boca abajo) o que hubieran viajado a las regiones donde las noticias acerca de ellos se perdieron con la distancia y el tiempo. Juan fue desterrado a la isla de Patmos, donde escribió sobre la visión y la revelación que recibió.

31

El final de los tiempos

ESTA ES LA REVELACÍON DE JESUCRISTO, QUE DIOS LE DIO PARA mostrar a sus siervos lo que sin demora tiene que suceder. Jesucristo envió a su ángel para dar a conocer la revelación a su siervo Juan, quien por su parte da fe de la verdad, escribiendo todo lo que vio, a saber, la palabra de Dios y el testimonio de Jesucristo. Dichoso el que lee y dichosos los que escuchan las palabras de este mensaje profético y hacen caso de lo que aquí está escrito, porque el tiempo de su cumplimiento está cerca.

Yo, Juan,

escribo a las siete iglesias que están en la provincia de Asia:

Gracia y paz a ustedes de parte de aquel que es y que era y que ha de venir; y de parte de los siete espíritus que están delante de su trono; y de parte de Jesucristo, el testigo fiel, el primogénito de la resurrección, el soberano de los reyes de la tierra.

> Al que nos ama
>   y que por su sangre
>   nos ha librado de nuestros pecados,
> al que ha hecho de nosotros un reino,
>   sacerdotes al servicio de Dios su Padre,
> ¡a él sea la gloria y el poder
>   por los siglos de los siglos!
>   Amén.

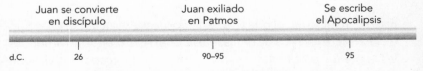

Juan se convierte en discípulo	Juan exiliado en Patmos	Se escribe el Apocalipsis
d.C. 26	90–95	95

Para información completa sobre la cronología vea la página ix.

¡Miren que viene en las nubes!
Y todos lo verán con sus propios ojos,
incluso quienes lo traspasaron;
y por él harán lamentación
todos los pueblos de la tierra.
¡Así será! Amén.

«Yo soy el Alfa y la Omega —dice el Señor Dios—, el que es y que era y que ha de venir, el Todopoderoso.»

Yo, Juan, hermano de ustedes y compañero en el sufrimiento, en el reino y en la perseverancia que tenemos en unión con Jesús, estaba en la isla de Patmos por causa de la palabra de Dios y del testimonio de Jesús. En el día del Señor vino sobre mí el Espíritu, y oí detrás de mí una voz fuerte, como de trompeta, que decía: «Escribe en un libro lo que veas y envíalo a las siete iglesias: a Éfeso, a Esmirna, a Pérgamo, a Tiatira, a Sardis, a Filadelfia y a Laodicea.»

Me volví para ver de quién era la voz que me hablaba y, al volverme, vi siete candelabros de oro. En medio de los candelabros estaba alguien «semejante al Hijo del hombre», vestido con una túnica que le llegaba hasta los pies y ceñido con una banda de oro a la altura del pecho. Su cabellera lucía blanca como la lana, como la nieve; y sus ojos resplandecían como llama de fuego. Sus pies parecían bronce al rojo vivo en un horno, y su voz era tan fuerte como el estruendo de una catarata. En su mano derecha tenía siete estrellas, y de su boca salía una aguda espada de dos filos. Su rostro era como el sol cuando brilla en todo su esplendor.

Al verlo, caí a sus pies como muerto; pero él, poniendo su mano derecha sobre mí, me dijo: «No tengas miedo. Yo soy el Primero y el Último, y el que vive. Estuve muerto, pero ahora vivo por los siglos de los siglos, y tengo las llaves de la muerte y del infierno.

»Escribe, pues, lo que has visto, lo que sucede ahora y lo que sucederá después. Ésta es la explicación del misterio de las siete estrellas que viste en mi mano derecha, y de los siete candelabros de oro: las siete estrellas son los ángeles de las siete iglesias, y los siete candelabros son las siete iglesias.

Este ser reluciente, el que vive, el Señor Jesús resucitado, procedió a dictar siete cartas a distintas iglesias del Asia Menor, advirtiéndoles sobre los problemas y escollos en su fe. Las cartas implicaban que vivimos en un universo moralmente responsable, y seremos llamados a rendir cuentas al final de la historia. Dios, en control firme de su historia, ha establecido un día en que la paciencia dará paso a una sentencia definitiva.

»Escribe al ángel de la iglesia de Éfeso:

Esto dice el que tiene las siete estrellas en su mano derecha y se pasea en medio de los siete candelabros de oro: Conozco tus obras, tu duro trabajo y tu perseverancia. Sé que no puedes soportar a los malvados, y que has puesto a prueba a los que dicen ser apóstoles pero no lo son; y has descubierto que son falsos. Has perseverado y sufrido por mi nombre, sin desanimarte.

Sin embargo, tengo en tu contra que has abandonado tu primer amor. ¡Recuerda de dónde has caído! Arrepiéntete y vuelve a practicar las obras que hacías al principio. Si no te arrepientes, iré y quitaré de su lugar tu candelabro. Pero tienes a tu favor que aborreces las prácticas de los nicolaítas, las cuales yo también aborrezco.

El que tenga oídos, que oiga lo que el Espíritu dice a las iglesias. Al que salga vencedor le daré derecho a comer del árbol de la vida, que está en el paraíso de Dios.

»Escribe al ángel de la iglesia de Sardis:

Esto dice el que tiene los siete espíritus de Dios y las siete estrellas: Conozco tus obras; tienes fama de estar vivo, pero en realidad estás muerto. ¡Despierta! Reaviva lo que aún es rescatable, pues no he encontrado que tus obras sean perfectas delante de mi Dios. Así que recuerda lo que has recibido y oído; obedécelo y arrepiéntete. Si no te mantienes despierto, cuando menos lo esperes caeré sobre ti como un ladrón.

Sin embargo, tienes en Sardis a unos cuantos que no se han manchado la ropa. Ellos, por ser dignos, andarán conmigo vestidos de blanco. El que salga vencedor se vestirá de blanco. Jamás borraré su nombre del libro de la vida, sino que reconoceré su nombre delante de mi Padre y delante de sus ángeles. El que tenga oídos, que oiga lo que el Espíritu dice a las iglesias.

»Escribe al ángel de la iglesia de Laodicea:

Esto dice el Amén, el testigo fiel y veraz, el soberano de la creación de Dios: Conozco tus obras; sé que no eres ni frío ni caliente. ¡Ojalá fueras lo uno o lo otro! Por tanto, como no eres ni frío ni caliente, sino tibio, estoy por vomitarte de mi boca. Dices: "Soy rico; me he enriquecido y no me hace falta nada"; pero no te das cuenta de que el infeliz y miserable, el pobre, ciego y desnudo eres tú. Por eso te aconsejo que de mí compres oro refinado por el fuego, para que te hagas rico; ropas blancas para que te vistas y cubras tu vergonzosa desnudez; y colirio para que te lo pongas en los ojos y recobres la vista.

Yo reprendo y disciplino a todos los que amo. Por lo tanto, sé fervoroso y arrepiéntete. Mira que estoy a la puerta y llamo. Si alguno oye mi voz y abre la puerta, entraré, y cenaré con él, y él conmigo.

Al que salga vencedor le daré el derecho de sentarse conmigo en mi trono, como también yo vencí y me senté con mi Padre en su trono. El que tenga oídos, que oiga lo que el Espíritu dice a las iglesias.»

Ahora el Apocalipsis de Juan cambia de una exhortación a las siete iglesias a una serie de escenas misteriosas y simbólicas. Las cortinas del cielo se abren y Juan tiene una visión de las realidades espirituales, entre ellas de los días finales de la historia, cuando la absoluta y sorprendente gloria de Dios y su plan para el mundo serán puestos de manifiesto.

Después de esto miré, y allí en el cielo había una puerta abierta. Y la voz que me había hablado antes con sonido como de trompeta me dijo: «Sube acá: voy a mostrarte lo que tiene que suceder después de esto.» Al instante vino sobre mí el Espíritu y vi un trono en el cielo, y a alguien sentado en el trono. El que estaba sentado tenía un aspecto semejante a una piedra de jaspe y de cornalina. Alrededor del trono había un arco iris que se asemejaba a una esmeralda. Rodeaban al trono otros veinticuatro tronos, en los que estaban sentados veinticuatro ancianos vestidos de blanco y con una corona de oro en la cabeza. Del trono salían relámpagos, estruendos y truenos. Delante del trono ardían siete antorchas de fuego, que son los siete espíritus de Dios, y había algo parecido a un mar de vidrio, como de cristal transparente.

En el centro, alrededor del trono, había cuatro seres vivientes cubiertos de ojos por delante y por detrás. El primero de los seres vivientes era semejante a un león; el segundo, a un toro; el tercero tenía rostro como de hombre; el cuarto era semejante a un águila en vuelo. Cada uno de ellos tenía seis alas y estaba cubierto de ojos, por encima y por debajo de las alas. Y día y noche repetían sin cesar:

«Santo, santo, santo
es el Señor Dios Todopoderoso,
el que era y que es y que ha de venir.»

Cada vez que estos seres vivientes daban gloria, honra y acción de gracias al que estaba sentado en el trono, al que vive por los siglos de los siglos, los veinticuatro ancianos se postraban ante él y adoraban al que vive por los siglos de los siglos. Y rendían sus coronas delante del trono exclamando:

«Digno eres, Señor y Dios nuestro,
de recibir la gloria, la honra y el poder,
porque tú creaste todas las cosas;
por tu voluntad existen
y fueron creadas.»

En la mano derecha del que estaba sentado en el trono vi un rollo escrito por ambos lados y sellado con siete sellos. También vi a un ángel poderoso que proclamaba a gran voz: «¿Quién es digno de romper los sellos y de abrir el rollo?» Pero ni en el cielo ni en la tierra, ni debajo de la tierra, hubo nadie capaz de abrirlo ni de examinar su contenido. Y lloraba yo mucho porque no se había encontrado a nadie que fuera digno de abrir el rollo ni de examinar su contenido. Uno de los ancianos me dijo: «¡Deja de llorar, que ya el León de la tribu de Judá, la Raíz de David, ha vencido! Él sí puede abrir el rollo y sus siete sellos.»

Entonces vi, en medio de los cuatro seres vivientes y del trono y los ancianos, a un Cordero que estaba de pie y parecía haber sido sacrificado. Tenía siete cuernos y siete ojos, que son los siete espíritus de Dios enviados por toda la tierra. Se acercó y recibió el rollo de la mano derecha del que estaba sentado en el trono. Cuando lo tomó, los cuatro seres vivientes y los veinticuatro ancianos se postraron delante del Cordero. Cada uno tenía un arpa y copas de oro llenas de incienso, que son las oraciones del pueblo de Dios. Y entonaban este nuevo cántico:

«Digno eres de recibir el rollo escrito
y de romper sus sellos,
porque fuiste sacrificado,
y con tu sangre compraste para Dios
gente de toda raza, lengua, pueblo y nación.

De ellos hiciste un reino;
los hiciste sacerdotes al servicio de nuestro Dios,
y reinarán sobre la tierra.»

Luego miré, y oí la voz de muchos ángeles que estaban alrededor del trono, de los seres vivientes y de los ancianos. El número de ellos era millares de millares y millones de millones. Cantaban con todas sus fuerzas:

«¡Digno es el Cordero, que ha sido sacrificado,
de recibir el poder,
la riqueza y la sabiduría,
la fortaleza y la honra,
la gloria y la alabanza!»

Y oí a cuanta criatura hay en el cielo, y en la tierra, y debajo de la tierra y en el mar, a todos en la creación, que cantaban:

«¡Al que está sentado en el trono y al Cordero,
sean la alabanza y la honra, la gloria y el poder,
por los siglos de los siglos!»

Los cuatro seres vivientes exclamaron: «¡Amén!», y los ancianos se postraron y adoraron.

Y del trono salió una voz que decía:

«¡Alaben ustedes a nuestro Dios,
todos sus siervos, grandes y pequeños,
que con reverente temor le sirven!»

Después oí voces como el rumor de una inmensa multitud, como el estruendo de una catarata y como el retumbar de potentes truenos, que exclamaban:

«¡Aleluya!
Ya ha comenzado a reinar el Señor,
nuestro Dios Todopoderoso.
¡Alegrémonos y regocijémonos
y démosle gloria!

Ya ha llegado el día de las bodas del Cordero.
    Su novia se ha preparado,
    y se le ha concedido vestirse
        de lino fino, limpio y resplandeciente.»
(El lino fino representa las acciones justas de los santos.)

El ángel me dijo: «Escribe: "¡Dichosos los que han sido convidados a la cena de las bodas del Cordero!"» Y añadió: «Estas son las palabras verdaderas de Dios.»

Me postré a sus pies para adorarlo. Pero él me dijo: «¡No, cuidado! Soy un siervo como tú y como tus hermanos que se mantienen fieles al testimonio de Jesús. ¡Adora sólo a Dios! El testimonio de Jesús es el espíritu que inspira la profecía.»

Luego vi el cielo abierto, y apareció un caballo blanco. Su jinete se llama Fiel y Verdadero. Con justicia dicta sentencia y hace la guerra. Sus ojos resplandecen como llamas de fuego, y muchas diademas ciñen su cabeza. Lleva escrito un nombre que nadie conoce sino sólo él. Está vestido de un manto teñido en sangre, y su nombre es «el Verbo de Dios». Lo siguen los ejércitos del cielo, montados en caballos blancos y vestidos de lino fino, blanco y limpio. De su boca sale una espada afilada, con la que herirá a las naciones. «Las gobernará con puño de hierro.» Él mismo exprime uvas en el lagar del furor del castigo que viene de Dios Todopoderoso. En su manto y sobre el muslo lleva escrito este nombre:

REY DE REYES Y SEÑOR DE SEÑORES.

Poco después de que esta historia comenzó en el libro de Génesis, la batalla de Dios contra el mal se hizo evidente en el jardín del Edén. Aquí en los tiempos del fin, la batalla final será emprendida. Cuando la misma termine, toda opresión, injusticia y dolor causados por Satanás serán desterrados y consignados a un lugar lejos de la morada de Dios. Toda destrucción y quebrantamiento del mundo darán paso a la promesa de Jesús de una nueva creación, un nuevo entorno, una nueva ciudad llena de paz y libertad. Es allí que los cristianos disfrutarán para siempre de la gloria y la santidad de Dios mismo. Estas son muy buenas noticias para los hijos de Dios, pero será un tiempo de horror indecible para aquellos que se apartan del Señor.

Luego vi un gran trono blanco y a alguien que estaba sentado en él. De su presencia huyeron la tierra y el cielo, sin dejar rastro alguno. Vi también a los muertos, grandes y pequeños, de pie delante del trono. Se abrieron unos libros, y luego otro, que es el libro de la vida. Los muertos fueron juzgados según lo que habían hecho, conforme a lo que estaba escrito en los libros. El mar devolvió sus muertos; la muerte y el infierno devolvieron los suyos; y cada uno fue juzgado según lo que había hecho. La muerte y el infierno fueron arrojados al lago de fuego. Este lago de fuego es la muerte segunda. Aquel cuyo nombre no estaba escrito en el libro de la vida era arrojado al lago de fuego.

Después vi un cielo nuevo y una tierra nueva, porque el primer cielo y la primera tierra habían dejado de existir, lo mismo que el mar. Vi además la ciudad santa, la nueva Jerusalén, que bajaba del cielo, procedente de Dios, preparada como una novia hermosamente vestida para su prometido. Oí una potente voz que provenía del trono y decía: «¡Aquí, entre los seres humanos, está la morada de Dios! Él acampará en medio de ellos, y ellos serán su pueblo; Dios mismo estará con ellos y será su Dios. Él les enjugará toda lágrima de los ojos. Ya no habrá muerte, ni llanto, ni lamento ni dolor, porque las primeras cosas han dejado de existir.»

El que estaba sentado en el trono dijo: «¡Yo hago nuevas todas las cosas!» Y añadió: «Escribe, porque estas palabras son verdaderas y dignas de confianza.»

También me dijo: «Ya todo está hecho. Yo soy el Alfa y la Omega, el Principio y el Fin. Al que tenga sed le daré a beber gratuitamente de la fuente del agua de la vida. El que salga vencedor heredará todo esto, y yo seré su Dios y él será mi hijo. Pero los cobardes, los incrédulos, los abominables, los asesinos, los que cometen inmoralidades sexuales, los que practican artes mágicas, los idólatras y todos los mentirosos recibirán como herencia el lago de fuego y azufre. Ésta es la segunda muerte.»

Se acercó uno de los siete ángeles que tenían las siete copas llenas con las últimas siete plagas. Me habló así: «Ven, que te voy a presentar a la novia, la esposa del Cordero.» Me llevó en el Espíritu a una montaña grande y elevada, y me mostró la ciudad santa, Jerusalén, que bajaba del cielo, procedente de Dios. Resplandecía con la gloria de Dios, y su brillo era como el de una piedra preciosa, semejante a una piedra de jaspe transparente. Tenía una muralla grande y alta, y doce puertas custodiadas por doce ángeles, en las que estaban escritos los nombres de las doce tribus de Israel. Tres puertas daban al este, tres al norte, tres al sur y tres al oeste. La muralla de la ciudad tenía doce cimientos, en los que estaban los nombres de los doce apóstoles del Cordero.

El ángel que hablaba conmigo llevaba una caña de oro para medir la ciudad, sus puertas y su muralla. La ciudad era cuadrada; medía lo mismo de largo que de ancho. El ángel midió la ciudad con la caña, y tenía dos mil doscientos kilómetros: su longitud, su anchura y su altura eran iguales. Midió también la muralla, y tenía sesenta y cinco metros, según las medidas humanas que el ángel empleaba. La muralla estaba hecha de jaspe, y la ciudad era de oro puro, semejante a cristal pulido. Los cimientos de la muralla de la ciudad estaban decorados con toda clase de piedras preciosas: el primero con jaspe, el segundo con zafiro, el tercero con ágata, el cuarto con esmeralda, el quinto con ónice, el sexto con cornalina, el séptimo con crisólito, el octavo con berilo, el noveno con topacio, el décimo con crisoprasa, el undécimo con jacinto y el duodécimo con amatista. Las doce puertas eran doce perlas, y cada puerta estaba hecha de una sola perla. La calle principal de la ciudad era de oro puro, como cristal transparente.

No vi ningún templo en la ciudad, porque el Señor Dios Todopoderoso y el Cordero son su templo. La ciudad no necesita ni sol ni luna que la alumbren, porque la gloria de Dios la ilumina, y el Cordero es su lumbrera. Las naciones caminarán a la luz de la ciudad, y los reyes de la tierra le entregarán sus espléndidas riquezas. Sus puertas estarán abiertas todo el día, pues allí no habrá noche. Y llevarán a ella todas las riquezas y el honor de las naciones. Nunca entrará en ella nada impuro, ni los idólatras ni los farsantes, sino sólo aquellos que tienen su nombre escrito en el libro de la vida, el libro del Cordero.

Luego el ángel me mostró un río de agua de vida, claro como el cristal, que salía del trono de Dios y del Cordero, y corría por el centro de la calle principal de la ciudad. A cada lado del río estaba el árbol de la vida, que produce doce cosechas al año, una por mes; y las hojas del árbol son para la salud de las naciones. Ya no habrá maldición. El trono de Dios y del Cordero estará en la ciudad. Sus siervos lo adorarán; lo verán cara a cara, y llevarán su nombre en la frente. Ya no habrá noche; no necesitarán luz de lámpara ni de sol, porque el Señor Dios los alumbrará. Y reinarán por los siglos de los siglos.

El ángel me dijo: «Estas palabras son verdaderas y dignas de confianza. El Señor, el Dios que inspira a los profetas, ha enviado a su ángel para mostrar a sus siervos lo que tiene que suceder sin demora.»

«¡Miren que vengo pronto! Dichoso el que cumple las palabras del mensaje profético de este libro.»

Yo, Juan, soy el que vio y oyó todas estas cosas. Y cuando lo vi y oí, me postré para adorar al ángel que me había estado mostrando todo esto. Pero él me dijo: «¡No, cuidado! Soy un siervo como tú, como tus hermanos los profetas y como todos los que cumplen las palabras de este libro. ¡Adora sólo a Dios!»

También me dijo: «No guardes en secreto las palabras del mensaje profético de este libro, porque el tiempo de su cumplimiento está cerca. Deja que el malo siga haciendo el mal y que el vil siga envileciéndose; deja que el justo siga practicando la justicia y que el santo siga santificándose.»

«¡Miren que vengo pronto! Traigo conmigo mi recompensa, y le pagaré a cada uno según lo que haya hecho. Yo soy el Alfa y la Omega, el Primero y el Último, el Principio y el Fin.

»Dichosos los que lavan sus ropas para tener derecho al árbol de la vida y para poder entrar por las puertas de la ciudad. Pero afuera se quedarán los perros, los que practican las artes mágicas, los que cometen inmoralidades sexuales, los asesinos, los idólatras y todos los que aman y practican la mentira.

»Yo, Jesús, he enviado a mi ángel para darles a ustedes testimonio de estas cosas que conciernen a las iglesias. Yo soy la raíz y la descendencia de David, la brillante estrella de la mañana.»

El Espíritu y la novia dicen: «¡Ven!»; y el que escuche diga: «¡Ven!» El que tenga sed, venga; y el que quiera, tome gratuitamente del agua de la vida.

A todo el que escuche las palabras del mensaje profético de este libro le advierto esto: Si alguno le añade algo, Dios le añadirá a él las plagas descritas en este libro. Y si alguno quita palabras de este libro de profecía, Dios le quitará su parte del árbol de la vida y de la ciudad santa, descritos en este libro.

El que da testimonio de estas cosas, dice: «Sí, vengo pronto.»

Amén. ¡Ven, Señor Jesús!

Que la gracia del Señor Jesús sea con todos. Amén.

Epílogo

LA HISTORIA HA LLEGADO A SU FINAL Y EL MENSAJE DE DIOS RESUENA fuerte y claro:

¡He abierto la puerta; he preparado un camino, ven a mí y tendrás vida!

Las Buenas Nuevas han salido al mundo. ¡Jesús ha venido a proporcionarnos salvación! Toda la historia de Dios ha conducido a estas últimas noticias que podemos experimentar y participar a los demás. Ha sobrevivido durante miles de años, marchando delante de las culturas y los pueblos, dejando atrás un increíble despertar de transformación y cambio. Muchos han tratado de apagar su fuego, pero las palabras de Dios han demostrado ser verdaderas, «Mi palabra ... cumplirá lo que yo deseo y alcanzará los fines para los que la envié».

Ahora la palabra triunfante de Dios ha encontrado su camino hacia ti. Has leído *La verdadera historia*. Has oído la verdad. Te has topado cara a cara con el mensaje más importante que jamás escucharás: Jesús, el Hijo de Dios, vino, vivió, murió y ascendió nuevamente.

Así que ahora la cuestión sigue siendo...

¿Qué vas a hacer con *La Historia*?

¿Le darás la espalda y la descartarás como a un cuento interesante? ¿Bloquearás la luz que tan resplandecientemente brilla? ¿O vas a dar un paso por el estrecho camino que conduce a la gloria inimaginable? Jesús nos dice, «Entren por la puerta estrecha ... angosto es el camino que conduce a la vida, y son pocos los que lo encuentran» ¿Serás uno de esos pocos?

El capítulo que lleva tu nombre está a punto de ser escrito.

Preguntas para discusión

1. La creación: El principio de la vida tal y como la conocemos

1. ¿De qué manera era la vida en la creación original diferente de la vida tal como la conocemos hoy en día?
2. ¿Por qué Dios creo seres humanos en su propia imagen? ¿Qué significado tiene esto?
3. ¿Cuál fue la causa fundamental del pecado de Adán y Eva contra Dios?
4. ¿Por qué Dios puso el árbol del conocimiento del bien y del mal en el jardín?
5. ¿Por qué Dios trajo el diluvio a la tierra?
6. ¿Qué te dice este acto de juicio acerca de Dios?

2. Dios construye una nación

1. Abraham dejó su patria y su familia para seguir a Dios. ¿Cuál dijo Dios que sería su recompensa?
2. ¿A qué podría estar Dios pidiéndote que renuncies para seguirlo?
3. ¿Qué hizo que Abraham fuera justo delante de Dios? ¿Cómo es este hecho relevante para tu vida?
4. ¿Por qué Dios le pidió a Abraham que sacrificara a su hijo Isaac? ¿Qué aprendieron Abraham e Isaac, respectivamente, acerca de esta experiencia?
5. Debido a que Jacob había adquirido astutamente el patrimonio de Esaú y robó la bendición de su padre, Jacob temía la venganza de su hermano, Jacob ¿Cómo se preparó Jacob para su encuentro con Esaú?
6. ¿Qué actitud tuvo Jacob cuando luchó con el «hombre», del que finalmente se dio cuenta que realmente era Dios?

3. José: De esclavo a alto dignatario del faraón

1. ¿Por qué los hermanos de José quisieron deshacerse de él?
2. ¿Por qué Dios permite que le ocurran experiencias dolorosas a la gente?
3. ¿Cuáles fueron las consecuencias positivas de que José fuera vendido a la esclavitud?
4. ¿Qué te dice acerca de Dios la declaración de José a sus hermanos «ustedes pensaron hacerme mal, pero Dios transformó ese mal en bien»?
5. ¿Has visto como Dios trabaja a través de las situaciones más sombrías y desesperantes para crear un bien mayor?
6. ¿Por qué se puede confiar en Dios en todo momento?

4. Liberación

1. ¿Qué fue significativo en el nacimiento de Moisés?

2. ¿Cómo Dios muestra su preocupación y amor por su pueblo, después de oír sus gritos y gemidos?

3. ¿De qué manera estaba Moisés capacitado para guiar a la gente? ¿De qué manera sentía que no estaba preparado?

4. ¿Has sentido alguna vez que no estás preparado o que eres incapaz de hacer algo, como le pasó a Moisés? ¿Cómo lo manejaste?

5. *La Historia* señala varios milagros sorprendentes en la liberación del pueblo de Egipto. ¿Crees que Dios realiza milagros hoy en día? ¿Por qué si o por qué no?

6. ¿Qué se puede aprender sobre el carácter de Dios en la historia de la liberación de la esclavitud de los israelitas?

5. Nuevos mandamientos y un nuevo pacto

1. ¿Cómo tenían que prepararse las personas para conocer a Dios?

2. ¿Qué significa esta historia de la entrega de estos nuevos mandamientos, en lo relativo al carácter de Dios?

3. ¿Cuál fue el propósito de los Diez Mandamientos?

4. ¿Cómo puede ser Dios el que da el misericordioso perdón del pecado y también el que castiga a los culpables?

5. Los israelitas se pusieron impacientes y por último se hicieron un ídolo de oro en forma de un ternero. ¿Cuáles son algunos de los falsos dioses o ídolos adorados en nuestra sociedad actualmente?

6. El Señor le habló a Moisés «como quien habla con un amigo». ¿Qué medidas tomarías para obtener una comprensión más profunda de quien es Dios?

6. Errantes

1. ¿Cuál crees que fue la causa fundamental de la mayoría de los problemas de los Israelitas? ¿Por qué?

2. ¿Cómo respondió Dios a la carencia de fe de la gente?

3. ¿Por qué Dios se opone tan radicalmente al pecado?

4. ¿Qué aprendiste acerca del liderazgo de Moisés a lo largo de esta difícil etapa? ¿Cómo mostró la frustración y la fe?

5. ¿Alguna vez te has sentido como si estuvieras «vagando en un desierto», ya fuera espiritual o emocionalmente? Explica.

6. ¿Cómo puede ayudarte, en los momentos difíciles, el tener fe en lo que Dios ha prometido ?

7. Comienza la batalla

1. ¿Cómo podría Josué ser «fuerte y valiente» en situaciones tan intimidatorias?

2. ¿Qué aprendiste, acerca de Dios, de la historia de la salvación de la prostituta Rajab?

3. ¿Que le reveló al pueblo la cadena de impresionantes victorias en batalla que experimentaron al entrar en la tierra, acerca de quien está a cargo de la historia?

4. ¿Por qué Dios mandó a los israelitas a ir a la guerra en contra de los otros? ¿Cómo se justificó esta guerra?

5. ¿Cómo Josué desafió al pueblo en su discurso final?

6. ¿Por qué crees que Dios derramó bendiciones sobre Josué y todos los israelitas, que, al igual que Josué, confiaban en Dios?

7. ¿Qué medidas prácticas puedes tomar para tener una fe más profunda en Dios?

8. Unos pocos hombres buenos… y mujeres

1. ¿Qué revela la elección divina de Débora como juez durante este tiempo acerca del punto de vista de Dios hacia las mujeres?

2. ¿Por qué Dios a menudo usa a personas débiles e inseguras como Gedeón para hacer su trabajo?

3. Alguna vez has sentido dudas acerca de tus dones y capacidades, ¿cómo puede animarte y fortalecerte la historia de Gedeón?

4. ¿Qué razones podrías dar del por qué los israelitas continuaban repitiendo su decadente ciclo de pecado?

5. ¿Cuál fue la causa fundamental de la caída de Sansón? ¿Cuál fue el resultado?

6. ¿Cuáles son las tentaciones más fuertes que enfrentas? ¿Cómo luchas contra estas tentaciones?

9. La fe de una mujer extranjera

1. ¿Qué te revela la historia de Rut acerca del amor de Dios?

2. ¿Qué te revela la historia de Rut acerca de cómo Dios ve a todos los grupos de personas? ¿Qué significa eso para ti?

3. Tanto Rut como Noemí sufrieron enormes pérdidas. ¿Por qué un Dios bueno y amable permite que llegue la tragedia a aquellos que lo aman?

4. Cuando vienen tiempos difíciles, ¿que te inspira a seguir confiando en Dios?

5. Rut salió de su casa para seguir a Noemí y a Dios. ¿De que manera Dios te está pidiendo que lo sigas?

6. ¿De qué manera las acciones y respuestas de Rut te desafían? ¿Te dan ánimo?

7. ¿Qué medidas podrías tomar para convertirte en una persona más desinteresada y cariñosa?

10. Mientras más alto se halla, más dura es la caída

1. ¿Qué aprendiste de la oración de Ana?

2. ¿Cómo mostró Samuel su fe en Dios?

3. ¿Por qué era equivocado para los israelitas pedir un rey?

4. ¿Qué factores llevaron al rey Saúl al fracaso?

5. ¿Cómo respondió Saúl cuando fue confrontado con su pecado? ¿Cómo has respondido cuando has sido confrontado con tus propios defectos?

6. ¿Qué ejemplos de la gracia de Dios ves en este capítulo?

11. De pastor a rey

1. ¿Por qué David fue elegido para ser el próximo rey de Israel?

2. ¿Qué obstáculos enfrentó David para convertirse en el rey ungido que llegó a ser?

3. ¿Cómo fue David capaz de enfrentar a un gigante cuando tantos otros le dieron paso al miedo?

4. ¿Por qué perdonó David a Saúl cuando tuvo la oportunidad de liberarse de los intentos de Saúl de matarlo? ¿Qué hubieras hecho tú?

5. David tenía una sola meta: que el Dios de Israel fuera glorificado, porque él tenía un solo amor: el Dios de Israel. ¿Qué podrías hacer para cultivar un corazón como el de David?

12. Las pruebas de un rey

1. ¿Cuáles son algunos de los factores que condujeron al pecado de David con Betsabé?

2. Tanto David y Saúl pecaron contra Dios, pero ¿cuál fue la diferencia en sus respuestas? ¿Cuál fue el resultado de sus respuestas?

3. ¿Cómo afectó el pecado de David a su futuro y familia?

4. A David fue permitido planificar el templo, pero Dios le dijo que sería su hijo quien en realidad llegaría a construirlo. ¿Cómo piensas que David pudo haberse sentido? ¿Cuál fue la respuesta de David?

5. ¿Tú, al igual que David, le das reconocimientos y elogios a Dios por tus éxitos y logros?

13. El rey que lo tenía todo

1. ¿Por qué fue agradable a Dios el pedido de Salomón de sabiduría y discernimiento?

2. ¿Cómo es la sabiduría diferente del mero conocimiento y el intelecto?

3. ¿Por qué es vital convertirse en sabio?

4. ¿Qué podrías hacer para ganar más sabiduría?

5. ¿Cómo contribuyeron el orgullo y la lujuria a la caída de Salomón?

6. ¿Qué puedes hacer para protegerte contra estos pecados?

14. Un reino desgarrado en dos

1. ¿Qué causó que se dividiera el reino de Israel?

2. ¿Cómo fue que Roboán y Jeroboán cometieron errores?

3. ¿Qué observaciones puedes hacer sobre el carácter de Dios y lo que es importante para Dios, basado en este capítulo?

4. ¿Por qué es importante permanecer siempre fiel a Dios?

5. ¿Cuando te has desviado del camino de Dios? ¿Qué causó el extravío?

6. ¿En qué maneras Dios ha sido bondadoso contigo, incluso cuando no lo merecías?

15. Mensajeros de Dios

1. ¿Qué aprendiste sobre la fe a través de los grandes momentos de Elías (la victoria sobre los profetas de Baal) y sus peores momentos (depresión en el desierto)?

2. Dios se reveló a sí mismo delante de Elías en un suave murmullo. ¿Qué te dice esto sobre el carácter de Dios y sus métodos de comunicación?

3. ¿Qué medidas tomarías para escuchar el suave murmullo de Dios?

4. ¿De que manera el profeta Eliseo vivió una vida de fe?

5. Identifica las maneras en que Dios le fue fiel a Eliseo.

6. ¿Cómo Dios te ha sido fiel?

7. ¿Qué mensajes específicos de la justicia social y de la fidelidad espiritual crees que los profetas Oseas y Amos proclamarían hoy en día?

16. El principio del fin (del reino de Israel)

1. ¿Porqué Ezequías experimentó tantas dificultades? ¿Crees que la obediencia a Dios garantiza la prosperidad?

2. Cuando Ezequías recibió una carta intimidante de sus enemigos, el «subió al templo del Señor, la desplegó delante del Señor». ¿Habrías reaccionado con una actitud similar ante un ataque o problema urgente?

3. ¿Cuáles fueron algunos de los temas principales en las profecías de Isaías?

4. ¿Cómo podría Dios ser misericordioso con su pueblo a la luz de sus acciones hacia él?

5. ¿Cómo te ha demostrado Dios su misericordia ?

6. Isaías predijo el ascenso y la caída de las naciones. ¿Aun está Dios en control de los acontecimientos mundiales en nuestros días?

17. La caída del reino

1. ¿Porqué vino el desastre sobre el pueblo de Dios?

2. ¿Qué efectos negativos del pecado has visto en tu vida?

3. ¿Cuáles fueron algunos de los temas principales de los mensajes de los profetas durante ese tiempo?

4. ¿Puedes comprender la referencia a Jeremías como el «profeta llorón», como el que sentía profundamente la carga del pecado del pueblo de Dios?

5. ¿Cómo puede la promesa de Dios de la restauración de su pueblo aún darte esperanza hoy?

18. Daniel en el exilio

1. ¿En cuáles hechos puedes ver la fe en Dios de Daniel?
2. ¿Qué le permitió a los tres amigos de Daniel a ponerse de pie en contra de la orden del rey?
3. ¿Porqué Dios escogió castigar a Nabucodonosor en la forma en que lo hizo? ¿Cuál fue el resultado de este castigo?
4. ¿Porqué prosperó Daniel bajo los reyes de Babilonia y Persia?
5. ¿Qué puedes aprender sobre la oración de Daniel?
6. ¿Qué medidas puedes adoptar para dedicarte más a la oración?

19. El retorno a casa

1. ¿Porqué Dios rescató de los israelitas de nuevo?
2. ¿En qué maneras has visto o experimentado el poder salvador de Dios?
3. ¿Qué hicieron los israelitas para merecer la misericordia que recibieron?
4. ¿Qué razón tiene Dios para ser misericordioso contigo?
5. Los Judíos regresaron a sus hogares para reconstruir el templo, la morada de Dios en la tierra. ¿Porqué era importante para ellos hacer esto?
6. ¿Dónde mora Dios en la tierra hoy en día?

20. La reina de belleza y valor

1. ¿Qué te enseña este capítulo de La Historia acerca de la obra de Dios detrás de las escenas de la historia?
2. ¿Cómo respondió Mardoqueo cuando se enfrentó con el desastre?
3. ¿Qué cualidades de carácter observas en la reina Ester?
4. ¿Cuándo fue la última vez que enfrentaste una situación amenazante? ¿Cuál fue tu reacción?
5. ¿De qué maneras has experimentado la fidelidad de Dios en tu vida?
6. ¿Qué medidas puedes tomar para demostrar tu confianza en la fidelidad de Dios?

21. Se reconstruyen los muros

1. ¿Cuál fue el papel de Esdras cuando llegó a Jerusalén?
2. ¿De qué manera ves la fidelidad de Dios en este capítulo?
3. ¿Porqué Nehemías fue capaz de reconstruir las murallas de la ciudad en medio de tan fuerte oposición?
4. ¿Qué puedes hacer para obtener una mayor dependencia de Dios en circunstancias difíciles?

5. Según el profeta Malaquías, ¿qué hicieron los israelitas —o dejaron de hacer— que disgustó al Señor? ¿Porqué eran tan malas esas cosas?

6. ¿Hay áreas de tu vida que disgustan al Señor? ¿Qué puedes hacer para que la relación con él se mejore de nuevo?

22. El nacimiento de un rey

1. ¿Porqué Dios envió a Jesús al mundo?

2. ¿Qué podrías aprender de la reacción de María ante la sorprendente y un tanto inquietante noticia?

3. ¿Porqué nació Jesús en circunstancias tan humildes?

4. ¿Qué revela este capítulo acerca de quién es Jesús?

5. ¿Qué impacto tiene el nacimiento de Cristo en tu vida?

6. ¿Porqué deberías estar agradecido que Dios envió a su Hijo al mundo?

23. Comienza el ministerio de Jesús

1. ¿Qué propósitos tuvieron el bautismo y la tentación de Jesús?

2. ¿Cómo resumiría el mensaje principal de Jesús para el pueblo?

3. ¿Porqué tantas personas tenían un profundo odio por Jesús?

4. Jesús dijo que debemos ser «nacidos de nuevo» para entrar en el reino de Dios. ¿Qué significa nacer de nuevo?

5. ¿Qué tipo de personas típicamente alcanzaba Jesús ? ¿A qué tipo de personas el se oponía? ¿Porqué?

6. Jesús dijo que «el que beba del agua que yo le daré, no volverá a tener sed jamás, sino que dentro de él esa agua se convertirá en un manantial del que brotara vida eterna». ¿Qué crees que significa esta declaración?

24. Ningún hombre común

1. ¿Porqué Jesús utilizó parábolas como una forma para enseñar a la gente?

2. ¿Qué puedes aprender de las parábolas de Jesús que puedas utilizar en tu propia vida?

3. Si hubieras escuchado el sermón de Jesús, ¿qué piensas que hubieras hecho? ¿Lo hubieras seguido?

4. ¿Porqué las enseñanzas de Jesús molestaban a algunos líderes religiosos?

5. Jesús explicó que él es el «pan de vida», la fuente de sustento y la satisfacción. ¿Qué puedes hacer para obtener una mayor satisfacción en tu relación con Jesús?

25. Jesús, el Hijo de Dios

1. ¿Cómo le responderías a alguien que te pregunte: «¿Quién es Jesús?»

2. ¿Cuál fue la misión principal de Jesús durante su vida?

3. ¿Qué cualidades de carácter ves en Jesús?

4. ¿Qué cambios necesitas para poder tener tu vida en conformidad con los valores y prioridades de Jesús?

5. ¿De qué manera las palabras y acciones de Jesús manifiestan el hecho de que él es igual a Dios?

6. ¿Cómo responderías a la pregunta, «¿Cómo puedes estar seguro de que Jesús es Dios?»

7. ¿Qué puedes hacer para obtener un amor más profundo por Jesús? ¿Porqué es importante esto?

26. La hora de las tinieblas

1. ¿Qué predijo Jesús durante la última cena con sus discípulos?

2. ¿Porqué tuvo que Jesús morir?

3. ¿Cómo respondieron los seguidores de Jesús a los trágicos acontecimientos?

4. ¿Qué implicaciones tiene para tu vida la muerte de Jesús en la cruz, por los pecados de la humanidad?

5. ¿Qué puedes aprender sobre el amor de Dios a través de estos acontecimientos?

6. ¿De qué manera la vida y la muerte de Jesús ha afectado como vives tu vida día a día?

27. La resurrección

1. ¿Después que murió Jesús, ¿porqué algunos de sus seguidores fueron a la tumba? ¿Qué te dice esto acerca de la amistad y la lealtad entre los compañeros de Jesús?

2. ¿Crees que Jesús resucitó de entre los muertos? ¿Porqué?

3. Cuando Jesús se le apareció a las personas después de su resurrección, ¿cómo crees que sus vidas fueron cambiadas?

4. ¿Qué revela la resurrección de Jesús de entre los muertos sobre el poder de Dios sobre la muerte y el pecado?

5. ¿Qué diferencia puede hacer o ya hace en su vida el saber que que Jesús está vivo hoy?

6. Antes que Jesús subiera al cielo, ordenó a sus seguidores: «vayan y hagan discípulos de todas las naciones». Si eres un creyente, ¿cuando fue la última vez que hablaste con alguien acerca de tu fe en Jesús?

28. Nuevos comienzos

1. ¿Porqué fue tan eficaz el sermón de Pedro en el día de Pentecostés?

2. ¿Porqué los líderes religiosos judíos sentían disgusto hacia los primeros cristianos?

3. ¿Qué ejemplos de amor y comunión cristianos ves en este capítulo?

4. ¿Qué factores ayudaron a las Buenas Nuevas de Jesucristo a difundirse rápidamente?

5. ¿Cómo pudieron los primeros cristianos mantenerse fieles incluso en medio de circunstancias extremadamente difíciles?

6. ¿Qué medidas prácticas puedes tomar para aumentar tu fe?

7. ¿Cómo puedes explicar el cambio drástico en la vida de Saulo (Pablo)?

29. La misión de Pablo

1. Después de su conversión, ¿cuáles fueron la pasión y misión de Pablo?

2. ¿Cuáles son tu pasión y misión en la vida?

3. Cuando llegaba a una ciudad nueva, ¿porqué Pablo invariablemente comenzaba su ministerio en la sinagoga judía?

4. ¿Cómo definirías el «evangelio»?

5. ¿Qué impacto tiene el evangelio en tu vida?

6. ¿Qué habría ocurrido al cristianismo si los creyentes judíos que insistieron en que los gentiles se convirtieran a judíos hubieran prevalecido?

7. ¿Qué nos revela la carta de Pablo a los Romanos acerca de la salvación?

30. Los días finales de Pablo

1. ¿Cómo fue Pablo capaz de soportar el dolor y los juicios que sufrió por sus creencias?

2. ¿Qué puedes aprender de la vida de Pablo acerca de cómo hacerle frente a las circunstancias difíciles?

3. ¿Porqué Pablo estaba dispuesto a enfrentar directamente al peligro?

4. ¿Qué cualidades de carácter ves en Pablo?

5. ¿Qué medidas prácticas puedes tomar para cultivar cualidades de carácter que se asemejen a las de Pablo?

6. ¿Cómo resumirías el mensaje de Pablo?

31. El final de los tiempos

1. ¿Cuál fue la respuesta de Juan cuando vio a Jesús en la visión? ¿Porqué respondió de esta manera?

2. ¿Cuáles fueron las advertencias de Jesús dio a las iglesias? ¿De qué manera estas advertencias se aplican a tu vida?

3. ¿Qué has aprendido acerca de Dios, de sus acciones y descripciones en este capítulo?

4. ¿Qué te revela este capítulo acerca de cómo será el cielo?

5. ¿Porqué es importante pensar y poner tu esperanza en el cielo?

6. ¿Qué medidas puedes tomar para configurar más plenamente tu esperanza, de acuerdo lo que sabes acerca de la eternidad, basado en este capítulo?

Personajes

Adán: El primer hombre, marido de Eva. Creado del polvo por Dios. Adán pecó cuando comió de la fruta del árbol del conocimiento del bien y del mal.

Eva: La primera mujer, esposa de Adán. Creada por Dios de la costilla de Adán. Eva pecó cuando comió de la fruta del árbol del conocimiento del bien y del mal.

Noé: Mandado por Dios, Noé construyó un arca para salvarse a sí mismo, su familia y los animales de un diluvio enviado para terminar con la humanidad.

Abraham: El padre fundador de Israel. Fue un modelo de la fe en Dios, quien le prometió la tierra de Canaán y el legado de ser el padre de una gran nación.

Sara: La esposa de Abraham. Ella era estéril, pero Dios le permitió dar a luz a Isaac en su vejez.

Isaac: Uno de los patriarcas de Israel. Su nacimiento fue milagroso, porque su madre, Sara, había sido estéril y tenía 90 años de edad. Sus hijos fueron Jacob y Esaú.

Rebeca: Un miembro familia extendida de Abraham. Se casó con Isaac y tuvo varones gemelos: Jacob y Esaú.

Jacob: También llamado «Israel», Jacob fue otro patriarca de la nación israelita. Él tenía 12 hijos, cuyos descendientes formaron las 12 tribus de Israel.

Lea: Esposa despreciada de Jacob y hermana de Raquel. Ella luchó con su situación, pero llegó a confiar en Dios cuando ella dio a luz a seis hijos y una hija.

Raquel: La esposa amada de Jacob y hermana de Lea. Su infertilidad causó luchas entre ella y su hermana. Sin embargo, Dios finalmente la bendijo con dos hijos: José y Benjamín.

José: El hijo favorito de Jacob. Sus hermanos celosos lo vendieron a la esclavitud, pero llego a la prominencia en Egipto y trajo a su familia a vivir allí durante una hambruna.

Moisés: Utilizado por Dios para liberar a los israelitas de la esclavitud en Egipto. Moisés fue el portavoz de Dios para la gente y les entregó la Ley.

Josué: Sucesor de Moisés y encabezó a los israelitas en la conquista de Canaán.

Débora: Uno de los jueces de Israel (dirigentes que lograron la liberación del pueblo, de opresores extranjeros). Ella le ordenó a Barac movilizarse en contra del ejército de Sísara, pero predijo que Sísara mismo sería asesinado por una mujer.

Gedeón: Uno de los jueces de Israel. Él utilizó tácticas poco ortodoxas mandado por Dios, y de manera reacia llevó a los israelitas a la victoria contra sus opresores madianitas.

Sansón: Uno de los jueces de Israel. Dios le dio fuerza sobrehumana. Vivió en una rivalidad permanente con los filisteos, a los que derrotó a costa de su propia vida.

Rut: Una mujer moabita durante el tiempo de los jueces. Después que de su marido israelita murió, ella salió de su patria para volver a Belén con su suegra, Noemí. Ella se convirtió en la bisabuela del rey David.

Samuel: Un gran profeta y el último juez de Israel. El ungió a Saúl y a David como reyes de Israel.

Saúl: El primer rey de Israel. Su repetida desobediencia contra Dios durante su reinado lo llevó a su fin ignominioso. David fue su sucesor, a quien en repetidas ocasiones Saúl trató de matarlo.

David: El segundo rey de Israel, el padre de Salomón. David era consagrado a Dios, y Israel floreció bajo su dirección, pero su reinado se vio empañado por su adulterio con Betsabé.

Natán: Un profeta durante el reinado de David. Natán apoyaba a David, pero lo enfrentó acerca de su adulterio con Betsabé.

Betsabé: David cometió adulterio con ella y luego asesinaron a su esposo, Urías. Luego Betsabé se casó con David, y más tarde dio a luz a Salomón.

Salomón: Hijo de David. Fue el tercer rey de Israel y el hombre más sabio de mundo. Construyó un templo extraordinario, pero luego se extravió en la idolatría. Después de su reinado, el reino se dividió.

Roboán: Hijo de Salomón. Fue el primer rey de Judá durante la era del Reino Dividido. Sus políticas opresivas impulsaron a las tribus del norte, encabezada por Jeroboam, a rebelarse.

Jeroboán: El primer rey de Israel durante la época del Reino Dividido. En cumplimiento de los mandamientos de Dios predijo el castigo de la idolatría de Salomón, Jeroboán se rebeló contra Roboán y dividió el reino.

Acab: Un rey de Israel, esposo de Jezabel. Él fue débil como rey, se opuso a Elías y murió de una flecha al azar en el campo de batalla.

Jezabel: Reina de Israel y esposa de Acab. Apoyó a la idolatría en el reino y amenazó a la vida de Elías, después que este desafió a los profetas de Baal.

Elías: Un profeta de Israel durante la época del Reino Dividido. Sus principales opositores fueron Acab, Jezabel y los profetas de Baal. En lugar de morir, él ascendió al cielo en un torbellino.

Eliseo: El sucesor de Elías. Sorprendentes milagros caracterizaron su ministerio. El rey a quien él nombró, Jehúd, mató a Jezabel y al resto de los profetas de Baal.

Amós: Un pastor y profeta en Israel durante el reinado de Jeroboán II. Él predijo un desastre para la nación porque el pueblo se negó a volver a Dios.

Oseas: Un profeta en Israel inmediatamente después de Amos. Dios permitió que Oseas se casara con una mujer adúltera llamada Gómer. El drama de su relación reflejaba la infidelidad de Israel a Dios.

Oseas: El último rey de Israel. El rey de Asiría lo apresó e invadió toda la tierra de Israel porque Oseas había dejado de pagarle tributo.

Ezequías: Un rey de Judá. Él reinó al mismo tiempo que Oseas, pero confiaba en Dios y fue capaz de resistir el ejército de Asiría.

Isaías: Un profeta en Judá. Apoyó a la lucha de Ezequías contra Asiría y anunció tanto el exilio de Judá a Babilonia como su regreso.

Jeremías: Un profeta de Judá, justo antes de la cautividad babilónica. Él predijo del exilio y el retorno después de 70 años, y fue testigo de la destrucción de Jerusalén.

Nabucodonosor: El rey de Babilonia que invadió a Judá y puso sitio a Jerusalén. El saqueó el templo de Salomón, destruyó a Jerusalén y trasladó la población de Judá a Babilonia.

Sedequías: El último rey de Judá. Él se rebeló contra Babilonia. Tras su cautividad, sus hijos fueron asesinados ante él y luego le sacaron sus propios ojos. Fue llevado a Babilonia, donde falleció.

Ezequiel: Un profeta de Judá antes y durante la cautividad babilónica. Él profetizó la destrucción de Jerusalén y el eventual regreso del exilio.

Daniel: Un profeta durante el exilio y un administrador de alto rango tanto bajo los babilonios, como bajo los persas. Él profetizó sobre el futuro de Babilonia y los imperios que seguirían. Dios lo salvo de la dramática oposición de sus enemigos.

Ciro: El rey de Persia que derrotó a Babilonia. Él permitió que exiliados regresaran a Judá y ordenó la reconstrucción del templo.

Zorobabel: Un miembro de la familia real Judá que condujo al primer grupo de exiliados de vuelta a Judá y, finalmente, encabezó el exitoso esfuerzo de reconstrucción del templo.

Esdras: Un sacerdote que dirigió el segundo grupo de exiliados de vuelta a Judá y revivió la fidelidad del pueblo a la Palabra de Dios.

Hageo: Un profeta durante el regreso desde el exilio. Hageo motivó a la gente a reconstruir el templo.

Zacarías: Un profeta durante el regreso del exilio. Al igual que Hageo, él motivó a la gente a reconstruir el templo. También profetizó la restauración y la prosperidad del pueblo de Dios.

Ester: La reina judía del imperio persa durante el reinado de Jerjes. Ella descubrió un complot para matar a los judíos.

Mardoqueo: El primo de Ester. Mardoqueo crió a Ester, la guió cuando ella se convirtió en reina y descubrió una conspiración para asesinar al rey.

Nehemías: Nombrado gobernador de Judá por el rey de Persia, dirigió la reconstrucción del muro alrededor de Jerusalén, haciendo frente a la oposición de los gobernantes de las regiones adyacentes.

Malaquías: El último profeta de la era del Antiguo Testamento. Él predicó el juicio y el arrepentimiento a Judá, y profetizó el regreso de Elías, cumplido por Juan el Bautista, en cierto sentido.

María: La madre de Jesús. El nacimiento de Jesús fue milagroso porque María aún era una virgen cuando ella concibió. Ella también estuvo presente en la crucifixión de Jesús.

José: Padre adoptivo de Jesús. En obediencia a mandamiento de un ángel en un sueño, se casó con Maria, a pesar del escándalo por su embarazo fuera del matrimonio.

Jesús: El Mesías prometido y el Hijo de Dios. El llevó a cabo un ministerio de predicación y milagros por un período de tres años, viajando con sus discípulos. El fue ejecutado por medio de la crucifixión, pero resucitó a la vida tres días más tarde.

Juan el Bautista: El profeta que preparó a los judíos para el ministerio de Jesús. Él predicó sobre el arrepentimiento y bautizaba a las personas en el río Jordán. Juan fue encarcelado y posteriormente decapitado por haber criticado a Herodes.

Pedro: Uno de los discípulos de Jesús. Pedro fue un franco y fiero seguidor de Jesús, aunque durante juicio de Jesús, Pedro negó conocerlo. Después de la resurrección de Jesús, Pedro fue el líder clave de la iglesia en Jerusalén.

Santiago y Juan: Dos hermanos que fueron discípulos de Jesús. Ellos formaron parte del círculo interior de Jesús y fueron sus amigos íntimos . Ambos siguieron trabajando para difundir la Buena Nuevas después de la muerte y resurrección de Jesús.

María y Marta: Hermanas y seguidoras de Jesús y su ministerio. Su hermano era Lázaro.

Lázaro: Amigo y defensor de Jesús. Murió de una enfermedad, pero Jesús lo resucitó a la vida después de cuatro días.

Judas Iscariote: El discípulo que traicionó a Jesús. El dirigió los guardias del templo hacia Jesús la noche antes de su crucifixión. Judas después se suicidó.

Pilato: El gobernador romano quien condenó a Jesús a muerte.

Esteban: El primer mártir cristiano. Las autoridades judías apedrearon a Esteban porque supuestamente habló en contra de la Ley de Moisés y el templo. Su muerte desencadenó una ola de persecuciones en contra de la iglesia.

Bernabé: Uno de los compañeros misioneros de Pablo. Cuando Pablo se convirtió, Bernabé fue uno de sus primeros seguidores. El acompañó a Pablo en su primer viaje misionero.

Pablo: Pablo persiguió a la iglesia hasta que se convirtió, cuando de manera dramática Jesús se le apareció. Él se convirtió en un misionero y apóstol de los gentiles. Pablo escribió la mayor parte del Nuevo Testamento.

Tabla de Referencias

24 **(Ningún hombre común):** Mateo 5–7; 9; 14; Marcos 4–6; Lucas 10; 15; Juan 6

25 **(Jesús, El Hijo de Dios):** Mateo 17; 21; Marcos 8–12; 14; Lucas 9; 22; Juan 7–8; 11–12

26 **(La hora de las tinieblas):** Mateo 26–27; Marcos 14–15; Lucas 22–23; Juan 13–14; 16–19

27 **(La resurrección):** Mateo 27–28; Marcos 16; Lucas 24; Juan 19–21

28 **(Nuevos comienzos):** Hechos 1-10; 12

29 **(La misión de Pablo):** Hechos 13–14; 16–20; Romanos 1; 3–6; 8; 12; 15; 1 Corintios 1; 3; 5–6; 10; 12–13; 15–16; Gálatas 1; 3; 5–6; 1 Tesalonicenses 1–5

30 **(Los días finales de Pablo):** Hechos 20–23; 27–28; Efesios 1–6; 2 Timoteo 1-4

31 **(El final de los tiempos):** Apocalipsis 1-5; 19-22

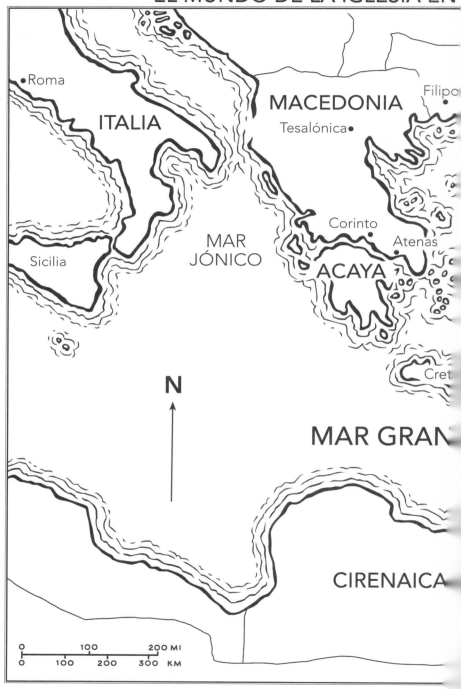